普通高等教育"十二五"规划教材——信息技术类

单片机
原理及应用技术

◎ 主　编　陈铁军　余旺新
◎ 副主编　黄志文　莫燕斌

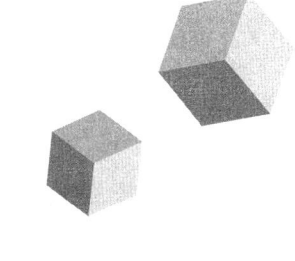

西南交通大学出版社
·成都·

图书在版编目（CIP）数据

单片机原理及应用技术/陈铁军，余旺新主编. —成都：西南交通大学出版社，2014.8
普通高等教育"十二五"规划教材. 信息技术类
ISBN 978-7-5643-3338-6

Ⅰ. ①单… Ⅱ. ①陈… ②余… Ⅲ. ①单片微型计算机–高等学校–教材 Ⅳ. ①TP368.1

中国版本图书馆CIP数据核字（2014）第196504号

普通高等教育"十二五"规划教材——信息技术类
单片机原理及应用技术
主编　陈铁军　余旺新

责任编辑	李芳芳
助理编辑	宋彦博
封面设计	墨创文化
出版发行	西南交通大学出版社 （四川省成都市金牛区交大路146号）
发行部电话	028-87600564　028-87600533
邮政编码	610031
网　　址	http://www.xnjdcbs.com
印　　刷	成都中铁二局永经堂印务有限责任公司
成品尺寸	185 mm × 260 mm
印　　张	19
字　　数	499千字
版　　次	2014年8月第1版
印　　次	2014年8月第1次
书　　号	ISBN 978-7-5643-3338-6
定　　价	39.00元

图书如有印装质量问题　本社负责退换
版权所有　盗版必究　举报电话：028-87600562

前　言

单片机因其体积小、质量轻，具有很强的灵活性，而且价格不高，得到越来越广泛的应用。8051 在小型和中型应用场合均很常见，已成为单片机领域的实际标准。20 世纪 80 年代中期，Intel 公司将 8051 内核使用权以专利互换或出售形式转让给世界许多著名 IC 制造厂商，如 Philips，Atmel，Dallas，Infineon，ADI，TI，Winbond 和 Cygnal 等公司。这样，8051 就变成有众多制造厂商支持，拥有上百个品种的大家族。到目前为止，其他任何一个单片机系列均未发展到如此规模。

用 C 语言进行 8051 单片机程序设计是单片机开发与应用的必然趋势。单片机的程序设计应该以 C 语言为主，以汇编语言为辅。汇编语言只需要掌握到可以读懂程序，能在时间要求比较严格的模块中进行程序的优化即可。采用 C 语言时也不必对单片机和硬件接口的结构有很深入的了解，编译器可以自动完成变量的存储单元的分配，因此编程者可以专注于应用软件部分的设计，大大加快软件开发的速度。采用 C 语言可以很容易地进行单片机的程序移植工作，有利于产品中单片机的重新选型。

本书以具有 8051 内核的 Atmel 公司的 AT89S51 单片机为蓝本，采用 C 语言程序设计方法介绍单片机的开发与应用。本书通过大量程序实例的讲解，使读者可以在较短的时间内熟悉单片机的入门编程以及单片机基本外围电路的连接，从而具备基本的单片机开发能力。

本书共包括 9 章内容，每章的内容概要如下：

第 1 章　单片机的结构及工作原理。本章首先介绍了单片机的几个基本概念、单片机技术的发展、单片机应用系统开发过程以及应用领域等。然后介绍了单片机的硬件结构、引脚功能以及存储器的配置，CPU 的工作时序，单片机的几种工作方式。最后，介绍了单片机最小系统电路。本章内容是单片机的硬件基础，特别是引脚功能、存储器配置部分，应重点掌握。

第 2 章　51 单片机的指令系统。本章内容包括指令概述、寻址方式、指令集合，最后还介绍了汇编程序设计基础。本章内容为单片机汇编语言基础，读者应重点掌握单片机的寻址方式，熟记一些常用指令的用法。学习汇编语言有助于了解单片机的硬件结构及工作原理。

第 3 章　单片机 C 程序设计基础。本章首先介绍了 C 语言编程的基础知识以及 C51 对标准 C 语言的扩展，然后简单介绍了 C 语言编程风格，最后介绍单片机 C 程序开发过程。有 C 语言基础的读者，通过学习本章可以很快地掌握单片机的 C 程序设计。

第 4 章　编译和仿真工具。本章首先以 Keil μVision4 为蓝本，介绍单片机开发环境 Keil 软件的基本应用，然后介绍了仿真软件 Proteus 的使用方法。Proteus 可以在某种程度上代替开发板，进行简单电路的仿真调试，是一个非常实用的仿真工具。

第 5 章 单片机的内部资源及应用。本章介绍了 51 系列单片机内部资源 I/O 端口、中断系统、定时/计数器以及串行通信的基本应用。本章内容是单片机最有特色的部分，是设计精巧系统的关键。学习单片机无非是学会中断与 I/O 口的使用，因此应重点掌握。

第 6 章 单片机常用接口电路设计。本章介绍了显示器接口、键盘接口、A/D 和 D/A 接口等常见电路的设计方法，并结合实例对软硬件做了详细的介绍。

第 7 章 单片机常用串行总线扩展技术。本章列举了几种典型的串行总线通信协议，包括 1-Wire 总线、IIC 总线接口、SPI 总线接口及应用。通过本章的学习可以了解三种总线的工作原理和使用方法。

第 8 章 51 单片机应用系统开发与设计。本章简单介绍了单片机系统的设计步骤、设计方法，以及常见抗干扰设计、低功耗设计、加密技术。最后列举了一个综合实例，供大家练习参考。

第 9 章 单片机软件工程基础。本章介绍了软件的可移植性概念及实现可移植性的一些方法，并为读者详解一种常用的程序架构，以及在相应架构下的编程方法。此外，本章还介绍了"状态机建模"这一强大的并行多任务建模手段。通过本章的学习，应初步掌握软件工程方法，编写高质量的程序，实现多个功能（任务）同时执行。

对于 51 单片机的初学者来说，应该从本书的第 1 章开始学习，以了解 51 单片机的基本知识和 51 单片机的使用方法，掌握 51 单片机的结构和相应的接口的具体使用方法，以及 51 单片机的汇编语言编程和 C 语言编程相关技术。

对于已经掌握 C 语言并有一定 51 单片机技术基础的读者来说，可以直接从第 5 章开始学习，重点掌握 51 单片机开发应用系统的相关技术和开发过程。

建议本书的理论课安排在 60 学时左右，实验 16 学时。如果只学习 C51 程序设计，理论课学时可适当减少。课程学习完成后，可安排相应的课程设计，以便对学习内容进行巩固和提高。

本书的编写分工如下：陈铁军教授对全书的编写思路和大纲进行了总体策划，并编写了第 1、5 章的全部内容及第 2、3、8 章的部分内容；余旺新编写了第 6、7 章；黄志文编写了第 4 章的全部内容及第 8 章的部分内容；莫燕斌编写了第 2、3 章的部分内容；谢春榕编写了第 9 章；郑金存参与了第 1 章和附录的编写工作。全书由陈铁军教授统稿和定稿。

本书突出内容的系统性、实用性和典型性，理论联系实际，可作为高等院校电子信息、自动化和计算机等专业的本、专科学生学习单片机的教材或参考书，也可供广大爱好单片机的初学者作为入门工具书。

本书取材于最新资料，并总结了实际教学和应用经验，编程实例丰富，内容覆盖面广，希望能对单片机的教学和应用推广工作起到一定的作用。由于编者水平有限，加之程序和图表较多，难免有疏漏之处，恳请读者批评指正。

编 者

2014 年 2 月

目 录

第1章 单片机的结构及工作原理 ··· 1
1.1 单片机概述 ··· 1
1.2 AT89S51 单片机简介 ·· 6
1.3 AT89S51 单片机的存储器配置 ··· 10
1.4 单片机最小系统 ·· 18
知识梳理与总结 ·· 21
习题 1 ·· 22

第2章 51 单片机的指令系统 ·· 23
2.1 51 单片机指令系统概述 ··· 23
2.2 寻址方式 ·· 24
2.3 51 单片机指令集 ··· 27
2.4 51 单片机汇编语言程序设计 ··· 39
知识梳理与总结 ·· 41
习题 2 ·· 41

第3章 单片机 C 程序设计基础 ·· 43
3.1 C51 程序开发概述 ··· 43
3.2 C51 单片机的 C 语言基础 ·· 44
3.3 文件管理 ·· 55
3.4 程序设计的风格 ·· 57
3.5 汇编语言与 C 语言混合编程 ·· 60
3.6 模块化程序设计 ·· 65
3.7 51 单片机 C 程序开发过程 ··· 65
习题 3 ·· 68

第4章 编译和仿真工具 ··· 69
4.1 Keil μVision4 编译环境 ··· 69
4.2 单片机 Proteus 仿真 ··· 79
知识梳理与总结 ·· 88
习题 4 ·· 88

第5章 单片机的内部资源及应用 ··· 90
5.1 并行 I/O 端口 ··· 91

5.2 中断系统 ·· 102
　　5.3 定时/计数器 ··· 120
　　5.4 串行口通信技术 ·· 136
　　知识梳理与总结 ·· 157
　　习题 5 ·· 158

第 6 章 单片机常用接口电路设计 ······················ 162
　　6.1 显示器接口原理及应用 ································ 162
　　6.2 键盘接口原理及应用 ··································· 178
　　6.3 D/A 与 A/D 接口电路 ································· 186
　　知识梳理与总结 ·· 198
　　习题 6 ·· 198

第 7 章 单片机常用串行总线扩展技术 ·················· 201
　　7.1 1-Wire 单总线 ·· 201
　　7.2 IIC 总线 ·· 215
　　7.3 SPI 总线扩展接口及应用 ····························· 226
　　知识梳理与总结 ·· 236
　　习题 7 ·· 236

第 8 章 51 单片机应用系统开发与设计 ················ 237
　　8.1 单片机应用系统开发过程及设计步骤 ·············· 237
　　8.2 单片机应用系统的可靠性及抗干扰设计 ·········· 241
　　8.3 单片机应用系统实用技术 ····························· 246
　　8.4 单片机应用系统设计综合举例 ······················ 250
　　知识梳理与总结 ·· 261
　　习题 8 ·· 261

第 9 章 单片机软件工程基础 ······························ 262
　　9.1 软件可移植性 ·· 262
　　9.2 前后台程序结构 ·· 265
　　9.3 状态机建模 ·· 283
　　知识梳理与总结 ·· 292
　　习题 9 ·· 292

附录 A　C 语言运算符优先级和结合性 ················ 294

附录 B　ASCII（美国标准信息交换码）表 ············ 296

参考文献 ··· 297

第1章 单片机的结构及工作原理

本章首先从单片机的概念入手，简要介绍单片机应用系统的概念，然后重点介绍 MCS-51 单片机硬件结构和工作原理，以及单片机存储器结构和单片机的最小系统。

【教学导航】

教	知识重点	1. 单片机及单片机应用系统的概念； 2. 单片机外部引脚及功能； 3. 单片机内部结构及工作原理； 4. 单片机存储器结构； 5. 单片机最小系统
	知识难点	单片机的内部结构
	推荐教学方式	理论讲授，实物演示
	建议学时	2~4 学时
学	推荐学习方法	通过单片机最小系统的制作与调试，理解本章的基本概念；对单片机的管脚和存储器的结构以理解为主
	必须掌握的理论知识	1. 单片机基本概念； 2. 单片机内部结构； 3. 单片机存储器结构； 4. 单片机最小系统
	必须掌握的技能	单片机最小系统的制作与调试

1.1 单片机概述

单片机是计算机技术发展史上的一个重要里程碑，它使计算机从海量数值计算用途中发现并发展了另一重要用途——智能化控制。它集成度高、体积小、功能强、速度快、功耗低、抗干扰能力强、使用方便、性价比高、容易产品化，因此在智能仪器仪表、工业测控、家用电器、汽车、机电一体化、电力电子、航空航天器等很多领域得到了广泛应用。

1.1.1 单片机的基本概念

1. 单片机

单片机是单片微型计算机（single chip microcomputer）的简称，是指集成在一个芯片上的微型计算机。它的各种功能部件，包括 CPU（Central Processing Unit）、存储器（memory）、基本输入/输出（Input/Output，I/O）接口电路、定时/计数器和中断系统等，都制作在一块集成芯片上，构成一个完整的微型计算机。单片机内部基本结构如图 1.1 所示。由于它的结构与指令功能都是按照工业控制要求设计的，故又称为微控制器（Micro-Controller Unit，MCU）。

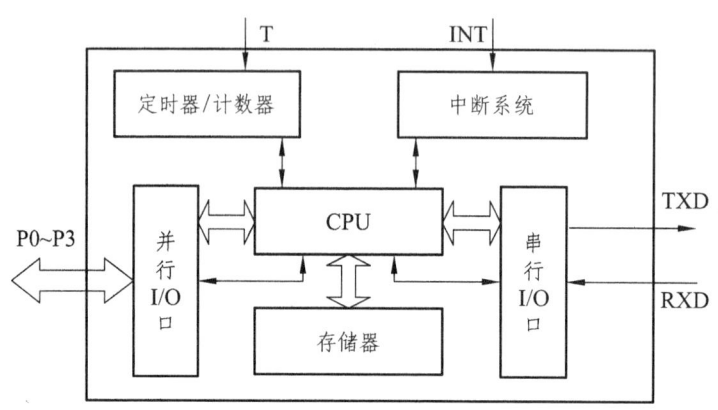

图 1.1　单片机内部基本结构

单片机实质上是一块芯片。它具有结构简单、控制功能强、可靠性高、体积小、价格低等特点。由于单片机有为嵌入式应用而设计的专用体系结构和指令系统，因此有良好的发展前景。在其基本体系结构上，可以衍生出能满足各种应用系统要求的兼容系统，用户可根据应用系统的各种要求广泛选择。目前 MCS-51 内核已被各大厂家采用，并发展了许多系列，所有的这些系统我们都统称为 51 系统。

2．单片机应用系统

单片机应用系统是以单片机为核心，配以输入、输出、显示、测量和控制等外围电路和软件，能实现一种或多种功能的实用系统。单片机应用系统除了有单片机芯片，还有许多外围电路。

单片机应用系统是由硬件和软件组成的，硬件是单片机应用系统的基础，软件则是在硬件的基础上对其资源进行合理调配和使用，从而完成应用系统所要求的任务。硬件和软件二者相互依赖，缺一不可。单片机应用系统的组成示意图如图 1.2 所示。

因此，单片机应用系统的设计人员必须从硬件和软件两个角度来深入了解单片机，并能将二者有机地结合起来，才能设计制作出具有特定功能的单片机应用系统或整机产品。

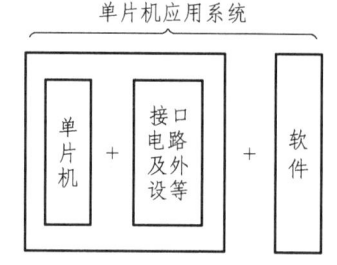

图 1.2　单片机应用系统示意图

1.1.2　单片机技术的发展及应用领域

1．单片机技术的发展历程

1970 年，微型计算机研制成功，随后就出现了单片机。美国 Intel 公司在 1971 年推出了 4 位单片机 4004，接着又在 1972 年推出了雏形 8 位单片机 8008。在 1976 年推出 MCS-48 单片机以后的三十多年中，单片机的发展大致可分为四个阶段。

第一阶段（1976—1978 年）：单片机初级阶段。这一时期的单片机以 Intel 公司 MCS-48 为代表。这个系列的单片机内集成有 8 位 CPU、I/O 接口、8 位定时/计数器，寻址范围不大于 4 KB，有简单的中断功能，无串行接口。

第二阶段（1978—1982 年）：单片机完善阶段。在这一阶段推出的单片机的功能有较大的加强，能够应用于更多的场合。这个阶段的单片机普遍带有串行 I/O 口，有多级中断处理系统、16 位定时/计数器，片内集成的 RAM、ROM 容量加大，寻址范围可达 64 KB。一些单片机片内还集成了 A/D 转换接口。这类单片机的典型代表有 Intel 公司的 MCS-51、Motorola 公司的 6801 和 Zilog 公司的 Z8 等。

第三阶段（1982—1992 年）：8 位单片机巩固发展及 16 位高级单片机发展阶段。在此阶段，尽管 8 位单片机的应用已广泛普及，但为了更好地满足测控系统的嵌入式应用的要求，单片机集成的外围接口电路有了更大的扩充。这个阶段单片机的典型代表为 8051 系列。许多半导体公司和生产商以 MCS-51 的 8051 为内核，推出了满足各种嵌入式应用的多种类型和型号的单片机。与此同时，一些公司面向更高层次的应用，推出了 16 位的单片机，其典型代表有 Intel 公司的 MCS-96 系列单片机。

第四阶段（1993 至今）：百花齐放阶段。单片嵌入式系统的应用是面对最底层的电子技术应用，不断推出适合不同领域要求的单片机系列。目前，单片机设计与生产技术的提高、周期的缩短、成本的下降，以及许多特定类型电子产品的巨大的市场需求，推动了专用单片机的发展。专用单片机具有成本低、资源利用率高、系统外围电路少、可靠性高等优点。同时，采用更先进的技术来提高单片机的综合品质，如提高 I/O 口的驱动能力，增加抗静电和抗干扰措施，宽（低）电压低功耗等。

2. 单片机的应用领域

单片机技术经历了多年的市场考验，目前依然是电子工程师手上最受欢迎的器件，这主要是得益于单片机在其应用领域所具有的独特优势。体积小、功耗低、性能稳定、价格便宜等特征使得单片机的身影出现在生活的每一个角落。其应用大致可分如下几个范畴：

（1）在智能仪器仪表上的应用。单片机具有体积小、功耗低、控制功能强、扩展灵活、微型化和使用方便等优点，广泛应用于仪器仪表中，结合不同类型的传感器，可实现诸如电压、功率、频率、湿度、温度、流量、速度、厚度、角度、长度、硬度、元素、压力等物理量的测量。采用单片机控制使得仪器仪表数字化、智能化、微型化，且功能比起采用硬件电路更加强大，例如精密的测量设备（功率计、示波器、各种分析仪）。

（2）在工业控制中的应用。用单片机可以构成形式多样的控制系统、数据采集系统，例如工厂流水线的智能化管理系统、电梯智能化控制系统、各种报警系统，以及与计算机联网构成二级控制系统等。

（3）在家用电器中的应用。可以这样说，现在的家用电器，如电饭煲、洗衣机、电冰箱、空调机、彩电等，基本上都采用了单片机控制。

（4）在计算机网络和通信领域中的应用。现代的单片机普遍具备通信接口，可以很方便地与计算机进行数据通信，这为其在计算机网络和通信设备中的应用提供了极好的物质条件。现在的通信设备基本上都实现了单片机智能控制，如手机、小型程控交换机、楼宇自动通信呼叫系统、列车无线通信、集群移动通信系统、无线电对讲机等。

（5）单片机在医用设备中的应用。单片机在医用设备中的用途亦相当广泛，如医用呼吸机、各种分析仪、监护仪、超声诊断设备及病床呼叫系统等。

（6）在各种大型电器中的模块化应用。某些专用单片机用于实现特定功能，从而在各种电路中进行模块化应用，而不要求使用人员了解其内部结构。如音乐集成单片机，看似简单的功能，微缩在电子芯片中（有别于磁带机的原理），就需要复杂的类似于计算机的原理。例如：音乐信号以数字的形式存于存储器中（类似于ROM），由微控制器读出，转化为模拟音乐信号（类似于声卡）。在大型电路中，这种模块化应用极大地缩小了体积，简化了电路，降低了损坏率、错误率，也便于更换。

此外，单片机在工商、金融、科研、教育、国防、航空航天等领域都有着十分广泛的用途。

1.1.3 常用51系列单片机简介

1. Intel公司的51单片机

MCS-51系列单片机是一种高性能的8位单片机，按片内有无程序存储器及程序存储器的形式，分为三种基本产品：8051、8751和8031。8051单片机片内含有4 KB的ROM，ROM中的程序是由单片机芯片生产厂家固化的，适合于大批量的产品；8751单片机片内含有4 KB的EPROM，单片机应用开发人员可以把编好的程序用开发机或编程器写入其中，需要修改时，可以先用紫外线擦除器擦除，然后再写入新的程序；8031片内没有程序存储器，当在单片机芯片外扩展EPROM后，就相当于一片8751，此种应用方式方便灵活。这三种芯片只是在程序存储器的形式上不同，在结构和功能上都一样。表1.1为51系列单片机常用产品特性一览表。

表1.1 Intel公司的51系列单片机常用产品特性一览表

子系列	片内ROM形式			片内ROM容量	片内RAM容量	寻址范围	I/O特性			中断源
	无	ROM	EPROM				计数器	并行口	串行口	
51子系列	8031	8051	8751	4 KB	128 B	64 KB	2个×16位	4个×8位	1	6
	80C31	80C51	87C51	4 KB	128 B	64 KB	2个×16位	4个×8位	1	6
52子系列	8032	8052	8752	8 KB	256 B	64 KB	3个×16位	4个×8位	1	8
	80C32	80C52	87C52	8 KB	256 B	64 KB	3个×16位	4个×8位	1	8

表中列出了51单片机系列的芯片型号，以及它们的部分性能指标，使我们对其基本情况有一个概括的了解。下面我们就在这个表的基础上对51系列单片机作进一步说明。

1）51子系列和52子系列

MCS-51系列又分为51和52两个子系列，并以芯片型号的最末位数字作为标志。其中，51子系列是基本型，而52子系列则属增强型。52子系列功能增强的具体方面，从表1.1所列内容中可以看出：

- ➢ 片内ROM从4 KB增加到8 KB。
- ➢ 片内RAM从128 B增加到256 B。
- ➢ 定时/计数器从2个增加到3个。
- ➢ 中断源从5个增加到6个。

2）单片机芯片半导体工艺

51系列单片机采用两种半导体工艺生产。一种是 HMOS 工艺，即高速度高密度短沟道 MOS 工艺。另外一种是 CHMOS 工艺，即互补金属氧化物的 HMOS 工艺。表 1.1 所列芯片型号中带有字母"C"的，为 CHMOS 芯片，其余均为一般的 HMOS 芯片。

CHMOS 是 CMOS 和 HMOS 的结合，除保持了 HMOS 高速度和高密度的特点之外，还具有 CMOS 低功耗的特点。例如，8051 的功耗为 630 mW，而 80C51 的功耗只有 120 mW。在便携式、手提式或野外作业仪器设备上，低功耗是非常有意义的，因此在这些产品中必须使用 CHMOS 的单片机芯片。

3）片内 ROM 配置形式

51 单片机片内 ROM 有四种配置形式，即掩膜 ROM、EPROM、EEPROM 和无 ROM。一般情况下，片内带掩膜型 ROM 适应于定型大批量应用产品的生产；片内带 EPROM 型适合于研制产品样机；片内带 EEPROM 型的单片机，可以在线写入程序。

2. Atmel 公司的单片机

AT89 系列单片机是美国 Atmel 公司的 8 位 Flash 单片机产品，它以 MCS-51 为内核，与 51 系列的单片机软硬件兼容。AT89 系列单片机的常见型号如表 1.2 所示。

表 1.2 AT89 系列单片机常用产品特性一览表

子系列	型号	片内FLASH容量	片内EEPROM容量	片内RAM容量	f_{max}/MHz	V_{cc}/V	计数器	并行口	串行口	中断源	WDT	ISP	模拟比较器
51子系列	AT89C1051	1 KB	—	64 B	24	2.7~6.0	1×16位	15位	1	3	×	×	√
	AT89C2051	2 KB	—	128 B	24	2.7~6.0	2×16位	15位	1	6	×	×	√
	AT89C4051	4 KB	—	128 B	24	2.7~6.0	2×16位	15位	1	6	×	×	√
	AT89C51	4 KB	—	128 B	24	4.0~6	2×16位	4×8位	1	6	×	×	×
	AT89S51	4 KB	—	128 B	33	4.0~5.5	2×16位	4×8位	1	6	√	√	×
	AT89LV51	4 KB	—	128 B	12	2.7~6.0	2×16位	4×8位	1	6	×	×	×
52子系列	AT89C52	8 KB	—	256 B	24	4.0~6	3×16位	4×8位	1	8	×	×	×
	AT89S52	8 KB	—	256 B	33	4.0~5.5	3×16位	4×8位	1	8	√	√	×
	AT89LV52	8 KB	—	256 B	12	2.7~6.0	3×16位	4×8位	1	8	√	√	×
	AT89S8253	12 KB	2 KB	256 B	24	2.7~5.5	3×16位	4×8位	1	9	√	√	×

AT89 系列单片机有如下特点：

（1）内部含 Flash 存储器。在系统开发过程中可以十分容易地进行程序的修改，这就大大缩短了系统的开发周期。同时，在系统工作过程中，能有效地保存一些数据信息，即使外界电源损坏也不会影响信息的保存。

（2）和 80C51 插座兼容。AT89 系列单片机的引脚是和 80C51 一样的，所以，当用 AT89 系列单片机取代 80C51 时，可以直接进行替换。

（3）静态时钟方式。AT89 系列单片机采用静态时钟方式，因此可以节省电能，这对于降低便携式产品的功耗十分有用。

（4）错误编程亦无废品产生。一般的 OTP（One Time Programable）产品，一旦错误编程就成了废品。而 AT89 系列单片机内部采用了 Flash 存储器，所以，错误编程之后仍可以重新编程，直到正确为止，故不存在废品。

（5）可进行反复系统试验。用 AT89 系列单片机设计的系统，可以反复进行系统试验；每次试验可以编入不同的程序，这样可以保证用户的系统设计达到最优。而且随用户的需要和发展，还可以进行修改，使系统能不断追随用户的最新要求。该系列中有 20 引脚封装的产品，体积的减小使其应用更加灵活。时钟频率的提高可使运算速度加快。在片内含有 Flash 存储器，这是一种可以电擦除和电写入的闪速存储器，这使开发调试更为方便。

3. 其他 51 系列兼容单片机

为了进一步增强 51 系列单片机的功能，一些单片机生产厂商还对 51 系列单片机的硬件进行了扩充。如 Philips 的 8XC552 系列，在 80C51 的基础上增加了一个 16 位的定时/计数器和一个 8 路输入的 10 位 A/D 转换器，并配有串行总线接口。80C51XA 使单片机位数增至 16 位。Intel 公司的 80C51GA/GB 也增加了 A/D 转换功能。

本教程以 Atmel 的 89 系列单片机中的 AT89S51 为典型机，介绍单片机的硬件结构、原理、接口技术、编程及其应用技术。

1.2 AT89S51 单片机简介

1.2.1 AT89S51 单片机的主要特性

AT89S51 是美国 Atmel 公司生产的低功耗、高性能 CHMOS 型 8 位单片机，片内含 4 KB 的可编程 Flash 只读程序存储器。该器件采用 Atmel 公司的高密度、非易失性存储技术生产，兼容标准 8051 指令系统及引脚。它功能强大，低价位，可灵活应用于各种控制领域。

其主要性能参数如下：
- 与 MCS-51 产品指令系统完全兼容；
- 4.0～5.5 V 的工作电压范围；
- 全静态工作模式：0～33 MHz；
- 三级程序加密锁；
- 128×8 位内部 RAM；
- 4 KB 在线系统编程（ISP）Flash 闪速存储器，可擦写 1 000 次；
- 32 个可编程 I/O 口线，2 个 16 位定时/计数器，6 个中断源；
- 全双工串行 UART 通道；
- 低功耗空闲和掉电模式，中断可从空闲模式唤醒系统；
- 掉电标识和快速编程特性，看门狗（WDT）及双数据指针；
- 灵活的 ISP 编程（字节或页写模式）。

1.2.2 AT89S51 单片机的引脚及功能

对于一个单片机应用系统的开发设计者,熟悉并掌握单片机的硬件结构是十分重要的。这里从实际需要出发,只介绍与程序设计和系统扩展应用有关的内容。

AT89S51 提供以下标准功能:4 KB 闪速存储器,128 B 内部 RAM,32 个 I/O 口线,看门狗(WDT),两个数据指针,两个 16 位定时/计数器,一个 5 向量两级中断结构,一个全双工串行通信口,片内振荡器及时钟电路。同时,AT89S51 可降至 0 Hz 的静态逻辑操作,并支持两种软件可选的节电工作模式。空闲方式停止 CPU 的工作,但允许 RAM、定时/计数器、串行通信口及中断系统继续工作。掉电方式保存 RAM 中的内容,但振荡器停止工作并禁止其他所有工作部件直到下一个硬件复位。

AT89S51 是标准的 40 引脚双列直插式集成电路芯片,如图 1.3 所示。其引脚功能可分为电源、时钟、控制和 I/O 接口四大部分。

1. 电源引脚

VCC:芯片主电源,外接 + 5 V。
GND:电源地线。

2. 时钟引脚

XTAL1:振荡器反相放大器及内部时钟发生器的输入端。
XTAL2:振荡器反相放大器的输出端。

3. 控制引脚

(1) RST:复位输入(reset input)。当振荡器工作时,RST 引脚出现两个机器周期以上高电平将使单片机复位。WDT 溢出将使该引脚输出高电平。设置特殊功能寄存器 AUXR 的 DISRTO 位(地址 8EH)可打开或关闭该功能。DISRTO 位缺省为 RST 输出高电平打开状态。

(2) ALE/$\overline{PROG}$:地址锁存控制信号/编程脉冲输入端。当访问外部程序存储器或数据存储器时,地址锁存允许(Address Latch Enable,ALE)输出脉冲用于锁存地址的低 8 位字节。即使不访问外部存储器,ALE 仍以时钟振荡频率的 1/6 输出固定的正脉冲信号,因此它可对外输出时钟或用于定时。要注意的是:每当访问外部数据存储器时将跳过一个 ALE 脉冲。

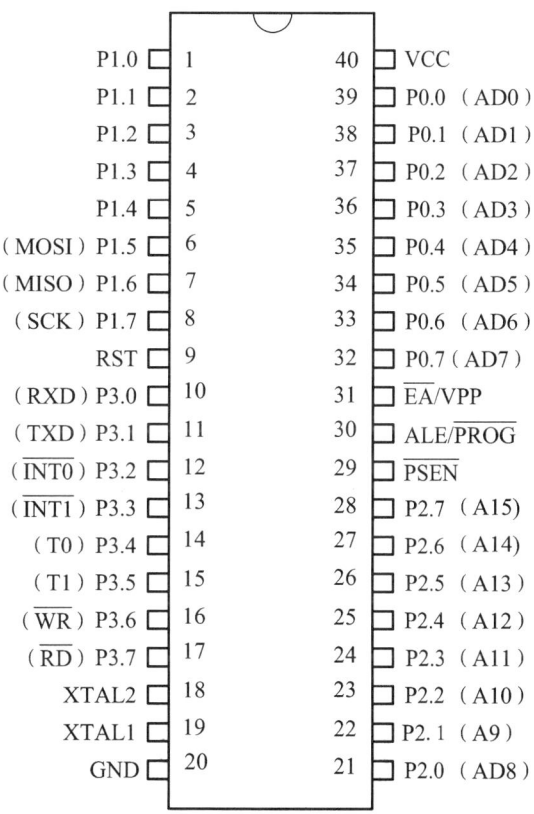

图 1.3 AT89S51 引脚图

对 Flash 存储器编程期间,该引脚还用于输入编程脉冲(the program pulse input,$\overline{PROG}$)。

如有必要,可通过对特殊功能寄存器(SFR)区中的 AUXR 的 DISALE 位置位,禁止 ALE 操作。该位置位后,只有执行一条 MOVX 或 MOVC 指令 ALE 才会被激活。此外,该引脚会被微弱拉高,单片机执行外部程序时,应设置 ALE 无效。

（3）$\overline{\text{PSEN}}$：程序储存允许（Program Store Enable）输出，是外部程序存储器的读选通信号。当 AT89S51 由外部程序存储器取指令时，每个机器周期两次 $\overline{\text{PSEN}}$ 有效，即输出两个脉冲。当访问外部数据存储器，没有两次有效的 $\overline{\text{PSEN}}$ 信号。

（4）$\overline{\text{EA}}$/VPP：外部访问允许（External Access Enable）。欲使 CPU 仅访问外部程序存储器（地址为 0000H~FFFFH），$\overline{\text{EA}}$ 端必须保持低电平（接地）。需要注意的是：如果加密位 LB1 被编程，复位时内部会锁存 $\overline{\text{EA}}$ 端状态。

如 $\overline{\text{EA}}$ 端为高电平（接 VCC 端），CPU 则执行内部程序存储器中的指令。

对 Flash 存储器编程时，该引脚加上 +12 V 的编程电压 VPP。

4. I/O 引脚

1）P0 口

P0 口是一组 8 位漏极开路型双向 I/O 口，即地址/数据总线复用口。作为输出口用时，每位能驱动 8 个 TTL 逻辑门电路。对端口写"1"，可作为高阻抗输入端用。

在访问外部数据存储器或程序存储器时，这组口线分时复用低 8 位地址总线和数据总线，在访问期间激活内部上拉电阻。

在对 Flash 编程时，P0 口接收指令字节，而在程序校验时，输出指令字节。校验时要求外接上拉电阻。

2）P1 口

P1 是一个带内部上拉电阻的 8 位双向 I/O 口。P1 口的输出缓冲级可驱动 4 个 TTL 逻辑门电路。对端口写"1"，通过内部的上拉电阻把端口拉到高电平，此时可作为输入口。作输入口使用时，因为内部存在上拉电阻，某个引脚被外部信号拉低时会输出一个电流。

Flash 编程和程序校验期间，P1 口接收低 8 位地址。P1 口部分引脚的第二功能如表 1.3 所示。

表 1.3 P1 口部分引脚的第二功能

端口引脚	第二功能	第二功能信号名称
P1.5	MOSI	串行数据输入（用于 ISP 编程）
P1.6	MISO	串行数据输出（用于 ISP 编程）
P1.7	SCK	串行时钟输入（用于 ISP 编程）

3）P2 口

P2 口是一个带有内部上拉电阻的 8 位双向 I/O 口。P2 口的输出缓冲级可驱动 4 个 TTL 逻辑门电路。对端口写"1"，通过内部的上拉电阻把端口拉到高电平，此时可作为输出口。作输入口使用时，因为内部存在上拉电阻，某个引脚被外部信号拉低时会输出一个电流。

在访问外部程序存储器或 16 位地址的外部数据存储器（例如执行 MOVX @DPTR 指令）时，P2 口送出高 8 位地址数据。在访问 8 位地址的外部数据存储器（如执行 MOVX @Ri 指令）时，P2 口送出特殊功能寄存器（SFR）中 P2 寄存器的内容。

Flash 编程或程序校验时，P2 亦接收高位地址和其他控制信号。

4）P3 口

P3 口是一组带有内部上拉电阻的 8 位双向 I/O 口。P3 口输出缓冲级可驱动 4 个 TTL 逻辑门电路。对 P3 口写入"1"时，它们被内部上拉电阻拉高，可作为输出端口。作输入端时，被外部拉低的 P3 口将用上拉电阻输出电流。

P3 口除了作为一般的 I/O 口线外，更重要的用途是它的第二功能，如表 1.4 所示。

表 1.4 P3 口各引脚对应的第二功能

端口引脚	第二功能	第二功能信号名称
P3.0	RXD	串行数据接收（输入口）
P3.1	TXD	串行数据发送（输出口）
P3.2	$\overline{INT0}$	外部中断 0 输入，低电平或下降沿有效
P3.3	$\overline{INT1}$	外部中断 1 输入，低电平或下降沿有效
P3.4	T0	定时/计数器 0 外部输入
P3.5	T1	定时/计数器 1 外部输入
P3.6	$\overline{WR}$	外部数据存储器写选通，低电平有效
P3.7	$\overline{RD}$	外部数据存储器读选通，低电平有效

P3 口还接收一些用于 Flash 闪速存储器编程和程序校验的控制信号。

P1、P2、P3 口片内均有固定的上拉电阻，故称为准双向并行 I/O 接口；P0 口片内无固定的上拉电阻，由两个 MOS 管串接，既可开路输出，又可处于高阻的"悬空"状态，故称为双向三态并行 I/O 接口。读者在学完后面的章节后会有更深刻的理解。

以上是对 AT89S51 单片机芯片全部 40 个信号引脚的定义及功能所作的简单说明。对于各种型号的芯片，其引脚的第一功能信号是相同的，所不同的是引脚的第二功能信号。

1.2.3 AT89S51 单片机的内部结构

AT89S51 单片机的内部结构如图 1.4 所示。由图可知，AT89S51 单片机由微处理器（包括运算器和控制器）、片内存储器 RAM/ROM、P0～P3 组成的 I/O 端口以及各种存储器组成的特殊功能寄存器 SFR 和串行接口、定时/计数器、中断系统、振荡器等构成。

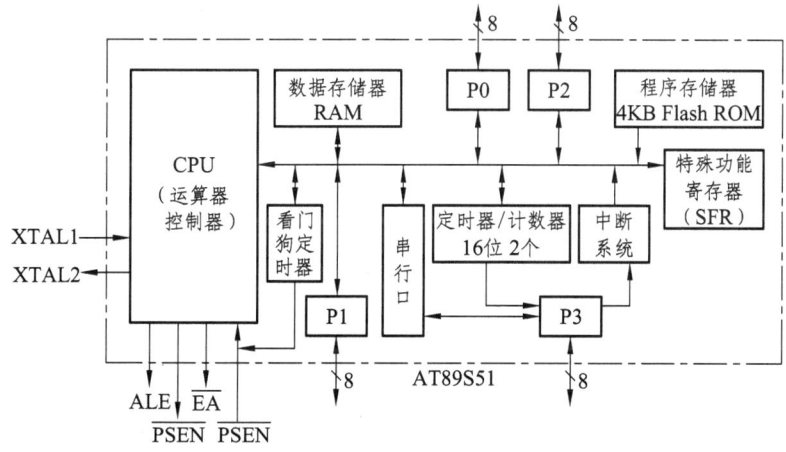

图 1.4 单片机 AT89S51 内部结构框图

1）微处理器（CPU）

微处理器是单片机的核心部分，完成运算和控制功能。AT89S51 的 CPU 能处理 8 位二进制数或代码，它由运算器（包括算术/逻辑运算单元 ALU、累加器 A、寄存器 B、暂存寄存器、程序状态字寄存器 PSW）、控制器（包括指令寄存器 IR、指令译码器 ID、定时及控制逻辑电路）、程序计数器 PC 等组成。

2）片内数据存储器（片内 RAM）

AT89S51 芯片中共有 256 B RAM，但其中高 128 B 被专用寄存器 SFR 占用，能作为寄存器供用户使用的只是低 128 B，地址范围是 00H～7FH，用于存放可读写的数据。因此，通常所说的内部数据存储器是指低 128 B，简称片内 RAM。

3）片内程序存储器（片内 ROM）

AT89S51 芯片中共有 4 KB Flash 闪速存储器，地址范围是 0000H～0FFFH，用于存放程序、原始数据或表格，因此称为程序存储器，简称片内 ROM。

4）定时/计数器

AT89S51 芯片有两个 16 位的定时/计数器，以实现定时或计数功能，并以其定时或计数结果实现控制功能。

5）并行 I/O 口

AT89S51 芯片有 4 个 8 位的 I/O 口（P0、P1、P2、P3），以实现数据的并行输入/输出。

6）串行口

AT89S51 单片机有一个全双工的串行口，以实现单片机和其他设备之间的串行数据传送。该串行口功能较强，既可作为全双工异步通信收发器使用，也可作为同步移位器使用。

7）中断控制系统

AT89S51 单片机的中断功能较强，以满足控制应用的需要。AT89S51 共有 6 个中断源，包括 2 个外部中断源、2 个定时/计数中断源、2 个串行中断源（RXD 或 TXD）。全部中断分为高级和低级两个优先级别，因此构成一个 5 向量两级中断的结构。

8）时钟电路

AT89S51 芯片的内部有时钟电路，但石英晶体和微调电容需外接。时钟电路为单片机产生时钟脉冲序列。系统允许的晶振频率一般为 6～12 MHz。

从上述内容可以看出，AT89S51 虽然是一个单片机芯片，但作为计算机应该具有的基本部件它都具有，因此，实际上它已属于一个简单的微型计算机系统了。

1.3 AT89S51 单片机的存储器配置

存储器的功能是存储信息——程序和数据。存储器按其存取方式可以分成两大类：一类是随机存取存储器（RAM），另一类是只读存储器（ROM）。

对于 RAM，CPU 在运行过程中能随时对其进行写入和读出操作，但在关闭电源时，其存储信息将丢失，所以它只能用来存放暂时性的输入/输出数据、运算的中间结果或用作堆栈。因此,RAM常被称作数据存储器。

ROM是一种写入信息后不能改写只能读出的存储器,断电后,其信息仍保留。ROM用来存放固定的程序或数据,如系统监控程序、常数表格等。所以,ROM常被称作程序存储器。

1.3.1 数据存储器(RAM)

数据存储器分为片内数据存储器(idata区)和片外数据存储器(xdata区)两部分。

AT89S51单片机片内有128 B RAM,地址为00H~7FH,片外最多可扩展64 KB RAM,地址为0000H~FFFFH。片内、片外RAM地址有重叠,可通过不同的指令来区分,所以不会发生冲突。数据存储器的结构如图1.5所示。

1. 片内数据存储器

片内数据存储器的128个单元(00H~7FH)按用途划分为工作寄存器区、位寻址区和用户RAM区三个区域,如图1.6所示。

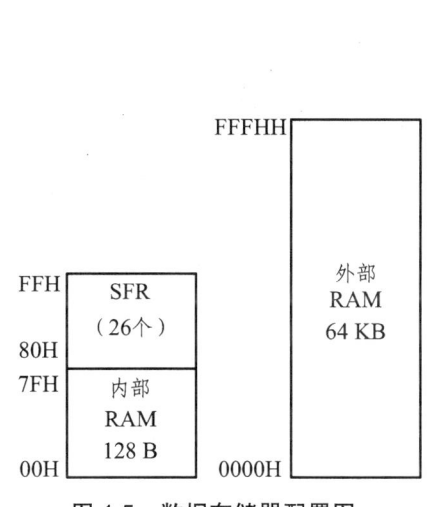

图1.5 数据存储器配置图

图1.6 片内数据存储器的结构

1)工作寄存器区

该区域共有4组寄存器,每组有8个寄存单元,各单元有8位。每组的8个寄存单元都以R0~R7作为编号。寄存器常用于存放操作数及中间结果,由于它们的功能及使用不作预先规定,因此称为通用寄存器,有时也叫工作寄存器。4组通用寄存器占据内部RAM的00H~1F单元地址。

在任一时刻,CPU只能使用4组寄存器中的1组,并且把正在使用的那组寄存器称为当前寄存器组。到底是哪一组,由程序状态字寄存器PSW中的RS1、RS0的状态组合来决定(见SFR中的PSW)。

通用寄存器为CPU提供了就近存储数据的功能,有利于提高单片机的运算速度。此外,使用通用寄存器还能提高程序编制的灵活性,因此在单片机的应用编程中应充分地利用这些寄存器,以简化程序设计,提高程序运行速度。

2）位寻址区（bdata 区）

片内 RAM 的 20H~2FH 单元，既可以作为一般的 RAM 单元，进行字节操作，也可以对单元中每一位进行位操作，因此把该区域称为位寻址区。位寻址区共有 16 个 RAM 单元字节，计 128 位，各位地址为 00H~7FH。MCS-51 具有布尔处理机的功能，位寻址区可以构成布尔处理机的存储空间。这种位寻址区是 51 系列单片机的一个重要特点。表 1.5 为位寻址区的位地址表。

表 1.5 片内 RAM 位寻址区的位地址表

字节地址	位 地 址							
	D7	D6	D5	D4	D3	D2	D1	D0
2FH	7FH	7EH	7DH	7CH	7BH	7AH	79H	78H
2EH	77H	76H	75H	74H	73H	72H	71H	70H
2DH	6FH	6EH	6DH	6CH	6BH	6AH	69H	68H
2CH	67H	66H	65H	64H	63H	62H	61H	60H
2BH	5FH	5EH	5DH	5CH	5BH	5AH	59H	58H
2AH	57H	56H	55H	54H	53H	52H	51H	50H
29H	4FH	4EH	4DH	4CH	4BH	4AH	49H	48H
28H	47H	46H	45H	44H	43H	42H	41H	40H
27H	3FH	3EH	3DH	3CH	3BH	3AH	39H	38H
26H	37H	36H	35H	34H	33H	32H	31H	30H
25H	2FH	2EH	2DH	2CH	2BH	2AH	29H	28H
24H	27H	26H	25H	24H	23H	22H	21H	20H
23H	1FH	1EH	1DH	1CH	1BH	1AH	19H	18H
22H	17H	16H	15H	14H	13H	12H	11H	10H
21H	0FH	0EH	0DH	0CH	0BH	0AH	09H	08H
20H	07H	06H	05H	04H	03H	02H	01H	00H

3）用户 RAM 区

在片内 RAM 的 128 个单元中，通用寄存器占了 32 个单元，位寻址区占了 16 个单元，剩下 80 个单元，就是供用户使用的一般 RAM 区，其单元地址为 30H~7FH。

对用户 RAM 区的使用没有任何规定和限制，但在实际使用中，常需在 RAM 区设置堆栈。这在编程中使用 RAM 单元时应特别注意，不要和栈区单元混淆。

2. 片外数据存储器

当片内 128 B 的 RAM 不够用时，51 单片机可扩充片外 RAM，最多可扩充 64 KB 的 RAM（xdata 区）。当需要扩充片外 RAM 时，低 8 位地址 A7~A0 和 8 位数据 D7~D0 由 P0 口分时传送，高 8 位地址 A15~A8 由 P2 口传送。因此，只有在没有扩展片外存储器的系统中，P0 口和 P2 口的每一位才可作双向 I/O 端口使用。

1.3.2 特殊功能寄存器（SFR）

内部数据存储器高 128 单元是供专用寄存器使用的，其单元地址为 80H～FFH，如图 1.5 所示。有 26 个专用寄存器的地址分散地分布在 80H～FFH 的地址空间中，只占用了高 128 单元中的 26 个单元。因这些寄存器的功能已作专门规定，故称之为专用寄存器，也可称为特殊功能寄存器（Special Function Register，SFR）。其地址如表 1.6 所示。

表 1.6 SFR 地址表

序号	SFR 符号	名称	字节地址	复位值	可否位寻址
1	B	B 寄存器	F0H	00H	√
2	A	累加器	E0H	00H	√
3	PSW	程序状态寄存器	D0H	00H	√
4	IP	中断优先级控制寄存器	B8H	××00 0000B	√
5	P3	P3 口锁存寄存器	B0H	FFH	√
6	IE	中断允许控制寄存器	A8H	0×00 0000B	√
7	WDTRST	看门狗复位寄存器	A6H	×××× ××××B	×
8	AUXR1	辅助寄存器	A2H	×××× ×××0B	×
9	P2	P2 口锁存寄存器	A0H	FFH	√
10	SBUF	串行口数据缓冲器	99H	×××× ××××B	×
11	SCON	串行口控制寄存器	98H	00H	√
12	P1	P1 口锁存寄存器	90H	FFH	√
13	AUXR	辅助寄存器	8EH	×××0 0××0B	×
14	TH1	定时/计数器 1（高字节）	8DH	00H	×
15	TH0	定时/计数器 0（高字节）	8CH	00H	×
16	TL1	定时/计数器 1（低字节）	8BH	00H	×
17	TL0	定时/计数器 0（低字节）	8AH	00H	×
18	TMOD	定时/计数器工作方式状态寄存器	89H	00H	×
19	TCON	定时/计数器控制寄存器	88H	00H	√
20	PCON	电源控制寄存器	87H	0××× 0000B	×
21	DP1H	数据指针 DPTR1 的高字节	85H	00H	×
22	DP1L	数据指针 DPTR1 的低字节	84H	00H	×
23	DP0H	数据指针 DPTR0 的高字节	83H	00H	×
24	DP0L	数据指针 DPTR0 的低字节	82H	00H	×
25	SP	堆栈指针	81H	07H	×
26	P0	P0 口锁存寄存器	80H	FFH	√

现对 SFR 的字节寻址问题作如下几点说明：

（1）26 个可字节寻址的 SFR 不连续地分散在内部 RAM 高 128 单元之中，尽管还余有许多空闲地址，但用户并不能使用。

（2）程序寄数器 PC 不占据 RAM 单元，它在物理上是独立的，是不可寻址的寄存器。

（3）对 SFR 只能使用直接的寻址方式，书写时既可使用寄存器符号，也可使用寄存器单元地址。

AT89S51 系列单片机的 26 个 SFR 中有 11 个是可以位寻址的。可以位寻址的 SFR 的位地址如表 1.7 所示。

表 1.7 可进行位寻址的 SFR 的分布

SFR	位地址/位定义								字节地址
	D7	D6	D5	D4	D3	D2	D1	D0	
B0	F7H	F6H	F5H	F4H	F3H	F2H	F1H	F0H	F0H
ACC	E7H	F6H	E5H	E4H	E3H	E2H	E1H	E0H	E0H
PSW	D7H	D6H	D5H	D4H	D3H	D2H	D1	D0H	D0H
	CY	AC	F0	RS1	RS0	OV	F1	P	
IP	BFH	BEH	BDH	BCH	BBH	BAH	B9H	B8H	B8H
	—	—	—	PS	PT1	PX1	PT0	PX0	
P3	B7H	B6H	B5H	B4H	B3H	B2H	B1H	B0H	B0H
	P3.7	P3.6	P3.5	P3.4	P3.3	P3.2	P3.1	P3.0	
IE	AFH	AEH	ADH	ACH	ABH	AAH	A9H	A8H	A8H
	EA	—	—	ES	ET1	EX1	ET0	EX0	
P2	A7H	A6H	A5H	A4H	A3H	A2H	A1H	A0H	A0H
	P2.7	P2.6	P2.5	P2.4	P2.3	P2.2	P2.1	P2.0	
SCON	9FH	9EH	9DH	9CH	9BH	9AH	99H	98H	98H
	SM0	SM1	SM2	REN	TB8	RB8	TI	RI	
P1	97H	96H	95H	94H	93H	92H	91H	90H	90H
	P1.7	P1.6	P1.5	P1.4	P1.3	P1.2	P1.1	P1.0	
TCON	8FH	8EH	8DH	8CH	8BH	8AH	89H	88H	88H
	TF1	TR1	TF0	TR0	IE1	IT1	IE0	IT0	
P0	87H	86H	85H	84H	83H	82H	81H	80H	80H
	P0.7	P0.6	P0.5	P0.4	P0.3	P0.2	P0.1	P0.0	

AT89S51 共有 26 个专用寄存器，现对其中一部分作简单说明：

（1）程序计数器 PC（Program Counter）。PC 是一个 16 位的计数器，它的作用是控制程序的执行顺序。其内容为下一条要执行指令的地址，寻址范围达 64 KB。PC 有自动加 1 的功能，从而实现程序的顺序执行。PC 没有地址，是不可寻址的，因此用户无法对它进行读/写操作，但可以通过转移、调用、返回等指令改变其内容，以实现程序的转移。因地址不在 SFR 内，一般不计作专用寄存器。

（2）累加器 ACC（Accumulator）。累加器为 8 位寄存器，是最常用的专用寄存器，功能较多，地位重要。它既可用于存放操作数，也可用来存放运算的中间结果。51 单片机中大部分单操作数指令的操作数就取自累加器，许多双操作数指令中的一个操作数也取自累加器。

（3）B 寄存器。B 寄存器也是一个 8 位寄存器，主要用于乘除运算。乘法运算时，B 存乘数，乘法操作后，乘积的高 8 位存于 B 中；除法运算时，B 存除数，除法操作后，余数存于 B 中。此外，B 寄存器也可作为一般寄存器使用。

（4）程序状态字 PSW（Program Status Word）。程序状态字是一个 8 位寄存器，用于存放程序运行中的各种状态信息。其字节地址为 D0H。其中有些位的状态是根据程序执行结果，由硬件自动设置的，而有些位的状态则使用软件方法设定。PSW 的位状态可以用专门指令进行测试，也可以用指令读出。一些条件转移指令根据 PSW 某些位的状态进行程序转移。PSW 的各位定义如表 1.8 所示。

表 1.8　PSW 的各位定义

位地址	D7H	D6H	D5H	D4H	D3H	D2H	D1H	D0H
位名称	CY	AC	F0	RS1	RS0	OV	F1	P

除 PSW.1 位保留未用外，其余各位的定义及使用如下：

➢ CY（PSW.7）：进位标志位。CY 是 PSW 中最常用的标志位。其功能有二：一是存放算术运算的进位标志，在进行加或减运算时，如果操作结果的最高位有进位或借位，CY 由硬件置"1"，否则清"0"；二是在位操作中作累加位使用。位传送、位与、位或等位操作，进位标志位是固定的操作位之一。

➢ AC（PSW.6）：辅助进位标志位。在进行加或减运算时，若低 4 位向高 4 位进位或借位，AC 由硬件置"1"，否则 AC 位清"0"。在 BCD 码调整中也要用到 AC 位状态。

➢ F0（PSW.5）：用户标志位。这是一个供用户定义的标志位，需要利用软件方法置位或复位，用于控制程序的转向。

➢ RS1 和 RS0（PSW.4、PSW.3）：工作寄存器组选择位。它们被用于选择 CPU 当前使用的通用寄存器组。通用寄存器共有 4 组，其对应关系如表 1.9 所示。

表 1.9　通用寄存器组的选择

RS1	RS0	寄存器组	片内 RAM 地址
0	0	第 0 组	00H ~ 07H
0	1	第 1 组	08H ~ 0FH
1	0	第 2 组	10H ~ 17H
1	1	第 3 组	18H ~ 1FH

这两个选择位的状态是由软件设置的，被选中的寄存器组即为当前通用寄存器组。当单片机上电或复位后，RS1 RS0 = 00。

➢ OV（PSW.2）：溢出标志位。在带符号数加减运算中，OV = 1 表示加减运算超出了累加器 A 所能表示的符号数有效范围（ - 128 ~ + 127），即产生了溢出，因此运算结果是错误的；OV = 0 表示运算正确，即无溢出产生。

在乘法运算中，OV = 1 表示乘积超过 255，即乘积分别在 B 与 A 中；OV = 0 表示乘积只在 A 中。

在除法运算中，OV = 1 表示除数为 0，除法不能进行；OV = 0 表示除法可正常进行。

➢ P（PSW.0）：奇偶标志位，表明累加器 A 中内容的奇偶性。如果 A 中有奇数个"1"，则 P 置"1"，否则置"0"。凡是改变累加器 A 中内容的指令均会影响 P 标志位。

该标志位对串行通信中的数据传输有重要的意义，在串行通信中常采用奇偶校验的办法来校验数据传输的可靠性。

（5）双数据指针寄存器 DPTR (Data Pointer Registers)。为更方便地访问内部和外部数据存储器，AT89S51 单片机提供了两个 16 位数据指针寄存器：DPTR0 位于 SFR 区块中的地址 82H、83H，DPTR1 位于地址 84H、85H。但在某一时刻，只能使用其中一个作为数据指针，并由辅助寄存器 1（AUXR1）的位 DPS 控制。DPS = 0，选择 DPTR0 的两个 8 位的寄存器构成数据指针；DPS = 1，选择 DPTR1 的两个 8 位的寄存器构成数据指针。

统一用 DPH 表示 DPTR 的高 8 位，用 DPL 表示低 8 位。可以对 16 位进行整体操作，也可以分开按 8 位操作。在实际的应用中，DPTR 一般用来存放 ROM 空间或外部 RAM 空间的地址。

（6）堆栈指针 SP (Stack Pointer)。堆栈是一个特殊的存储区，用来暂存数据和地址，它是按"先进后出"的原则存取数据的。堆栈共有两种操作：进栈和出栈。

由于 51 单片机的堆栈设在内部 RAM 中，因此 SP 是一个 8 位寄存器。系统复位后，SP 的内容为 07H，使得堆栈实际上是从 08H 单元开始的，但 08H ~ 1FH 单元分别属于工作寄存器 1 ~ 3 区，如果程序要用到这些区，最好把 SP 值改为更大的值。一般在内部 RAM 的 30H ~ 7FH 单元中开辟堆栈。SP 的内容一经确定，堆栈的位置也就跟着确定下来。由于 SP 可初始化为不同的值，因此，堆栈位置是浮动的。

这里只集中介绍了几个专用寄存器，其余的专用寄存器（如 P0 ~ P3、TCON、TMOD、IE、IP、SCON、PCON、SBUF 等）将在以后章节中陆续介绍。

1.3.3 程序存储器（ROM）

51 单片机的程序存储器用于存放编好的程序和表格常数。程序存储器分为片内、片外程序存储器(程序存储器合称 code 区)。AT89S51 单片机的片内有 4 KB Flash，地址为 0000H ~ 0FFFH，片外最多能扩展 64 KB 程序存储器。程序存储器的结构如图 1.7 所示。

片内、片外 ROM 是统一编址的。$\overline{EA}$ 端保持高电平时，若程序计数器 PC 在 0000H ~ 0FFFH 地址范围内（即前 4 KB 地址），执行片内 ROM 中的程序；若 PC 在 1000H ~ FFFFH 地址范围内，自动执

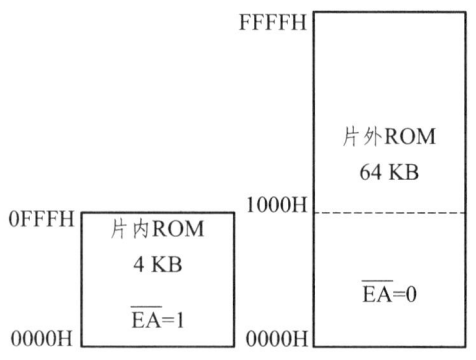

图 1.7 程序存储器的结构

行片外程序存储器中的程序。$\overline{EA}$端保持低电平时，只能寻址外部程序存储器，片外存储器可以从 0000H 开始编址。

小知识

常见的 ROM 有如下几种：

（1）掩膜式 ROM。生产厂家在生产过程中通过二次光刻版图（掩膜），将用户提供的程序清单（二进制代码）固化在 ROM 中，故称掩膜 ROM。掩膜 ROM 一旦将信息固化后，就只能读出不能再改写了。

（2）一次性可编程只读存储器 PROM。可由用户通过专用编程器（烧写器）把用户信息固化进去。一经固化后只能读出不能再改写。

（3）可反复擦写的 ROM。根据其擦写方式分为以下几种：

① 紫外光擦写 EPROM：对 EPROM 进行程序固化时，先要用紫外灯照射擦除片内的信息，然后用万能编程器编程。EPROM 在芯片封装时顶部有一个石英玻璃窗口，要擦除片内信息时，将芯片放在专门的紫外灯下通过窗口照射 15~20 分钟，全部存储单元的"0"变为"1"。也就是说，片内所有存储单元为"1"时，表示信息擦除正常，可以重新写入程序。

② 可电擦写 EEPROM：可在线擦写，无须专门的编程器和擦除器。在写入一个字节的指令代码或数据之前，自动地对所写单元进行先擦除再写入。此类芯片为 28 系列。

EEPROM 还有串行数据转送方式的，如 ATMEL 公司的 AT24 系列。

③ 电可擦写闪速只读存储器（闪速 FLASH）：擦写速度很快、很方便；可随机擦写，且掉电数据信息不丢失；既可存放指令代码又可存放数据。

---

51 单片机程序存储器有些单元具有特殊功能，使用时应予以注意。其中一组特殊单元为 0000H~0002H。系统复位后，（PC）= 0000H，单片机从 0000H 单元开始取指令执行程序。如果程序不从 0000H 单元开始，应在这三个单元中存放一条无条件转移指令，以便直接转去执行指定的程序。

还有一组特殊的单元是 0003H~002AH，共 40 个单元。这 40 个单元被均匀地分为 5 段，作为 5 个中断向量的中断地址区。其中：

0003H~000AH　外部中断 0 中断地址区；
000BH~0012H　定时/计数器 0 中断地址区；
0013H~001AH　外部中断 1 中断地址区；
001BH~0022H　定时/计数器 1 中断地址区；
0023H~002AH　串行口中断地址区。

中断响应后，按中断种类，自动转到各中断区的首地址区执行程序，因此在中断地址区中理应存放中断服务程序。通常情况下，8 个单元难以存下一个完整的中断服务程序，因此也通常从中断地址区首地址开始存放一条无条件转移指令，以便中断响应后，通过中断地址区再转到中断服务程序的实际入口地址。

小提示

为了在单片机 C 语言程序设计中,让用户无须考虑程序的存放地址,编译程序会在编译过程中按照上述规定自动安排程序的存放地址。例如:C 语言是从 main() 函数开始执行的,编译器会在程序存储器的 0000H 处自动存放一条指令,跳转到 main() 函数存放的地址;中断函数也会按照中断类型号,自动由编译程序安排存放在程序存储器相应的地址中。因此,读者只需了解程序存储器的结构就可以了。

1.4 单片机最小系统

1.4.1 单片机最小系统的组成

单片机最小系统,或者称为最小应用系统,是指用最少的元件组成的可以工作的单片机系统。对 51 系列单片机来说,最小系统一般应该包括:单片机、晶振电路、复位电路。图 1.8 是 51 系列单片机最小系统的电路原理图。

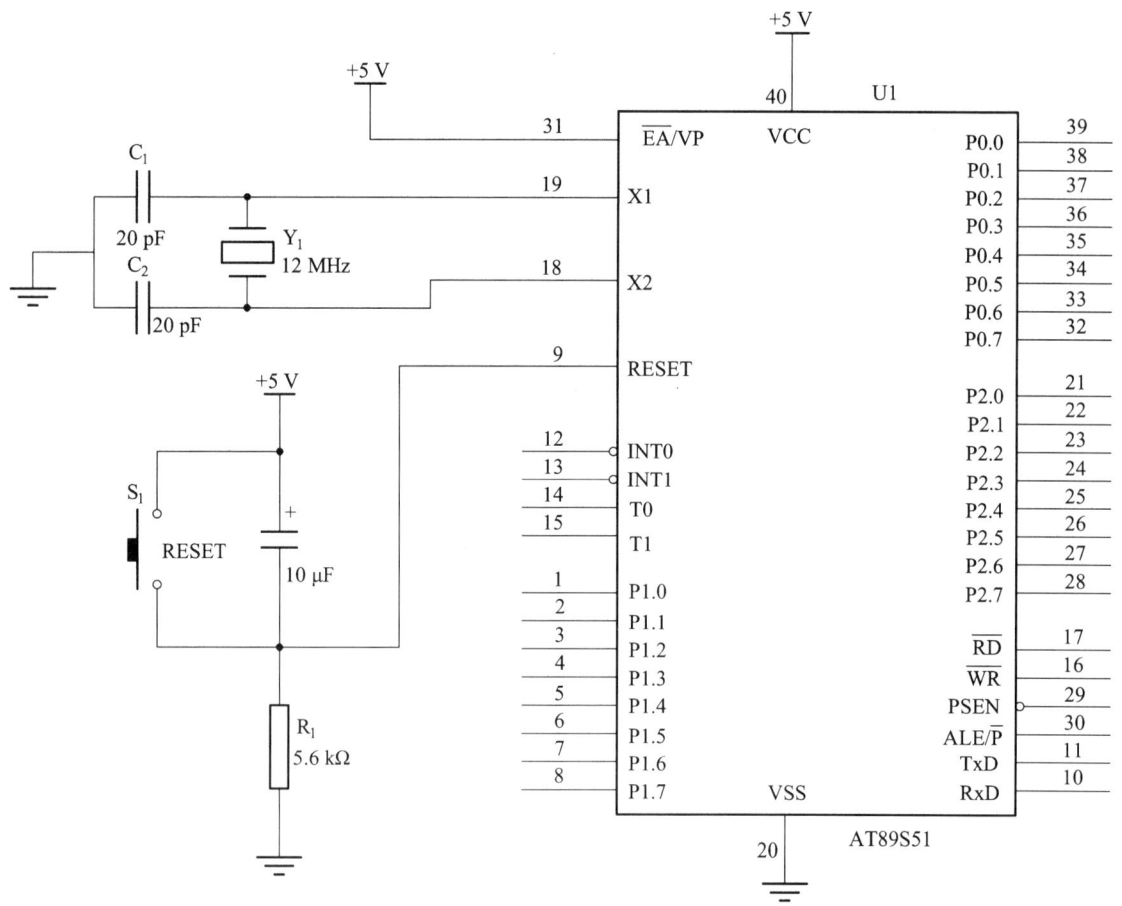

图 1.8 51 系列单片机最小系统

1.4.2 时钟电路与 CPU 时序

时钟电路用于产生单片机工作所需要的时钟信号，而时序所研究的是指令执行中各信号之间的相互关系。单片机本身就如一个复杂的同步时序电路，为了保证同步工作方式的实现，电路应在唯一的时钟信号控制下严格地按时序进行工作。

1. 时钟电路

1）时钟电路的产生

在 51 单片机芯片内部有一个高增益反相放大器，其输入端为芯片引脚 XTAL1，输出端为引脚 XTAL2。在芯片的外部，XTAL1 和 XTAL2 之间跨接晶体振荡器和微调电容，从而构成一个稳定的自激振荡器，即单片机的时钟电路，如图 1.9 所示。

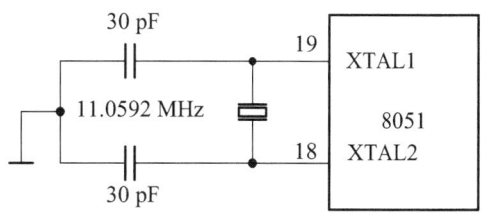

时钟电路产生的振荡脉冲经过触发器进行二分频之后，才成为单片机的时钟脉冲信号。请读者特别注意时钟脉冲与振荡脉冲之间的二分频关系，否则会造成概念上的错误。

图 1.9 时钟振荡电路

一般地，电容 C1 和 C2 取 30 pF 左右，晶体的振荡频率范围是 3～33 MHz。晶体振荡频率越高，则系统的时钟频率越高，从而单片机运行速度也就越快。通常情况下，AT89S51 的应用振荡频率为 6 MHz 或 12 MHz。

2）引入外部脉冲信号

在由多片单片机组成的系统中，为了各单片机之间时钟信号的同步，应当引入唯一的公用外部脉冲信号作为单片机的振荡脉冲。这时，对于 HMOS 和 CHMOS 型单片机，外部时钟电路稍有不同，如图 1.10 所示。

（1）HMOS 型单片机外部振荡电路。

HMOS 型单片机外部振荡电路如图 1.10（a）所示。外部的脉冲信号经 XTAL2 引脚注入，XTAL1 引脚接地。注意 XTAL2 引脚不是 TTL 电平，要接上拉电阻。

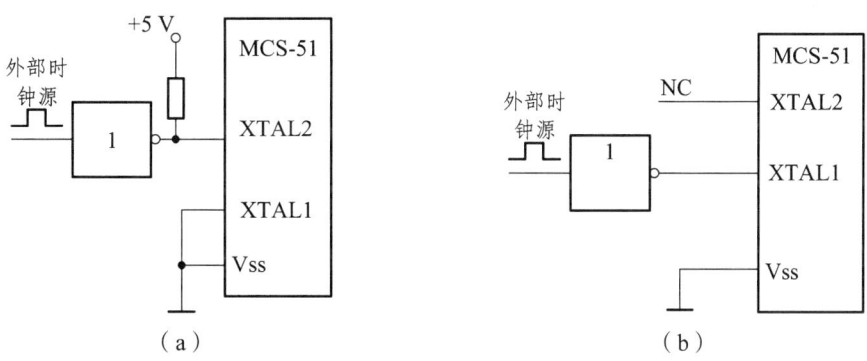

图 1.10 外部时钟源接法

（2）CHMOS 型单片机外部振荡电路。

CHMOS 型单片机外部振荡电路如图 1.10（b）所示。外部的脉冲信号经 XTAL1 引脚注入，XTAL2 引脚悬空。由于 AT89S51 是 CHMOS 型单片机，因此采用图 1.10（b）所示的外部时钟源接法。

2. CPU 时序

时序是用定时单位来说明的。51 单片机的时序单位共有 4 个，从小到大依次是：节拍、状态、机器周期和指令周期。各种周期的相互关系如图 1.11 所示。

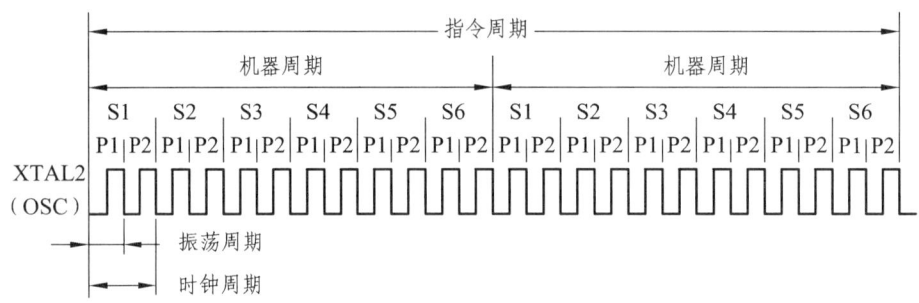

图 1.11　51 单片机各种周期的相互关系

1）节拍与状态

把振荡脉冲的周期定义为节拍（用 P 表示）。振荡脉冲经过二分频后，就是单片机的时钟信号周期，将其定义为状态（用 S 表示）。

这样，一个状态包含两个节拍，与前半周期对应的节拍为节拍 1（P1），与后半周期对应的节拍为节拍 2（P2）。

2）机器周期

51 单片机采用定时控制方式，因此它有固定的机器周期。规定一个机器周期的宽度为 6 个状态，并依次表示为 S1～S6。由于一个状态又包括两个节拍，因此，一个机器周期总共有 12 个节拍，分别记作 S1P1，S1P2，…，S6P2。一个机器周期共有 12 个振荡脉冲周期，因此机器周期就是振荡脉冲的 12 分频。

当振荡脉冲频率为 12 MHz 时，一个机器周期为 1 μs；当振荡脉冲频率为 6 MHz 时，一个机器周期为 2 μs。

3）指令周期

指令周期是最大的时序定时单位，是指执行一条命令所需要的时间。它一般由若干个机器周期组成。不同的指令，所需要的机器周期数也不相同。通常，包含一个机器周期的指令称为单周期指令，包含两个机器周期的指令称为双周期指令。

指令的执行速度与指令所包含的机器周期有关，机器周期数越少的指令，其执行的速度越快。AT89S51 单片机的指令通常可以分为单周期指令、双周期指令和四周期指令三种。四周期指令只有乘法指令和除法指令两条，其余都为单周期和双周期指令。

1.4.3 单片机的复位电路

单片机复位是使 CPU 和系统中的其他功能部件都处在一个确定的初始状态,并从该状态开始工作。例如,复位后 PC = 0000H,使单片机从第一个单元取指令。无论是在单片机刚开始接上电源时,还是断电后或者发生故障后,都要进行复位,所以必须弄清楚 51 单片机复位的条件、复位电路和复位后状态。

单片机复位的条件是:使 RST/VPD 引脚加上持续两个机器周期(即 24 个振荡周期)的高电平。例如,若时钟频率为 12 MHz,则每个机器周期为 1 μs,只需 2 μs 以上时间的高电平。在 RST 引脚出现高电平后的第二个机器周期,单片机执行复位。单片机常见的复位电路如图 1.12 所示。

图 1.12(a)所示为上电复位电路,它是利用电容充电来实现的。在接通电源瞬间,RESET 端的电位与 VCC 相同,随着充电电流的减少,RESET 的电位逐渐下降。只要保证 RESET 为高电平的时间大于两个机器周期,便能正常复位。

图 1.12(b)所示为按键复位电路。该电路除了具有上电复位功能,还可以在使用过程中复位。按 RESET 键,此时 VCC 经电阻 R1、R2 分压,在 RESET 端产生一个复位高电平。

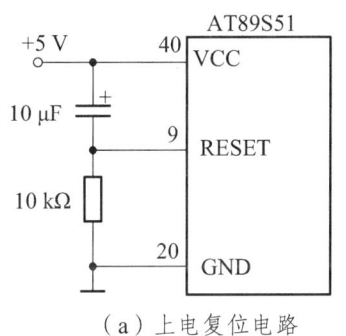
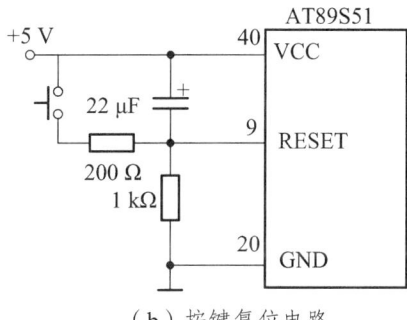

(a)上电复位电路　　　　　　　　　(b)按键复位电路

图 1.12　单片机常见复位电路

知识梳理与总结

本章介绍了 AT89S51 单片机芯片的硬件结构及工作特性。它由 1 个 8 位 CPU,1 个片内振荡器及时钟电路,4 KB ROM,128 B 片内 RAM,26 个特殊功能寄存器,2 个 16 位定时/计数器,4 个 8 位并行 I/O 口,1 个串行口和 6 个中断源等电路组成。芯片共有 40 个引脚,除了电源、地、2 个时钟输入/输出脚以及 32 个 I/O 引脚外,还有 4 个控制引脚:ALE(低 8 位地址锁存允许)、$\overline{\text{PSEN}}$(片外 ROM 读选通)、RST(复位)、$\overline{\text{EA}}$(片内外 ROM 选择)。

AT89S51 单片机片内有 128 B 的 RAM(00H~7FH),可分为工作寄存器区(00H~1FH)、位寻址区(20H~2FH)和数据缓冲器(30H~7FH)。

AT89S51 单片机片内 RAM 的高 128 B(80H~FFH)单元分散地分布了 26 个专用寄存器,具有特殊的用途和功能。

AT89S51 单片机有 4 个 8 位的并行 I/O 口,它们在结构和特性上基本相同。当片外扩展 RAM 和 ROM 时,P0 口分时传送低 8 位地址和 8 位数据,P2 口传送高 8 位地址,P3 口常用于第二功能,通常情况下只有 P1 口用作一般的输入/输出引脚。

指挥单片机有条不紊地工作的是时钟脉冲，执行指令均按一定的时序操作。我们必须掌握节拍、状态、机器周期、指令周期的概念，了解时钟电路以及复位条件、复位电路、复位后的状态。

习题 1

1.1 单项选择题

（1）51 单片机的 CPU 主要的组成部分为_____。
  A. 运算器，控制器   B. 加法器，寄存器
  C. 运算器，寄存器   D. 运算器，指令译码器

（2）51 单片机有四个工作寄存器区，由 PSW 状态字中的 RS1、RS0 两位的状态来决定，若 RS1 RS0 = 10，此时只能使用_____的工作寄存器。
  A. 0 区   B. 1 区   C. 2 区   D. 3 区

（3）09H 位所在的单元地址是_____。
  A. 02H   B. 21H   C. 08H   D. 20H

（4）程序计数器 PC 用来_____。
  A. 存放指令   B. 存放上一条的指令地址
  C. 存放下一条的指令地址   D. 存放正在执行的指令地址

（5）单片机复位后，程序计数器 PC 的内容为_____。
  A. 0000H   B. 0003H   C. 000BH   D. 0800H

1.2 问答题

（1）什么是单片机？什么是单片机应用系统？两者有什么区别？
（2）AT89S51 单片机芯片控制线有几根？每一根控制线的作用是什么？
（3）单片机特殊功能寄存器有哪些？主要作用是什么？
（4）AT89S51 单片机片内 RAM 的组成是如何划分的？各有什么功能？
（5）简述程序状态寄存器 PSW 各位的含义。单片机如何确定和改变当前的工作寄存器区？
（6）什么是堆栈？堆栈的作用是什么？堆栈指针（SP）的作用是什么？
（7）在 AT89S51 单片机 ROM 空间中，0003H～002BH 有什么用途？用户应怎样合理安排？
（8）当单片机外部扩展 RAM 和 ROM 时，P0 口、P1 口、P2 口、P3 口各起何作用？
（9）画出 AT89S51 单片机时钟电路，并指出石英晶体和电容的取值范围。
（10）画出 AT89S51 单片机典型复位电路。
（11）振荡周期、时钟周期、机器周期、指令周期的含义是什么？
（12）AT89S51 单片机常用的复位方法有几种？应注意什么事项？画出电路图并说明其工作原理。

第2章 51单片机的指令系统

计算机需要硬件和软件的配合才能正常运行。软件是由能够提供所要求功能和性能的指令组成。指令系统是指计算机所能执行的全部指令的集合，它描述了计算机内全部的控制信息和"逻辑判断"能力。不同计算机的指令系统所包含指令的种类和数目也不同。本章将介绍51系列单片机汇编语言及其指令系统。

【教学导航】

教	知识重点	1. 单片机指令格式； 2. 单片机各类指令； 3. 单片机汇编语言程序设计
	知识难点	1. 单片机各类指令的使用； 2. 实际问题的汇编语言程序设计
	推荐教学方式	理论讲授，调试演示
	建议学时	2学时
学	推荐学习方法	上机实践
	必须掌握的理论知识	单片机指令系统各类指令的使用方法
	必须掌握的技能	利用单片机汇编语言设计程序

2.1 51单片机指令系统概述

在计算机中，所有的指令、数据都是用二进制代码来表示的。这种用二进制代码表示的指令系统称为机器语言(machine language)，用机器语言编写的程序称为机器语言程序或"目标程序"(object program)。为了书写方便，二进制代码常用十六进制代码表示。对于计算机，机器语言能被直接识别并快速执行。但对于使用者，这种用机器语言编写的程序很难识别和记忆，容易出错。为了克服这些缺点，我们常使用汇编语言和高级语言。用英文助记符表示指令系统的语言称为汇编语言(assembly language)。每一条汇编语言指令对应一条机器语言指令，所以运行速度快，占用内存空间小，在工业控制中被广泛采用。本章就用51系列单片机的汇编语言来描述其指令系统。

汇编语言指令的一般格式如下：

[标号:] 操作码助记符 [操作数1,] [操作数2,] [操作数3,] [;注释]

其中，操作码助记符为每条指令必须有的，带[ ]的为可选项，可有可无。

标号表示该指令位置的符号地址，代表该指令第一个字节所存放的存储器单元的地址，不需要提前定义。它是以英文字母开始的由1~8个字母或者数字组成的字符串，并以":"结尾。

操作码助记符一般是指令功能的英文缩写或部分字母。它是指令的核心部分，不能缺省。例如：ADD 是加法的助记符，MOV 是传送的助记符。

操作数表示指令操作所需要的操作数或者操作数的地址。指令的操作数可以是 1 个、2 个或者 3 个，也可以没有。例如：NOP 指令就没有操作数。操作数之间以","分隔，操作码与操作数之间以空格" "分隔。注释字段是用户给该条指令或该程序的功能说明，是为了方便阅读程序的一种标注。注释以";"开始，不影响该指令的执行。

在描述 51 单片机指令系统的功能时，规定了一些描述寄存器、地址及数据等的符号，如表 2.1 所示。

表 2.1　51 单片机指令系统常用符号约定含义

符号	含 义
Rn	当前选中的工作寄存器组 R0～R7（n＝0～7）。它在片内数据存储器中的地址由 PSW 中的 RS1、RS0 确定，可以是 00H～07H（第 0 组）、08H～0FH（第 1 组）、10H～17H（第 2 组）、18H～1FH（第 3 组）
Ri	当前选中的工作寄存器组中可作为地址指针的 2 个工作寄存器 R0、R1（i＝0 或 1）。它在片内数据存储器中的地址由 RS0、RS1 确定，分别为 00H、01H；08H、09H；10H、11H；18H、19H
#data	8 位立即数，即包含在指令中的 8 位常数
#data16	16 位立即数，即包含在指令中的 16 位常数
direct	8 位片内 RAM 单元（包括 SFR）的直接地址。对于 SFR，此地址可以直接用它的名称来表示，例如 ACC（此时不能用 A 代替）、PSW、P0 等
addr11	11 位目的地址，用于 ACALL 和 AJMP 指令中。目的地址必须与下一条指令第 1 个字节在同一个 2 KB 程序存储器地址空间之内
addr16	16 位目的地址，用于 LCALL 和 LJMP 指令中。目的地址在 64 KB 程序存储器地址空间内
rel	补码形式的 8 位地址偏移量，用于相对转移指令中。偏移量以下一条指令第 1 个字节地址为基值，偏移范围为 －128～＋127
bit	片内 RAM 或特殊功能寄存器的直接寻址位地址
@	在间接寻址方式中，表示间址寄存器的符号
/	在位操作指令中，表示对该位先取反，再参与操作，但不影响该位原值

2.2　寻址方式

执行任何一条指令都需要使用操作数（空操作除外）。寻址方式是指寻找操作数所在地址的方式。51 系列单片机有以下 7 种寻址方式：立即寻址、直接寻址、寄存器寻址、寄存器间接寻址、变址寻址、位寻址和相对寻址。

1. 立即寻址

立即寻址指在该指令中直接给出参与操作的常数（称为立即数）。立即数用"#"与直接地址相区别。

例 2.1 执行如下 8 位传送指令，执行过程如图 2.1 所示。

  MOV A, #3AH   ;把立即数 3AH 送入累加器 A 中，
         ;执行后 A 的值为 3AH。

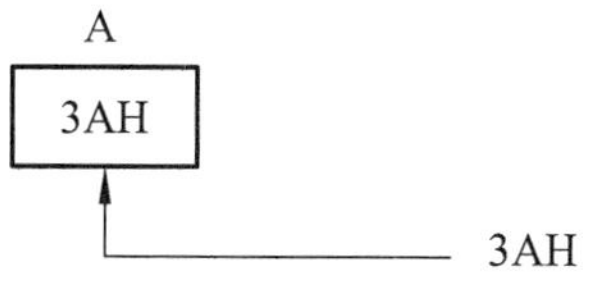

例 2.2 执行如下位传送指令：

  MOV DPTR, #1234H   ;该指令是把 16 位立即数 1234H
         ;送入数据指针 DPTR 中。DPTR 由两个特殊功能寄存器 DPH 和
         ;DPL 组成。
         ;立即数的高 8 位 12H 送入 DPH 中，低 8 位 34H 送入 DPL 中。

图 2.1 立即数寻址示意图

2. 直接寻址

直接寻址就是在指令中直接给出操作数所在存储单元的地址。该地址指出了参与操作的数据所在的字节地址或者是位地址。在 51 单片机中，直接地址只能用来表示特殊功能寄存器、内部数据存储器和位地址空间。其中，特殊功能寄存器和位地址空间只能用直接寻址方式来访问。

例 2.3 设内部 RAM 3AH 单元的内容是 88H，如下指令的执行过程如图 2.2 所示。

    MOV A, 3AH   ;把内部 RAM 的 3AH 单
          ;元的内容送入 A 中。执行
          ;后 A 的值为 88H。

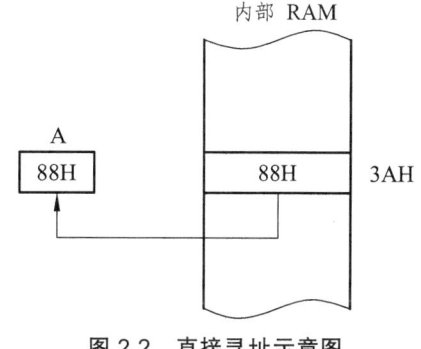

图 2.2 直接寻址示意图

3. 寄存器寻址

在指令中指出某个寄存器（Rn，A，B 和 DPTR 等）中的内容作为操作数，这种寻址方式称为寄存器寻址。采用寄存器寻址可以获得较高的运算速度。

例 2.4 设累加器 A 的内容为 20H，如下指令的执行过程如图 2.3 所示。

    MOV R1, A   ;把累加器 A 的内容送入寄存器 R1 中。执行后 R1 的值为 20H。

4. 寄存器间接寻址

寄存器间接寻址是指把指令中指定的寄存器的内容作为操作数的地址，把该地址对应单元中的内容作为操作数。这种寻址方式适于访问内部 RAM 和外部 RAM。为了区别于寄存器寻址，在寄存器间接寻址中，应在寄存器名称的前面加间址符"@"。

在访问内部 RAM 的 00H～7FH 地址单元时，用当前工作寄存器 R0 或 R1 作地址指针来间接寻址。对于栈操作指令 PUSH 和 POP，则用堆栈指针 SP 进行寄存器间接寻址。

在访问外部 RAM 的页内 256 个单元（00H～FFH）时，用 R0 或 R1 工作寄存器来间接寻址。在访问外部 RAM 整个 64 KB（0000H～FFFFH）地址空间时，用数据指针 DPTR 来间接寻址。

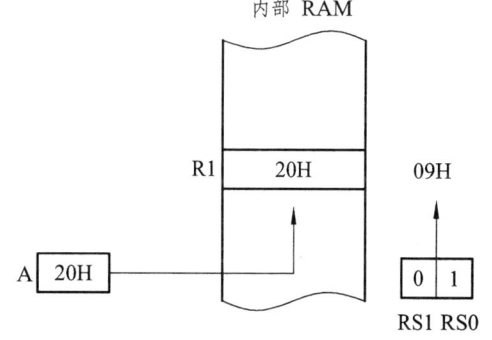

图 2.3 寄存器寻址示意图

例 2.5　设 R0 = 3AH，内部 RAM 3AH 中的值是 65H，如下指令的执行过程如图 2.4 所示。

```
MOV    A，@R0        ;将寄存器 R0 的内容 3AH 当作
                    ;地址。将片内 RAM 3AH 单元
                    ;的内容送入累加器 A，执行后
                    ;A 的值为 65H。
```

5. 变址寻址

变址寻址方式是以程序计数器 PC 或数据指针 DPTR 作为基地址寄存器，以累加器 A 作为变址寄存器，把二者的内容相加形成操作数的 16 位地址。这种寻址方式用于读取程序存储器中的常数表。

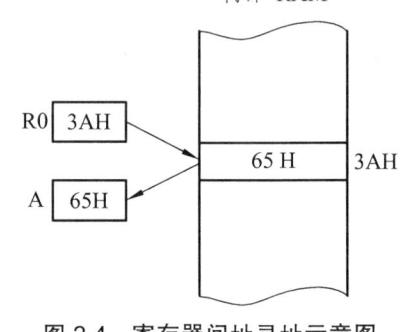

图 2.4　寄存器间址寻址示意图

例 2.6　查表指令：设累加器 A = 02H，DPTR = 0300H，外部 ROM（0302H）= 55H，如下指令的执行过程如图 2.5 所示。

```
MOVC   A，@A+DPTR     ;执行结果是累加器 A 的内容为 55H。
```

这条指令的其功能是把 DPTR 的内容作为基地址，把累加器 A 中的内容作为地址偏移量，两者相加后得到 16 位地址，把该地址对应的程序存储器 ROM 单元中的内容送到累加器 A 中。

6. 相对寻址

相对寻址以程序计数器 PC 的当前值作为基地址，与指令中给定的相对偏移量 rel 进行相加，把所得之和作为程序的转移地址。这种寻址方式用于相对转移指令中。指令中的相对偏移量是一个 8 位带符号数，范围为 –128 ~ +127，用补码表示。

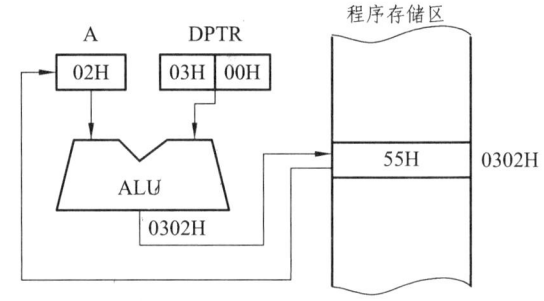

图 2.5　变址寻址示意图

例 2.7　设指令 SJMP　54H 的机器码 80H　54H 存放在 2000H 处，当执行转移指令

```
SJMP    54H
```

时，先从 2000H 和 2001H 单元取出指令，PC 自动变为 2002H；再把 PC 的内容与操作数 54H 相加，形成目标地址 2056H，再送回 PC，使得程序跳转到 2056H 单元继续执行。该指令的执行过程如图 2.6 所示。

7. 位寻址

51 单片机中设有独立的位处理器。位操作指令能对内部 RAM 中的位寻址区和某些有位地址的特殊功能寄存器进行位操作。也就是说，可对位地址空间的每个位进行位变量传送、状态控制、逻辑运算等操作。

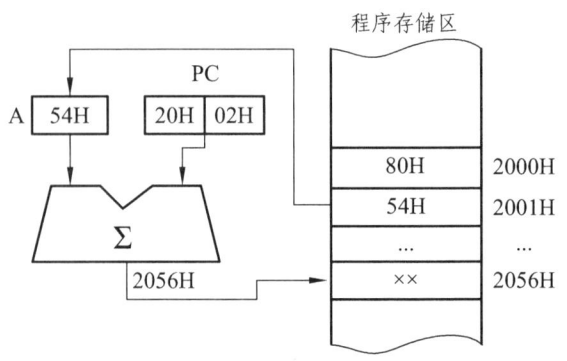

图 2.6　相对寻址示意图

例 2.8 设内部 RAM 27H 单元的内容是 00H，如下指令的执行过程如图 2.7 所示。

```
    SETB   3DH         ;将内部 RAM 位寻址区中的
                       ;3DH 位置 1。
```

由于 3DH 对应着内部 RAM 27H 的第 5 位，因此该位变为 1，也就是 27H 单元的内容变为 20H。

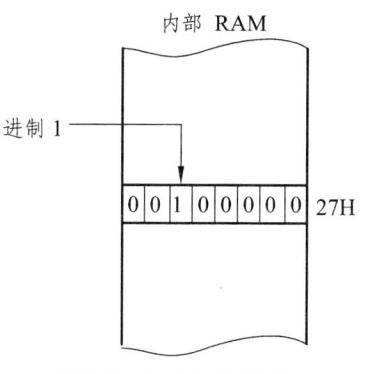

图 2.7 位寻址示意图

8. 寻址空间

51 单片机指令系统一共有 7 种寻址方式，每种寻址方式都有自己使用的变量和适用的寻址空间，如表 2.2 所示。根据不同的存储器或者存储器中不同的位置分别采用不同的寻址方式，这是 51 单片机指令系统的特点，在以后学习的过程中应注意区分。

表 2.2 51 单片机指令系统中的寻址方式和寻址空间

序号	寻址方式	寻址空间
1	立即寻址	程序存储器 ROM
2	直接寻址	片内 RAM 低 128 B、特殊功能寄存器 SFR
3	寄存器寻址	工作寄存器 R0~R7，A、B、C、DPTR
4	寄存器间接寻址	片内 RAM 低 128 B，片外 RAM
5	相对寻址	程序存储器
6	变址寻址	程序存储器
7	位寻址	片内 RAM 20H~2FH、可以位寻址的特殊功能寄存器位

2.3 51 单片机指令集

51 单片机的指令系统共有 111 条指令。若按字节数分类，则单字节指令 49 条，双字节 46 条，3 字节指令 16 条；若按运算速度分类，则单周期指令 64 条，双周期 45 条，4 周期指令 2 条。由此可见，51 单片机指令系统在占用存储空间和运行时间方面，效率都比较高。按照指令的功能来分类，51 单片机的指令可分为以下 5 类：

（1）数据传送类指令（28 条）。
（2）算术运算类指令（24 条）。
（3）逻辑运算类指令（25 条）。
（4）控制转移类指令（17 条）。
（5）位操作类指令（17 条）。

2.3.1 数据传送指令

数据传送指令的功能是把源操作数中的数据传送到目的操作数中去，而源操作数的内容保持不变。这类指令是最基本、最常用的指令。

1. 内部 RAM 和 SFR 之间的数据传送指令

51 单片机内部 RAM 和特殊功能寄存器 SFR 各存储单元之间的数据传送,通常是通过 MOV 指令来实现的,这类指令称为内部 RAM 和 SFR 的一般数据传送指令。

1)以累加器为目的操作数的指令

这类指令的功能是把源操作数的内容送入目的操作数 A 中。其格式如表 2.3 所示。

表 2.3 以累加器为目的操作数的指令格式

指令名称	汇编格式	操作
以累加器 A 为目的操作数	MOV A, Rn	A←(Rn)
	MOV A, direct	A←(direct)
	MOV A, @Ri	A←((Ri))
	MOV A, #data	A←data

2)以寄存器为目的操作数的指令

这类指令的功能是把源操作数的内容送入目的操作数 Rn 中。其格式如表 2.4 所示。

表 2.4 以寄存器为目的操作数的指令格式

指令名称	汇编格式	操作
以寄存器 Rn 为目的操作数	MOV Rn, A	Rn←A
	MOV Rn, direct	Rn←(direct)
	MOV Rn, #data	Rn←data

3)以直接地址为目的操作数的指令

这类指令的功能是把源操作数的内容送入目的操作数 direct 单元中。其格式如表 2.5 所示。

表 2.5 以直接地址为目的操作数的指令格式

指令名称	汇编格式	操作
以直接地址为目的操作数	MOV direct, A	(direct)←A
	MOV direct, Rn	(direct)←Rn
	MOV direct2, direct1	(direct2)←(direct1)
	MOV direct, @Ri	(direct)←((Ri))
	MOV direct, #data	(direct)←data

4)以寄存器间接地址为目的操作数的指令

这类指令的功能是把源操作数送入目的操作数@Ri 中。其格式如表 2.6 所示。

表 2.6 以寄存器间接地址为目的操作数的指令格式

指令名称	汇编格式	操作
以寄存器间接地址为目的操作数	MOV @Ri, A	(Ri)←A
	MOV @Ri, direct	(Ri)←(direct)
	MOV @Ri, #data	(Ri)←data

5）16位数据的传送指令

    MOV DPTR，#data16　　　；高8位送入DPH中，低8位送入DPL中。

2. 累加器A与外部数据存储器传送指令

CPU与外部RAM的数据传送指令，其助记符为MOVX，其中X就是external（外部）的第二个字母，表示访问外部RAM。这类指令共有4条，其格式如表2.7所示。

表2.7　累加器A与外部数据存储器传送指令格式

指令名称	汇编格式	操作
累加器A与外部RAM的数据传送	MOVX　A，@DPTR	A←((DPTR))
	MOVX　@DPTR，A	((DPTR))←A
	MOVX　A，@Ri	A←((Ri)+((P2))
	MOVX　@Ri，A	((Ri))+((P2))←A

这组指令的功能是，在累加器A与外部RAM或扩展I/O口之间进行数据传送，且仅为寄存器间接寻址。51单片机只能用这种方式与连接在扩展I/O口的外部设备进行数据传送。

前2条指令以DPTR作为外部RAM的16位地址指针，由P0口送出低8位地址，由P2口送出高8位地址，寻址能力为64KB。后2条指令用R0或R1作外部RAM的低8位地址指针，由P0口送出地址码，P2口的状态不受影响，寻址能力为外部RAM空间256个字节单元（即1页）。

3. 累加器A与程序存储器的传送指令

51单片机指令系统提供了2条累加器A与程序存储器的数据传送指令，其格式如表2.8所示。其指令助记符为MOVC，其中C就是code（代码）的第一字母，表示读取ROM中的代码。这是两条极为有用的查表指令。

表2.8　累加器A与程序存储器的传送指令格式

指令名称	汇编格式	操作
查表	MOVC　A，@A+PC	PC←PC+1 A←(A+PC)
	MOVC　A，@A+DPTR	A←(A+DPTR)

第一条指令为单字节指令，CPU读取本指令后，PC已执行加1操作，指向下一条指令的首字节地址。该指令以PC作为基址寄存器，累加器A的内容为无符号整数，两者相加得到一个16位地址，把该地址指出的程序存储器单元的内容送到累加器A中。

4. 字节交换指令

数据传送指令还提供了4条数据交换指令，包括3条字节交换指令和1条半字节交换指令。

1）字节交换指令

字节交换指令的功能是将累加器A的内容与源操作数的内容相互交换。其格式如表2.9所示。

表 2.9 字节交换指令格式

指令名称	汇编格式	操作
字节交换	XCH A, Rn	A ⇆ Rn
	XCH A, direct	A ⇆ (direct)
	XCH A, @Ri	A ⇆ (Ri))

2）低半字节交换指令

  XCHD A,@Ri ;将累加器 A 的低 4 位与 Ri 间接寻址单元的低 4 位互换，
          ;各自高 4 位维持不变。

5. 堆栈操作指令

在 51 单片机内部 RAM 中可以设定一个 LIFO（后进先出）区域作为堆栈，在 SFR 中有一堆栈指针（8 位寄存器），它指出栈顶的位置。在 51 单片机指令系统中，有 2 条用于数据传送的栈操作指令，其格式如表 2.10 所示。

表 2.10 堆栈操作指令格式

指令名称	汇编格式	操作
进栈	PUSH direct	SP←SP+1,（SP）←（direct）
出栈	POP direct	（direct）←((SP))，SP←SP-1

堆栈是在 RAM 中设定的存储区，栈底是固定的，栈顶是浮动的。所有的信息压栈和出栈都是在浮动的栈顶进行的。存取数据依据"后进先出"的规则。堆栈常用来用来保存断点和现场等。用堆栈指令也可以实现内部 RAM 单元之间的数据传送和交换。

小提示

（1）内部 RAM 和特殊功能寄存器 A、Rn、@Ri、direct 之间可用 MOV 指令互相传送数据，但是工作寄存器 Rn 之间不能直接传送。
（2）读写外部 RAM 要用 MOVX 指令间接寻址方式传送。
（3）读 ROM 要用 MOVC 指令。
（4）堆栈操作：PUSH 为入栈；POP 为出栈。
（5）字节交换可在 A 与 Rn、@Ri、direct 之间进行。低半字节交换只能在 A 与@Ri 之间进行。高低 4 位互换只能在 A 中进行。

2.3.2 算术运算指令

51 单片机的算术运算指令也比较丰富，包括加、减、乘、除指令，数据运算功能较强。51 单片机的算术运算指令,仅仅直接执行 8 位数的算术操作。指令的执行结果将使程序状态字 PSW 中的进位标志 CY、半进位标志 AC 和溢出标志 OV 置位或复位，只有加 1 和减 1 指令不影响这些标志，乘除指令不影响 AC 标志位。注意，无论执行何种指令，PSW 中的奇偶标志 P 总是表示累加器 A 的奇偶性。

1. 加法指令

1) 不带进位的加法指令

这类指令的功能是把所指出的字节变量加到累加器 A 中去，运算结果存放在累加器 A 中。其格式如表 2.11 所示。

表 2.11 不带进位的加法指令格式

指令名称	汇编格式	操作
不带进位加法	ADD　A，Rn	A←A + Rn
	ADD　A，direct	A←A +（direct）
	ADD　A，@Ri	A←A +（(Ri)）
	ADD　A，#data	A←A + data

2) 带进位的加法指令

这类指令的功能是同时把所指出的字节变量、进位标志 CY 和累加器 A 的内容相加，相加后的结果存放在累加器 A 中。其格式如表 2.12 所示。

表 2.12 带进位的加法指令格式

指令名称	汇编格式	操作
带进位加法	ADDC　A，Rn	A←A + Rn + CY
	ADDC　A，direct	A←A +（direct）+ CY
	ADDC　A，@Ri	A←A +（(Ri)）+ CY
	ADDC　A，#data	A←A + data + CY

3) 加 1 指令

这类指令的功能是将操作数指定单元的内容加 1。其格式如表 2.13 所示。

表 2.13 加 1 指令格式

指令名称	汇编格式	操作
自加 1	INC　A	A←A + 1
	INC　Rn	Rn←Rn + 1
	INC　direct	（direct）←（direct）+ 1
	INC　@Ri	（Ri）←（(Ri)）+ 1
	INC　DPTR	DPTR←DPTR + 1

2. 减法指令

51 单片机指令系统中的减法指令仅有带借位的减法和减 1 指令。

1) 带借位的减法指令

这组指令的功能是从累加器 A 中减去指定变量及借位 CY 的值，结果存放在 A 中。其格式如表 2.14 所示。

表 2.14　带借位的减法指令格式

指令名称	汇编格式	操作
带借位减法	SUBB　A, Rn	A←A－Rn－CY
	SUBB　A, direct	A←A－(direct)－CY
	SUBB　A, @Ri	A←A－((Ri))－CY
	SUBB　A, #data	A←A－data－CY

2) 减 1 指令

减 1 指令的功能是将操作数指定单元的内容减 1。其格式如表 2.15 所示。

表 2.15　减 1 指令格式

指令名称	汇编格式	操作
减 1	DEC　A	A←A－1
	DEC　Rn	Rn←Rn－1
	DEC　direct	(direct)←(direct)－1
	DEC　@Ri	(Ri)←((Ri))－1

3. 乘法指令

```
MUL　AB    ; 把累加器 A 和 B 寄存器中的两个 8 位无符号数相乘,
           ; 把 16 位乘积的低 8 位存放在累加器 A 中, 高 8 位存放在 B 寄存器中。
```

4. 除法指令

```
DIV　AB    ; 把累加器 A 中的 8 位无符号整数除以 B 寄存器中的 8 位无符号数,
           ; 所得的商(为整数)存放在 A 中, 余数存放在 B 中。
```

5. 十进制调整指令

```
DA　A      ; 在累加器 A 进行 BCD 码加法运算后,
           ; 根据 PSW 中 AC、CY 的状态以及 A 中的结果;
           ; 将 A 的内容转换成压缩 BCD 码形式。
```

小提示

(1) 加减法必须在 A 与另一加减数之间进行, 运算结果存在 A 中。有进(借)位时, CY=1; 无进(借)位时, CY 清 0。另有带 CY 的加法指令。减法指令必须带 CY。

(2) 加 1 减 1 可在 A、Rn、@Ri、direct 中进行。另有 DPTR 加 1 指令。

注意: 加 1 减 1 指令不影响 CY。

(3) 乘除法必须在 A 与 B 之间进行, 积低位和商存在 A 中, 积高位和余数存在 B 中。

(4) 在 51 单片机指令系统中不能用十进制调整指令对减法指令的结果进行修正。

2.3.3 逻辑运算指令

51单片机的逻辑运算指令可分为四大类：对累加器 A 单独进行的逻辑操作，以及对字节变量的逻辑与、逻辑或、逻辑异或操作。指令中的操作数都是 8 位，它们在进行逻辑运算操作时都不影响除奇偶标志外的其他标准位。其中逻辑与、逻辑或、逻辑异或操作指令可以实现对某些字节变量的清零、置 1、取反功能。

1. 对累加器 A 单独进行的逻辑操作

1）清零、取反与半字节交换指令

清零指令的功能是将累加器 A 中的所有位全部置 0。

取反指令的功能是将累加器 A 中的内容按位取反，即原来的 1 变为 0，原来的 0 变为 1。

半字节交换指令的功能是将累加器 A 的高 4 位和低 4 位内容交换。

它们的格式如表 2.16 所示。

表 2.16 清零、取反与半字节交换指令格式

指令名称		汇编格式	操 作
简单逻辑操作	清零	CLR A	A←0
	取反	CPL A	A←$\overline{A}$
	半字节交换	SWAP A	A 高4位 低4位

2）循环移位指令

循环移位指令的格式如表 2.17 所示。

表 2.17 循环移位指令格式

指令名称		汇编格式	操 作
循环移位	左移	左环移	RL A	A7←A0
		带进位左环移	RLC A	CY←A7←A0
	右移	右环移	RR A	A7→A0
		带进位右环移	RRC A	CY→A7→A0

RL A 和 RLC A 指令都使 A 中的内容逐位左移一位，但 RLC A 将使 CY 连同 A 的内容一起左移循环，A7 进入 CY，CY 进入 A0。

RR A 和 RRC A 指令的功能类似于 RL A 和 RLC A，其区别仅是 A 中数据移位的方向为向右。

2. 逻辑与运算指令

这组指令的功能是进行逻辑与运算，其格式如表 2.18 所示。前 4 条指令的功能是把源操作数与累加器 A 的内容相与，结果送入目的操作数 A 中。后 2 条指令的功能是把源操作数与直接地址指定的单元内容相与，结果送入直接地址指定的单元。

通过逻辑与运算指令可以实现一个字节里某些位清零（与 0 相与）和某些位不变的效果（与 1 相与）。

表 2.18 逻辑与运算指令格式

指令名称	汇编格式	操作
逻辑与	ANL　A，Rn	A←A∧（Rn）
	ANL　A，direct	A←A∧（direct）
	ANL　A，@Ri	A←A∧((Ri))
	ANL　A，#data	A←A∧data
	ANL　direct，A	（direct）←（direct）∧A
	ANL　direct，#data	（direct）←（direct）∧data

3. 逻辑或运算指令

这组指令的功能是进行逻辑或运算，其格式如表 2.19 所示。前 4 条指令的功能是把源操作数与累加器 A 的内容相或，结果送入目的操作数 A 中。后 2 条指令的功能是把源操作数与直接地址指定的单元内容相或，结果送入直接地址指定的单元。

表 2.19 逻辑或运算指令格式

指令名称	汇编格式	操作
逻辑或	ORL　A，Rn	A←A∨（Rn）
	ORL　A，direct	A←A∨（direct）
	ORL　A，@Ri	A←A∨((Ri))
	ORL　A，#data	A←A∨data
	ORL　direct，A	（direct）←（direct）∨A
	ORL　direct，#data	（direct）←（direct）∨data

4. 逻辑异或运算指令

这组指令的功能是进行逻辑异或运算，其格式如表 2.20 所示。前 4 条指令的功能是把源操作数与累加器 A 的内容相异或，结果送入目的操作数 A 中。后 2 条指令的功能是把源操作数与直接地址指定的单元内容相异或，结果送入直接地址指定的单元。

表 2.20 逻辑异或运算指令格式

指令名称	汇编格式	操作
逻辑异或	XRL　A，Rn	A←A⊕（Rn）
	XRL　A，direct	A←A⊕（direct）
	XRL　A，@Ri	A←A⊕((Ri))
	XRL　A，#data	A←A⊕data
	XRL　direct，A	（direct）←（direct）⊕A
	XRL　direct，#data	（direct）←（direct）⊕data

> **小提示**
> （1）逻辑"与"、"或"和"异或"运算指令，逐位进行，目的寄存器可以是 A 或 direct。
> （2）循环移位必须在 A 中进行，分为带或不带 CY、左移或右移指令。
> （3）字节（8 位）清零和取反必须在 A 中进行。

2.3.4 控制转移指令

1. 无条件转移指令

无条件转移指令的功能是，当程序执行到该指令时，就无条件地转移到该指令所提供的地址去。其格式如表 2.21 所示。

表 2.21 无条件转移指令格式

指令名称	汇编格式	操 作
绝对无条件转移	AJMP addr11	PC←PC+2；PC10~0←addr10~0，PC15~11 不变
长转移	LJMP addr16	PC←addr15~0
相对转移	SJMP rel	PC←PC+2；PC←PC+rel
间接转移	JMP @A+DPTR	PC←A+DPTR

2. 条件转移指令

条件转移指令是依某种特定条件转移的指令，条件满足时转移（相当于执行一条相对转移指令），条件不满足时则按顺序执行下一条指令。

51 单片机的条件转移目标地址，位于条件转移指令的下一条指令首字节地址前 128 个字节和后 127 个字节之间，即转移可以向前也可以向后，转移范围为 -128~+127，共 256 个单元。在执行条件转移指令时，PC 已指向下一条指令的第一字节地址，如果条件满足，再把相对偏移量 rel 加到 PC 上，计算出转移目标地址。

1）累加器判零转移指令

累加器判零转移指令格式如表 2.22 所示。这 2 条指令的功能是对累加器 A 的内容为零或不为零进行判断并实现转移。

表 2.22 累加器判零转移指令格式

指令名称		汇编格式	操 作
累加器判零转移	零转移	JZ rel	PC←PC+2；若 A=0，则 PC←PC+rel；若 A≠0，顺序执行
	非零转移	JNZ rel	PC←PC+2；若 A≠0，则 PC←PC+rel；若 A=0，顺序执行

2）减 1 不为 0 转移指令

减 1 不为 0 转移指令的功能是把源操作数减 1，结果送回到源操作数中去，且如果结果不为 0 则转移。其格式如表 2.23 所示。源操作数有寄存器寻址和直接寻址两种方式，允许用户把内部 RAM 单元用作程序循环计数器。

表 2.23　减 1 不为 0 转移指令格式

指令名称	汇编格式	操作
减 1 不为 0 转移	DJNZ　Rn, rel	PC←PC+2, Rn←Rn-1；当 Rn≠0，则 PC←PC+rel； 当 Rn=0，则结束循环，程序往下执行
	DJNZ　direct, rel	PC←PC+3，（direct）←（direct）-1； 当（direct）≠0，则 PC←PC+rel； 当（direct）=0，则结束循环，程序往下执行

3）比较不相等转移指令

比较不相等转移指令是 51 单片机指令系统中具有 3 个操作数的指令组。其功能是比较前两个无符号操作数的大小。其格式如表 2.24 所示。

表 2.24　比较不相等转移指令格式

指令名称	汇编格式	操作
比较不相等转移	CJNE　A, direct, rel	PC←PC+3；若（direct）<A，则 PC←PC+rel，且 CY←0； 若（direct）>A，则 PC←PC+rel，且 CY←1； 若（direct）=A，则顺序执行，且 CY←0
	CJNE　A, #data, rel	PC←PC+3；若 data<A，则 PC←PC+rel，且 CY←0； 若 data>A，则 PC←PC+rel，且 CY←1； 若 data=A，则顺序执行且 CY←0
	CJNE　Rn, #data, rel	PC←PC+3；若 data<Rn，则 PC←PC+rel，且 CY←0； 若 data>Rn，则 PC←PC+rel，且 CY←1； 若 data=Rn，则顺序执行，且 CY←0
	CJNE　@Ri, #data, rel	PC←PC+3；若 data<((Ri))，则 PC←PC+rel，且 CY←0； 若 data>((Ri))，则 PC←PC+rel，且 CY←1； 若 data=((Ri))，则顺序执行，且 CY←0

3. 子程序调用与返回指令

子程序调用与返回指令的格式如表 2.25 所示。其中，绝对调用指令 ACALL 是一条两字节指令。该指令提供了 11 位目标地址 addr11，产生调用地址的方法和绝对转移指令 AJMP 产生转移地址的方法相同。ACALL 是在同一 2 KB 范围内调用子程序的指令。

表 2.25　子程序调用与返回指令格式

指令名称	汇编格式	操作
绝对调用	ACALL　addr11	PC←PC+2, SP←SP+1；(SP)←PC7~0, SP←SP+1 (SP)←PC15~8；PC10~0←addr10~0；PC15~11 不变
长调用	LCALL　addr16	PC←PC+3, SP←SP+1；(SP)←PC7~0, SP←SP+1 (SP)←PC15~8, PC←addr15~0
子程序返回	RET	PC15~8←((SP))，SP←SP-1 PC7~0←((SP))，SP←SP-1
中断返回	RETI	PC15~8←((SP))，SP←SP-1 PC7~0←((SP))，SP←SP-1

4. 空操作指令

NOP   ；控制指令，它控制 CPU 不做任何操作，仅使 PC 加 1，时间上消耗了 12 个时钟周期。

小提示

（1）返回指令对应于调用指令，分为子程序返回和中断返回两种，两者不能混淆。其功能都是从堆栈中取出断点地址，送入 PC，使程序从主程序断点处继续执行。

（2）空操作指令常用于在延时或等待程序中进行时间"微调"。

2.3.5 位操作指令

51 单片机有丰富的位操作指令，这些指令与位操作部件结合在一起，可以把大量的硬件组合逻辑用软件来代替，从而可以方便地应用于各种逻辑控制，这是 51 单片机指令系统的一大特色。位操作指令的操作对象是内部 RAM 的位寻址区，即字节地址为 20H～2FH 单元中连续的 128 位（位地址为 00H～7FH），以及特殊功能寄存器中可以进行位寻址的各位。

在汇编语言级指令格式中，位地址有多种表示方式：

- 直接（位）地址表示方式，如 20H，7FH 等；
- "字节地址.位"表示方式，如 23H.0，表示字节地址为 23H 单元中的 D0 位；
- "寄存器名.位"表示方式，如 ACC.7，但不能写成 A.7；
- 位定义名方式，如 RS0；
- 用伪指令 BIT 定义位名方式，如 F1 BIT PSW.1。

经定义后，允许在指令中用 F1 来代替 PSW.1。

下面介绍位变量传送、控制和运算指令。

1. 位变量传送指令

位变量传送指令格式如表 2.26 所示。这 2 条指令可以实现位地址单元与位累加器之间的数据传送（注意传送的位数是 1 位）。

表 2.26　位变量传送指令格式

指令名称	汇编格式	操　作
位变量传送	MOV　C, bit	C←（bit）
	MOV　bit, C	（bit）←C

2. 位变量修改指令

位变量修改指令格式如表 2.27 所示。这些指令可以完成位地址单元与位累加器的清零、置位、取反操作。

表 2.27 位变量修改指令格式

指令名称		汇编格式	操作
位变量修改	位清零	CLR C	C←0
		CLR bit	(bit)←0
	位求反	CPL C	C←$\overline{C}$
		CPL bit	(bit)←$\overline{(bit)}$
	位置1	SETB C	C←1
		SETB bit	(bit)←1

3. 位逻辑运算指令

位逻辑运算指令格式如表 2.28 所示。这些指令可以实现位地址单元内容或者内容取反后的值与位累加器的内容相与或者相或运算，操作结果送位累加器 C 中。

表 2.28 位逻辑运算指令格式

指令名称		汇编格式	操作
位逻辑运算	逻辑与	ANL C, bit	C←C∧(bit)
		ANL C, /bit	C←C∧$\overline{(bit)}$
	逻辑或	ORL C, bit	C←C∨(bit)
		ORL C, /bit	C←C∨$\overline{(bit)}$

4. 位条件转移指令

表 2.29 位条件转移指令格式

指令名称		汇编格式	操作
位条件转移	CY=1 转移	JC rel	PC←PC+2；若 CY=1，则 PC←PC+rel；若 CY=0，顺序执行
	CY=0 转移	JNC rel	PC←PC+2；若 CY=0，则 PC←PC+rel；若 CY=1，顺序执行
	(bit)=1 转移	JB bit, rel	PC←PC+3；若(bit)=1，则 PC←PC+rel；若(bit)=0，顺序执行
	(bit)=0 转移	JNB bit, rel	PC←PC+3；若(bit)=0，则 PC←PC+rel；若(bit)=1，顺序执行
	(bit)=1 位清零转移	JBC bit, rel	PC←PC+3；若(bit)=1，则(bit)←0，PC←PC+rel；若(bit)=0，顺序执行

小提示

（1）位传送只能在 CY 与 bit 之间进行，bit 与 bit 之间不能直接传送。
（2）位修正分为置1、清0和取反，只能对 CY 或 bit 进行操作。
（3）位逻辑运算只有"与"、"或"两种指令，没有位"异或"指令。

2.4 51单片机汇编语言程序设计

2.4.1 伪指令

伪指令（也称为汇编程序的控制命令）是程序员发给汇编程序的命令，用来设置符号值，保留和初始化存储空间，控制用户程序代码的位置。

伪指令与上述指令不同，只出现在汇编前的源程序中，仅提供汇编用的某些控制信息，不产生可执行的目标代码。

1. 定位伪指令 ORG

格式：

  ORG n

其中，n 通常为绝对地址，可以是十六进制数、标号或表达式。

功能：规定编译后的机器代码存放的起始位置。在一个汇编语言源程序中允许存在多条定位伪指令，但每一个 n 值都应和前面生成的机器指令存放地址不重叠。

2. 结束汇编伪指令 END

格式：

  [标号:] END [表达式]

功能：放在汇编语言源程序的末尾，表明源程序的汇编到此结束，其后的任何内容不再处理。

3. 赋值伪指令 EQU

格式：

  字符名称 x EQU 赋值项 n

功能：将赋值项 n 的值赋予字符名称 x。程序中凡出现该字符名称 x 就等同于该赋值项 n，其值在整个程序中有效。赋值项 n 可以是常数、地址、标号或表达式。在使用时，必须先赋值后使用。

"字符名称"与"标号"的区别是"字符名称"后无冒号，而"标号"后面有冒号。

4. 定义字节伪指令 DB

格式：

  [标号:] DB x1, x2,..., xn

功能：将 8 位数据（或 8 位数据组）x1, x2, ..., xn 顺序存放在从当前程序存储器地址开始的存储单元中。xi 可以是 8 位数据、ASCII 码、表达式，也可以是括在单引号内的字符串。两个数据之间用逗号","分隔。

xi 为数值常数时，取值范围为 00H~FFH。xi 为 ASCII 码时，要使用单引号' '，以示区别。xi 为字符串常数时，其长度不应超过 80 个字符。

5. 定义双字节伪指令 DW

格式：

> [标号:] DW x1, x2,..., xn

功能:将双字节数据[或双字节数据组]顺序存放在从标号指定地址单元开始的存储单元中。其中,xi 为 16 位数值常数,占两个存储单元,先存高 8 位(存入低位地址单元中),后存低 8 位(存入高位地址单元中)。

6. 预留存储空间伪指令 DS

格式:

> [标号:] DS n

功能:从标号指定地址单元开始,预留 n 个存储单元,汇编时不对这些存储单元赋值。n 可以是数据,也可以是表达式。

7. 定义位地址符号伪指令 BIT

格式:

> 字符名称 x BIT 位地址 n

功能:将位地址 n 的值赋予字符名称 x。程序中凡出现该字符名称 x 就代表该位地址。位地址 n 可以是绝对地址,也可以是符号地址。

8. 数据地址赋值伪指令 DATA

格式:

> 字符名称 x DATA 表达式 n

功能:把表达式 n 的值赋给左边的字符名称 x。n 可以是数据或地址,也可以是包含所定义的"字符名称 x"在内的表达式,但不能是汇编符号。

2.4.2 程序设计步骤

各类计算机语言程序都有如下三种基本结构:顺序结构、分支结构、循环结构。设计人员可以灵活采用不同结构的组合完成程序设计。汇编程序设计有时是一件很复杂的工作,为了把复杂的工作条理化,就要有相应的编写程序的步骤和方法。汇编语言程序设计主要分为以下几步:

1. 分析问题,确定算法

首先对需要解决的问题进行具体的分析。例如,要解决的问题是什么?工作过程是什么?已知的数据、对运算的精度和速度方面的要求是什么?接着应找出合理的计算方法及适当的数据结构。可能有几种不同的算法都能达到目的,故在编写程序之前,先要对不同的算法进行分析、比较,找出最适宜的算法。

2. 根据算法,画出程序流程图

画程序流程图可以把算法和解决问题的步骤逐步具体化。通过程序流程图,把程序中具有一定功能的各部分有机地联系起来,能使人们能够抓住程序的基本线索,对全局有完整的了解。这样,设计人员容易发现设计上的错误和矛盾,减少出错的可能性。

3. 分配内存工作区及有关端口地址

分配内存工作区,尤其是片内 RAM 的分配,要对内存区、堆栈区、各种缓冲区进行合理

的分配，并确定每个区域的首地址，以便于编程使用。同时，要确定外部扩展的各种 I/O 端口的地址、分配 I/O 接口线。

4．编写程序

根据程序流程图所表示的算法和步骤，选择适当的指令排列起来，构成一个有机的整体，即程序。在这一步，设计者应在掌握程序设计的基本方法和技巧的基础上，注意所编程序的可读性和正确性，养成在程序的适当位置上加上注释的好习惯。

5．上机调试

上机调试可以验证程序的正确性。任何程序编写完成后总难免有缺点和错误，只有通过上机调试和运行才能比较容易地发现和纠正它们。编写完毕的程序在上机调试前必须汇编成机器代码，才能调试和运行。调试与硬件有关的程序还要借助于仿真开发工具并与硬件连接。

知识梳理与总结

单片机常用的编程语言是汇编语言，它具有占用存储空间少、运行速度快、实时性强等优点。

51 单片机共有 111 条指令，其指令执行时间短、字节少、位操作指令非常丰富。

（1）51 单片机指令的基本格式中包括标号、操作码、操作数和注释。其中，标号和注释为可选项；操作数可以为 0～3 个；操作码为必需项，代表了指令的操作功能。

（2）51 单片机的指令系统按指令功能分类，可分为数据传送类（29 条）、算术运算类（24 条）、逻辑运算类（24 条）、控制转移类（17 条）和位操作类（17 条）等五大类。

（3）伪指令不是指令，是对汇编语言源程序进行汇编时，提供有关汇编信息的辅助标记。其中最常用的有：起始伪指令 ORG、等值伪指令 EQU、定义字节伪指令 DB。

习题 2

2.1 填空题

（1）计算机能够执行的_____称为它的指令系统。
（2）汇编语言中可以使用伪指令，它们不是真正的指令，只是用来_____。
（3）执行 ANL A，#0FH 指令后，累加器 A 的高 4 位 = _____。
（4）JZ rel 的操作码首地址为 1000H，rel = 20H，它的转移目的地址为_____。
（5）MOV PSW，#10H 是将 51 单片机的工作寄存器置为第_____组。
（6）51 单片机指令的基本格式中包括标号、_____、_____和注释。
（7）ORL A，#0F0H 是将 A 的高 4 位置 1，而低 4 位_____。
（8）累加器 A 中存放着一个其值小于或等于 127 的 8 位无符号数，CY 清零后执行 RLC A 指令，则 A 中的数变为原来的_____倍。
（9）假定（A）= 0A5H，执行指令：SWAP A 后，累加器 A 的内容为_____。
（10）若 R7 的初值为 00H，DJNZ R7，rel 指令将循环执行_____次。

2.2 问答题

分步写出下列程序中每条指令的运行结果。

（1）MOV　SP，#40H
　　　MOV　A，#20H
　　　MOV　B，#30H
　　　PUSH　A
　　　PUSH　B
　　　POP　A
　　　POP　B

（2）MOV　A，#83H
　　　MOV　R0，#47H
　　　MOV　47H，#34H
　　　ANL　A，#47H
　　　ORL　47H，A
　　　XRL　A，@R0

（3）MOV　R0，#00H
　　　MOV　A，#20H
　　　MOV　B，#0FFH
　　　MOV　20H，#0F0H
　　　XCH　A，R0
　　　XCH　A，B
　　　XCHD　A，@R0

（4）MOV　A，#45H
　　　MOV　R5，#78H
　　　ADD　A，R5
　　　DA　A

2.3 编程题

请用数据传送指令来实现下列数据传送要求。

（1）R0 的内容输出到 R1。
（2）内部 RAM 20H 单元的内容传送到 A 中。
（3）外部 RAM 30H 单元的内容送到 R0。
（4）外部 RAM 30H 单元的内容送到内部 RAM 20H 单元。
（5）外部 RAM 1000H 单元的内容送到内部 RAM 20H 单元。
（6）程序存储器 ROM 2000H 单元的内容送到 R1。
（7）ROM 2000H 单元的内容送到内部 RAM 20H 单元。
（8）ROM 2000H 单元的内容送到外部 RAM 30H 单元。
（9）ROM 2000H 单元的内容送到外部 RAM 1000H 单元。
（10）立即数 40H 送到内部 RAM 40H 单元。

第 3 章 单片机 C 程序设计基础

单片机应用系统的程序设计，可以采用汇编语言，也可以采用 C 语言。汇编语言可以直接对单片机内部资源进行操作。相对于汇编语言，C 语言的代码占较大的存储空间。但是当系统规模较大时，使用 C 语言更为方便。随着单片机生产工艺的改进，单片机的运行速度和内部存储器容量都有了较大的提高，这为 C51 程序开发创造了有利的条件。MCS-51 系列单片机兼容的 C 语言（下文简称 C51）语法和 ANSI C 基本相同。本章主要介绍 C51 的扩展部分内容。

【教学导航】

教	知识重点	1. C51 数据类型； 2. C51 单片机硬件结构的 C51 定义； 3. C51 构造数据类型简介； 4. C51 函数； 5. 汇编语言与 C 语言混合编程
	知识难点	汇编语言与 C 语言混合编程
	推荐教学方式	理论讲授，调试演示
	建议学时	2～6 学时
学	推荐学习方法	上机实践
	必须掌握的理论知识	单片机指令系统各类指令的使用方法
	必须掌握的技能	单片机 C 语言程序设计

3.1 C51 程序开发概述

C 语言作为一门兼容性较好的高级语言，在硬件开发中得到广泛的应用，如各种单片机、DSP、ARM 等。C 语言程序本身不依赖于机器硬件系统，仅做简单的修改就可将程序从不同的系统移植过来直接使用。C 语言提供了很多数学函数并支持浮点运算，开发效率高，可极大地缩短开发时间，增加程序可读性和可维护性。单片机的 C51 编程与用汇编 ASM-51 编程相比，有如下优点：

（1）对单片机的指令系统不要求有太深入的了解，就可以用 C 语言编程操作单片机。
（2）寄存器分配、不同存储器的寻址及数据类型等细节完全由编译器自动管理。
（3）程序有规范的结构，可分成不同的函数，可使程序结构化。

（4）库中包含许多标准子程序，具有较强的数据处理能力，使用方便。
（5）具有方便的模块化编程技术，使已编好的程序很容易移植。

3.2　C51 单片机的 C 语言基础

3.2.1　ANSI C 和 C51 的关键字

关键字又称为保留字，是指指令系统已定义的具有固定名称和特定含义的特殊标识符。源程序中用户可以使用这些关键字，但是自己命名的标识符不能和关键字相同。C51 大部分的关键字和标准 C 相同。C51 扩展的关键字说明如表 3.1 所示。

表 3.1　C51 扩展关键字说明

关键字	用途	说明
at	定位变量	将变量存放在存储区的固定位置
bit	位标量声明	声明一个位标量或位类型的函数
bdata	存储器类型说明	可位寻址的内部数据存储器
code	存储器类型说明	程序存储器
compact	存储模式说明	缺省，变量位于外部 RAM 区的一页（256 B）
data	存储器类型说明	直接寻址的内部数据存储器
far	存储类型说明	说明扩展的 RAM 和 ROM 区（最大 16 MB）
idata	存储器类型说明	间接寻址的内部数据存储器
interrupt	中断函数说明	定义一个中断函数
large	存储模式说明	缺省，变量位于外部 RAM 区的 64 KB 空间
pdata	存储器类型说明	分页寻址的外部数据存储器
reentrant	再入函数说明	定义一个再入函数
sbit	位标量声明	声明一个可位寻址变量
sfr	特殊功能寄存器声明	声明一个特殊功能寄存器
sfr16	特殊功能寄存器声明	声明一个 16 位的特殊功能寄存器
small	存储模式说明	缺省，变量位于内部 RAM
using	寄存器组定义	定义芯片的工作寄存器
xdata	存储器类型说明	外部数据存储器

3.2.2　C51 的数据与运算

1. C51 的数据类型

当我们给单片机编程时，就是让单片机运算。单片机的运算对象（即数据）的大小是有限制的。我们不能随意给一个变量赋任意的值，因为变量在单片机的内存中要占据空间，变量大小不同，所占据的空间就不同。为了合理利用单片机内存空间，我们在编程时就要设定合适的数据类型。不同的数据类型也就代表了十进制中不同的数据大小，所以我们在设定一个变量之前，必须要给编译器声明这个变量的类型，以便编译器提前从单片机内存中给这个变量分配合适的空间。在标准 C 语言中，基本的数据类型为 char，int，short，long，float 和 double，而在 C51 编译器中，int 和 short 相同，float 和 double 相同。C51 扩展的数据类型有 bit、sbit、sfr、sfr16。C51 中常用的数据类型如表 3.2 所示。

表 3.2　C51 中常用的数据类型

数据类型		长　度	取值范围
字符型	unsigned char	单字节	0～255
	[signed] char	单字节	－128～＋127
整型	unsigned int	双字节	0～65 535
	[signed] int	双字节	－32 768～＋32 767
长整型	unsigned long	四字节	0～4 294 967 295
	[signed] long	四字节	－2 147 483 648～＋2 147 483 647
浮点型	float	四字节	±1.175 494E－38～±3.402 823E＋38
指针型	*	1～3 字节	所指对象的地址
位类型	bit	一位	0 或 1
	sbit	一位	0 或 1
访问 SFR	sfr	单字节	0～255
	sfr16	双字节	0～65535

单片机内部有很多特殊功能寄存器，每个寄存器在单片机内部都分配有唯一的地址。一般我们会根据寄存器功能的不同给寄存器赋予各自的名称。当我们需要在程序中操作这些特殊功能寄存器时，必须要在程序的最前面将这些名称加以声明。声明的过程实际上就是将这个寄存器在内存中的地址编号赋给这个名称。这样，编译器在以后的程序中才可识别这些名称所对应的寄存器。这些寄存器的声明已经完全被包含在 51 单片机的特殊功能寄存器声明头文件"reg51.h"中了。

1）特殊功能寄存器 sfr

sfr 变量占用一个内存单元，值域为 0～255。利用它能访问 51 单片机内部的所有 8 位特殊功能寄存器。用 sfr 定义特殊功能寄存器的格式为：

　　　　sfr SFR 名称=SFR 地址;

例如：

　　　　sfr P1=0x90;　　　　　//并行 I/O 口 P1 的地址为 0x90，定义 P1 与地址 0x90 对应
　　　　sfr SCON=0x98;　　　　//串行控制寄存器的地址为 0x98，定义 SCON 与地址 0x98 对应

这样声明后，我们在以后要操作这个控制寄存器时，就可以直接对 P1 进行操作。实际要操作的是单片机内部 0x90 地址处的这个寄存器，而 P1 仅仅是这个地址的一个代号，也可以定义成其他的名称。例如：

        P1=0xff;   //对 P1 端口的八个引脚置高电平

2）16 位特殊功能寄存器 sfr16

sfr16 和 sfr 一样用于特殊功能寄存器的数据定义，不同之处是它用于定义占 2 个字节的寄存器，值域为 0～65535。用 sfr16 定义特殊功能寄存器的格式为：

        sfr 16 位 SFR 名称=16 位 SFR 低字节地址;

例如：

        sfr 16 T2=0xcc;   //定义 8052 单片机的 16 位定时器 T2，它的低字节地址为 0xcc

采用 sfr16 定义 16 位特殊功能寄存器时，2 个字节地址必须是连续的，并且低字节地址在前。定义时，等号后面是它的低字节地址。使用时，将低字节地址作为整个 sfr16 地址。需要注意的是，sfr16 不能用于定时器 0 和 1 的定义。

3）位变量 bit

bit 可以用于定义一个位变量，但是不能定义位指针和位数组。位变量的值只能是 0 或者 1，类似于一些高级语言中的 Boolean 类型的 True 和 False。所有 bit 变量都放在单片机内部存储区的可位寻址区（20H～2FH），而该区域只有 16 B 大小，所以在某个范围内最多只能定义 128 个位变量，如第 1 章表 1.5 所示。用 bit 定义一般位变量的格式为：

        bit 位变量名;

例如：

        bit flag;   //定义一个标志位，C51 编译器会自行将该位变量定位于可位寻址的 **bdata** 区

4）可寻址位变量 sbit

利用 sbit 定义的变量能访问芯片内部的 RAM 中的可寻址位或特殊功能寄存器中的可寻址位。用 sbit 定义可寻址位的方式有以下四种：

➢ 直接位地址表示：

        sbit 位变量名=位地址;

例如：

        sbit LED1=0x91;   //P1 口的第 1 位的地址为 0x91，定义 LED1 为 P1 口的第 1 引脚

这样，在以后的程序语句中就能用 LED1 来对 P1 口的第 1 引脚进行读写操作了。

➢ 用字节地址表示位地址：

        sbit 位变量名=字节地址^位的位置;

例如：

        sbit LED1=0x90^1;   //P1 口的地址为 0x90，定义 LED1 为 P1 口的第 1 引脚

➢ 用 SFR 名称表示位地址。SFR 的名称已用 sfr 定义后方可使用此方式。或 SFR 的名称已在头文件中声明，只要用#include<reg51.h>包含即可。

        sbit 位变量名=SFR 的名称^位的位置;

例如：

        sfr P1=0x90;
        sbit LED1=P1^1;

或：

        #include<reg51.h>

sbit LED1=P1^1;

➢ 可寻址位已在头文件中声明,只要用#include<reg51.h>包含头文件即可直接使用。

例如:

#include<reg51.h>
EA=1;   // EA 位是中断允许寄存器 IE 的最高位。CPU 开总中断

2. C51 的常量与变量

1) 常 量

常量是在程序运行过程中不能改变值的量。常量的数据类型有整型、浮点型、字符型、字符串型和位标量。

(1) 整型常量可以表示为十进制,如 123、0、-89 等。十六进制则以 0x 开头,如 0x34、-0x3B 等。长整型就在数字后面加字母 L,如 104L、034L、0xF340 等。

(2) 浮点型常量可分为十进制和指数表示形式。十进制由数字和小数点组成,如 0.888、3345.345、0.0 等。整数或小数部分为 0 时可以省略,但必须有小数点。指数表示形式为[±]数字[.数字]e[±]数字。[ ]中的内容为可选项,其中内容根据具体情况可有可无,但其余部分必须有,如 125e3、7e9、-3.0e-3。

(3) 字符型常量是单引号内的字符,如'a'、'd'等。对于不可以显示的控制字符,可以在该字符前面加一个反斜杠"\",组成专用转义字符。常用转义字符如表 3.3 所示。

表 3.3 转义字符表

转义字符	含 义	ASCII 码(十六进制)
\0	空字符(NULL)	00H
\n	换行符(LF)	0AH
\r	回车符(CR)	0DH
\t	水平制表符(HT)	09H
\b	退格符(BS)	08H
\f	换页符(FF)	0CH
\'	单引号	27H
\"	双引号	22H
\\	反斜杠	5CH

(4) 字符串型常量由双引号内的字符组成,如"test","OK"等。当引号内没有字符时,为空字符串。在使用特殊字符时同样要使用转义字符,如双引号。在 C 语言中,字符串常量是作为字符类型数组来处理的,在存储字符串时系统会在字符串尾部加上转义字符\0 作为该字符串的结束符。字符串常量"A"和字符常量'A'是不同的,前者在存储时多占用一个字节的空间。

(5) 位标量,它的值是一个二进制数,如 0 或 1。

2) 变 量

变量就是一种在程序执行过程中其值能不断变化的量。要在程序中使用变量必须先用标识

符作为变量名,并指出所用的数据类型和存储模式,这样编译系统才能为变量分配相应的存储空间。定义一个变量的格式如下:

[存储种类] 数据类型 [存储器类型] 变量名表

在定义格式中除了数据类型和变量名表是必要的,其他都是可选项。存储种类有四种:自动(auto),外部(extern),静态(static)和寄存器(register)。缺省类型为自动(auto)。

3)变量存储类型

说明了一个变量的数据类型后,还可选择说明该变量的存储器类型。存储器类型的说明就是指定该变量在 C51 硬件系统中所使用的存储区域,并在编译时准确地定位。常见的 C51 编译器支持的存储数据类型如表 3.4 所示。

表 3.4 存储器类型

存储器类型	说明
data	直接访问内部数据存储器(128 B),访问速度最快
bdata	可位寻址内部数据存储器(16 B),允许位与字节混合访问
idata	间接访问内部数据存储器(256 B),允许访问全部内部地址
pdata	分页访问外部数据存储器(256 B),用 MOVX @Ri 指令访问
xdata	外部数据存储器(64 KB),用 MOVX @DPTR 指令访问
code	程序存储器(64 KB),用 MOVC @A+DPTR 指令访问

如果省略存储器类型,系统则会按编译模式 SMALL,COMPACT 或 LARGE 所规定的默认存储器类型去指定变量的存储区域。无论什么存储模式都可以声明变量在任何的 51 单片机存储区范围。把最常用的命令如循环计数器和队列索引放在内部数据区,可以显著地提高系统性能。变量的存储种类与存储器类型是完全无关的。

SMALL 存储模式:把所有函数变量和局部数据段放在 51 单片机系统的内部数据存储区,最大 128B,默认存储类型为 data。这使访问数据非常快,但 SMALL 存储模式的地址空间受限。该模式适用于较小程序。

COMPACT 存储模式:所有的函数、程序变量及局部数据段定位在 51 单片机系统的外部数据存储区,最大 256B,默认存储类型为 pdata。该模式定义空间较 SMALL 存储模式大,但运行速度比 SMALL 存储模式慢。

LARGE 存储模式:所有函数和过程的变量及局部数据段都定位在 51 单片机系统的外部数据区外部数据区,最大 64 KB,默认存储类型为 xdata。该模式的优点是空间大,可定义变量多,缺点是运行速度慢。这种模式一般适用于较大程序,或扩展了大容量外部 RAM 的系统。

在程序中,变量的存储器类型的指定通过预处理命令#pragma 来实现。函数的存储器类型可通过函数定义时后面带的存储类型来说明。如果没有指定,则系统默认为 SMALL 存储模式。例如:

```
#pragma compact              //变量的存储器类型为 COMPACT
char   k1;
int func1(int x1,int y1)   large    //函数的存储器类型为 LARGE
{
```

```
        return（x1+y1）;
    }
```

3. 绝对地址的访问

在 C51 中，可以通过变量的形式访问 51 单片机的存储器，也可以通过绝对地址来访问存储器。C51 提供了三种访问绝对地址的方法。

1）使用 C51 运行库中预处理宏

C51 对绝对地址的访问可使用宏定义实现。用 C51 提供的宏定义绝对地址访问头文件 absacc.h 定义访问绝对地址变量，可对不同的存储区进行访问。头文件 absacc.h 中的函数有：

- CBYTE   访问 code 区，字符型；
- DBYTE   访问 data 区，字符型；
- PBYTE   访问 pdata 区域或 I/O 口，字符型；
- XBYTE   访问 xdata 区域或 I/O 口，字符型；
- CWORD   访问 code 区，整型；
- DWORD   访问 data 区，整型；
- PWORD   访问 pdata 区或 I/O 口，整型；
- XWORD   访问 xdata 区或 I/O 口，整型。

定义绝对地址变量的格式如下：

```
#include<absacc.h>
#define 变量名 宏名[地址]    //宏名为 CBYTE、XBYTE、PWORD、DBYTE、CWORD、XWORD、
                            //PBYTE、DWORD
```

例如：

```
#include<absacc.h>
#define DAC0832 XBYTE[0x7fff]    //将 DAC0832 定义为 xdata 区，长度为 8 位，地址为 7fffH
{
    DAC0832=0xff;                //将数据 ffH 送到 xdata 区的 7fffH 单元
}
```

在程序中，也可以不使用宏定义的方法，直接使用，格式如下：

```
        宏名[地址]
```

例如：

```
    #include<absacc.h>
    XBYTE[0x7fff]=0xff;        //将数据 ffH 送到 xdata 区的 7fffH 单元
```

2）使用 C51 扩展关键字 _at_

使用 C51 扩展关键字 _at_ 对指定存储空间绝对地址进行访问，一般格式如下：

```
        [存储类型] 数据类型符说明 变量名 _at_ 地址常数;
```

其中，存储类型为 data、bdata、idata、pdata 等 C51 能识别的数据类型，如省略，则按存储模式规定的默认存储器类型确定变量的存储器区域；数据类型为 C51 支持的数据类型；地址常数用于指定变量的绝对地址，必须位于有效的存储空间之内。使用 _at_ 定义的变量必须为全局变量。例如：

```
xdata unsigned char DAC0832 _at_ 0x7fff;   //在 xdata 区中定义变量 DAC0832,它的地址为 7fffH
void main()
{
    DAC0832=0xff;                           //数据将 ffH 送到 xdata 区的 7fffH 单元
}
```

3）通过指针访问

采用指针的方法,可以在 C51 程序中对任意指定的存储单元进行访问。例如:

```
void main()
{
    unsigned char xdata *DAC0832;           //定义一个指向 xdata 区的指针 DAC0832
    DAC0832=0x7fff;                         //DAC0832 指针赋值,指向 xdata 区的 7fffH 单元
    *DAC0832=0xff;                          //将数据 ffH 送到 xdata 区的 7fffH 单元
}
```

4. 运算符和表达式

C 语言的运算符有以下几类:算术运算符、逻辑运算符、位操作运算符、赋值运算符、条件运算符、逗号运算符、关系运算符等,如附录 A 所示。

3.2.3　C51 控制语句和程序结构

C51 语句是计算机执行的操作指令,一条语句以分号结尾。C51 语句有表达式语句、复合语句、控制语句（见表 3.5）、空语句和函数调用语句等。C51 语言是一种结构化程序设计语言,从结构上可以把程序分为顺序结构、选择结构和循环结构。C51 结构化程序设计和标准 C 语言的相同,本文不再详述。

表 3.5　C51 流程控制语句

类型	语句	说明
条件语句	if-else	判定所给的条件是否满足来决定执行哪个分支语句
循环语句	for	由循环变量初始化、修改循环变量、判断循环终止、循环体等部分组成的循环结构
	while	求解表达式,判断是否执行循环体
	do-while	执行循环体,再求解表达式,判断是否退出循环
开关语句	swtich-case	根据求解表达式,直接处理多分支语句
终止循环语句	break	终止整个循环
继续循环语句	continue	跳过本次循环未执行语句,继续下一次循环
无条件跳转语句	goto	无条件跳转到标号处执行

3.2.4　C51 构造数据类型简介

常见的如 int、float、double 等,叫作基础数据类型或内置数据类型,而由一种或多种这些类型构造而成的类型,称作构造数据类型,如数组、指针、结构体、联合体等。构造类型中也

可以包含构造类型的数据。C51 中的构造数据类型和标准 C 语言中的相同，如表 3.6 所示。

表 3.6 C51 常用构造数据类型

类型名称	特　点
数组	具有相同属性的对象组成的类型
指针	存放存储单元地址的类型
结构体	不同的数据类型构成的类型
联合体	不同的数据类型共用存储区域的类型

3.2.5 C51 函数

C51 程序是由函数构成的程序。C51 函数一般有主函数、库函数、自定义函数。库函数和自定义函数相当于汇编语言中的子程序，用于完成一个特定的功能。一般的，C51 源程序中设置一个主函数 main()，由主函数调用其他的函数。

1. 函数的说明与定义

C51 提供丰富的库函数（如前面所用到的头文件 reg51.h、absacc.h 等），只要在源文件开头用# include 包含相应的头文件，就可以调用库函数，同时允许用户根据任务自定义函数。自定义函数从参数形式上可分为无参函数和有参函数。有参函数就是在调用时，调用函数用实际参数代替形式参数，调用完后返回结果给调用函数。函数的一般定义形式如下：

```
[返回值类型] 函数名（类型说明 形参列表）
{
    局部变量声明；
    执行语句；
    return（返回形参名）；
}
```

其中，形参列表的各项要用","隔开。函数返回值通过 return 语句返回给调用语句。若函数没有返回值，可将返回值类型设为 void 或缺省不写。

2. 函数的调用

1) 函数调用的一般形式

```
函数名（实参表列）
```

实参与形参的数目、顺序、数据类型必须一一对应。若没有参数传递，参数可省略，但括号不能省略。

2) 函数的调用方式

函数的调用方式一般有如下 3 种：

➤ 函数调用语句：被调用函数名作为调用函数的一个语句。这种方式适用于无参数传递的函数，如

```
delays();
```

> 函数表达式：被调函数作为表达式的运算对象，如

max = store（x, y）;

> 函数参数：被调用函数作为另一个数的实际参数，如

no1 = store（no2, stroe（x, y））;

3）对被调用函数的声明

若要调用自定义函数，且被调用函数出现在主调用函数之后，则在主调用函数前应对被调用函数予以说明。若主调用函数与被调用函数不在同一文件中，则需要在声明中加关键字 extern（表示调用外部函数）。函数声明的一般形式如下：

[extern]返回值类型 被调函数名（形参表列）;

如果被调用函数与主调用函数在同一个文件中，且在主调用函数前，可以不对被调用函数作声明。

3.2.6 预处理命令

C51 语言中提供了各种预处理命令。一般来说，在对 C51 语言源程序进行编译前，编译器首先对程序中的预处理命令进行处理，然后将预处理的结果与源代码一并进行编译，最后产生目标代码。预处理命令通常只进行一些符号的处理，并不执行具体的硬件操作。C51 的预处理命令有文件包含命令、宏定义命令和条件编译指令等。预处理命令前要加#。

1. 文件包含命令#include

文件包含是指一个程序文件将另一个指定的文件的全部内容包含进去。C51 提供了丰富的库函数，如果要使用库函数，必须在源代码文件开头用#include 命令包含相应的头文件，如 stdio.h，reg51.h。文件包含命令的一般使用形式为：

#include<文件名>

或　　#include"文件名"

进行较大规模程序设计时，文件包含命令是十分有用的。为了适应模块化的需要，可以将组成程序的各个功能函数分散到多个程序文件中，分别由若干人员完成编程，最后再由#include 命令嵌入到一个总的程序文件中。在使用#include 命令时注意以下几点：

（1）#include 命令在程序中出现的位置就是被包含文件被引入源文件的位置。一般来说，被包含文件要放在源文件的前面。

（2）一条#include 命令只能指定一个被包含文件，若程序中需要包含多个文件，则需要使用多条#include 命令。

（3）采用#include<文件名>格式时，在头文件目录中查找指定文件；采用#include"文件名"格式时，在当前目录中查找指定文件。

2. 宏定义命令#define

宏定义的一般形式如下：

#define 标识符[(形参)] 字符序列

> **小提示**
>
> 宏定义命令之后不加分号；形参用逗号隔开；如果是带形参的宏定义，宏展开时形参将换成实参。

3. 条件编译指令

条件编译指令将决定哪些代码被编译，而哪些代码不被编译。可以根据表达式的值或者某个特定的宏是否被定义来确定编译条件。

1）#if 型

```
#if 常量表达式
    代码1;
#else
    代码2;
#endif
```

如果常量表达式非 0，则代码 1 参加编译，否则代码 2 参加编译。

2）#ifdef 型

```
#ifdef 标识符
    代码1;
#else
    代码2;
#endif
```

如果标识符已被#define 过，则代码 1 参加编译，否则代码 2 参加编译。

3）#ifndef 型

```
#ifndef 标识符
    代码1;
#else
    代码2;
#endif
```

同#ifdef 型相反，如果标识符未被#define 过，则代码 1 参加编译，否则代码 2 参加编译。

4. 类型定义 typedef

typedef 一般用于为现有类型创建一个新的名字，即类型别名，常用于结构体定义、数组定义等。

1）typedef 的最简单使用

```
typedef unsigned char uchar;     //给已知数据类型 unsigned char 起个新名字，叫 uchar。
```

2）typedef 与结构结合使用

```
typedef   struct
```

```
    {
        int nurn;
        char *name;
        char sex;
        float score;
    }stud;                          //定义结构类型 std
```

有了如上定义之后，可以定义这种类型的结构变量。例如：

```
    stud  s1, s2;                   //定义 stud 类型的结构变量 s1, s2
```

3.2.7 常用 C51 库函数

C51 提供了大量的库函数，每个库函数都有相应的头文件。用户若要使用 C51 库函数，必须用#include 命令包含其相对应的头文件。下面介绍几个常用的头文件。

1. 本征函数头文件 intrins.h

intrins.h 含有常用的本征函数。本征函数也称内联函数，这种函数不采用调用形式，编译时直接将代码插入当前行。以下为常用的本征库函数：

```
    _nop_();              //空操作，相当于汇编中的 NOP 指令
    _testbit_(bit);       //位测试，相当于 JBC 指令
    _cror_(a,n);          //将字符型变量 a 循环右移 n 位
    _crol_(a,n);          //将字符型变量 a 循环左移 n 位
    _iror_(a,n);          //将整型变量 a 循环右移 n 位
    _irol_(a,n);          //将整型变量 a 循环左移 n 位
    _lror_(a,n);          //将长整型变量 a 循环左移 n 位
    _lror_(a,n);          //将长整型变量 a 循环右移 n 位
```

2. SFR 定义的头文件 reg*.h

该文件定义了各种型号单片机中的特殊功能寄存器及特殊功能寄存器中的特定位，是用 C 语言对单片机编程时最为常用的头文件。

3. 绝对地址访问宏定义头文件 absacc.h

此头文件定义了几个宏，以确定各存储空间的绝对地址。通过包含此头文件，可以定义直接访问扩展存储器的变量。

常用标准 C 库函数还有：stdlib.h（标准函数）、string.h（字符串函数）、stdio.h（输入输出函数）。

注意：在#include 命令中，文件名可以用双引号或单书名号括起来。如在 EXT1.c 中用#include "diy.h" 或#include<diy.h>都是合法的。二者的区别是，使用双引号时，系统首先到当前工程文件所在目录寻找要包含的头文件，若没有找到，则到编译器库函数头文件所在目录寻找。而使用单书名号时，系统仅到存放编译器库函数头文件的目录中寻找。一般如果为调用库函数而用 #include 命令来包含相关的头文件，则用单书名号以节省查找时间；如果要包含的是用户自己

编写的文件（这种文件一般都在当前目录中），一般用双引号。若文件不在当前目录中，双引号内可给出文件路径。

3.3 文件管理

初学者编写简单的 C 语言程序时习惯将所有的代码都写在一个 C 文件中。但是当程序逐渐变长后，编辑、查找和调试都将变得非常困难。而且这种代码很难用在别的项目中，除非非常熟悉代码，然后寻找并复制每一段函数或模块。

解决上述问题的方法是将一个大程序划分为若干个小的 C 文件。在单片机程序中，最常用的划分方法是按照功能模块划分，即将每个功能模块做成独立的 C 文件。例如，一个项目中会用到定时器、A/D 转换器、LCD 显示器、键盘，可以将实现每个功能的函数分别写入 4 个文件（如 Timer.c、ADC.c、ICD.c、Keyboard.c），属于每个功能模块的头文件写在相应的文件中，然后在相应头文件中声明对外引用的函数与全局变量。

做好文件划分和管理后，每个文件都不会很长，如果需要修改或调试某个函数，只要打开相应模块的 C 文件，很容易找到。打开相应的头文件还可查看函数列表。这些代码还能被重复使用。假设另一个项目也要用到 LCD 显示器，只要把 LCD.c 和 LCD.h 文件复制并添加到新工程内即可调用各种 LCD 显示函数，避免重复劳动。

例 3.1 按文件管理思想实现第 5 章例 5.2 的功能。

将例 5.2 分为两个功能模块：延时模块 Delay.c 和 LED 点亮模块 LED.c。延时模块 Delay.c 由延时函数 DelayMS()构成。新建 Delay.c 并将其添加到工程中。

```
//****************************************************************
//程序：Delay.c
//功能：软件延时
//形式参数：uint x; x 控制空循环的外循环次数，共循环 x*120 次
//****************************************************************
    void DelayMS(unsigned int x)
    {
        ……                          //同例 5.2，此处省略
    }
```

LED 点亮模块 LED.c 由 LED 流水灯下移点亮函数 LED_Down()和上移点亮函数 LED_Up()构成。新建 LED.c 并将其添加到工程中。

```
//****************************************************************
//程序：LED.c
//功能：LED 流水灯上、下移点亮
//****************************************************************
    #include<reg51.h>              /*包含头文件 REG51.H*/
    #define LED P1                 /*定义 8 个 LED 接至 P1 口*/
//****************************************************************
//函数名：LED_Down
```

```
//函数功能：单只 LED 流水灯下移点亮
//形式参数：uint x；下移点亮 x 圈
//*********************************************************************
void LED_Down(unsigned int x)
{
    ……                            //同例 5.2，此处省略
}
//*********************************************************************
//函数名：LED_Up
//函数功能：单只 LED 流水灯上移点亮
//形式参数：uint x；上移点亮 x 圈
//*********************************************************************
void LED_Up(unsigned int x)
{
    ……                            //同例 5.2，此处省略
}
```

在主函数 ex3_1.c 文件内需要调用延时模块 Delay.c 和 LED 点亮模块 LED.c，一种简单的方法是在 ex3_1.c 的文件开头用 extern 关键字将 DelayMS()、LED_Down()和 LED_Up()声明为外部函数，告诉编译器这三个函数位于其他文件。

```
//*********************************************************************
//程序：ex3_1.c
//功能：流水灯控制程序
//*********************************************************************
#include<reg51.h>                       /*包含头文件 REG51.H*/
extern void DelayMS(uint x);            //声明 DelayMS ()是外部函数
extern void LED_Down(uint x);           //声明 LED_Down ()是外部函数
extern void LED_Up(uint x);             //声明 LED_Up ()是外部函数
void main()                             //主程序
{
    ……                                  //同例 5.2，此处省略
}
```

另一种方法是：为了避免重复劳动，可以采用建立头文件的方式来实现。

下面我们首先来定义头文件 Delay.h 和 LED.h。一般来说，头文件的名字应该与源文件的名字保持一致，这样我们便可以清晰地知道哪个头文件是哪个源文件的描述。头文件 Delay.h 的内容如下：

```
#ifndef _DELAY_H_
#define _DELAY_H_
extern void DelayMS(uint x);
#endif
```

头文件 LED.h 的内容如下：

```
#ifndef  _LED_H_
#define  _LED_H_
extern void LED_Down(uint x);
extern void LED_Up(uint x);
#endif
```

这与我们在源文件中定义函数时有点类似。不同的是，在其前面添加了 extern 修饰符表明其是一个外部函数，可以被外部其他模块调用。条件编译和宏定义是为了防止重复包含。另外，对于全局变量，也可以在头文件中通过 extern 声明对外引用。

然后在模块 LED.c 文件开头处用#include"Delay.h"包含头文件，相当于做函数声明。

```
//****************************************************************
//程序：LED.c
//功能：LED 流水灯上、下移点亮
//****************************************************************
#include<reg51.h>              /*包含头文件 REG51.H*/
#include"Delay.h"              /*包含头文件 Delay.h */
#define LED P1                 /*定义 8 个 LED 接至 P1 口*/
……                            //剩余部分同方法 1，此处省略
```

最后编写主函数 ex3_1.c 的代码，同样要在文件开头处用#include"LDE.h"包含头文件。

```
//****************************************************************
//程序：ex3_1.c
//功能：流水灯控制程序
//****************************************************************
#include<reg51.h>              /*包含头文件 REG51.H*/
#include"LED.h"                /*包含头文件 LED.h */
void main()                    //主程序
{
    ……                         //同例 5.2，此处省略
}
```

仿照上面的方法，在编写程序时，为每个功能模块都写一个*.c 文件和一个同名的*.h 头文件。在*.c 文件内写代码，将对外引用函数声明集中写在*.h 头文件内。若在 A.c 文件中需要调用 B.c 文件内的函数，只需在 A.c 文件的开头添加#include"B.h"即可。

3.4 程序设计的风格

程序源代码不仅是给计算机读的，还要给设计者以外的程序员读。一个风格规范而严谨的程序可读性更好，更容易修改和排错。良好的编程风格和正确的习惯还有助于保持思维清晰，写出正确无误的代码。特别是一个开发团队共同工作时，保持一致的编程风格尤其重要。

目前单片机开发人员对编程风格问题的重视度还不够。事实上，每个初学者在项目初期都

会因为不良编程习惯浪费大量时间，因此若能在开始写程序时就重视编程风格问题，对提高编程效率有很大帮助。

3.4.1 变量和函数命名规则

命名要做到"见名知意"，应使用完整单词或约定俗成的缩写。通常，较短的单词可通过去掉元音字母形成缩写；较长的单词可取单词的头几个字母形成缩写。

1. 变量名命名规则

变量名应尽量使用具有说明性的名称，避免使用 a、b、c、a1、b2 等无意义字符。使用范围大的变量，如全局变量，更应该有一个说明性的名称。变量名尽量使用名词，长度控制在 1～4 个单词最佳。若名称包含多个单词，建议每个单词首字母大写以便区分单词。

例如：

```
int InputV;              //输入电压
int Temperature;         //温度
```

当单词间必须出现空格才好理解时，可以用下划线'_'替代空格，例如：

```
int Degree_C;            //°C
int Degree_F;            //°F
```

当单词较长时，可以适当简写，例如：

```
int NumOfIn;             //输入字符数
int InputChrNum;         //输入字符数
int Deg_F;               //
```

一旦约定以某种方式简写，以后必须保持风格统一，尽量不要让同一程序存在不同风格。若多个模块都可能出现某个变量，可以按"模块名_变量名"的形式命名，例如：

```
char UART_Status;        //串口的状态
int  UART_RxNum;         //串口接收到的字符总数
```

对于约定俗成的变量名，如用 i、j 作为循环变量，p、q 作为指针，s、t 表示字符串等，不必改动。

2. 函数名命名规则

和变量一样，函数名称也应具有说明性。函数名应使用动词或具有动作性的名字，后面可以跟名词说明操作对象。最好以"模块名_功能名"的形式命名，例如：

```
unsigned int ADC16_Sample();   //16 位 ADC 采样
char LCD_Init();               //LCD 初始化
char CLK_GetVal();             //获取实时钟的数据
void PWM_SetPeriod();          //设置 PWM 周期
void PWM_SetDuty();            //设置 PWM 占空比
char UART_CetChar();           //从串口读取一个字节数据
```

每个单词首字母大写方便阅读。一般专有名词或缩略词（ADC/LCD 等）全部大写。遇到太长的单词也可以在不影响阅读的情况下适当简写，例如用 Tx 替代单词 Transmit，Rx 替代单词 Reccive，Num 替代单词 Number。

对于返回值是布尔类型值的函数（真或假），名称应清楚表达返回值情况。例如，编写某函数检查串口接收缓冲区是否填满，以下两个函数名中，后者优于前者。

```
char UART_RxBuff();           //意义含糊的函数名，只表示是检查接收器缓冲区
char UART_isRxBuffFull();     //意义明确的函数名，若返回真，代表缓冲区满，否则缓冲区空
```

3.4.2 表达式

表达式应该尽量自然、简洁、无歧义。写代码的时候，要杜绝各类个性技巧。下面两个表达式所表达的条件是等价的，第一种逻辑难以理解，写成第二种表达方式就清晰许多。

```
if(!(RxCharNurn<20)||!(RxCharNum>=16))   //混乱的表达式
if((RxCharNum>=20)||(RxCharttum<16))     //清晰的表达式，表示接收字符数是否在 16 和 20 之间
```

一个意思清晰的表达式能够用英语表达大概意思。例如：

```
if(UART_IsRxBuffFull())        UART_ClearRxBuff();
    else                       UART_GetChar();
```

以上表达式清晰表达了："如果串口接收缓冲区满了，就清空发送缓冲区，否则继续从串口接收字符"。

3.4.3 风格一致性

为了使程序阅读方便，在 C51 程序设计时，在程序结构及语句书写格式方面应注意以下几点：

（1）虽然 C51 对 main()函数放置的位置没有限制，但为了阅读方便，最好把它放置在所有自定义函数的最前面，即依次为头文件声明、自定义函数及全局变量声明、main()函数、自定义函数。

（2）C51 语句可以写在一行上，也可以写在多行上。为了程序理解的方便，最好将每一条单独写在一行上，并加注释。有时，共同执行某个功能的几条相连的语句可以放置在一行上。

（3）源程序文件不同结构部分之间要留有空行。例如，头文件声明、自定义函数、main()函数以及自定义函数之间均要空一行，从而明显区分不同的结构。（限于篇幅，本书中的程序书写并未严格遵循这一原则，但在计算机上编写程序时，最好严格照此办理。）

（4）if、while 等块结构语句中的"{"和"}"要配对对齐，以便阅读程序时能够理解该结构的起始与结束。

（5）源代码排版时，可以通过适当的空格和制表位（tab）来实现代码对齐。

本书所采用的书写风格如下：

```
//*********************************************************
//程序：LED.c
//功能：一个 LED 发光二极管不断地闪烁
//*********************************************************
#include<reg51.h>                /*包含头文件 REG51.H*/
sbit LED0=P1^0;                  //定义 P1.0 引脚位名称为 LED0
void DelayMS(unsigned int x);    //延时函数声明
```

```c
    void main()                          //主程序
    {
        while(1)
        {
            LED0=~LED0;
            DelayMS(250);                //延时函数调用
        }
    }
```

源代码书写风格有多种,事实上,最好的格式、最好的命名方法是和惯用风格保持一致。如果新加入一个开发团队,团队目前所使用的风格就是最好的风格;如果要改写别人的程序,保持原程序的风格就是最好的风格。总之,程序的一致性比本人的习惯更重要。如果初学者还没有形成自己的风格,可以参考官方提供的范例程序,或者与平台供应商的代码风格保持一致。

3.4.4 注 释

注释是帮助程序员调试程序以及读者了解程序的一种手段,但是如果注释只是代码的重复,将会变得毫无意义。若注释与代码矛盾,反倒会"帮倒忙"。最好的注释是简洁明了地点明程序的突出特征,或者阐明思路,或者提供宏观的功能解释,或者指出特殊之处,以帮助别人理解程序。一般有以下几种注释:

(1)文件注释:必须说明文件名、函数功能、版本信息等相关信息。修改文件代码时,应在文件注释中记录修改日期、修改人员,并简要说明此次修改的目的。所有修改记录必须保持完整。文件注释放在文件顶端,用"/*……*/"格式包含。

(2)函数头部注释:应包括函数名称、函数功能、入口参数、出口参数等内容。如有必要还可增加作者、创建日期、修改记录(备注)等相关项目。函数头部注释放在每个函数的顶端,用"/*……*/"的格式包含。

(3)代码注释:应与被注释的代码紧邻,放在其上方或右方,不可放在下面。一般少量注释应该添加在被注释语句的行尾,一个函数内的多个注释应左对齐;较多注释则应加在上方,且注释行与被注释的语句左对齐。注意代码注释不是代码的解释和重复,而是要从读程序的思路来简明扼要地说明代码功能。在代码维护、调试和排错时,若修改了代码,要养成立即修改注释的习惯,否则很容易出现代码与注释不一致和情况,很可能造成排查的错误,严重影响工作效率。

3.5 汇编语言与C语言混合编程

为了发挥C51语言和汇编语言各自的优势,提高程序的开发效率,常常需要进行二者的混合编程。由于C51语言是"由函数组成的语言",因而实现二者混合编程的关键在于实现不同语言之间函数的交叉调用。由于C51语言对函数的参数、返回值传送规则、段的选用和命名都做了严格规定,因而在混合编程时汇编语言要按照C51语言的规定来编写。这也是一般高级语言和低级语言混合编程的通用规则,即低级语言要向高级语言看齐,按照高级语言的规定进行编写。

汇编语言与C51混合编程时,通常用C51编写主程序,用汇编语言编写与硬件相关的子程序。在不同的编译程序中，C 语言对汇编语言的编译方法不同。在 Keil C51 中，是将不同模块分别编译或汇编，再通过链接来产生一个目标文件。

3.5.1 C 程序与汇编程序之间的参数传递

在混合语言编程中，需要解决的主要问题是入口参数和出口参数的传递。Keil C51 可以使用寄存器来传递参数（最多只能传递 3 个参数），也可以使用固定的存储器或堆栈。参数传递的寄存器选择如表 3.7 所示。

表 3.7 寄存器传递函数参数

参数序号	char	int	long 或 float	一般指针
1	R7	R6、R7	R4~R7	R1~R3
2	R5	R5、R4	R4~R7	R1~R3
3	R3	R3、R2		R1~R3

汇编语言通过寄存器或存储器传递参数给 C51 程序，如表 3.8 所示。如果需要传递更多的参数，可以使用固定寄存器传送，通过数组进行。

表 3.8 函数返回值

返回类型	寄存器	说　明
位型	CY	进位标志位
字符型或单字节指针	R7	
整型或双字节指针	R6、R7	高位存放 R6，低位存放 R7
长整型	R4~R7	高位存放 R4，低位存放 R7
浮点型	R4~R7	32 位 IEEE 格式指数和符号位 R7
普通指针	R1~R3	R3 存放类型，高位存放 R2，低位存放 R1

在 C51 中调用汇编语言程序需注意以下几点：

（1）被调用函数要在主程序中声明，在汇编程序中，要使用伪指令使 CODE 选项有效，并且声明为可再定位段类型，根据具体情况的不同对函数名进行转换，如表 3.9 所示。

表 3.9 函数名的转换

函数名	符号名	说　明
void func（void）	FUNC	无参数传递或不含寄存器参数的函数名不做改变转入目标文件中，名字只转换为大写形式
void func（char）	_FUNC	带寄存器参数的函数名加入"_"字符前缀以示区别，它表明这类函数包含寄存器内的参数传递
void func（void）reentrant	?FUNC	对于重入函数加上"?"字符前缀以示区别，它表明这类函数包含栈内的参数传递

（2）对其他模块要使用的符号进行 PUBLIC 声明，对外部符号要进行 EXTERN 声明。

（3）保证参数的正确传递。

3.5.2　C 语言与汇编语言混合编程实例

Keil C 编译器支持在 C51 中直接插入汇编语言,也可以调用以汇编语言编写的子程序。

1. 在 C51 中直接嵌入汇编语言指令

如果嵌入的汇编代码包含多行,可以使用#pragma ASM 识别程序段,并直接插入编译通过的汇编程序到 C51 源程序中。格式如下:

```
# pragma ASM
    汇编语言代码;
# pragma ENDASM
```

这种方法实质上是通过 ASM 与 ENDASM 告诉 C51 编译器中间行不用编译,是汇编语句行而不是 C 语言语句,因而在编译控制指令中有 SRC 指令以空盒子将这些不用编译的行存入其中。下面介绍 C51 程序内直接嵌入汇编代码后在 Keil 中的编译过程:

(1) 在 Keil 中将要嵌入的汇编代码按照格式添加到 C 文件中,如例 3.2 所示。

(2) 在 Project 窗口中用鼠标右击包含汇编代码的 C 文件,在弹出的快捷菜单中选择 "Options for ××.c" 命令,弹出 "Options for File ××.c" 对话框,在对话框中的 properties 选项卡中,单击右边的 "Generate Assembler SRC File" 和 "Assemble SRC File",使检查框由灰色变为黑色(有效)状态,即使 "Generate Assembler SRCFile" 和 "Assembler SRC File" 被选中。

(3) 根据选择的编译模式,把相应的库文件加入工程中。Small 模式对应的库文件是:C51\Lib\C51S.Lib;Compact 模式对应的库文件是:C51\Lib\C51C.Lib;Large 模式对应的库文件是:C51\Lib\C51L.Lib。

(4) 编译后即可生成目标代码。

例 3.2　要求在 C51 程序中嵌入汇编程序段,编写程序实现从单片机 P1.0 口输出 1 s 方波。

```
//***************************************************************
//程序:ex3_2.c
//功能:产生一个周期为 1 s 的方波
//***************************************************************
# include <reg51.h>
sbit Pulse=P1^0;
main()
{
    while(1)
    {
        Pulse=!Pulse;              //产生脉冲
        #pragma ASM                 //汇编程序段开始
            MOV R6,#99             ;周期数 1
DELAY3:     MOV R6,#99             ;周期数 1
DELAY2:     MOV R5,#99             ;周期数 1
DELAY1:     DJNZ R5,DELAY1         ;周期数 2
            NOP                    ;周期数 1
```

```
            DJNZ R6,DELAY2              ;周期数 2
            DJNZ R7,DELAY3              ;周期数 2
        #pragma ENDASM                  //汇编程序段结束
    }
}
```

若单片机的时钟为 12 MHz，则一个机器周期为 1 μs。因此延时程序的延时时间为：

$$t = \{[(2 \times 99 + 1 + 2) \times 99 + 1 + 2] \times 25\} \times 1 \text{ μs} = 500\,025 \text{ (μs)}$$

2. 在 C51 中调用汇编子程序

Keil 编译器支持在 C51 程序中调用汇编语言子程序。要编写 C51 调用的汇编语言子程序，除了参数必须按表 3.9 规定的寄存器或存储器传送外，程序的格式也有相应的规则。这些规则比较烦琐，为了便于处理，在实际中我们往往先用 C51 编写一个程序框架（或哑函数），然后用 SRC 控制指令编译产生 asm 文件，接着进一步修改这个 asm 文件就可得到我们所要的汇编函数。这样做的目的是让 Keil 编译器自动完成各种段的安排，提高汇编程序的编写效率。下面通过一个实例来说明。

例 3.3 通过 C51 中调用汇编子程序的方法实现周期为 1 s 的脉冲。为了保证脉冲周期的准确性，用汇编语言实现延时子程序。

（1）先用 C51 编写一个哑函数，文件名为××.c，并将它添加到工程中。哑函数就是定义一个空函数，只包括函数名（一般通过名称判断出功能），没有实际的功能，便于以后对这个空函数进行功能完善。下面为本例的延时子程序的程序框架，文件名为 delay.c。

```
#define uint unsigned int          //哑函数
void DelayMS(uint x)
{
}
```

（2）在 Project 窗口中用鼠标右击 C 文件，在弹出的快捷菜单中选择"Options for ××.c"命令，弹出"Options for File ××.c"对话框，在对话框的 properties 选项卡中，单击右边的"Generate Assembler SRC File"和"Assemble SRC File"，使检查框由灰色变为黑色（有效）状态，即使"Generate Assembler SRCFile"和"Assembler SRC File"被选中。

（3）根据选择的编译模式，把相应的库文件加入工程中。Small 模式对应的库文件是：C51\Lib\C51S.Lib；Compact 模式对应的库文件是：C51\Lib\C51C.Lib；Large 模式对应的库文件是：C51\Lib\C51L.Lib。

（4）编译后可生成一个××.SRC 的文件。例如，上面延时程序编译后形成 delay.SRC。用记事本打开这个 delay.SRC 文件如下：

```
NAME    DELAY                           ;定义模块名为 DELAY
?PR?_DelayMS?DELAY    SEGMENT CODE      ;定义程序代码段
?DT?_DelayMS?DELAY    SEGMENT DATA OVERLAYABLE
PUBLIC  _DelayMS                        ;定义公共符号
RSEG    ?DT?_DelayMS?DELAY
?_DelayMS?BYTE:
```

```
                x?040:    DS    1
; #define uchar unsigned char
; void DelayMS(uchar x)
  RSEG    ?PR?_DelayMS?DELAY
_DelayMS:                                              ;程序起始地址
            ; SOURCE LINE # 7
   MOV     x?040,R7
; {
            ; SOURCE LINE # 8
; }
            ; SOURCE LINE # 9
   RET
; END OF _DelayMS
   END
```

（5）将××.SRC 文件的扩展名改为.asm，这样就形成了可供 C51 程序调用的汇编程序。随后可在该文件的代码段中加入所需的汇编指令代码。例如，本例中延时子程序的汇编语言代码可以写在_DelayMS：与 RET 之间。下面编写一个准确的 20 ms 延时程序的汇编代码。

```
DELAY3:   MOV R6,#99            ; 周期数 1
DELAY2:   MOV R5,#99            ; 周期数 1
DELAY1:   DJNZ R5,DELAY1        ; 周期数 2
          NOP                   ; 周期数 1
          DJNZ R6,DELAY2        ; 周期数 2
          DJNZ R7,DELAY3        ; 周期数 2
```

（6）在 Keil 界面的 Project 窗口，将××.c 和 C51S.Lib 删除，然后再添加××.asm。本例中将延时程序 delay.c 删除，然后再添加 20 ms 延时程序 delay.asm。

（7）在 C51 主程序中调用汇编子程序。在主程序中调用汇编子程序时，必须在主程序最前面用 extern 关键字进行声明。本例中，C51 主程序调用延时程序的代码如下：

```
//*****************************************************************
//程序：pulse.c
//功能：产生一个周期为 1 s 的方波
//*****************************************************************
#include <reg51.h>
sbit Pulse=P1^0;
extern void DelayMS(unsigned char x);      //声明 DelayMS ()是外部函数
main()
{
    while(1)
    {
```

```
                Pulse=!Pulse;              //产生脉冲
                DelayMS(25);               //调用 25×20ms 延时函数
        }
    }
```

对照表 3.9 我们可以看出：pluse.c 的参数 x = 25 被传到了汇编程序中的 R7。

3.6 模块化程序设计

汇编语言提供了模块化编程的条件，具体的模块划分、模块设计及模块间的关系要由用户自己处理。而 C 语言是一种函数式语言，每一个函数即可以做成一个独立的功能模块。将一个大问题分解成多个小问题解决的模块化设计思想对一个程序员来说是必不可少的，而模块化思维能力的培养也是至关重要的。本节仅介绍模块化设计的一些基本概念。

模块是一个具有独立功能的程序，可以单独设计、调试与管理。而模块化是指按适当的原则把一个情况复杂、规模较大的程序系统划分为一个个较小的、功能相关而又相对独立的模块。

1. 模块化设计的基本原则

（1）用"自顶向下"的方法进行系统设计，即由整体到局部。
（2）按功能划分法把模块组成树状结构，使其层次清楚。
（3）模块一般不要划分得太大，也不宜过小，主要根据其功能而定。每个模块的功能要明确、单一。
（4）各模块间的接口要简单。尽可能使每个模块只有一个入口，一个出口。
（5）模块间的关系要明确。即上层模块可调用下层模块，下层模块可返回上层模块，反之则不行。
（6）程序中易变化的部分与不易变化的部分要分开，形成不同的模块。模块的独立性要强，即模块的功能由该模块自身完成，不依赖其他模块。

2. 模块化设计的优点

将复杂系统化大为小，化繁为简，以便于维护，提高系统设计效率。

3. C51 模块化设计中的注意事项

常量尽量用宏来定义，这样程序可读性强、修改方便。尽量使用局部变量。每个模块尽量单独存在，最好不要在模块内部引用全局变量。

3.7 51 单片机 C 程序开发过程

1. C51 程序开发流程

C51 程序的开发一般包括编辑、编译、连接、调试四个步骤。具体流程如图 3.1 所示。

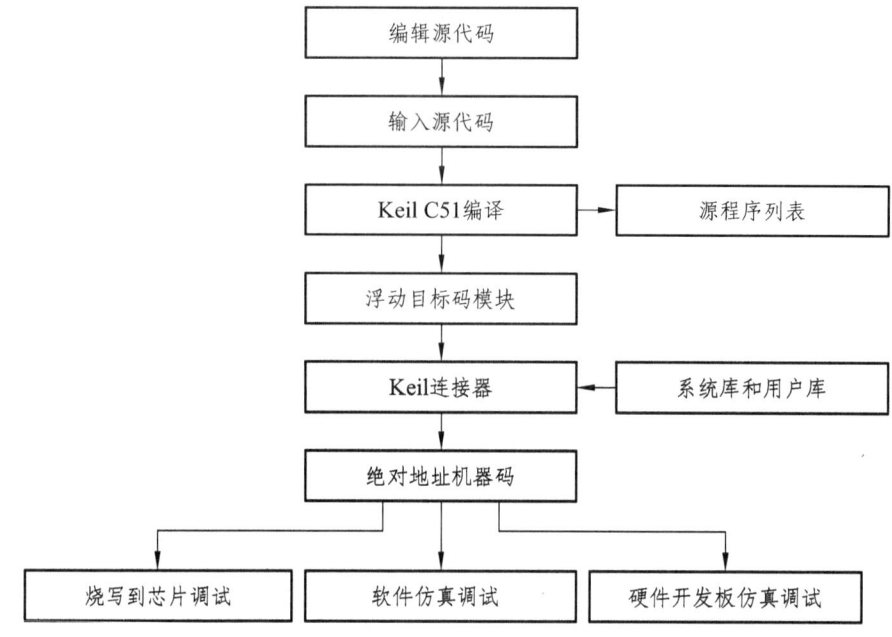

图 3.1 C51 程序开发流程图

2. C51 的源程序结构

C51 程序由函数构成，其中至少包含一个主函数 main()。编译器从源代码文件的第一行开始编译，但是执行时是从主函数开始执行的，调用其他函数后又会返回主函数。被调用的函数若定义于主函数之前，则可以直接调用，否则必须先声明才能调用。被调用的函数可以是用户自定义函数，也可以是库函数。C51 语言程序的基本结构如图 3.2 所示。

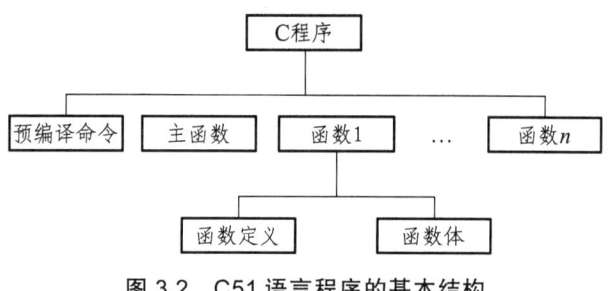

图 3.2 C51 语言程序的基本结构

C51 程序的源代码结构一般如下：

```
预处理命令
全局变量说明
函数声明
main()
{
    局部变量说明；
    执行语句；
    函数调用（实参列表）；
}
函数 1（形参列表）
{
```

```
        局部变量说明；
        执行语句；
}
……
函数n（形参列表）
{
        局部变量说明；
        执行语句；
}
```

> **小提示**
> （1）函数可以嵌套调用，但是不能嵌套定义。
> （2）变量必须先定义后使用。函数名和变量名大小写是不同的。
> （3）每条语句以";"结尾。一行可以写多条语句，一条语句可以分多行。
> （4）注释用//或者/* */表示。
> （5）大括号必须成对出现。

3. C51 程序设计的步骤

C51 程序设计步骤与汇编程序设计步骤大体相同，具体如下：
（1）分析问题，确定算法。
（2）根据算法，画出程序流程图。
（3）分配内存工作区及有关端口地址。
（4）编写程序。
（5）上机调试。

4. C51 程序设计注意事项

在进行 C51 程序设计时，应注意和所设计的硬件结构协调一致。具体有如下几点：
（1）存储种类和存储模式的选择应和硬件存储器物理地址范围相对应，还应注意存储器是否溢出。
（2）外部 I/O 口绝对地址的定义应和 I/O 口物理地址对应，还必须考虑 P2 口是否作为地址总线使用来选择 XBYTE 或 PBYTE 定义。选用 PBYTE 时注意和 P2 口操作一致。
（3）存储器定义文件的选择和单片机型号一致。
（4）动态参数选择应考虑时钟频率的因素。
（5）算法选择应考虑硬件和 C51 的特点。
（6）设法提高内部 RAM 的使用效率。尽可能缩短变量字节数，如循环变量 i 一般选用 unsigned char，使用存储器类型指针等。

习题 3

（1）试说明关键字 sfr、sfr16、sbir、uslng、lnterrupt 的功能。

（2）C51 编译器对 bit 变量的声明及使用有什么限制？

（3）如何访问一个绝对地址？

（4）在 C 程序中如何使用汇编程序？

（5）叙述函数的几种调用方式。

（6）如何定义指定存储器指针？有什么优点？

第4章 编译和仿真工具

Keil μVision 是目前流行的 MCS-51 单片机应用开发软件。它支持众多公司的 MCS-51 架构的芯片,甚至 ARM。同时,它集编辑、编译、仿真等于一体,其界面和常用的微软 VC++的界面相似,界面友好,易学易用,在调试程序、软件仿真方面也有很强大的功能。Proteus 是英国 Labcenter Electronics 公司研发的多功能 EDA 软件,具有功能很强的 ISIS 智能原理图输入系统,有非常友好的人机互动窗口界面及丰富的操作菜单和工具,能方便地完成 MCS-51 单片机系统的硬件设计、软件设计、单片机源代码级调试与仿真。本章以 Keil μVision4 及 Proteus 软件为例对 MCS-51 单片机的编译和仿真进行介绍。

【教学导航】

教	知识重点	1. 单片机编译、仿真开发环境; 2. Keil μVision4 软件的使用; 3. Proteus 软件的使用
	知识难点	Keil μVision4 与 Proteus 软件结合仿真
	推荐教学方式	以实践为主,按照工作任务给出的单片机编译、仿真要求,引导学生完成上机操作,从实践中积累编译、调试、仿真经验
	建议学时	2~4 学时
学	推荐学习方法	遵守上机编译、仿真实验规则,从实践中学习单片机的编译、仿真开发环境
	必须掌握的理论知识	1. 单片机开发环境; 2. 单片机相关软件功能
	必须掌握的技能	单片机集成开发环境 Keil μVision4 及 Proteus 软件的使用

4.1 Keil μVision4 编译环境

Keil 提供了包括 C 编译器、宏汇编、连接器、库管理和一个功能强大的仿真调试器在内的完整开发方案,通过一个集成环境μVision 将这些部分组合在一起。其中,Keil C51 编译器自 1988 年引入市场以来成为事实上的行业标准,并支持 500 种以上的 MCS-51 系列单片机。2009 年 2 月发布的 Keil μVision4 与以往版本相比,提供了 C 语言及汇编语言开发环境,支持更多的 MCS-51 系列单片机。

4.1.1 初识 Keil 软件

Keil μVision4 在 Windows 操作系统下安装完毕后,会在桌面生成一个 图标,双击该图标即可启动 Keil μVision4,如图 4.1 所示。

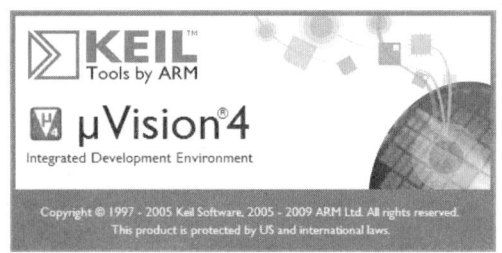

图 4.1 Keil μVision4 软件启动界面图

Keil μVision4 软件启动后，即进入集成开发环境，如图 4.2 所示。

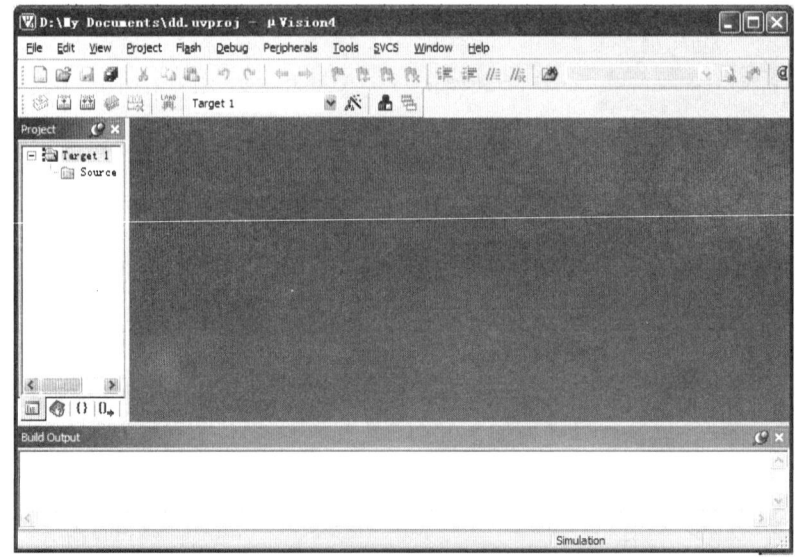

图 4.2 Keil μVision4 窗口

Keil μVision4 集成开发环境窗口分成下面 6 个部分：

1. 菜单栏

Keil μVision4 的菜单栏共包括 11 个菜单。分别如下：

（1）File 菜单：提供文件操作命令，包括"New"命令（打开新文件），"Open"命令（打开文件），"Close"命令（关闭文件），"Save"命令（保存文件），"Save as"命令（另存为新文件），"License Management"命令，以及打印命令等。这些文件命令大都可以在文件工具栏里面找到对应的按钮。若要对 Keil μVision4 包含的设备库进行维护，可使用"Device Database"命令来进行选择或添加设备库里没有的 MCS-51 系列芯片；使用"License Management"命令可维护及查看已安装软件的许可证。此外，若要退出集成开发环境，可采用"Exit"命令来关闭整个程序。

（2）Edit 菜单：提供类似于 Windows 下的撤销/恢复键入、剪切、复制、粘贴、查找、替换等编辑命令。此外，还提供一系列与开发环境配置相关的命令，如"Outlining"命令（有关源代码的命令）、"Advanced"命令（编辑器命令）、"Configuration"命令（用于改变着色、字体、快捷键）等。

（3）View 菜单：提供窗口显示开关，可用于显示或隐藏状态条、文件工具条、编译工具条、调试工具条、工程空间、输出窗口、浏览窗口、反汇编窗口、Watch & Call Stack 窗口、存储器窗口等。

（4）Project 菜单：提供项目管理功能，包括：创建一个新工程，导入一个工程，打开一个工程，关闭当前工程，维护工程组件，配置工具环境及管理书，从设备库中选择 CPU，从工程中移出组或文件，改变目标、组、文件的工具选项，编译修改过的文件并生成应用，重新编译所有源文件并生成应用，编译当前文件，停止编译当前程序等。

（5）Flash 菜单：提供 Flash 编程设备配置和运行操作命令，可将芯片清零或将可执行代码烧录到芯片当中。包括："Download"命令（按照配置将可执行代码下载到 FLASH 中）、"Erase"命令（擦除 Flash ROM）、"Configure Flash Tools"命令（打开对话框 Options for Target-Utilities 配置 Flash）。

（6）Debug 菜单：提供调试、仿真操作命令，包括：启动或停止调试模式、运行到下一个活动断点、单步运行进入一个函数、单步运行跳过一个函数、从当前函数跳出、运行到当前行、停止运行、打开断点对话框、设置或取消断点、显示下一条要执行的指令等操作。大多数命令在调试/仿真工具栏里有对应的快捷按钮。

（7）Peripherals 菜单：提供菜单来显示单片机片内外设模块的显示窗口。这些外设对话窗口可能因为所选 CPU 的不同而不同。

（8）Tool 菜单：能够配置和运行 Gimpel PC-Lint 及自定义程序。

（9）SVCS 菜单：可以配置及添加 SVCS 命令。

（10）Window 菜单：提供工作区窗口排列功能。

（11）Help 菜单：提供帮助说明功能。

2. 文件工具栏

此工具栏提供诸如新建文件、打开文件、保存文件、另存为新文件等 File 菜单中常用的文件操作命令，如图 4.3 所示。

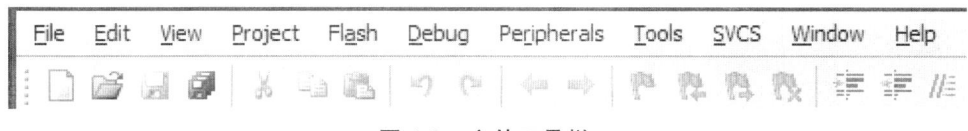

图 4.3　文件工具栏

3. 编译工具栏

此工具栏用于完成源代码的编译、链接操作，如图 4.4 所示。

图 4.4　编译工具栏

鼠标点击图标，完成对当前编辑的源文件的编译工作；单击图标，完成当前项目下所有源文件的编译、链接工作。鼠标单击上述图标后，Keil 软件自动完成编译、链接工作，同时在输出窗口里面显示编译、链接的结果。

4. 项目窗口

在集成开发环境的左侧是项目窗口，如图 4.5 所示。该窗口共有 5 个选项，可用鼠标单击窗口下侧的图标进行选择。

图 4.5　项目窗口

5. 输出窗口

在 Keil μVision4 集成开发环境下方为输出窗口，如图 4.6 所示。该窗口包括 3 个页面：在 Build 页面里，将显示编译、链接的过程和状况；在 Command 页面里，将显示操作的命令；在 Find in Files 页面里，将显示对相关文件搜索的结果。

图 4.6　输出窗口

6. 状态栏

状态栏显示调试通道、执行/仿真时间、光标位置、大小写状态、数字键状态等信息。

7. 工作区

Keil μVision4 窗口的中间区域为工作区，新建或打开源文件后，在该工作区进行源程序的编辑。

4.1.2　Keil C 工程建立

Keil μVision4 软件采用项目管理的方式对源代码进行管理，所有的设计都从新项目的建立或打开已有的项目开始。下面将介绍建立 Keil C 工程项目的具体步骤。

1. 建立新工程

点击"Project"→"New μVsision Project"，新建一个工程项目，如图 4.7 所示。

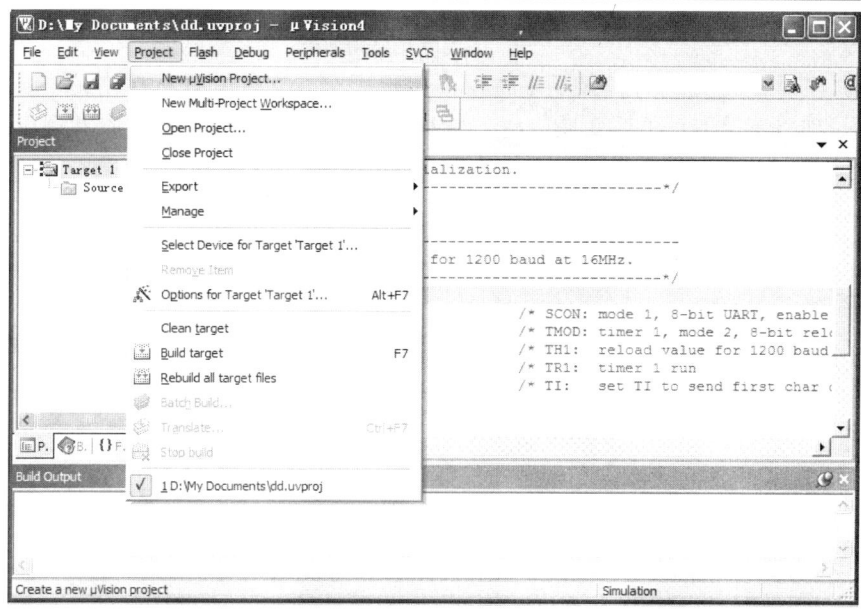

图 4.7　新建工程项目

在弹出的对话框中,首先选择存放此工程的文件夹,例如 "led" 文件夹。然后为这个工程命名,在这里将工程命名为 "led",不需要填写后缀。μVision4 默认的工程名后缀为 ".μvporj",这与 μVision3 及 μVision2 不同。

保存完毕后,弹出对话框,选择目标板上的 CPU 类型。MCS-51 系列单片机非常多,我们以常用的 AT89S51 为例进行说明。在 CPU 类型中选择 Atmel 公司下面的 AT89S51 并点击 "OK" 按钮即可,如图 4.8 所示。实际应用中,可根据选用的 CPU 类型来选择相应的型号。

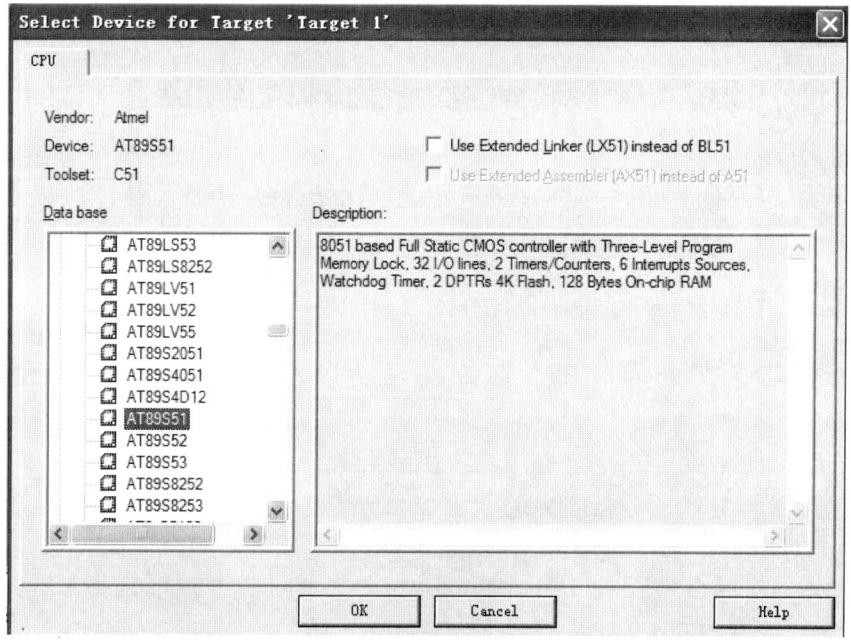

图 4.8　目标板 CPU 选择

2. 建立源程序文本文件

以上项目文件建立完毕后，接下来将建立源程序文本文件。鼠标单击"File"菜单下的"New"命令，项目窗口由灰色区变成白色文本编辑区，即可输入源程序文本并进行编辑，如图4.9所示。

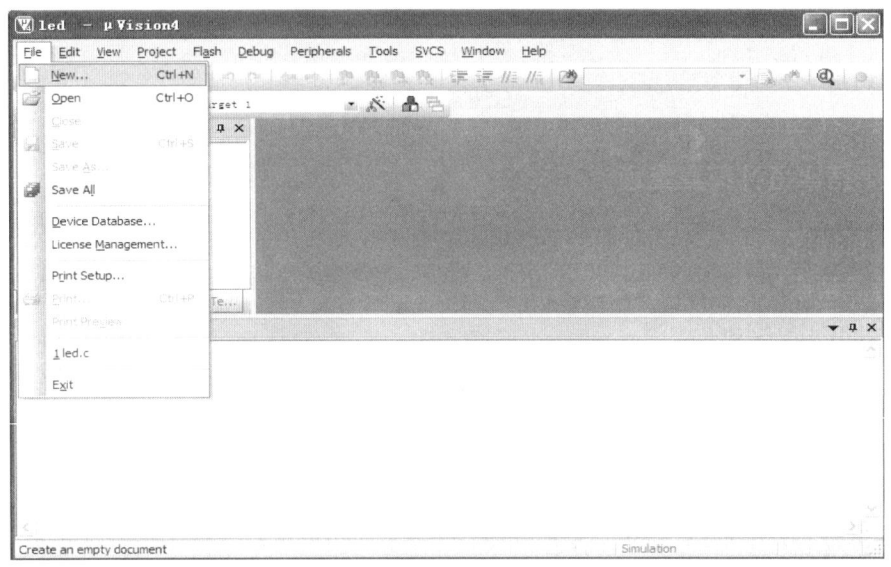

图 4.9　新建源程序文件

源文件编辑完毕后，可点击"File"菜单下的"Save as"命令进行保存。在弹出的对话框中输入源程序文件名称，本例中输入"led"。需要注意的是，如果是汇编语言，后缀必须是".asm"，如果是 C 语言，则后缀必须是".c"。输入完毕，点击"保存"按钮即可，如图 4.10 所示。

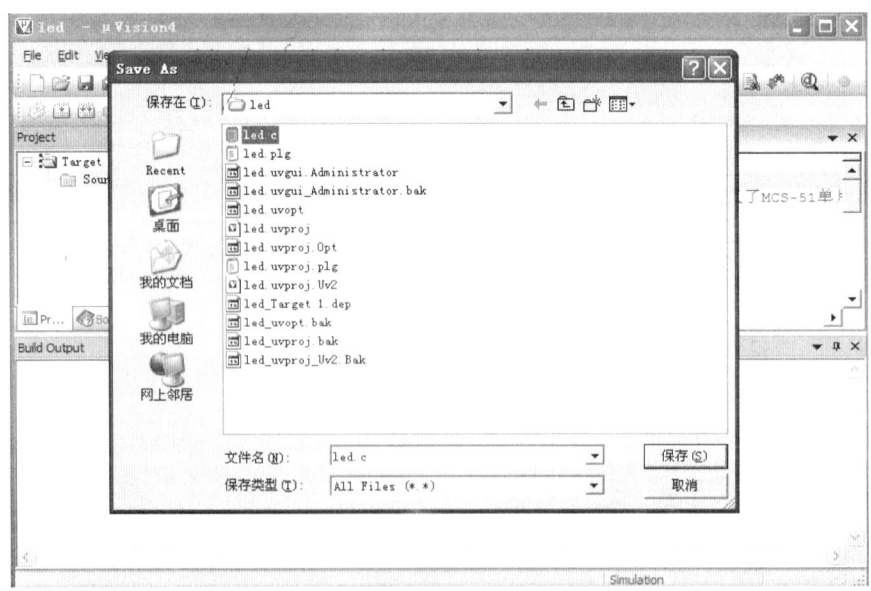

图 4.10　保存已编辑好的源程序文件

3. 将源程序文件添加到工程项目

编辑好的源程序文件必须加入到当前的项目中。在项目窗口里,将鼠标指针指向"Target 1"下面的"Source Group 1"项,单击鼠标右键,在弹出菜单中选择"Add Files to Group 'Source Group 1'"选项,即可在随后弹出的对话框里选择要加入该项目的源程序文件。选择刚才保存的"led.c"文件,再单击"Add"按钮添加。当然,一个项目中可包含多个文件,可以一并添加到项目中。最后,点击"Close"按钮即可关闭该对话框。如图 4.11 所示,项目窗口"Source Group 1"下出现了"led.c"文件,说明源程序文件已添加到工程项目中了。

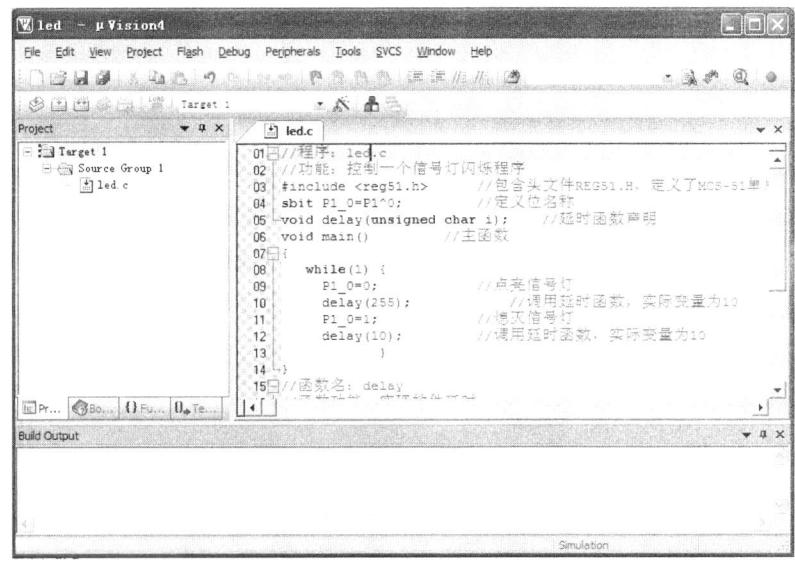

图 4.11 源文件添加进项目

源文件添加进工程项目后,还需要对项目相关选项进行配置。鼠标右键点击项目窗口的"Target 1",在弹出菜单中选择"Options for Target 'Target1',"弹出对话框,如图 4.12 所示。

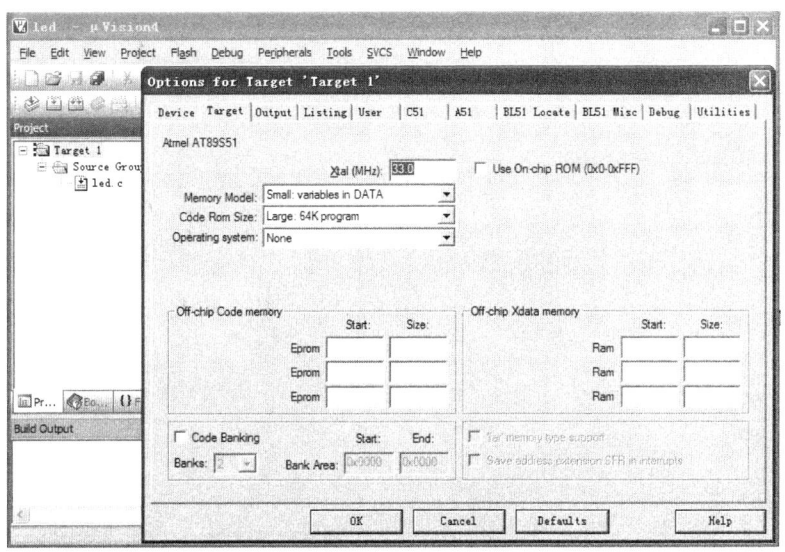

图 4.12 目标板选项

在图 4.12 所示界面中，我们可以设置时钟、存储器、输出选项等。其中，时钟频率的设置与目标板密切相关。新建的项目默认是该芯片最高的时钟脉冲频率，但是在实际应用中并不一定使用最高频率，而是根据目标板电路需求以及程序设计要求等方面来确定。通常，这个频率选择为 12 MHz。因此，需要在该处输入 12。其他选项采用默认的值即可。

若要生成可烧录到单片机中或在线仿真用的 HEX 文件，可以在"Output"选项卡中选中"Create Executable"，然后选中"Create HEX File"选项，如图 4.13 所示。其他选项采用项目默认设置。

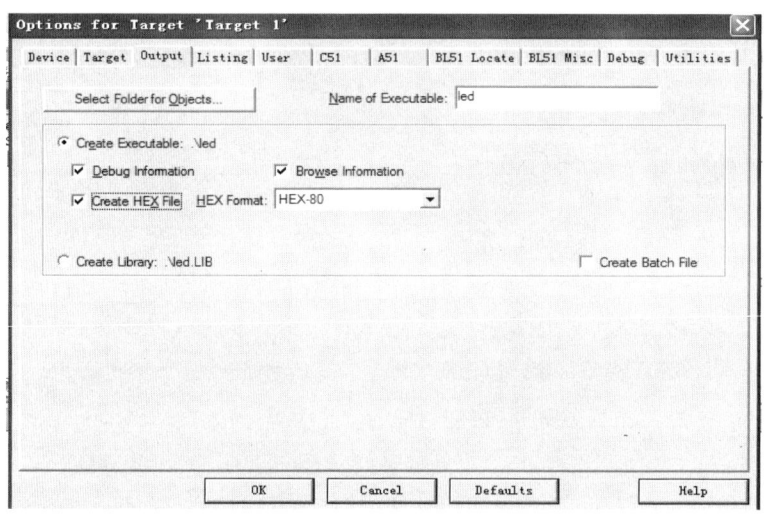

图 4.13 项目输出选项页面

4．项目编译、链接并生成 HEX 文件

当上述工作完成后，用鼠标左键点击 图标，完成当前编辑的源文件编译、链接并生成 HEX 文件。同时，集成开发环境下方的输出窗口会输出相关信息，如图 4.14 所示。其中显示编译、链接过程，以及是否有错误或告警等内容。如果编译、链接正确，则显示链接后程序所占据的程序空间、使用数据空间大小，以及提示生成 led.HEX 文件等内容。

图 4.14 项目编译、链接

若编译、链接过程有错误或告警,在输出窗口出现相关提示,以便编程者进行修改,并在修改后重新编译、链接,直到没有错误为止。

4.1.3 Keil 软件的调试方法及技巧

1. 设置调试方式

完成项目的编译、链接并生成 HEX 文件后,可通过仿真调试来验证源代码是否功能正确。调试可分为硬件调试和软件调试两种。硬件调试需要连接硬件仿真器对目标板进行调试。Keil 软件同时还提供软件仿真调试功能,只要选择使用仿真器选项即可。在图 4.13 所示项目输出选项页面,用鼠标左键单击"Debug"选项卡,弹出如图 4.15 所示的页面,选择"Use Simulator"单选项后单击"OK"按钮,进行软件仿真调试。

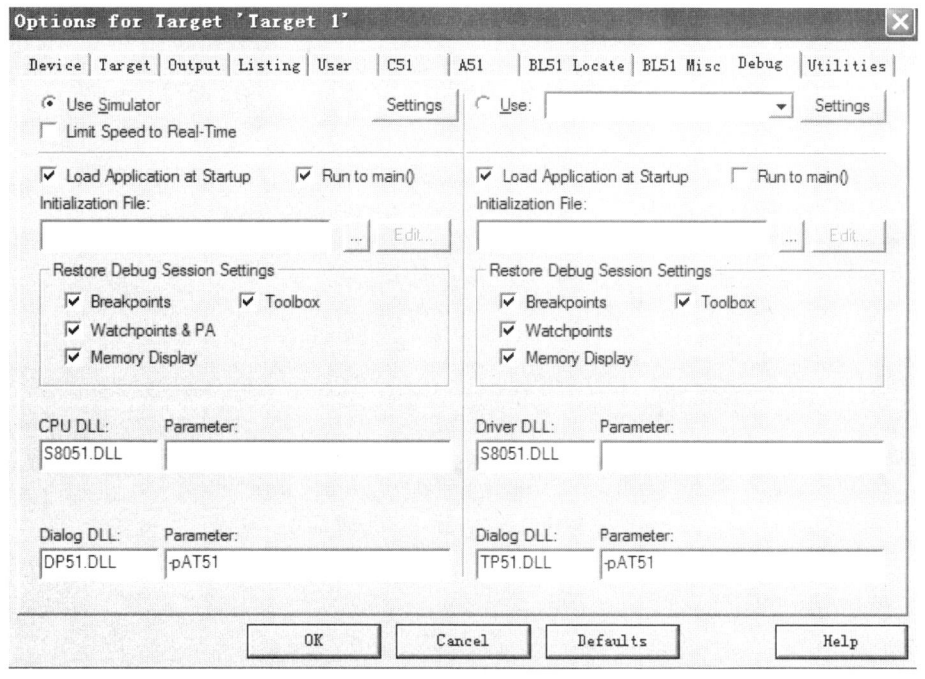

图 4.15 选择软件仿真方式

2. 软件仿真调试

在"Debug"菜单下选择"Start/Stop Debug Session"命令,或按快捷键"Ctrl + F5",或按工具菜单右边的 按钮,都可以进入 Debug 调试模式。

在调试模式中, (Reset)按钮表示重置单片机,并使程序回到最开头处执行。 (Run)按钮表示全速运行程序。 (Stop)按钮表示停止程序运行。当程序处于执行状态时,停止按钮才有效。 (Step Into)按钮表示单步执行,每点击一下,或按一下键盘的功能键 F11,程序运行一条指令。若程序中调用了子程序(函数),将进入子程序(函数)内部单步运行。 (Step Over)按钮表示单步执行,且不会进入函数内运行。 (Step Out of current Funtion)按钮表示离开函数。 (Run to Cursor)按钮表示运行到光标所在的位置。仿真调试界面如图 4.16 所示。

图 4.16 软件调试界面

此源代码的主要功能是实现单片机的 P1.0 管脚输出高低电平，以点亮 LED。因此，为了检验单片机 P1.0 管脚是否输出高低电平，还需要观察 P1 端口的状态。在"Peripherals"菜单中选择"I/O-Ports"下的"Port 1"选项，如图 4.17 所示。

在弹出的"Parallel Port 1"小窗口中，会显示每一位的值。图中打钩的表示该位为 1。也可将"Parallel Port 1"小窗口移动到其他位置进行观察。

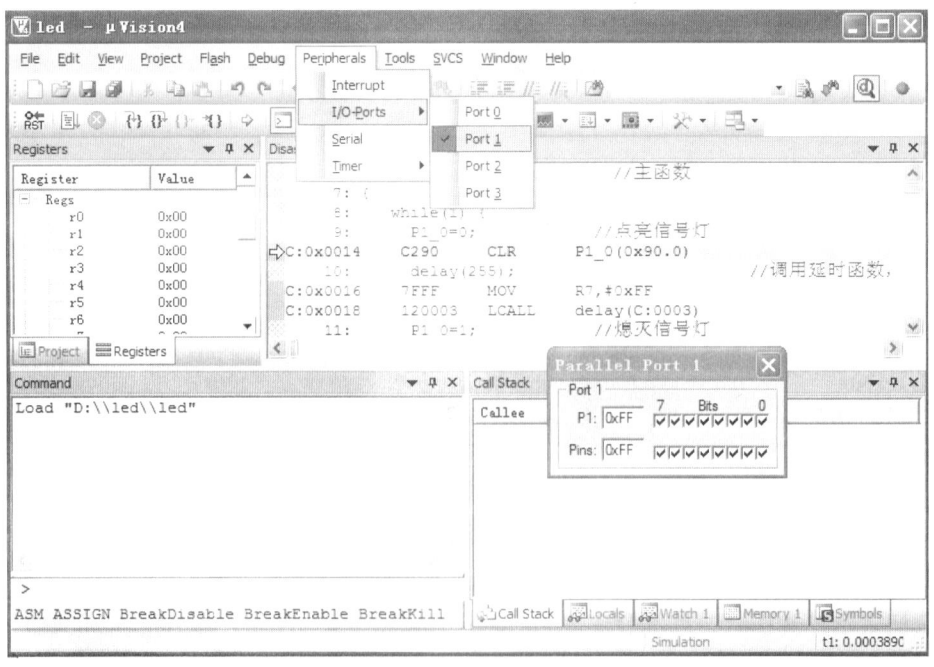

图 4.17 选择显示 P1 端口状态

若需执行此程序，可先单击 按钮重置单片机，并使程序回到最开头处执行，再单击 按钮全速运行程序，则程序开始执行。我们可以看到，图 4.17 所示界面中的"Parallel Port 1"小窗口里 P1.0 位不断地被置位和清除，即 P1.0 周期性地输出高低电平。这样，与 P1.0 相连的 LED 也就会随着 P1.0 的高低电平变化而周期性地亮灭。若要停止仿真，则点击 按钮停止当前程序运行。点击"Debug"菜单下的"Start/Stop Debug Session"命令即可退出仿真状态。

若需单步仿真调试，则单击 按钮单步执行，或按键盘的 F11 功能键，每按一次，程序运行一条指令。这样可依次检查程序每一条指令执行的状况。

小提示

（1）Keil C51 软件可以模拟 AT89S51 执行程序，并可通过"Peripherals"菜单下的选项来观察定时器、中断、串行接口、并行 I/O 端口的状态。

（2）由于 Keil C51 软件内部通过一个仿真 CPU 来模拟执行程序，因而仿真调试与硬件执行程序在时序上会有所区别。

4.2　单片机 Proteus 仿真

Proteus 是英国 Labcenter Electronics 公司研发的多功能 EDA 软件，它具有功能很强的 ISIS 智能原理图输入系统，有非常友好的人机互动窗口界面和丰富的操作菜单与工具。在 ISIS 编辑区中，能方便地完成单片机系统的硬件设计、软件设计、单片机源代码级调试与仿真。

用 Keil 软件生成 HEX 文件后，直接烧录到单片机中观看结果是可以的。但是每次都进行烧录不但麻烦，而且也不能保证运行结果是否正确。这时最好用 Proteus 仿真一下，待结果达到设计要求时再进行烧录。

实践证明：Proteus 是单片机应用产品研发的灵活、高效、正确的设计与仿真平台，它明显提高了研发效率，缩短了研发周期，节约了研发成本。

4.2.1　Proteus ISIS 窗口及基本操作

双击桌面上的 ISIS 7 Professional 图标或者单击屏幕左下方的"开始"→"程序"→"Proteus7 Professional"→"ISIS 7 Professional"，出现如图 4.18 所示界面，表明进入 Proteus ISIS 集成环境。

图 4.18　ISIS 启动界面

Proteus ISIS 的工作界面是一种标准的 Windows 界面，如图 4.19 所示。该界面包括：标题栏、主菜单、标准工具栏、绘图工具栏、状态栏、对象选择按钮、预览对象方位控制按钮、仿真进程控制按钮、预览窗口、对象选择器窗口、图形编辑窗口。

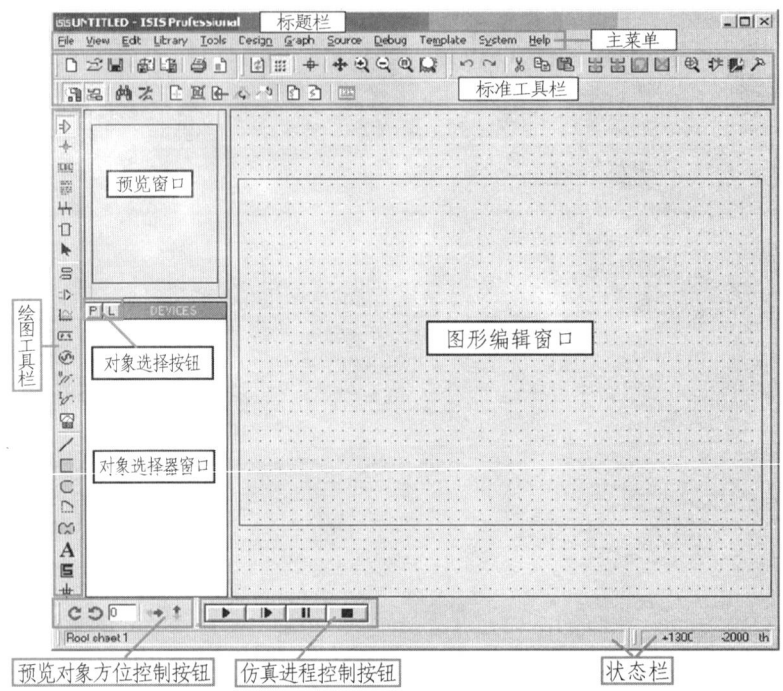

图 4.19　Proteus ISIS 的工作界面

1. Proteus ISIS 窗口菜单

（1）File（文件菜单）：包括常用的文件处理功能，如新建设计、打开设计、保存设计、导入/导出文件，也可打印、显示设计文档，以及退出 Proteus ISIS 系统等。

（2）View（查看菜单）：包括显示与隐藏网格、设置格点间距、缩放电路图及显示与隐藏各种工具栏等。

（3）Edit（编辑菜单）：包括撤销/恢复操作，查找与编辑元器件，剪切、复制、粘贴对象，以及设置多个对象的层叠关系等。

（4）Library（库操作菜单）：包括选择元器件及符号、制作元器件及符号、设置封装工具、分解元件、编译库、自动放置库、校验封装和调用库管理器等功能。

（5）Tools（工具菜单）：包括实时注解、自动布线、查找并标记、属性分配工具、全局注解、导入文本数据、元器件清单、电气规则检查、编译网络标号、编译模型、将网络标号导入 PCB 以及从 PCB 返回原理设计等工具栏。

（6）Design（工程设计菜单）：包括编辑设计属性，编辑原理图属性，编辑设计说明，配置电源、新建、删除原理图，在层次原理图中总图与子图以及各子图之间互相跳转和设计目录管理等功能。

（7）Graph（图表菜单）：包括编辑仿真图形，添加仿真曲线、仿真图形，查看日志，导出数据，清除数据和一致性分析等功能。

（8）Source（源文件菜单）：包括添加/删除源文件，定义代码生成工具，设置外部文本编辑器和编译等功能。

（9）Debug（调试菜单）：包括启动调试、执行仿真、单步运行、断点设置和重新排布弹出窗口等功能。

（10）Template（模板菜单）：包括设置图形格式、文本格式、设计颜色以及连接点和图形等功能。

（11）System（系统设置菜单）：包括设置系统环境、路径、图纸尺寸、标注字体、热键以及仿真参数和模式等功能。

（12）Help（帮助菜单）：包括版权信息、Proteus ISIS 学习教程和示例等。

2. 工具箱

选择相应的工具箱图标按钮，系统将提供不同的操作工具。对象选择器根据所选的工具箱图标按钮决定当前状态显示的内容。显示对象的类型包括元器件、终端、引脚、图形符号、标注和图表等。工具箱中各图标按钮对应的操作如下。

（1）Selection Mode 按钮：选择模式。

（2）Component Mode 按钮：拾取元器件。

（3）Junction Dot Mode 按钮：放置节点。

（4）Wire Lable Mode 按钮：标注线段或网络名。

（5）Text Script Mode 按钮：输入文本。

（6）Buses Mode 按钮：绘制总线。

（7）Subcircuit Mode 按钮：绘制子电路块。

（8）Terminals Mode 按钮：在对象选择器中列出各种终端（如输入、输出、电源和地等）。

（9）Device Pins Mode 按钮：在对象选择器中列出各种引脚（如普通引脚、时钟引脚、反电压引脚和短接引脚等）。

（10）Graph Mode 按钮：在对象选择器中列出各种仿真分析所需的图表（如模拟图表、数字图表、混合图表和噪声图表等）。

（11）Tape Recorder Mode 按钮：当对设计电路分割仿真时采用此模式。

（12）Generator Mode 按钮：在对象选择器中列出各种激励源（如正弦激励源、脉冲激励源、指数激励源和 FILE 激励源等）。

（13）Voltage Probe Mode 按钮：可在原理图中添加电压探针。对电路进行仿真时可显示各探针处的电压值。

（14）Current Probe Mode 按钮：可在原理图中添加电流探针。对电路进行仿真时可显示各探针处的电流值。

（15）Virtual Instruments Mode 按钮：在对象选择器中列出各种虚拟仪器（如示波器、逻辑分析仪、定时/计数器和模式发生器等）。

3. 主工具栏

Proteus ISIS 的主工具栏位于主菜单下面两行，以图标形式给出，包括 File 工具栏、View 工具栏、Edit 工具栏和 Design 工具栏四个部分。工具栏中每一个按钮，都对应一个具体的菜单命令，主要是为了快捷而方便地使用命令。

4. 绘图主要操作

1）对象的添加和放置

点击工具箱的元器件按钮，使其选中，再点击 ISIS 对象选择器窗口左上方的对象选择按钮P，出现"Pick Devices"对话框，如图 4.20 所示。在这个对话框里可以选择元器件和一些虚拟仪器。

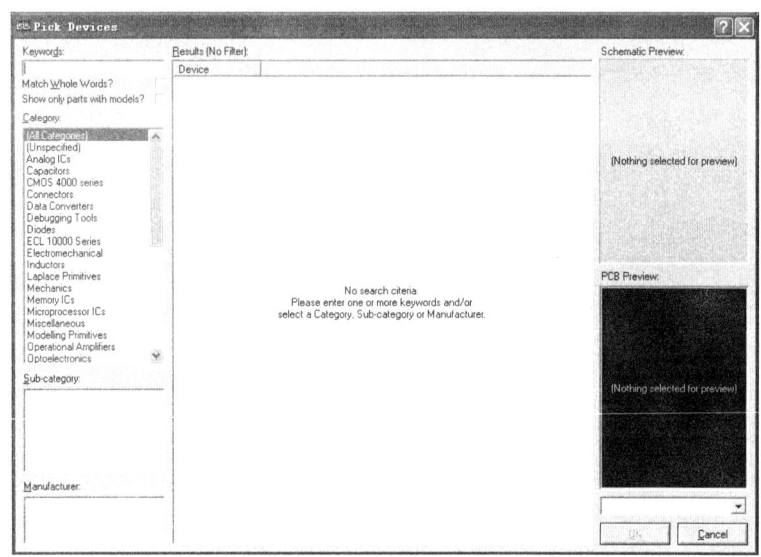

图 4.20　选择器件对话框

下面以添加单片机 AT89C51 为例来说明怎么把元器件添加到编辑窗口。在"Category（器件种类）"下面，找到"Microprocessor IC"选项，单击选中该项，在对话框的右侧会显示大量常见的单片机芯片型号，如图 4.21 所示。找到"AT89C51"并双击，在左边的对象选择器中就有了 AT89C51 这个元件。单击这个元件，然后把鼠标指针移到右边的原理图编辑区的适当位置，再点击鼠标的左键，就把 AT89C51 放到了原理图区。

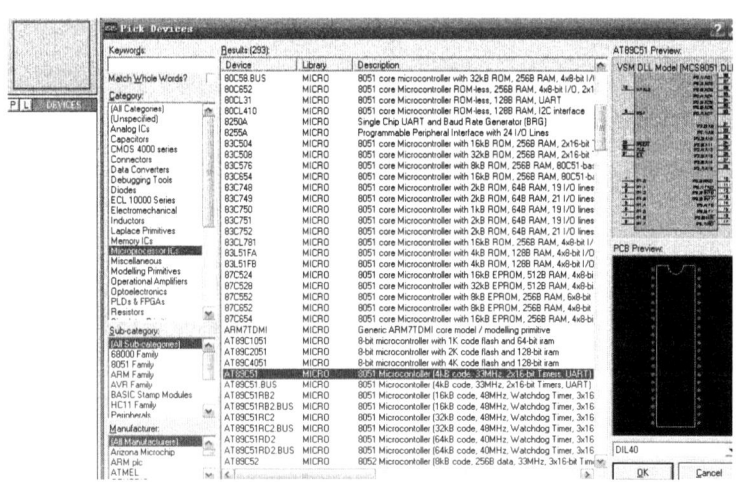

图 4.21　选择 AT89S51 单片机

常用元件的查找：可直接在 Keywords（关键字）栏输入要查找的元件名称或标称值。

电阻：RES；

电位器：POT-LIN；

排阻：RESPACK；

电容：CAP；

按钮：BUTTON；

开关：SWITCH；

二选通一开关：SW-SPDT；

喇叭：SPEAKERS；

晶振：CRYSTAL；

各种光电器件（包括发光管、数码管、液晶显示器）：Optoelectronics；

微处理器（包括各种单片机）：Microprocessor ICs。

2）放置电源及接地符号

单击工具箱的终端按钮，对象选择器中将出现一些接线端，如图 4.22 所示。

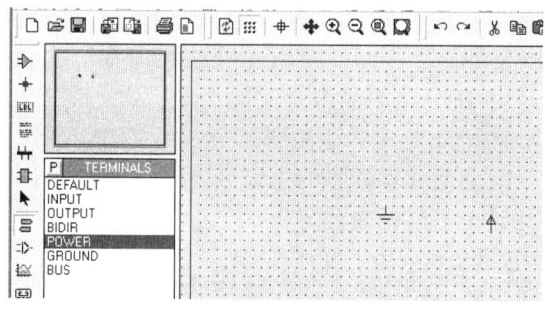

图 4.22　放置电源和接地符号

在器件选择器里点击的"TERMNALS"栏中的"POWER"，再将鼠标移到原理图编辑区，单击左键即可放置电源符号。用同样的方法也可以把接地符号放到原理图编辑区。

3）对象的编辑

对象的编辑包括调整对象的位置和放置方向以及改变元器件的属性等，有选中、删除、拖动等基本操作。

（1）拖动标签。

许多类型的对象附着有一个或多个属性标签。可以很容易地移动这些标签使电路图看起来更美观。移动标签的步骤如下：首先点击右键选中对象，然后用鼠标指向标签，接着按住鼠标左键，拖动标签到需要的位置，最后释放鼠标即可。

（2）对象的旋转。

许多类型的对象可以旋转 0°、90°、270°、360°或通过 x、y 轴镜像旋转。当该类型对象被选中后，旋转工具按钮图标会从蓝色变为红色，然后就可以改变对象的放置方向。旋转的具体方法是：首先点击右键选中对象，然后根据需要用鼠标左键点击旋转工具的 4 个按钮。

（3）编辑对象的属性。

对象一般都具有文本属性，这些属性可以通过一个对话框进行编辑。编辑单个对象的具体方法是：先点击鼠标左键选中对象，再用鼠标左键点击该对象，此时出现属性编辑对话框。在此对话框中即可设置对象的属性。例如,在电阻的属性编辑对话框里,可以改变电阻的标号、电阻值、PCB 封装以及是否把这些东西隐藏等。修改完毕后点击"OK"按钮即可。

5. 电路图线路的绘制

1)画导线

Proteus 的智能化使其可在画线时进行自动检测:当鼠标的指针靠近一个对象的连接点时,指针后就会出现一个"×"号。用鼠标左键点击元器件的连接点,移动鼠标(不用一直按着左键),粉红色的连接线就变成了深绿色。如果想让软件自动定出导线路径,只需左击另一个连接点即可。这就是 Proteus 的线路自动路径功能(简称 WAR)。WAR 可通过使用工具栏里的"WAR"命令按钮来关闭或打开,也可以在菜单栏的"Tools"下找到这个图标。

2)画总线

为了简化原理图,可用一条导线代表数条并行的导线,这就是所谓的总线。点击工具箱的总线按钮,即可在编辑窗口画总线。

3)画总线分支线

画总线分支既可以用总线命令,也可以用一般连线命令。在使用总线命令画总线分支时,粗线自动变成细线。为了使电路图显得专业而美观,我们通常把总线分支画成与总线成 45°角的相互平行的斜线。画好分支线后还需要给分支线起个名字。从工具箱中选择"Wire Label"工具,把鼠标指针指向期望放置标签的总线分支位置,被选中的导线变成虚线,鼠标指针处出现一个"×"号,此时单击鼠标左键,出现"Edit Wire Label"对话框。在该对话框的"Label"选项卡中键入相应的文本内容,单击"OK"按钮。

4)放置总线将各总线分支连接起来

单击放置工具条中图标或执行"Place/Bus"菜单命令,这时工作平面上将出现"十"字形光标。将十字光标移至要连接的总线分支处单击鼠标左键,系统弹出十字形光标并拖着一条较粗的线,然后将十字光标移至另一个总线分支处,单击鼠标的左键,一条总线就画好了。

注意:当电路中多根数据线、地址线、控制线并行时应使用总线设计。

5)放置线路节点

如果在交叉点有电路节点,则认为两条导线在电气上是相连的,否则就认为它们在电气上是不相连的。Proteus ISIS 在画导线时能够智能地判断是否要放置节点。但在两条导线交叉时是不放置节点的,这时要想两个导线电气相连,只有手工放置节点了。点击工具箱的节点放置按钮"+",当把鼠标指针移到编辑窗口,指向一条导线的时候,会出现一个"×"号,点击左键就能放置一个节点。

4.2.2 加载目标代码及调试

单片机原理图设计完毕后,即可加载目标代码进行调试。双击 Proteus 图形编辑窗口中的单片机,弹出对话框如图 4.23 所示。

用鼠标点击"Program File"栏中的文件夹图标,找到用 Keil 生成的 HEX 文件并导入。图中选用的是上一节在 Keil 软件中编译、链接成功后生成的 led.hex 文件。此外,单片机的时钟频率 Clock Frequency 选项里面设置的时钟频率要修改成和实际目标板一样的时钟频率。在图 4.23 中,设置时钟频率为常用的 12 MHz。

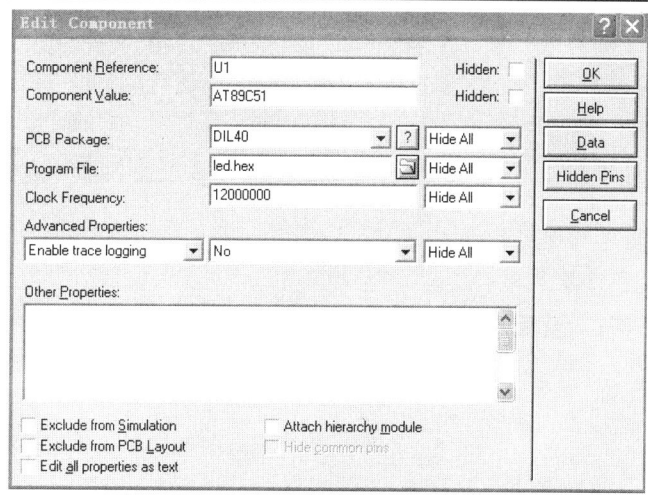

图 4.23 单片机属性编辑菜单

导入后,只要点击左下角 ![] 中的 ▶ 运行按钮即可仿真调试了。工具条从左到右依次是 ▶(运行)、▶(单步运行方式)、∥(暂停)、■(停止)按钮。仿真调试已经观察到了结果后就可以点击停止按钮来停止运行。

4.2.3 Keil C 与 Proteus 结合仿真实例

Keil C 作为 MCS-51 单片机的软件集成开发环境,能够很好地对源程序进行编辑、编译、链接,并生成可执行的 HEX 文件,同时也能够完成软件仿真。Proteus 软件可完成单片机应用系统设计,同时可以加载 Keil C 软件生成的 HEX 文件进行应用系统仿真。Keil C 与 Proteus 软件相结合,很好地解决了单片机软、硬件结合调试仿真的问题。

1. 电路设计

在 Proteus 软件下设计一个简单的单片机电路,该电路实现单片机控制发光二极管 D1 按照一定的频率闪烁,如图 4.24 所示。

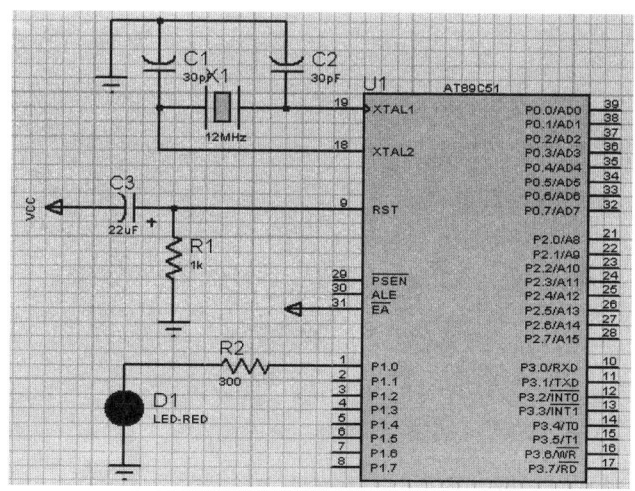

图 4.24 单片机应用电路

电路的核心是单片机 AT89C51。C1、C2 和晶振 X1 构成单片机时钟电路。单片机的 P1.0 端口通过限流电阻 R2 接到发光二极管 D1 的正极，发光二极管 D1 的负极接地。C3 与电阻 R1 构成上电复位电路。

电路原理图的设计步骤如下：

1）创建一个新的设计文件

首先进入 Proteus ISIS 编辑环境。然后选择"File"→"New Design"菜单项，在弹出的模板对话框中选择 DEFAULT 模板，并将新建的文件设计保存在指定的目录下。保存时设置文件名为"led.dsn"。

2）设置工作环境

此处对图纸进行设置。选择"System"→"Set Sheet Sizes"菜单项，在弹出的对话框中选中 A4 复选框，单击"OK"按钮确认，即可完成页面设置。

3）拾取元器件

（1）选择"Library"→"Pick Device/Symbol"菜单项，出现对话框。现以查找发光二极管 D1 为例进行说明。在类列表中选择"Optoelectronics"类，并在子类列表中选择"Leds"子类，则在元器件列表区域将出现期望的元器件。

（2）单击"OK"按钮，或在元器件列表区域双击元器件名称，即可完成对该元器件的添加。添加的元器件将出现在对象选择器列表中。按此方法依次找到其他元器件。

4）在原理图中放置元器件

添加元器件后，就要在原理图中放置元器件。现以放置发光二极管 D1 为例进行说明。

（1）选择对象选择器中的 LED，在预览窗口将出现 LED 的图标。

（2）在编辑窗口双击鼠标左键，元器件 LED 被放置到原理图中。按此方法分别将其他元件放置到原理图中。

（3）将光标指向编辑窗口的元器件，单击该对象使其高亮显示，拖动其到合适的位置。

（4）调整好所有元器件后，选择"View"→"Redraw"菜单项，刷新屏幕，此时图纸上有了全部元器件。

5）编辑元器件

放置好元器件后，双击相应的元器件，即可打开该元器件的编辑对话框。现以发光二极管 D1 的编辑对话框为例，介绍元器件的编辑方式。

（1）单击 LED 元器件，LED 将高亮显示。

（2）再次单击 LED 元器件，弹出对话框。编辑好该元器件，单击"OK"按钮，结束元器件的编辑。

6）绘制原理图

Proteus ISIS 具有智能化特点，在想要画线的时候能进行自动检测。

（1）单击第一个对象连接点。

（2）如果想让 Proteus ISIS 自动定出走线路径，只需单击另一个连接点；如果想自己决定走线路径，只需在希望的拐点处单击。在此过程的任一阶段，都可以按"Esc"键放弃画线。

按照上述步骤，分别将其他器件连线，就完成了原理图的绘制。

2. 软件设计

启动 Keil C 软件，按照 4.1 节所述，建立项目文件后，编辑源文件如下：

```c
//*************************************************************
//程序：led.c
//功能：控制一个信号灯闪烁程序
//*************************************************************
#include <reg51.h>              /*包含头文件 REG51.H*/
sbit P1_0=P1^0;                 //定义位名称
#define uchar unsigned char     /*宏定义后方便书写*/
void Delay(uchar i);            //延时函数声明
void main()                     //主函数
{   while(1)
    {   P1_0=0;                 //点亮信号灯
        delay(100);             //调用延时函数
        P1_0=1;                 //熄灭信号灯
        delay(100);             //调用延时函数
    }
}
void   delay(uchar i)           //延时函数
{   unsigned char j,k;
    for(k=0;k<i;k++)
        for(j=0;j<255;j++);
}
```

编辑源程序完毕后，保存在 led 文件夹中，命名为 led.c。同时将 led.c 添加到项目当中，设置好项目选用 CPU 型号、时钟频率、输出生成 HEX 等选项。点击编译、链接按钮，对项目进行编译、链接后在 led 文件夹中生成 led.hex 文件。

3. 模拟调试

（1）启动 Proteus 软件，打开前述生成 led.DSN 文件，在图形编辑窗口中用鼠标左键单击单片机 AT89C51，在出现的对话框里点击"Program File"按钮，导入 led 文件夹中经过编译得到的 led.hex 文件，然后点击"OK"按钮。

（2）点击左下角模拟调试按钮中的 ▶ 按钮，进入调试状态，观察发光二极管是否闪烁；若要停止仿真，则点击 ■ 按钮。

> **小提示**
>
> 发光二极管的闪烁过程实际上就是发光二极管交替亮、灭的过程。单片机运行一条指令的时间只有几微秒,这个时间太短,看不到闪烁结果。所以,单片机中通过加入延时函数来控制发光二极管亮、灭时间,这样人的眼睛才能够分辨出来,看到发光二极管闪烁效果。

(3) 点击 ▶ 按钮,进入单步调试状态。选择菜单栏的"Debug",点击"Simulation Log",会出现和模拟调试有关的信息;点击"8051 CPU SFR Memory",会出现特殊功能寄存器(SFR)窗口;点击"8051 CPU Internal(IDATA)Memory",会出现数据寄存器窗口;点击"Watch Window",窗口会出现一个下拉窗口,在这里可以添加常用的寄存器。在 Watch Window 窗口里点击右键,并在出现的菜单中点击"Add Item (By name)",就会出现常用的寄存器。如选择 P1,则可双击 P1,这时,P1 就会出现在 Watch Window 窗口。无论在单步调试状态还是在全速调试状态,"Watch Window"的内容都会随着寄存器的变化而变化。

> **小知识**
>
> Proteus 软件能够对单片机进行实物级的仿真,从程序的编写、编译、调试到目标板的仿真一应俱全,并且支持汇编语言和 C 语言的编程。

知识梳理与总结

本章主要介绍了 Keil μVision4 和 Proteus 软件在单片机开发系统中的应用。Keil μVision4 软件集编辑、编译、仿真于一体,界面友好,易学易用,在调试程序、软件仿真方面也有很强大的功能。Proteus 软件具有功能很强的 ISIS 智能原理图输入系统,有非常友好的人机互动窗口界面和丰富的操作菜单与工具,能方便地完成 51 单片机系统的硬件设计、软件设计、单片机源代码级调试与仿真。本章最后以单片机控制发光二极管闪烁为例介绍了 Keil 与 Proteus 软件相结合进行仿真调试的方法。

习题 4

4.1 单项选择题

(1) 采用 Keil 软件进行 MCS51 单片机软件开发过程中,生成_____文件能被 Proteus 软件调用并进行仿真调试。

  A. hex   B. obj   C. bin   D. asm

(2) 在 Keil 软件中,若要观察函数内部指令执行的结果,通常采用_____调试方法。

  A. 全速运行(F5 键)   B. 单步调试(F11 键)

  C. 单步调试(F10 键)   D. 单步调试(F9 键)

4.2 填空题

(1) Keil μVision4 默认的工程后缀名为_____。

（2）Proteus 软件进入单步调试状态后，点击菜单栏的"Debug"，然后点击"Simulation Log"，会出现和_____有关的信息；点击"8051 CPU SFR Memory"，会出现_____窗口；点击"8051 CPU Internal（IDATA）Memory"，会出现_____窗口。

4.3 问答题

（1）简述 Keil C 与 Proteus 软件相结合进行 MCS-51 单片机仿真调试的过程。
（2）简述 Keil 软件调试 MCS-51 单片机的方法。
（3）简述 Proteus 软件加载目标代码及调试过程。

第5章 单片机的内部资源及应用

51 单片机有丰富的内部资源可供用户使用,主要是并行口、中断系统、定时/计数器和串行口。这些内部资源均可用 C51 语言对其控制。本章主要包括以下内容:

(1)介绍 AT89S51 单片机的并行 I/O 口的功能及结构,并以单片机控制连接在 I/O 口上的发光二极管闪烁为实例,介绍并行 I/O 口的操作方法。

(2)介绍 AT89S51 单片机的中断系统的功能及结构,并以可控流水灯为实例,介绍中断的操作方法。

(3)单片机应用于检测、控制及智能仪器等领域时,常需要实时时钟来实现定时或延时控制,也常需要计数器对外界事件进行计数。本章将介绍 AT89S51 单片机的定时/计数器的功能及结构,并以 1 s 流水灯为实例,介绍定时/计数器的操作方法。

(4)AT89S51 单片机内部除含有 4 个并行 I/O 接口外,还有一个串行通信 I/O 口,通过该串行口可以实现与其他计算机系统的串行通信。本章将通过实例介绍串行口的应用。

【教学导航】

教	知识重点	1. 单片机并行 I/O 口的结构、功能及操作方法; 2. 单片机中断系统、中断相关寄存器的功能及中断程序的编写; 3. 单片机定时器结构、工作方式及应用; 4. 串行口的结构、工作方式及波特率的设置; 5. 单片机之间、单片机与 PC 机之间的串行通信
	知识难点	1. 并行 I/O 口的结构和操作; 2. 中断的概念及中断程序的编写; 3. 串行口的结构、工作方式
	推荐教学方式	从具体实例入手,掌握单片机 I/O 口的操作方法;通过单片机流水灯的设计掌握定时器、中断系统的原理;通过单片机双机通信及单片机与 PC 机通信的设计,掌握单片机通信技术
	建议学时	12~16 学时
学	推荐学习方法	在理论学习中加强实践操作,以加深理解单片机 I/O 口的结构及操作方法;体验定时器、中断系统的编程技巧;掌握单片机双机通信的原理
	必须掌握的理论知识	1. 并行 I/O 口的结构和功能; 2. 单片机中断系统的组成; 3. 单片机定时器的功能; 4. 单片机中断和定时器的程序设计方法; 5. 串行口的结构、工作方式及波特率的设置
	必须掌握的技能	1. 并行 I/O 口的 C51 编程; 2. 单片机中断和定时器程序的调试方法; 3. 单片机之间、单片机与 PC 机之间的串行通信

5.1 并行 I/O 端口

AT89S51 单片机共有 4 个 8 位的并行 I/O 口，分别用 P0、P1、P2、P3 表示。每个端口都包含 1 个锁存器，1 个输出驱动器和输入缓冲器。实际上它们已被归入专用寄存器之列，并且具有字节寻址和位寻址功能。

在访问片外扩展存储器时，低 8 位地址和数据由 P0 口分时传送，高 8 位地址由 P2 口传送。在无片外扩展存储器的系统中，这 4 个端口的每一位均可作为双向的 I/O 端口使用。

AT89S51 单片机的 4 个 I/O 端口都是 8 位双向端口，这些端口在结构和特性上是基本相同的，但又各具特点，以下分别介绍。

5.1.1 P1 口

P1 口是一个 8 位、可位寻址的准双向口，用作通用 I/O 口。

1. P1 口的结构

P1 口的电路结构如图 5.1 所示，电路中包含有 1 个数据输出锁存器、2 个三态数据输入缓冲器、1 个数据输出的驱动电路。其中，输出驱动电路由内部上拉电阻与场效应管共同组成。

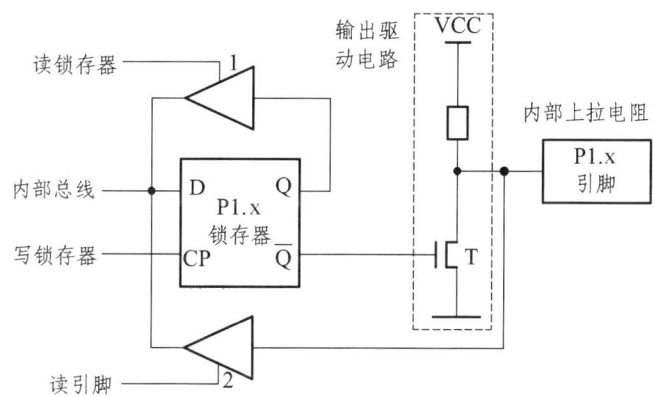

图 5.1　P1 口某位结构图

2. P1 口作为通用 I/O 口使用

1）P1 口用作输出口

当 P1 口作为输出口使用时，CPU 经内部总线将数据送入锁存器。当输出 1 时，CPU 对 P1.x 位锁存器写入高电平"1"，内部写脉冲加在锁存器时钟端 CP 上，锁存数据到 Q、$\overline{Q}$ 端，$\overline{Q}$ = "0"，使输出驱动器的场效应管 T 截止，该位的输出引脚由内部上拉电阻拉成高电平，P1.x 输出为 1。同理，当输出 0 时，$\overline{Q}$ = "1"，使输出驱动器的场效应管 T 导通，P1.x 输出为 0。

2）P1 口用作输入口

P1 口用作输入口时分为读引脚和读锁存器。

读引脚：读取芯片引脚的数据，实际上就是读出外部电路的输入信息。这时使用图 5.1 中下方的数据缓冲器 2，CPU 使"读引脚"为高电平"1"，三态数据输入缓冲器 2 导通，将 P1 口的电平读入到内部总线。

另外,从图 5.1 中还可以看出,在读入端口引脚数据时,由于输出驱动 T 并接在引脚上,如果 T 导通,就会将输入的高电平拉成低电平,从而产生误读。所以,在端口进行输入操作前,应先向端口锁存器写入"1",即首先向锁存器写高电平"1",使输出场效应管 T 截止,引脚处于悬浮状态,可作高阻抗输入。

读锁存器:先从锁存器中读取数据,然后进行处理,最后将处理后的结果重新写入锁存器中。这类指令称为"读—修改—写"指令。例如下面的 C51 语句:

```
P1=P1&0x0f;              //将 P1 口的高 4 位引脚清 0,并从 P1 口输出
```

执行该语句时,分为"读—修改—写"三步。首先读入 P1 口锁存器中的数据;然后与 0x0f 进行"逻辑与"操作,即将所读入数据的高 4 位清 0;最后再将结果送回 P1 口(写操作)。对于这类"读—修改—写"语句,不直接读引脚而读锁存器是为了避免可能出现的错误。因为在端口已处于输出状态时,若端口的负载恰好是一个晶体管的基极,则导通了的 PN 结会把端口引脚的高电平拉低,这样直接读引脚就会把本来的"1"误读为"0",但若从锁存器 Q 端读,就能避免这样的错误,得到正确的数据。

5.1.2 P2 口

P2 口是一个 8 位、可位寻址的准双向口,它有两种功能,一是在不需要片外 ROM 和 RAM 扩展时,用作通用 I/O 口,其功能与原理与 P1 口相同。二是当系统扩展片外 ROM 和 RAM 时,由 P2 口输出高 8 位地址(低 8 位地址由 P0 口输出)。

1. P2 口的结构

P2 口的电路结构如图 5.2 所示。P2 口某位的结构与 P1 口类似,驱动部分与 P1 口相同,但比 P1 口多了一个 MUX 开关和转换控制部分。在控制信号的作用下,MUX 开关可以分别接通锁存器输出或地址线。

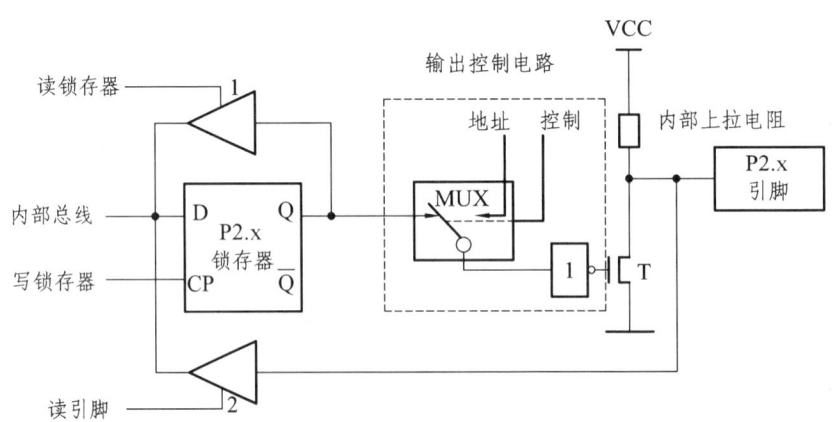

图 5.2　P2 口某位结构图

2. P2 口作为通用 I/O 口使用

1)P2 口用作输出口

当 P2 口作为输出口使用时,内部的控制信号为低电平,使 MUX 开关接通锁存器 Q 端的

输出通路。当输出 1 时，CPU 经内部总线对 P2.x 位锁存器写入高电平"1"，内部写脉冲加在锁存器时钟端 CP 上，锁存数据到 Q、$\overline{Q}$ 端，经 MUX 和反相器后使输出驱动器的场效应管 T 截止，该位的输出引脚由内部上拉电阻拉成高电平，P2.x 输出为 1。同理，当输出 0 时，使输出驱动器的场效应管 T 导通，P2.x 输出为 0。

2）P2 口用作输入口

P2 口用作输入口时分为读引脚和读锁存器，与 P1 口原理相同。

3. P2 口作为地址总线使用

当系统扩展片外 ROM 和 RAM 时，由 P2 口输出高 8 位地址（低 8 位地址由 P0 口输出，原理见下节）。此时，在 CPU 的控制下使内部的控制信号为高电平，MUX 开关转向内部地址线一端。因为访问片外 ROM 和 RAM 的操作往往接连不断，所以，P2 口要不断送出高 8 位地址，此时 P2 口无法再用作通用 I/O 口。

5.1.3 P0 口

P0 口既可作为通用 I/O 端口使用，又可作地址/数据总线使用。作通用 I/O 输出时，输出级属开漏电路，必须外接 10 kΩ 上拉电阻，才有高电平输出；作通用 I/O 输入时，必须先向对应的锁存器写入"1"，使 T2 截止，不影响输入电平。当 P0 口被地址/数据总线占用时，就无法再作通用 I/O 口使用了。

1. P0 口的结构

P0 口的电路结构如图 5.3 所示。电路中包含有 1 个数据输出锁存器、2 个三态数据输入缓冲器、1 个数据输出的驱动电路和 1 个输出控制电路。驱动电路由上拉场效应管 T1 和驱动场效应管 T2 组成，其工作状态受控制电路"与"门、反相器和转换开关 MUX 控制。

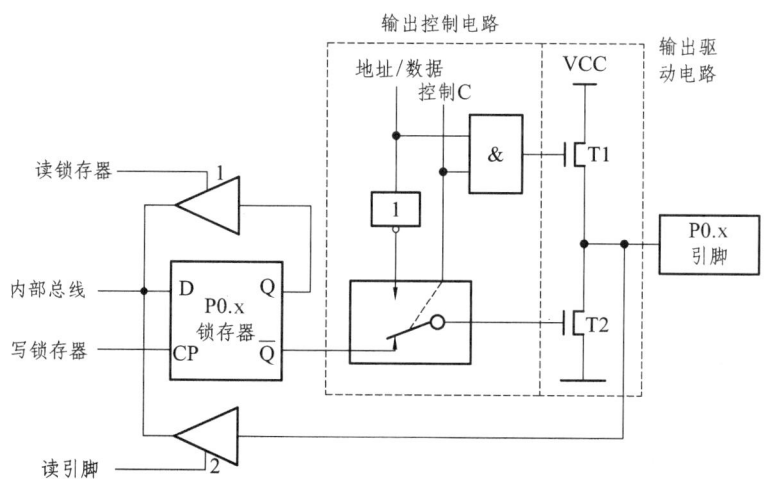

图 5.3 P0 口某位结构图

2. P0 口作为通用 I/O 口使用

当 AT89S51 单片机组成的系统无外扩存储器，CPU 对片内存储器和 I/O 口读/写时，由硬件自动使控制线 C 为低电平，封锁"与"门，使输出级中的上拉场效应管 T1 处于截止状态。开关 MUX 拨向 $\overline{Q}$ 输出端位置，它把输出级 T2 与锁存器的 $\overline{Q}$ 端接通。

1）P0 口用作输出口

当 CPU 向端口输出数据（执行输出指令）时，写脉冲加在锁存器的 CP 上，这样，与内部总线相连的 D 端的数据取反后就出现在 $\overline{Q}$ 端上，又经输出驱动器的场效应管 T2 反相，在 P0 端口上出现的数据正好是内部总线的数据。但要注意，因 T1 处于截止状态，输出级是漏极开路的开漏电路，因此，P0 口应外接 10 kΩ的上拉电阻，才能输出高电平。

2）P0 口用作输入口

P0 口用作输入口时分为读引脚和读锁存器，与 P1 口原理相同。

但要注意，当 P0 口进行通用 I/O 输入时，必须先向电路中的锁存器写入"1"，使 T2 截止，以避免锁存器为"0"状态时对引脚读入的干扰。

3. P0 口作为地址/数据总线使用

当 AT89S51 单片机扩展外存储器（ROM 或 RAM），CPU 对片外存储器读/写时，P0 口在 CPU 的控制信号管理下分时复用，作为外存储器的地址总线和数据总线。P0 口分时复用作为外存储器的地址/数据总线后，就不能作为通用 I/O 使用了。

1）P0 口用作输出地址/数据总线

由内部硬件自动使控制线 C 为高电平，"与门"解锁，MUX 开关把 CPU 内部"地址/数据"线经反相器与驱动场效应管 T2 栅极接通，输出地址/数据信号。从图 5.3 可以看到，上下两个 FET 处于反相，构成推拉式输出电路（T1 导通时上拉，T2 导通时下拉），使负载能力大为提高。所以，只有 P0 口的输出可驱动 8 个 LS 型 TTL 负载。

2）P0 口作输入数据总线

由内部硬件自动使控制线 C 为低电平，使 T1 处于截止状态，开关 MUX 拨向 $\overline{Q}$。CPU 向锁存器写高电平"1"，使输出场效应管 T2 截止，"读引脚"为高电平"1"，则外存储器数据直接从引脚通过输入缓冲器读入内部总线。

5.1.4 P3 口

1. P3 口的结构

P3 口的电路结构如图 5.4 所示。P3 口某位的结构与 P1 口类似，驱动部分与 P1 口相同，不同的是增加了一个与非门用于第二功能控制逻辑。因此 P3 口既可作为通用 I/O 口，还可作为第二功能口。

2. P3 口作为通用 I/O 口使用

当把 P3 口作为通用 I/O 口使用时，"第二输出功能"端保持高电平，工作原理与 P1 口类似。

1）P3 口用作输出口

当 P3 口作为输出口使用时，"第二输出功能"端保持高电平，打开"与非"门，所以，D 锁存器输出端 Q 的状态可通过"与非"门送至场效应管 T 输出。

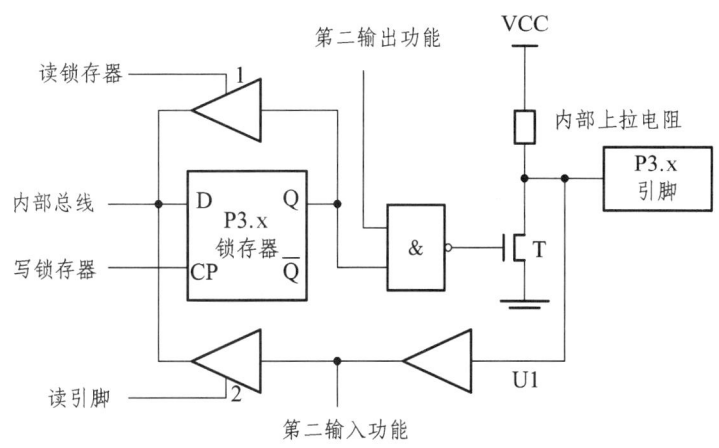

图 5.4 P3 口某位结构图

2）P3 口用作输入口

当 P3 口作为输入口使用（即 CPU 读引脚状态）时，同 P0～P2 口一样，应由软件向口锁存器先写入"1"，即使 D 锁存器 Q 端保持为 1，"与非"门输出为 0，FET 场效应管 T 截止，引脚端可作为高阻输入。当 CPU 发出读命令时，使三态缓冲器 2 上的"读引脚"信号有效，三态缓冲器 2 开通，于是引脚的状态经缓冲器 U1（常开的）、三态缓冲器 2 送到 CPU 内部总线。

3. P3 口用作第二功能口

当端口用于第二功能时，8 个引脚可按位独立定义，见第 1 章表 1.4 所示。

P3 口的特点在于为适应引脚信号第二功能的需要，增加了第二功能控制逻辑。由于第二功能信号有输入和输出两类，因此分两种情况说明。

当某位被用作第二功能时，该位的 D 锁存器 Q 端应被内部硬件自动置 1，使"与非"门对"第二输出功能端"是畅通的。"第二输出功能"端可为表 1.4 中的 TXD、$\overline{\text{WR}}$ 和 $\overline{\text{RD}}$ 三个第二输出功能引脚。例如，某一位被选择为 $\overline{\text{RD}}$ 功能，则该位的"第二输出功能"端上的 $\overline{\text{RD}}$ 控制信号状态通过"与非"门和 T 输出到引脚端。

由于 D 锁存器 Q 端已被置 1，"第二输出功能"端不用作第二功能输出时也保持为 1，所以 T 截止，该位引脚为高阻输入。此时，第二输入功能为 RXD、$\overline{\text{INT0}}$、$\overline{\text{INT1}}$、T0 和 T1。由于端口不作为通用 I/O 口，因此，"读引脚"信号无效，三态缓冲器 2 不导通。此时，某位引脚的第二输入功能信号（如 RXD）经缓冲器 3 送入"第二输入功能端"。

5.1.5 I/O 端口的负载能力和接口要求

综上所述，P0 口的输出级与 P1～P3 口的输出级在结构上是不同的，因此，它们的负载能力和接口要求也各不相同。

（1）P0 口与其他口不同，它的输出级无上拉电阻。当把它用作通用 I/O 口时，输出级是开漏电路，故用其输出去驱动 NMOS 输入时须外接上拉电阻。用作输入时，应先向口锁存器写 1。把它当作地址/数据总线时（片外扩展 ROM 或 RAM 的情况），则无须外接上拉电阻。P0 口的每一位输出可驱动 8 个 LS 型 TTL 负载。

(2) P1~P3 口的输出级接有内部上拉负载电阻，它们的每一位输出可驱动 4 个 LS 型 TTL 负载。作为输入口时，任何 TTL 或 NMOS 电路都能以正常的方式驱动 AT89S51 单片机（CHMOS）的 P1~P3 口。由于它们的输出级具有上拉电阻，所以也可以被集电极开路（OC 门）或漏极开路所驱动，而无须外接上拉电阻。

对于 AT89S51 单片机（CHMOS），端口只能提供几毫安的输出电流，故当作输出口去驱动一个普通晶体管的基极（或 TTL 电路输入端）时，应在端口与晶体管基极间串联一个电阻，以限制高电平输出时的电流。

P1~P3 口也都是准双向口。作为输入时，必须先对相应端口锁存器写入"1"。

小提示

（1）P0~P3 口均可作为通用 I/O 口使用。同时，P0 口还能在系统扩展时分时复用，作为低 8 位地址总线和数据总线，P2 口还能在系统扩展时用作高 8 位地址总线，P3 口还可以作为第二功能使用。

（2）P1~P3 口作为输出口使用时，无须再外接上拉电阻。但 P0 口作为输出口使用时，由于 T1 截止，输出电路是漏极开路电路，所以必须外接上拉电阻。

（3）当 P0~P3 口作为通用 I/O 口的输入口使用时，应区分读引脚和读端口。读引脚时，必须先向锁存器写入"1"，以避免锁存器为"0"状态时对引脚读入的干扰。

5.1.6 I/O 端口的应用举例

1. 输出口的应用

例 5.1　单片机 P1 口的 P1.0 接有一个 LED，如图 5.5 所示，利用单片机控制一个 LED 不断地闪烁。

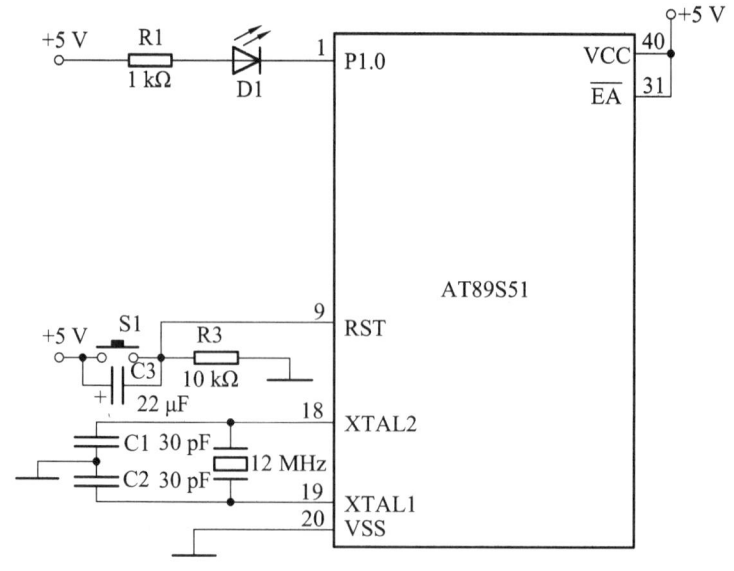

图 5.5　单片机控制一个 LED 闪烁的电路

分析：当 P1.0 引脚输出低电平时，LED 点亮；当 P1.0 引脚输出高电平时，LED 熄灭。控制一个 LED 不断闪烁的参考源程序如下：

```c
//*************************************************************
//程序：ex5_1.c
//功能：一个 LED 不断地闪烁
//*************************************************************
#include<reg51.h>                /*包含头文件 reg51.h*/
#define uint unsigned int        /*宏定义后方便书写*/
sbit LED0=P1^0;                  //定义 P1.0 引脚位名称为 LED0
void DelayMS(uint x);            //延时函数声明
void main()                      //主程序
{
    while(1)
    {
        LED0=~LED0;
        DelayMS(250);            //延时函数调用
    }
}
//*************************************************************
//函数名：DelayMS
//函数功能：软件延时函数
//形式参数：uint x；x 控制空循环的外循环次数，共循环 x*120 次
//*************************************************************
void DelayMS(uint x)
{
    uint j,k;                    //定义无符号字符型变量 j 和 k
    for(k=0;k<x;k++)             //双重 for 循环语句实现软件延时
        for(j=0;j<120;j++);      //循环体为空循环
}
```

小经验

（1）对于每个函数都要有注释，在函数的前面注释该函数的名称、参数、参数的值域、返回值、功能、设计思路、注意事项等。在商业代码中注释比程序长的情况很常见。在代码维护、调试和排错时，若修改了代码，要养成立即修改注释的习惯。

（2）宏定义后的注释使用/* */，而不要用//，以避免某些版本的编译器在代码中将宏定义连同注释全部替换而造成错误。

（3）通常情况下，Keil C 编译器提供了多种型号的 51 系列单片机的特殊功能寄存器和部分可寻址 SFR 的位定义的头文件 reg51.h，只要在程序中包含了该头文件，就可以直接使用已定义的特殊功能寄存器和可寻址位。在 C51 语言中，用户可以在程序中通过关键字 sfr、

sbit 来定义没有定义的特殊功能寄存器、可寻址位,从而在程序中直接访问它们。
　　例如:sbit LED0=P1^0;　　　　//定义 P1 口的第 0 位 P1.0 接一个 LED0

(4) 在例 5.1 的程序中,函数 DelayMS( )的定义放在主函数 main( )之后,因此,必须先声明才能调用。如果函数 DelayMS( )放在主函数 main( )之前,无须进行 DelayMS( )函数的声明,可在 main( )函数直接调用。

例 5.2 单片机的 P1 口经过芯片 74LS240(八路反相器)分别连接了 8 个 LED,且 LED 的阴极并接在一起接地,如图 5.6 所示。利用单片机控制 8 个 LED 顺序点亮:首先从上到下依次点亮,循环三次;然后,从下到上依次点亮,循环三次;再从上到下依次点亮,循环三次……如此循环不断,产生一种动态的流水灯的效果。

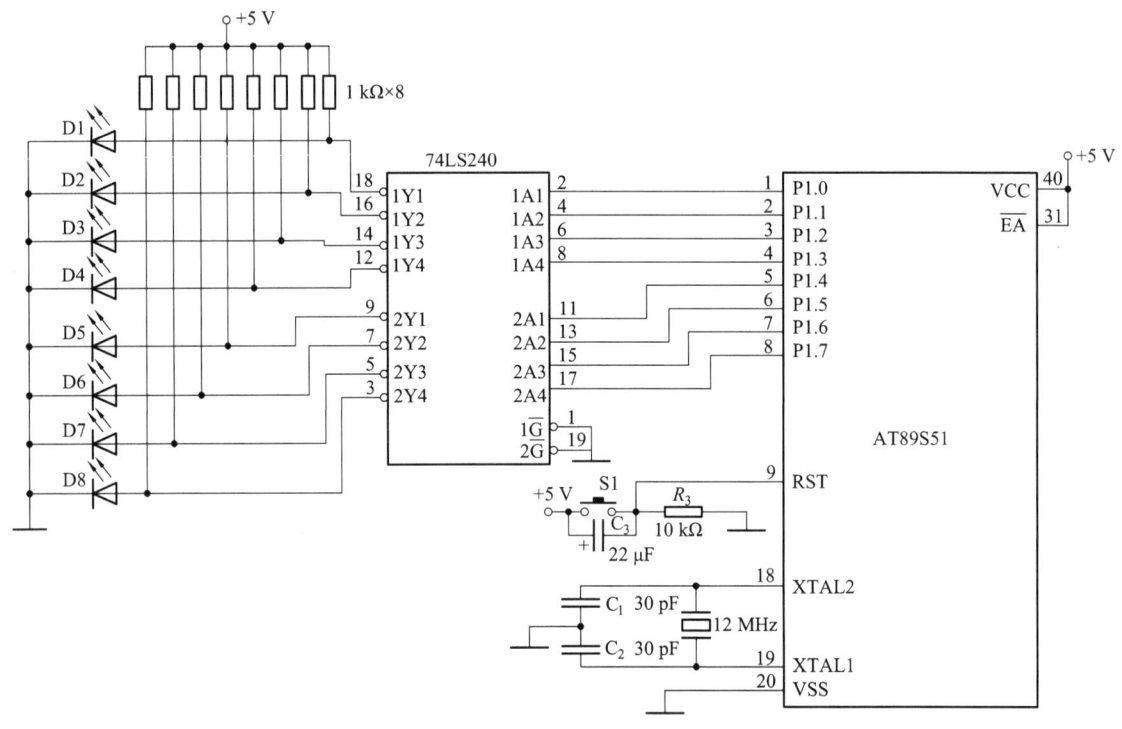

图 5.6　单片机控制 8 个 LED 发光二极管顺序点亮电路

小经验
　　为了增大单片机端口的扇出电流,提高负载能力,在单片机输出接口电路中经常会使用集成驱动芯片、缓冲与锁存芯片,例如 74LS245 或集电极开路电路 74LS06、74LS07 等。

分析: 当 P1 口的引脚输出低电平"0"时,经 74LS240 反相后输出高电平,相应的 LED 被点亮;当 P1 口的引脚输出高电平"1"时,经 74LS240 反相后输出低电平,相应的 LED 熄灭。P1 口引脚的电平状态如表 5.1 所示。

表 5.1 P1 口引脚的电平状态

显示状态	引脚输出数据								P1 口输出数据
	P1.7	P1.6	P1.5	P1.4	P1.3	P1.2	P1.1	P1.0	
复位状态（全灭）	1	1	1	1	1	1	1	1	FFH
D1 亮	1	1	1	1	1	1	1	0	FEH
D2 亮	1	1	1	1	1	1	0	1	FDH
D3 亮	1	1	1	1	1	0	1	1	FBH
D4 亮	1	1	1	1	0	1	1	1	F7H
D5 亮	1	1	1	0	1	1	1	1	EFH
D6 亮	1	1	0	1	1	1	1	1	DFH
D7 亮	1	0	1	1	1	1	1	1	BFH
D8 亮	0	1	1	1	1	1	1	1	7FH

控制 8 个 LED 顺序点亮的参考源程序如下：

```
//*********************************************************************
//程序：ex5_2.c
//功能：采用循环结构实现的流水灯控制程序
//*********************************************************************
#include<reg51.h>              /*包含头文件 REG51.H*/
#define uchar unsigned char    /*宏定义后方便书写*/
#define uint unsigned int      /*宏定义后方便书写*/
#define LED P1                 /*定义 8 个 LED 接至 P1 口*/
void DelayMS(uint x);          //延时函数声明
void LED_Down(uint x);         //单只 LED 依次灯下移点亮函数声明
void LED_Up(uint x);           //单只 LED 依次灯上移点亮函数声明
void main()                    //主程序
{
    while(1)
    {
        LED_Down(3);           //单只 LED 依次灯下移点亮三圈
        LED_Up(3);             //单只 LED 依次灯上移点亮三圈
    }
}
//*********************************************************************
//函数名：LED_Down
//函数功能：单只 LED 依次灯下移点亮
//形式参数：uint x；下移点亮 x 圈
```

```c
//*****************************************************************
void LED_Down(uint x)
{
    uchar i,j;
    for(i=0;i<x;i++)                //单只 LED 依次灯下移点亮 x 圈
    {
        LED=0xfe;                   //最上边的 LED 亮
        for(j=0;j<8;j++)
        {
            DelayMS(250);           //延时函数调用
            LED=(LED<<1)|0x01;      //下移 1 位后,将 LSB 设为 1,点亮下一个 LED
        }
    }
}
//*****************************************************************
//函数名：LED_Up
//函数功能：单只 LED 依次灯上移点亮
//形式参数：uint x；上移点亮 x 圈
//*****************************************************************
void LED_Up(uint x)
{
    uchar i,j;
    for(i=0;i<x;i++)                //单只 LED 依次灯上移点亮 x 圈
    {
        LED=0x7f;                   //最下边的 LED 亮
        for(j=0;j<8;j++)
        {
            DelayMS(250);           //延时函数调用
            LED=(LED>>1)|0x80;      //上移 1 位后,将 MSB 设为 1,点亮上一个 LED
        }
    }
}
void DelayMS(uint x)                //延时函数,见例 5.1,此处略
```

2. 输入口的应用

例 5.3 单片机的 P1.0、P1.1 接两个 LED,模拟汽车左、右转向灯；P3.0、P3.1 接两个拨动开关 S0、S1,模拟驾驶员发出左、右转命令。模拟控制系统电路如图 5.7 所示。汽车转向灯显示状态如表 5.2 所示。

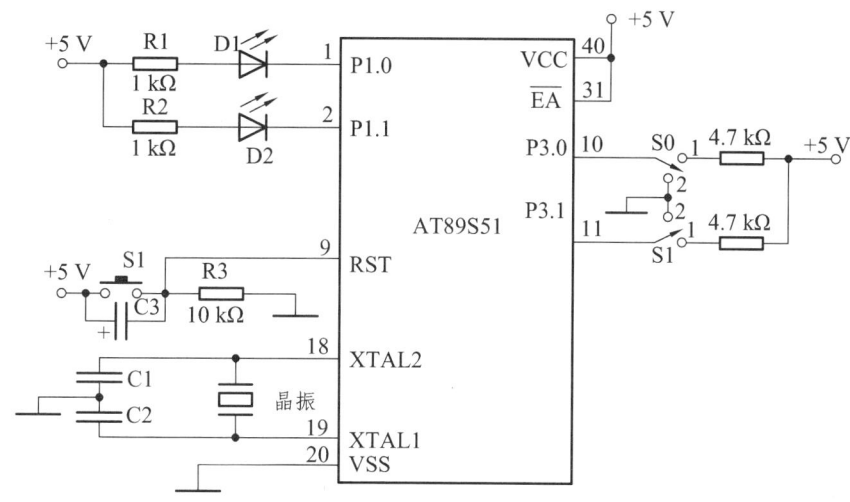

图 5.7　模拟汽车左右转向灯控制系统电路

表 5.2　汽车转向灯显示状态表

P3 口的状态		转向灯显示状态		驾驶员发出的命令
P3.1（右转向开关 S1）	P3.0（左转向开关 S0）	右转灯（P1.1）	左转灯（P1.0）	
1	1	灭（1）	灭（1）	驾驶员未发出命令
0	1	闪烁（0）	灭（1）	驾驶员发出右转命令
1	0	灭（1）	闪烁（0）	驾驶员发出左转命令
0	0	闪烁（0）	闪烁（0）	驾驶员发出汽车故障命令

模拟汽车转向灯控制的参考源程序如下：

```c
//****************************************************************
//程序：ex5_3.c
//功能：采用 switch 语句实现的模拟汽车转向灯控制程序
//****************************************************************
#include<reg51.h>              /*包含头文件 REG51.H*/
#define uchar unsigned char    /*宏定义后方便书写*/
#define uint unsigned int      /*宏定义后方便书写*/
sbit Lift_LED=P1^0;            //定义 P1.0 引脚位名称为 Lift_LED
sbit Right_LED=P1^1;           //定义 P1.1 引脚位名称为 Right_LED
void DelayMS(uint x);          //延时函数声明
void main()                    //主程序
{
    uchar Temp, KEY_Status;    //定义开关的状态变量 KEY_Status
    P3=0xff;                   //P3 口作为输入口，必须先置全 1
    while(1)
    {
```

```
        Temp=P3;                              //读取 P3 口的状态
        KEY_Status=Temp &0x03;                //屏蔽掉 P3 口高 6 位，取开关 S0 和 S1 的状态
        switch(KEY_Status)
        {
          case 0: Right_LED=0; Lift_LED=0;break;  //如果 P3.1P3.0=00，则点亮左、右转向灯
          case 1: Right_LED=0; break;             //如果 P3.1P3.0=01，则点亮右转向灯
          case 2: Lift_LED=0; break;              //如果 P3.1P3.0=10，则点亮左转向灯
          default: ;                              //空语句，什么都不做
        }
        DelayMS(200);                         //延时
        Lift_LED=1;                           //左转灯回到熄灭状态
        Right_LED=1;                          //右转灯回到熄灭状态
        DelayMS (200);                        //延时
    }
}
void DelayMS(uint x)                          //延时函数，见例 5.1，此处略
```

5.2 中断系统

单片机系统的运行同其他微机系统一样，CPU 不断地与外部输入/输出设备交换信息。CPU 与外部设备交换信息通常有以下几种方式：

（1）程序控制传送方式，又分为无条件传送方式和查询传送方式；

（2）中断传送方式；

（3）直接存储器存取（DMA）方式。

在单片机系统中，中断方式是一种非常重要的数据输入/输出方式。实时控制、故障自动处理、单片机与外围设备间的数据传送往往采用中断系统。中断系统的应用大大提高了单片机工作效率。下面对其作较详细的介绍。

5.2.1 中断系统基本知识

1. 中断的概念

先通过一个日常生活中的例子来说明中断的含义。假如你正在编写单片机程序，手机响了，这时，你放下手中的编程工作，去接电话。通话完毕，再继续写程序。这个例子就表现了中断及其处理过程：手机铃声使你暂时中止当前编写程序的工作，而去处理更为紧急的事情（接电话），把更紧急的事情处理完毕之后，再回头来继续处理原来的事情（编写程序）。在这个例子中，手机铃声称为"中断请求"，你暂停编程去接电话叫作"中断响应"，接电话的过程就是"中断处理"。

中断是通过硬件来改变 CPU 的运行方向。计算机在执行程序的过程中，若出现某个特殊情况（或称为"事件"），由服务对象向 CPU 发出中断请求信号，要求 CPU 暂时中断当前程序的执行，而转去执行处理这一事件的处理程序，处理完毕之后再回到原来程序的"中断点"继续执行原来被中断的程序。这种程序在执行过程中由于外界的原因而被打断的情况称为"中断"，如图 5.8 所示。下面给出几个与中断有关的概念。

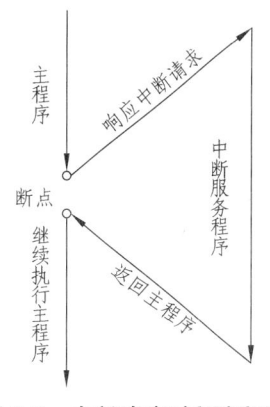

图 5.8 中断响应过程流程图

（1）主程序：CPU 原来正常运行的程序称为主程序。

（2）断点：主程序被断开的位置（或地址）称为断点。

（3）中断源：引起中断的原因，或能发出中断申请的来源，称为中断源。

（4）中断请求：中断源要求服务的请求称为中断请求（或中断申请）。

（5）中断服务程序：CPU 响应中断请求后，转去执行相应的处理程序，该处理程序称为中断服务或中断处理子程序。

> **小提示**
>
> 调用中断服务程序的过程类似于调用子程序，其区别在于调用子程序在主程序中是事先安排好的，而何时调用中断服务程序事先却无法确定，因为"中断"的发生是由外部因素决定的，程序中无法事先安排调用指令。因此，调用中断服务程序的过程是由硬件自动完成的。

2. 中断的特点

1）分时操作

中断可以解决快速的 CPU 与慢速的外设之间的矛盾，使 CPU 和外设同步工作。CPU 在启动外设工作后继续执行主程序，同时外设也在工作，每当外设做完一件事就发出中断申请，请求 CPU 中断它正在执行的程序，转去执行中断服务程序（一般情况是处理输入输出数据）；中断处理完之后，CPU 恢复执行主程序，外设也继续工作。这样，CPU 可启动多个外设同时工作，大大地提高了 CPU 的效率。

2）实时处理

在实时控制中，现场的各种参数、信息均随时间和现场而变化。这些外界变量可根据要求随时向 CPU 发出中断申请，请求 CPU 及时处理，如中断条件满足，CPU 马上就会响应进行相应的处理，从而实现实时处理。

3）故障处理

针对难以预料的情况或故障，如掉电、存储出错、运算溢出等，可通过中断系统由故障源向 CPU 发出中断请求，再由 CPU 转到相应的故障处理程序进行处理。

5.2.2 单片机中断系统的结构

1. 中断系统的结构框图

中断过程是在硬件基础上配以相应的软件而实现的。不同的计算机其硬件结构和软件指令是不完全相同的，因此，中断系统也是不相同的。AT89S51 单片机中断系统的结构框图如图 5.9 所示。由图可知，中断系统主要包括以下各功能部件：

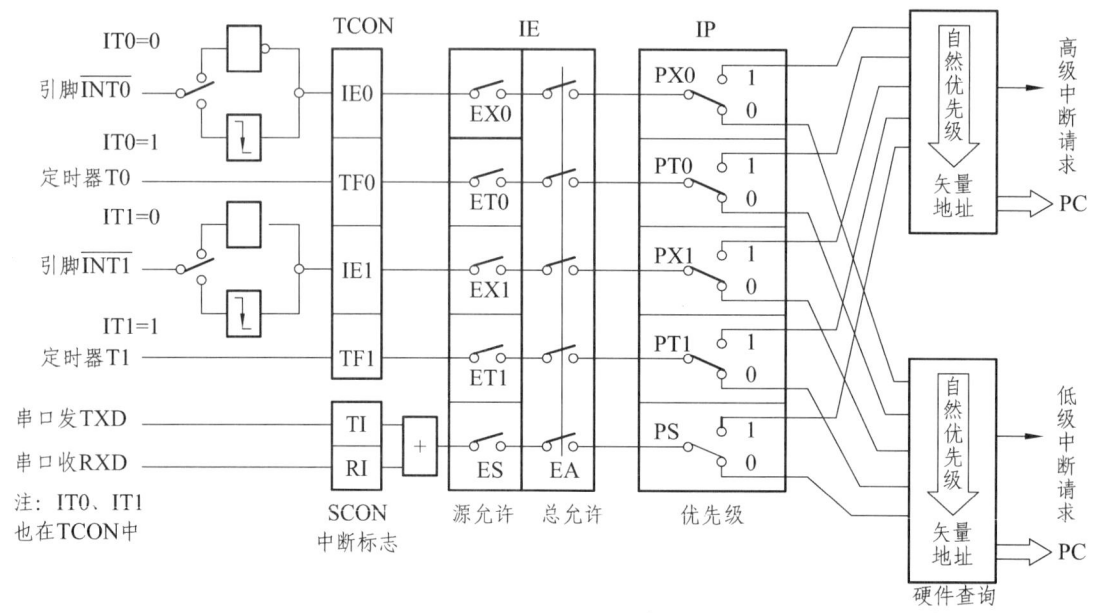

图 5.9 中断系统内部结构示意图

（1）6 个中断源：外部中断 0（$\overline{INT0}$，P3.2 引脚）、外部中断 1（$\overline{INT1}$，P3.3 引脚）、定时/计数器 T0、定时/计数器 T1 和串行口（RXD 或 TXD）。6 个中断源分别对应 5 个固定的中断入口地址。

（2）4 个与中断有关的寄存器：定时/计数器控制寄存器 TCON、串行口控制寄存器 SCON、中断允许控制寄存器 IE 和中断优先级控制寄存器 IP。

中断标志分布在 TCON 和 SCON 两个寄存器中，分别为外部中断 $\overline{INT0}$/$\overline{INT1}$ 中断标志 IE0/IE1、定时器 T0/T1 溢出中断标志 TF0/TF1 和串行中断请求标志 RI/TI。

中断允许控制位分为中断允许总控制位 EA 与中断源控制位，它们集中在 IE 寄存器中，用于控制中断的开放与屏蔽。

6 个中断源的排列顺序由中断优先级控制寄存器 IP 和自然优先级共同决定。

小知识

计算机中断系统有两种不同类型：一类是非屏蔽中断，另一类是可屏蔽中断。对非屏蔽中断，用户不能通过软件的方法禁止中断申请，一旦有中断申请，CPU 必须予以响应；对可屏蔽中断，用户可以通过软件的方法来控制 CPU 是否响应中断源的中断申请。允许 CPU 响应中断请求称为中断开放，不允许 CPU 响应中断请求称为中断屏蔽。

MCS-51 系列单片机的 5 个中断源均为可屏蔽中断。其中断系统内部设有一个专用寄存器 IE，用于控制 CPU 对各中断源的开放或屏蔽。

2. 中断源

AT89S51 的 6 个中断源包括 2 个外部中断源和 4 个内部中断源，详述如下：

1）外部中断源

（1）$\overline{INT0}$：外部中断 0 请求，由 P3.2 脚输入。通过 IT0 位（TCON.0）来决定是低电平有效还是下降沿有效。一旦输入信号有效，则向 CPU 申请中断，并建立 IE0 标志。

（2）$\overline{INT1}$：外部中断 1 请求，由 P3.3 脚输入。通过 IT1 位（TCON.2）来决定是低电平有效还是下降沿有效。一旦输入信号有效，则向 CPU 申请中断，并建立 IE1 标志。

2）内部中断源

（1）T0：定时器 T0 溢出中断请求。当定时器 T0 产生溢出时，定时器 T0 中断请求标志位 TF0（TCON.5）置位（由硬件自动执行），请求中断处理。

（2）T1：定时器 T1 溢出中断请求。当定时器 T1 产生溢出时，定时器 T1 中断请求标志位 TF1（TCON.7）置位（由硬件自动执行），请求中断处理。

（3）串行口（RXD 或 TXD）：串行中断请求。当接收或发送完一串行帧时，内部串行口中断请求标志位 RI（SCON.0）或 TI（SCON.1）置位（由硬件自动执行），请求中断。

5.2.3 中断系统的控制与实现

AT89S51 中断系统有以下 4 个特殊功能寄存器：

（1）定时器控制寄存器 TCON（用 6 位）；

（2）串行口控制寄存器 SCON（用 2 位）；

（3）中断允许寄存器 IE；

（4）中断优先级寄存器 IP。

其中，TCON 和 SCON 只有一部分位用于中断控制。通过对以上各特殊功能寄存器的各位进行置位或复位等操作，可实现各种中断控制功能。

1. 中断请求标志

1）定时/计数器控制寄存器 TCON（Timer Control）

TCON 为定时/计数器 T0 和 T1 的控制寄存器，同时也锁存 T0 和 T1 的溢出中断标志及外部中断 $\overline{INT0}$ 和 $\overline{INT1}$ 的中断标志位。对 TCON 寄存器可进行字节寻址和位寻址。与中断有关的位如图 5.10 所示。

	8FH	8EH	8DH	8CH	8BH	8AH	89H	88H
TCON (88H)	TF1	×	TF0	×	IE1	IT1	IE0	IT0

图 5.10 TCON 中的中断标志位

（1）TF1：定时/计数器 T1 的溢出中断请求标志位。当启动 T1 计数以后，T1 从初值开始加 1 计数。当计数器最高位产生溢出时，由硬件将 TF1 置 1，并向 CPU 发出中断请求。当 CPU 响应中断时，硬件将自动对 TF1 清 0。也可由软件查询该标志，并由软件清 0。

（2）TF0：定时/计数器 T0 的溢出中断请求标志位。含义与 TF1 相同。

（3）IE1：外部中断 1 的中断请求标志。当检测到外部中断引脚 $\overline{INT1}$（P3.3）上存在有效的中断请求信号时，由硬件使 IE1 置 1。

（4）IE0：外部中断 0 的中断请求标志。其含义与 IE1 类同。

（5）IT1：外部中断 1 的中断触发方式控制位。

IT1 = 1 时，外部中断 $\overline{INT1}$ 为边沿（下降沿）触发方式。如果在相继的两个机器周期采样过程中，一个机器周期采样到外部中断 $\overline{INT1}$ 请求为高电平，接着的下一个机器周期采样到外部中断 1 请求为低电平，即外部中断 $\overline{INT1}$ 请求为下降沿时，则使 IE1 置 1。当 CPU 响应该中断请求时，硬件将自动对 IE1 清 0。

IT1 = 0 时，外部中断 $\overline{INT1}$ 为电平触发方式。若外部中断 $\overline{INT1}$ 为低电平，则认为有中断申请，随即使 IE1 标志置 1；若 $\overline{INT1}$ 请求为高电平，则认为无中断申请，或中断申请已撤除，随即使 IE1 标志清 0。在电平触发方式中，CPU 响应中断后不能由硬件自动清除 IE1 标志，也不能由软件清除 IE1 标志，所以，在中断返回之前必须撤销 $\overline{INT1}$ 引脚上的低电平，否则将再次中断导致出错。

（6）IT0：外部中断 0 的中断触发方式控制位。其含义与 IT1 类似。

2）串行口控制寄存器 SCON（Serial Control）

SCON 为串行口控制寄存器，其低 2 位锁存串行口的接收中断标志 RI 和发送中断标志 TI。对 SCON 可进行字节寻址和位寻址。SCON 中 TI 和 RI 的格式如图 5.11 所示。

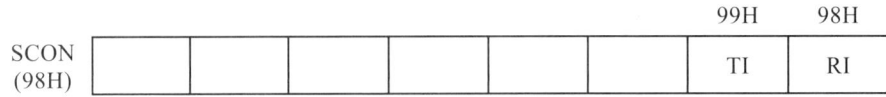

图 5.11　SCON 中的中断标志位

（1）TI：串行口发送中断请求标志。CPU 将一个数据写入发送缓冲器 SBUF 时，就启动发送。每发送完一帧串行数据后，硬件自动将 TI 置位。但 CPU 响应中断时，硬件不能自动清除 TI，必须在中断服务程序中由用户用软件对 TI 清 0。

（2）RI：串行口接收中断请求标志。在串行口允许接收时，每接收完一个串行帧，硬件自动将 RI 置位。同样，CPU 响应中断时，硬件不能自动清除 RI，必须在中断服务程序中由用户用软件对 RI 清 0。

2. 中断允许控制寄存器 IE（Interrupt Enable）

AT89S51 对中断源的开放或屏蔽是由中断允许寄存器 IE 控制的。对 IE 可进行字节寻址和位寻址。IE 的格式如图 5.12 所示。

	AFH	AEH	ADH	ACH	ABH	AAH	A9H	A8H
IE (A8H)	EA	×	×	ES	ET1	EX1	ET0	EX0

图 5.12　中断允许寄存器 IE 的控制位

（1）EA：中断允许总控制位。EA = 0，禁止（屏蔽）所有中断请求；EA = 1，CPU 开放所有中断。对各中断源的中断请求是否允许，还要取决于各中断源的中断允许控制位的状态。

（2）ES：串行口中断允许位。ES = 0，禁止串行口中断；ES = 1，允许串行口中断。

（3）ET1：定时/计数器 T1 的溢出中断允许位。ET1 = 0，禁止 T1 中断；ET1 = 1，允许 T1 中断。

（4）EX1：外部中断 1 中断允许位。EX1 = 0，禁止外部中断 1 中断；EX1 = 1，允许外部中断 1 中断。

（5）ET0：定时/计数器 T0 的溢出中断允许位。ET0 = 0，禁止 T0 中断；ET0 = 1，允许 T0 中断。

（6）EX0：外部中断 0 中断允许位。EX0 = 0，禁止外部中断 0 中断；EX0 = 1，允许外部中断 0 中断。

AT89S51 单片机系统复位后，IE 寄存器中各中断允许位均被清零，即禁止所有中断。

> **小提示**
>
> 中断允许寄存器 IE 对中断的开放和关闭实现两级控制。所谓两级控制，就是有一个总开关中断控制位 EA（IE.7），当 EA=0 时，屏蔽所有的中断申请，即任何中断申请都不接受；当 EA=1 时，CPU 开放中断，但 5 个中断源还要由 IE 低 5 位的各对应控制位的状态进行中断允许控制（见图 5.10）。

例 5.4 假设允许定时/计数器中断，禁止其他中断，试设置 IE 的相应值。

分析：可以用位操作和字节操作两种方法实现。

（1）用位操作实现。

```
EA=1;            //CPU开总中断
ET0=1;           //定时/计数器0允许中断
ET1=1;           //定时/计数器1允许中断
```

（2）用字节操作实现。

```
IE=0x8A;
```

> **小经验**
>
> 采用位操作方法设置寄存器比较简单，因为用户不用记住各控制位在寄存器中的位置，只需按各控制位的名称来设置，而各控制位的名称比较容易记忆。

3. 中断优先级控制寄存器 IP（Interrupt Priority）

AT89S51 单片机有两个中断优先级：高优先级和低优先级。每个中断源都可以通过设置中断优先级寄存器 IP 来确定高优先级中断或低优先级中断，其格式如图 5.13 所示。

			BCH	BBH	BAH	B9H	B8H
IP (B8H)	×	×	×	PS	PT1	PX1	PT0	PX0

图 5.13 中断优先级寄存器 IP 的控制位

IP 中的低 5 位为各中断源优先级的控制位，可由软件来置 1 或清 0。1 表示高优先级，0

表示低优先级。当系统复位后，IP 低 5 位全部清 0，所有中断源均设定为低优先级中断。各位的含义如下：

（1）PS：串行口中断优先级控制位。PS = 1，设定串行口中断为高优先级中断；PS = 0，设定串行口中断为低优先级中断。

（2）PT1：定时/计数器 T1 中断优先级控制位。PT1 = 1，设定定时/计数器 T1 中断为高优先级中断；PT1 = 0，设定定时/计数器 T1 中断为低优先级中断。

（3）PX1：外部中断 1 中断优先级控制位。PX1 = 1，设定外部中断 1 为高优先级中断；PX1 = 0，设定外部中断 1 为低优先级中断。

（4）PT0：定时/计数器 T0 中断优先级控制位。PT0 = 1，设定定时/计数器 T0 中断为高优先级中断；PT0 = 0，设定定时/计数器 T0 中断为低优先级中断。

（5）PX0：外部中断 0 中断优先级控制位。PX0 = 1，设定外部中断 0 中断为高优先级中断；PX0 = 0，设定外部中断 0 为低优先级中断。

若某几个控制位为 1，则相应的中断源就规定为高级中断；反之，若某几个控制位为 0，则相应的中断源就规定为低级中断。当同时接收到几个同一优先级的中断请求时，响应哪个中断源则取决于内部硬件查询顺序。其优先级排列顺序如表 5.3 所示。

表 5.3　中断源优先级排列顺序

中断源	同级自然优先级
外部中断 0	最高级
定时器 T0	↓
外部中断 1	
定时器 T1	
串行口	最低级

4．中断优先级原则

单片机的 CPU 在响应中断源的中断请求时，中断优先级遵循以下基本原则：

（1）CPU 同时接收到几个中断请求时，首先响应优先级别最高的中断请求。

（2）正进行的中断过程不能够被同级或低优先级的中断请求所中断，一直到该中断服务函数结束，返回主程序且执行了主程序中的一条指令后，CPU 才响应新的中断请求。

（3）正进行的低优先级中断服务函数能够被高优先级的中断请求所中断。当 CPU 正在处理一个中断请求时，又出现了另一个优先级比它高的中断请求，这时，CPU 就暂时中止执行对原来优先级较低的中断源的服务程序，保护当前断点，转去响应优先级更高的中断请求，并为其服务。待服务结束，再继续执行原来较低级的中断服务程序。该过程称为中断嵌套（类似于子程序的嵌套）。二级中断嵌套的中断过程如图 5.14 所示。

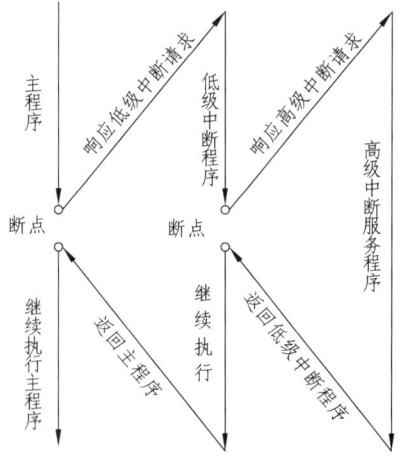

图 5.14　二级中断嵌套的中断过程

为了实现（2）（3）两条规则，中断系统中有用户不能使用的两个"优先级生效"触发器。其中一个置"1"表示正在执行高优先级的中断服务函数，它将屏蔽后来的所有中断请求；另一个置"1"表示正在执行低优先级的中断服务函数，它将屏蔽同一优先级的后来的中断请求。

例 5.5 设 AT89S51 的片外中断为高优先级，片内中断为低优先级，试设置 IP 相应值。

分析：可以用位操作和字节操作两种方法设置 IP 相应值。

（1）用字节操作实现

```
        IP=0x05;
```

（2）用位操作实现

```
        PX0=1;              //外中断0为高优先级
        PX1=1;              //外中断1为高优先级
        PS=0;               //串口中断为低优先级
        PT0=0;              //定时器T0中断为低优先级
        PT1=0;              //定时器T1中断为低优先级
```

5.2.4 中断的处理过程

中断处理过程可分为中断请求、中断响应、中断服务和中断返回 4 个阶段。其中，中断请求、中断响应是由中断系统硬件自动完成的。

1. 中断响应

中断响应是 CPU 对中断源中断请求的响应，包括保护断点和将程序转向中断服务程序的入口地址（通常称矢量地址）。

1）CPU 中断响应条件

CPU 并非任何时刻都响应中断请求，只有同时满足以下 3 个条件才有可能响应中断：

（1）有中断源发出中断请求；

（2）中断总允许位 EA = 1；

（3）申请中断的中断源允许。

2）中断响应的阻断情况

满足以上基本条件，CPU 一般会响应中断，但若有下列任何一种情况存在，则中断响应会受到阻断。

（1）CPU 正在响应同级或高优先级的中断；

（2）当前指令未执行完；

（3）正在执行 RETI 中断返回指令或访问专用寄存器 IE 和 IP 的指令。

若存在上述任何一种情况，中断查询结果即被取消，CPU 不响应中断请求而在下一机器周期继续查询，否则，CPU 在下一机器周期响应中断。

3）中断响应过程

中断响应过程包括保护断点和将程序转向中断服务程序的入口地址。AT89S51 单片机的 6 个中断源所对应的中断服务程序入口地址如表 5.4 所示。

表 5.4 中断类型号和中断服务程序入口地址

中断源	中断类型号 n	入口地址
外部中断 0	0	0003H
定时器 T0	1	000BH
外部中断 1	2	0013H
定时器 T1	3	001BH
串行口	4	0023H

中断响应的具体过程如下：

（1）将相应的"优先级生效"触发器置"1"，以阻断后来的同级或低级的中断请求。

（2）中断系统通过硬件自动生成长调用指令（LACLL），该指令将自动把断点地址压入堆栈保护，然后将对应的中断入口地址装入程序计数器 PC，使程序转向该中断入口地址，准备执行中断服务程序。

小提示

对于 C 语言程序，可以不必知道中断入口地址，程序设计者只要知道发生中断时，将会调用中断服务程序即可。因此，中断响应过程就是自动调用并执行中断服务程序的过程。

4）中断响应时间

中断响应时间是指从中断请求标志位置位到 CPU 开始执行中断服务程序的第一条语句所需要的时间。中断响应时间的形成过程较为复杂，下面分两种情况加以讨论。

（1）中断请求不被阻断的情况。

以外部中断为例，CPU 在每个机器周期的 S5P2 期间采样其输入引脚 $\overline{INT0}$ 或 $\overline{INT1}$ 端的电平，如果中断请求有效，则置位中断请求标志位 IE0 或 IE1，然后在下一个机器周期再对这些值进行查询。如果满足中断响应条件，则 CPU 响应中断请求，在下一个机器周期执行一条硬件长调用指令，使程序转入中断服务程序执行。该调用指令执行时间是两个机器周期，因此，外部中断响应时间至少需要 3 个机器周期，这是最短的中断响应时间。若系统中只有一个中断源，则中断响应时间为 3~8 个机器周期。

（2）中断请求被阻断的情况。

如果中断请求不能满足前面所述的三个中断响应条件或者存在任何一种中断阻断情况，则中断请求将被阻断，中断响应时间将延长。

例如，一个同级或更高级的中断正在进行，则附加的等待时间取决于正在进行的中断服务程序的长度。如果正在执行的一条指令还没有进行到最后一个机器周期，则附加的等待时间为 1~3 个机器周期（因为一条指令的最长执行时间为 4 个机器周期）。如果正在执行的指令是 RETI 指令或访问 IE 或 IP 的指令，则附加的等待时间在 5 个机器周期之内（最多用 1 个机器周期完成当前指令，再加上最多 4 个机器周期完成下一条指令）。

2. 中断服务

中断服务就是执行中断服务程序。不同的中断源服务的内容及要求各不相同，其处理过程也就有所区别。一般包括两部分内容，一是保护现场，二是完成中断源请求的服务。中断服务程序流程如图 5.15 所示。

1）中断服务函数的结构形式

C51 编译器支持在 C 语言源程序中直接编写 AT89S51 单片机的中断服务程序，从而避免了采用汇编语言编写中断服务程序的烦琐。为了能在 C 语言源程序中编写中断服务程序，C51 函数声明对 ANSI C 做了扩展，提供以调用中断函数的方法处理中断。编译器在中断入口产生中断向量，当发生中断时，跳转到中断函数。C51 用关键字 interrupt 和中断号定义中断服务函数，一般形式如下：

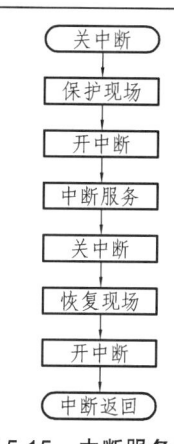

图 5.15 中断服务程序流程图

[void] 函数名() interrupt 中断类型号 n [using 工作寄存器组号 m]

说明：

（1）中断服务函数无返回值，数据类型以 void 表示；中断服务函数名为标识符，一般以中断名表示，力求简明易懂，例如 EX_Int0 表示外部中断 0。

（2）interrupt 为中断服务函数的关键字。关键字 interrupt 是函数定义时的一个选项，加上这一选项即可将函数定义成中断服务函数。

（3）n 为中断类型号，C51 编译器允许 0~31 个中断，n 的取值范围为 0~31。表 5.4 给出 AT89S51 单片机所提供的 5 个中断源对应的中断类型号和中断服务程序入口地址。

（4）[using m]指定中断函数使用的是哪一组工作寄存器组，AT89S51 单片机有 4 组工作寄存器组 R0~R7，因此 m 可取 0、1、2、3。[using m]是一个选项，可以省略不用，默认使用寄存器工作组 0。一般情况下，主程序和低优先级中断使用同一组寄存器，高优先级中断可使用[using m]指定工作寄存器组。

小提示

编写中断函数时应遵循下列规则：

（1）在设计中断时，要注意的是哪些功能应该放在中断程序中，哪些功能应该放在主程序中。一般来说中断服务程序应该做最少量的工作。

（2）中断函数不能进行参数传递。如果中断过程包括任何参数声明，编译器将产生一个错误信息。

（3）中断函数无返回值。如果想定义一个返回值将产生错误。

（4）中断函数调用其他函数，则要保证使用相同的寄存器组，否则会出错。

（5）在任何情况下不能直接调用中断函数，否则编译器会产生错误。

2）保护现场和恢复现场

通常，主程序和中断服务程序都会用到一些寄存器，当 CPU 进入中断服务程序用到上述寄存器时，会破坏原来存储在寄存器中的内容，一旦中断返回，将会导致主程序的混乱。因此，在进入中断服务程序后，一般要先保护现场，然后，执行中断服务程序，在中断返回之前再恢复现场。

3）关中断和开中断

在保护和恢复现场时，为了不使现场数据遭到破坏或造成混乱，一般规定此时 CPU 不再响应新的中断请求。因此，在编写中断服务程序时，要注意在保护现场前关中断，在保护现场后若允许高优先级中断，则应开中断。同样，在恢复现场前也应先关中断，恢复之后再开中断。

4）中断处理

中断处理就是执行中断服务程序。

3. 中断返回

中断返回是指中断服务完成后，计算机返回原来断开的位置（即断点），继续执行原来的程序。如果使用汇编语言编写中断服务程序，在中断服务程序最后使用 RETI 指令。

如果是 C51 语言编程，不需要过多考虑，中断函数执行结束后返回主程序。

5.2.5 中断请求的撤除

在中断请求被响应前，中断源发出的中断请求由 CPU 锁定在特殊功能寄存器 TCON 和 SCON 的相应中断标志位中。一旦某个中断请求得到响应后即进入中断服务程序，在中断返回前，CPU 必须撤除该中断请求，即将中断标志位复位成 0 状态，否则，AT89S51 会因中断未能得到及时撤除而重复响应同一中断请求而导致错误，这是绝对不允许的。

AT89S51 单片机的 6 个中断源的中断请求撤销方法是不相同的，可分为 3 种类型，分别为：

1. 定时器中断请求的撤除

对于定时器 T0 或 T1 溢出中断，CPU 在响应中断后即由硬件自动清除其中断标志位 TF0 或 TF1，无须采取其他措施。

2. 串行口中断请求的撤除

对于串行口中断，CPU 在响应中断后，硬件不能自动清除中断请求标志位 TI、RI，为了防止 CPU 再次响应这类中断，用户必须在中断服务程序中用软件将其清除。

```
TI=0;              //撤除发送中断
RI=0;              //撤除接收中断
```

3. 外部中断请求的撤除

外部中断请求有边沿触发、电平触发两种触发方式，对这两种触发方式，中断请求的撤除方法是不同的。

（1）对于边沿（下降沿）触发的外部中断，CPU 在响应中断后由硬件自动清除其中断标志位 IE0 或 IE1，无须采取其他措施。

（2）对于电平触发的外部中断，中断标志位 IE0 或 IE1 不能用软件将其清除。虽然在响应中断后能自动清除其中断请求标志位 IE0 或 IE1，但若 $\overline{INT0}$（P3.0）或 $\overline{INT1}$（P3.1）引脚上仍然保持低电平，就会使已经清 0 的中断请求标志位 IE0 或 IE1 再次置位为 1，引起重复中断而导致错误，这是绝对不允许的。因此，电平触发的外部中断请求的撤除必须使 $\overline{INT0}$ 或 $\overline{INT1}$ 引脚上的低电平随着其中断被 CPU 响应而变为高电平。只有通过硬件并配合相应软件才能解决这个问题，图 5.16 所示是可行方案之一。

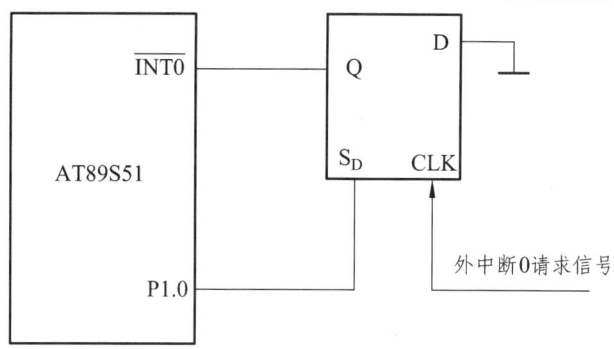

图 5.16 撤除外部中断请求的电路

由图可知，外部中断请求信号不直接加在 $\overline{INT0}$ 引脚上，而是加在 D 触发器的 CLK 端，由于 D 端接地，当外部中断请求的正脉冲信号出现在 CLK 端时，Q 端输出的低平送到 $\overline{INT0}$，该低电平被单片机检测到后就使中断请求标志位 IE0 置 1。单片机响应外部中断 $\overline{INT0}$ 上的中断请求即可转入中断服务程序执行。

将 P1 口的 P1.0 与 D 触发器的异步置 1 端 S_D 相连，当 CPU 响应中断后，可在中断函数中用语句"P1 = P1&0xfe;"使 $S_D=0$，Q 端置 1，$\overline{INT0}$ 引脚上电平变高，外部中断 $\overline{INT0}$ 中断请求被撤除。紧接着用语句"P1 = P1|0x01;"使 $S_D=1$，D 触发器恢复正常工作状态，新的外部中断请求信号又能向单片机申请中断。

```
void ExInt0_ISR() interrupt 0
{
    P1 = P1&0xfe;   // P1.0=0，S_D=0，使 Q 端输出为 1，从而撤除中断请求
    P1 = P1|0x01;   // P1.0 变为 1，S_D=1，Q 继续受 CLK 控制。此语句必不可少的，否则，将
                    // 无法再次形成新的外部中断
    IE0=0;          // 清除外部 INT0 中断标志
}
```

5.2.6 中断处理程序设计

中断系统虽然是硬件系统，但必须由相应软件配合才能发挥其作用。中断处理程序设计的一般步骤如下：

1. 中断的初始化

中断的初始化实质上是对 3 个与中断有关的特殊功能寄存器 IE、IP 和 TCON 进行管理和控制。中断的初始化程序一般不单独编写，放在主程序中即可，只要通过程序对这些寄存器相应位按系统功能要求进行状态设置，根据需要通过几条语句来完成。具体实施如下：

（1）设置 CPU 开中断，根据要求开中断源中断——写 IE。

（2）当有多个中断源共存时，要确定并分配所使用的中断源的优先级别——写 IP。

（3）对外部中断源，要设置外部中断请求的触发方式，以确定外部中断采用的是电平触发方式还是边沿触发方式——写 TCON 的 IT0、IT1 位。

例 5.6 假设允许外部中断 0、串行口中断，禁止外部中断 1 中断，并要求外部中断 0 为高优先级，边沿触发方式，串行口中断为低优先级。试编写中断初始化程序。

解：可以用位操作和字节操作两种方法实现。

（1）用位操作实现：

```
        EA=1;          //CPU开总中断
        EX0=1;         //外部中断0允许中断
        ES=1;          //串行口中断允许中断
        PX0=1;         //外部中断0为高优先级
        PS=0;          //串行口中断为低优先级
        IT0=1;         //外部中断0为边沿触发方式
```

（2）用字节操作实现：

```
        IE=0x91;
        IP=0x01;
        TCON=0x01;
```

2. 中断服务程序

单片机响应中断后，就进入中断服务程序。中断服务程序完成对具体中断源的处理。不同应用系统中的中断服务程序肯定有所区别，但一般要完成下面几项任务。

（1）根据需要清除中断请求标志位。有的中断标志位（如串口中断标志 RI 和 TI），硬件不能自动清除，必须在中断服务程序中用软件将其清除。

（2）根据需要保护现场和恢复现场。如果使用汇编语言编写主程序和中断服务程序，两者可能会用到相同的存储单元，当 CPU 进入中断服务程序用到与主程序中相同的寄存器时，必定会破坏该单元的原数据，如不加以保护，一旦中断返回将导致主程序的混乱。因此，在进入中断服务程序后，需要保护现场。同理，在中断返回前恢复现场，将相关存储单元的内容恢复到执行中断服务程序之前的状态。其手段是采用堆栈操作指令 PUSH 和 POP。

如果采用 C 语言来编程，则中断服务程序中可以声明局部变量，而且中断服务程序可选择不同的工作寄存器组。Keil 编译器已经在幕后做好这些工作，所以我们编写程序时只要专注实现的功能就够了，这时保护现场和恢复现场的问题不需要过多考虑。

（3）中断返回。如果使用汇编语言编写中断服务程序，在中断服务程序最后使用 RETI 指令。如果用 C51 语言编程，不需要过多考虑。

5.2.7 中断系统的应用

中断管理和控制程序一般都包含在主程序中，根据需要通过几条语句来完成。中断服务程序是一种具有特定功能的独立程序段，可根据中断源的具体要求进行服务。下面通过实例来说明其具体应用。

1. 应用 1——外部中断源的扩展

AT89S51 单片机仅有两个外部中断请求输入端 $\overline{INT0}$ 和 $\overline{INT1}$，在实际应用中，若外部中断源超过两个，则需扩充外部中断源。一般有两种简单可行的方法，第一种是利用定时/计数器作为外部中断源,此种方法将在 5.3.4 节中介绍;第二种是用中断和查询相结合的方法扩充外部中断源,本节重点介绍。

如果系统有多个中断请求源,可以按照它们的轻重缓急进行排队,把其中最高级别的中断源直接接到单片机的外部中断 0 输入引脚 $\overline{INT0}$,其余的外部中断请求可以通过线与的关系连接到单片机的外部中断 1 输入引脚 $\overline{INT1}$,同时,利用并行输入端口作为多个中断源的识别线。

例 5.7 现有 5 个外设,中断的优先级别依次为外设 0～4。外设 0 直接接到单片机的外部中断 0 输入引脚 $\overline{INT0}$,其余 4 个外设通过 4 个 OC 门电路线与后再与 $\overline{INT1}$(P3.3)相连。电路原理图如图 5.17 所示。

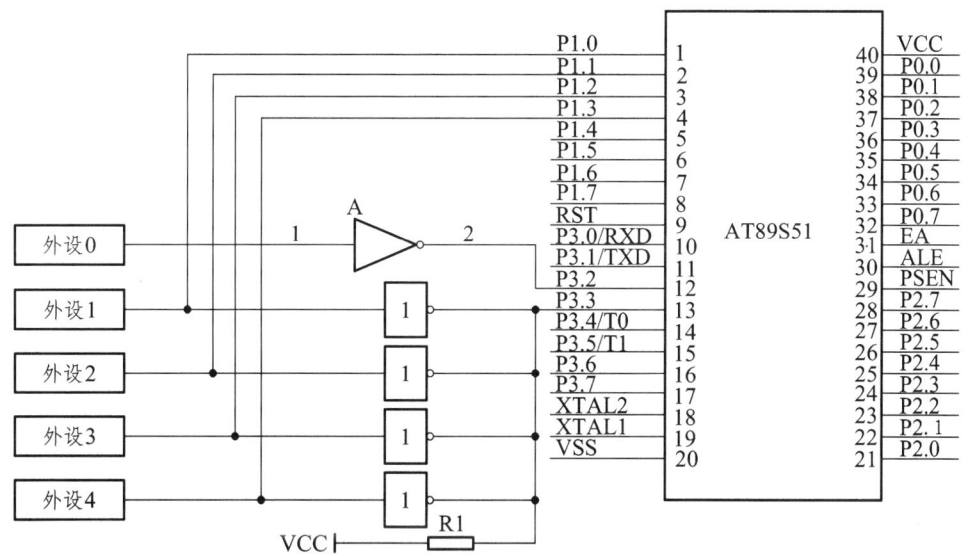

图 5.17 一个外中断扩展成多个外中断的原理图

分析:4 个外部扩展中断源外设 1～4 中有一个或几个出现高电平则输出为 0,使 $\overline{INT1}$ 脚为低电平,从而发出中断请求。因此,这些扩充的外部中断源都是电平触发方式(高电平有效)。CPU 执行中断服务程序时,先依次查询 P1 口的中断源输入状态,然后转入到相应的中断服务程序。4 个扩展中断源的优先级顺序由软件查询顺序决定,即最先查询的优先级最高,最后查询的优先级最低。其相关程序如下:

```
//****************************************************************
//程序:ex5_7.c
//功能:利用外部中断和查询相结合的方法扩展外部中断
//****************************************************************
#include<reg51.h>              /*包含头文件 reg51.h*/
#define uchar unsigned char    /*宏定义后方便书写*/
#define uint unsigned int      /*宏定义后方便书写*/
void ExInt_Init();
void main()
{
```

```c
    ExInt_Init();                    //外部中断初始化
    while(1);                        //等待中断
}
//*****************************************************************************
//函数名：ExInt_Init
//函数功能：外部中断初始化
//*****************************************************************************
void ExInt_Init()
{
    IE=0x85;                         //允许外部中断 $\overline{INT0}$、$\overline{INT1}$ 开放
    IP=0x01;                         //外部中断 $\overline{INT0}$ 为高优先级，$\overline{INT1}$ 为低优先级
    TCON=0x01;                       //外部中断0为边沿触发，外部中断1为电平触发
}
//*****************************************************************************
//函数名：ExInt0_ISR
//函数功能：外部中断 $\overline{INT0}$ 服务程序
//形式参数：无
//返回值：无
//*****************************************************************************
void ExInt0_ISR() interrupt 0        //外部中断0中断服务程序，中断类型号为0
{
    ……                              //外部中断0中断处理程序，此处省略
}
//*****************************************************************************
//函数名：ExInt1_ISR
//函数功能：四个外部中断源共享外部中断 $\overline{INT1}$
//*****************************************************************************
void ExInt1_ISR() interrupt 2        //外部中断1中断服务程序，中断类型号为2
{
    uchar Status;
    P1=0xff;                         //P1口作为输入口，必须先全置1
    Status=P1;
    Status&=0x0f;                    //屏蔽高四位，获得中断位置号
    switch(Status)
    {
        case 0x01: EX_Int10();break; //调用函数 EX_Int10()，函数 EX_Int10()此处省略
        case 0x02: EX_Int11();break; //调用函数 EX_Int11()，函数 EX_Int11()此处省略
        case 0x04: EX_Int12();break; //调用函数 EX_Int1()，函数 EX_Int12()此处省略
        case 0x08: EX_Int13();break; //调用函数 EX_Int1()，函数 EX_Int13()此处省略
        default:break;
```

2. 应用 2——一个外部中断源

例 5.8 如图 5.18 所示，按键 K1 接至外部中断 $\overline{INT0}$。正常情况下，P1 口所接的 8 个 LED 交替点亮和熄灭，时间间隔 0.25 s。每按一次 K1 键都会触发 $\overline{INT0}$ 中断。中断发生时 8 个 LED 将变成从上到下依次点亮，循环三次，然后恢复成 8 个 LED 闪烁状态。

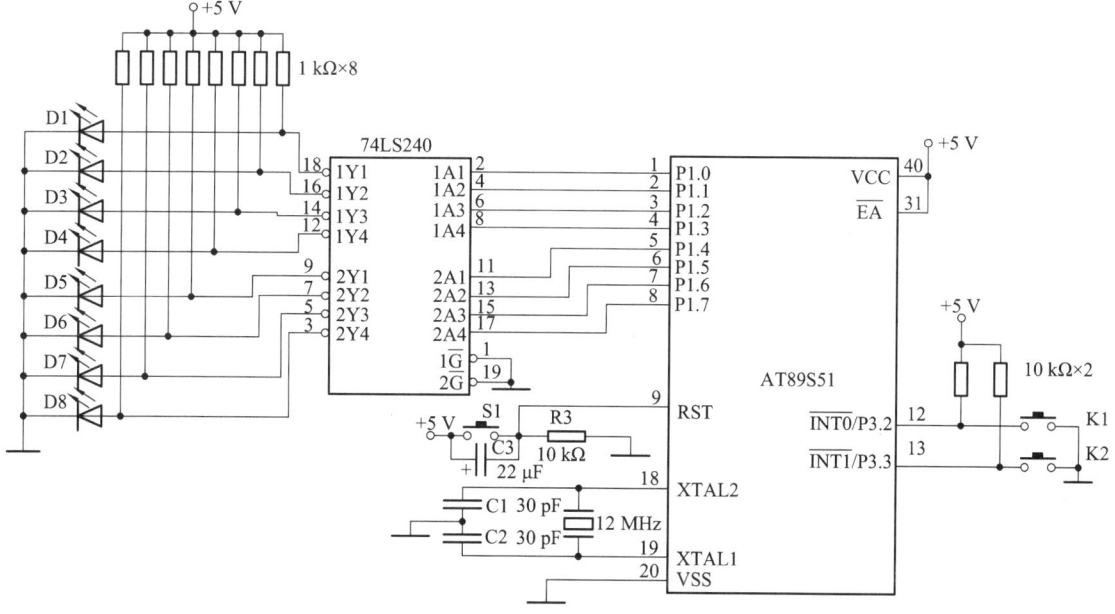

图 5.18 外部中断控制 LED 的原理图

参考程序如下：

```
//***************************************************************
//程序：ex5_8.c
//功能：外部中断 0 控制 8 个 LED 的点亮方式
//***************************************************************
#include<reg51.h>              /*包含头文件 reg51.h*/
#define uchar unsigned char    /*宏定义后方便书写*/
#define uint unsigned int      /*宏定义后方便书写*/
#define LED P1                 /*定义 8 个 LED 接至 P1 口*/
void ExInt0_Init();            //外部中断 INT0 初始化函数声明
void DelayMS(uint x);          //延时函数声明
void LED_Down(uint x);         //单只 LED 依次灯下移点亮函数声明
void main()
{
    ExInt0_Init();             //外部中断 INT0 初始化
```

```
        LED=0x00;                    //8个LED全亮
        while(1)
        {
            DelayMS(250);
            LED=~LED;                //8个LED闪烁
        }
    }
    //*********************************************************************
    //函数名：ExInt0_Init
    //函数功能：外部中断INT0初始化函数
    //*********************************************************************
    void ExInt0_Init()
    {
        IE=0x81;                     //允许外部中断INT0开放
        IT0=1;                       //设置外部中断INT0为边沿触发方式
    }
    //*********************************************************************
    //函数名：ExInt0_ISR
    //函数功能：每次按键都会触发INT0中断，中断发生时8个LED将变成从上到下依次点亮
    //          循环三圈后恢复成8个LED闪烁状态，产生LED状态由按键控制的效果
    //*********************************************************************
    void ExInt0_ISR() interrupt 0
    {
        uchar Save_LED=LED;          //保护现场，将中断前LED的状态保存
        LED_Down(3);                 //单只LED依次下移点亮3圈
        LED = Save_LED;              //恢复现场，恢复LED中断前的状态
    }
    void DelayMS(uint x)             //延时函数，见例5.1，此处略
    void LED_Down(uint x)            //单只LED依次下移点亮函数，见例5.2，此处略
```

3. 应用3——两个外部中断源嵌套

例 5.9 如图 5.18 所示，按钮开关 K1、K2 接至外部中断 INT0、INT1。当主程序正常执行时，P1 所接的 8 个 LED 将闪烁。若按按钮开关 K1，8 个 LED 将变成从上到下依次点亮，循环三次，然后恢复成 8 个 LED 闪烁状态。若按按钮开关 K2，8 个 LED 将变成从下到上依次点亮，循环三次，然后恢复成 8 个 LED 闪烁状态。

参考程序如下：

```
//*********************************************************************
//程序：ex5_9.c
//功能：外部中断0、中断1控制LED
//*********************************************************************
```

```c
#include<reg51.h>                    /*包含头文件 reg51.h*/
#define uchar unsigned char
#define uint unsigned int
#define LED P1                       /*定义 8 个 LED 接至 P1 口*/
void ExInt_Init();                   //外部中断初始化函数声明
void DelayMS(uint x);                //延时函数声明
void LED_Down(uint x);               //单只 LED 依次下移点亮函数声明
void LED_Up(uint x);                 //单只 LED 依灯上移点亮函数声明
void main()
{
    ExInt_Init();                    //外部中断初始化
    LED=0x00;                        //8 个 LED 全亮
    while(1)
    {
        DelayMS(250);
        LED=~LED;                    //8 个 LED 闪烁
    }
}
//******************************************************************
//函数名：ExInt_Init
//函数功能：外部中断初始化
//******************************************************************
void ExInt_Init()
{
    IE=0x85;                         //允许外部中断 INT0、INT1 开放
    IP=0x01;                         //外部中断 INT0 为最高优先级
    IT0=1;                           //设置外部中断 INT0 为边沿触发方式
    IT1=1;                           //设置外部中断 INT1 为边沿触发方式
}
//******************************************************************
//函数名：ExInt0_ISR
//函数功能：每次按键都会触发 INT0 中断，中断发生时8个LED将变成从上到下依次点亮，
//         循环三圈后恢复成8个LED闪烁状态，产生LED状态由按键控制的效果
//******************************************************************
void ExInt0_ISR() interrupt 0
{
    uchar Save_LED=LED;              //保护现场，将中断前LED的状态保存
    LED_Down(3);                     //单只LED依次下移点亮3圈
    LED = Save_LED;                  //恢复现场，恢复LED中断前的状态
}
//******************************************************************
```

```c
//函数名：ExInt1_ISR
//函数功能：每次按键都会触发INT1中断，中断发生时8个LED将变成从下到上依次点亮，
//         循环三圈后恢复成8个LED将闪烁状态，产生LED状态由按键控制的效果
//*********************************************************************
void ExInt1_ISR() interrupt 2
{
    uchar Save_LED;
    EA=0;                        //关中断
    Save_LED=LED;                //保护现场，将中断前LED的状态保存
    EA=1;                        //开中断
    LED_Up(3);                   //单只LED依次上移点亮3圈
    EA=0;                        //关中断
    LED=Save_LED;                //恢复现场，恢复LED中断前的状态
    EA=1;                        //开中断
}
void DelayMS(uint x)             //延时函数，见例5.1，此处略
void LED_Down(uint x)            //单只LED依次下移点亮函数，见例5.2，此处略
void LED_Up(uint x)              //单只LED依次上移点亮函数，见例5.2，此处略
```

> **小经验**
>
> 在中断服务程序中，通常首先要保护现场，然后才是真正的中断处理程序，中断返回前要恢复现场。保护现场和恢复现场时，为了不使数据破坏或混乱，一般规定此时CPU不再响应新的中断。因此，在编写中断服务程序时要注意在保护现场前关中断，在恢复现场后若允许高优先级中断，则应开中断。

本例中 $\overline{INT0}$ 比 $\overline{INT1}$ 优先级高，因此在 $\overline{INT0}$ 的中断服务程序中，保护现场和恢复现场前不必关中断。而在低优先级的 $\overline{INT1}$ 中断服务程序中，则要在保护现场和恢复现场前关中断，在保护现场和恢复现场后再开中断，以便在执行 $\overline{INT1}$ 中断服务程序的过程中，高优先级 $\overline{INT0}$ 可打断 $\overline{INT1}$ 中断服务程序而不会破坏 $\overline{INT1}$ 中断的数据。

5.3 定时/计数器（Timer/Counter）

AT89S51单片机片内有两个16位定时/计数器，即定时/计数器0(T0)和定时/计数器1(T1)。它们都有定时和事件计数的功能，可用于定时控制、延时、对外部事件计数和检测等场合。

5.3.1 定时/计数器的结构与工作原理

1. 定时/计数器组成框图

定时/计数器的结构以及与CPU的关系如图5.19所示。由图可知，AT89S51的定时/计数器由T0、T1、定时器方式寄存器TMOD和定时器控制寄存器TCON组成。

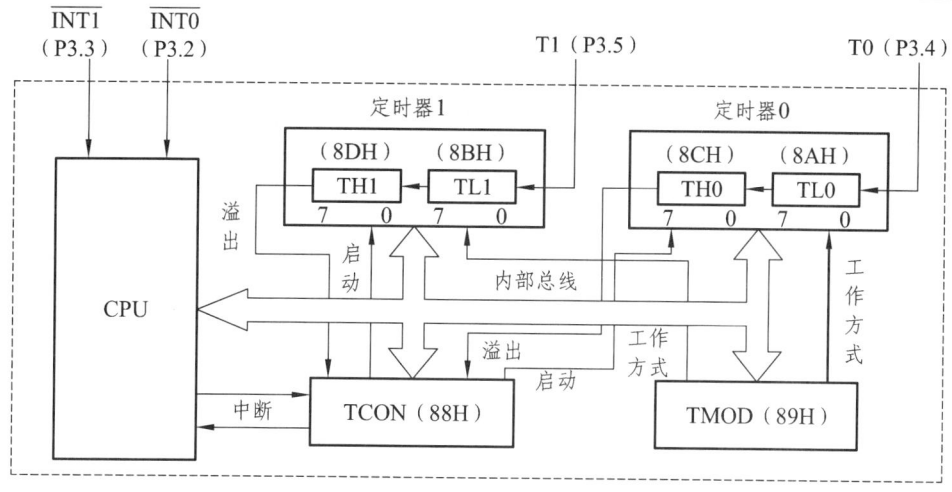

图 5.19 定时/计数器逻辑结构图

T0、T1 是 16 位加法计数器，分别由两个 8 位特殊功能寄存器构成，即 T0 由 TH0 和 TL0 构成，T1 由 TH1 和 TL1 构成。每个寄存器均可单独访问。

TMOD、TCON 与 T0、T1 间通过内部总线及逻辑电路连接。TMOD 用于设置定时器的工作方式。TCON 用于控制定时器的启动与停止和中断申请。

2. 定时/计数器工作原理

定时/计数器实际上都是加 1 计数器，即每输入一个脉冲，加法计数器加 1。根据输入的计数脉冲来源不同将它们分为定时器和计数器。作定时器时脉冲来自单片机内部时钟振荡器，作计数器时脉冲来自外部引脚 T0（P3.4）或 T1（P3.5）。

1）定时工作方式

当设置为定时工作方式时，计数器对内部机器周期计数，每过一个机器周期，计数器增 1，直至计满溢出。由于机器周期是一定值，故计数值一定时，时间也随之确定。定时器的定时时间与系统的振荡频率紧密相关，因 AT89S51 单片机的一个机器周期由 12 个振荡脉冲组成，所以，计数周期 $T = 12/f_{osc}$。例如，单片机的 $f_{osc} = 12\,\text{MHz}$，则计数周期 $T = 1\,\mu s$。因此，要获取各种定时时间，选择适当的计数脉冲个数即可。

2）计数工作方式

当设置为计数工作方式时，计数器对来自输入引脚 T0（P3.4）和 T1（P3.5）的外部信号计数，外部脉冲的下降沿将触发计数。在每个机器周期的 S5P2 期间采样 T0、T1 引脚输入电平，若前一个机器周期采样到一个高电平，后一个机器周期采样到一个低电平，则计数器加 1。由于检测一个由 1 到 0 的负跳变需要两个机器周期，所以，最高检测频率为振荡频率的 1/24。例如，单片机的 $f_{osc} = 12\,\text{MHz}$，则最高计数频率为 500 kHz。

> **小提示**
>
> 当设置了定时/计数器的工作方式并启动工作后，它就按被设定的工作方式独立工作，不再占用 CPU 的操作时间，只有在计数器计满溢出时才可能中断 CPU 当前的操作。

5.3.2 定时/计数器的控制

AT89S51 单片机定时/计数器的控制由两个 8 位寄存器 TMOD 和 TCON 完成。由软件写入 TMOD 和 TCON 两个寄存器，用来设置 T0 或 T1 的操作模式和控制功能，这个过程称为定时/计数器的初始化。

1. 定时/计数器工作方式寄存器 TMOD（Timer Mode）

TMOD 用于设置 T0、T1 的工作方式，只能进行字节操作，不能进行位操作。其各位的定义格式如图 5.20 所示。TMOD 的低 4 位为 T0 的方式字段，高 4 位为 T1 的方式字段，它们的含义完全相同。

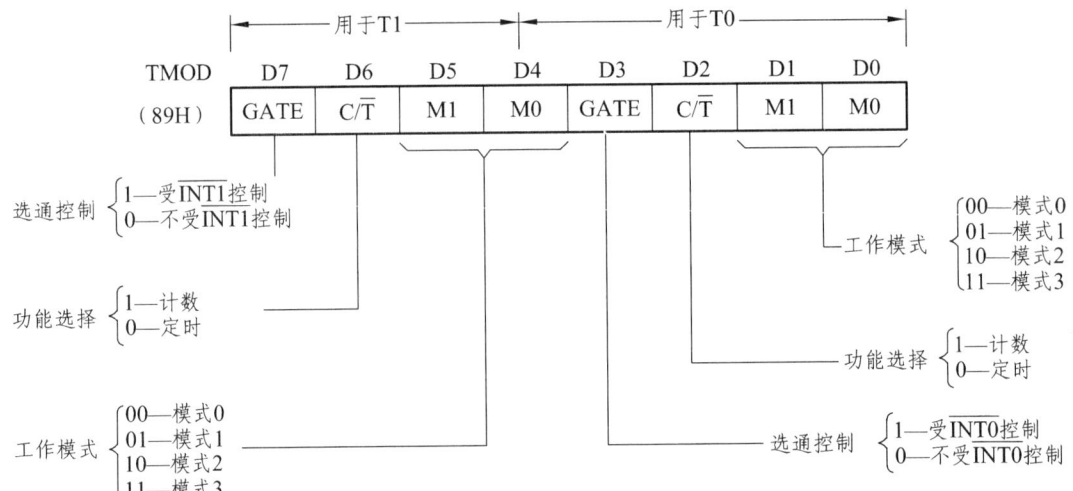

图 5.20 工作模式寄存器 TMOD 的位定义

（1）M1 和 M0：方式选择位。其定义如表 5.5 所示。

表 5.5 M1 和 M0 控制的 4 种工作模式

M1	M0	工作方式	功 能 说 明
0	0	方式 0	13 位计数器
0	1	方式 1	16 位计数器
1	0	方式 2	自动再装入 8 位计数器
1	1	方式 3	定时器 0：分成两个 8 位计数器 定时器 1：停止计数

小提示

定时/计数器的位数确定了计数器的计数范围。8 位计数器的计数范围是 0～255（FFH），其最大计数值为 256。同理，16 位计数器的计数范围是 0～65535（FFFFH），其最大计数值为 65536。

（2）C/$\overline{\text{T}}$：功能选择位。C/$\overline{\text{T}}$ = 0 时，设置为定时器工作方式；C/$\overline{\text{T}}$ = 1 时，设置为计数器工作方式。

（3）GATE：门控位。当 GATE = 0 时，软件控制位 TR0 或 TR1 置 1 即可启动定时器；当 GATE = 1 时，软件控制位 TR0 或 TR1 须置 1，同时还须 $\overline{\text{INT0}}$（P3.2）或 $\overline{\text{INT1}}$（P3.3）为高电平方可启动定时器，即允许外中断 $\overline{\text{INT0}}$、$\overline{\text{INT1}}$ 启动定时器。

当 AT89S51 系统复位时，寄存器 TMOD 所有位被清 0。

例 5.10 设置 T1 为定时器，工作于方式 1，与外部中断无关，则 M1 = 0、M0 = 1，C/$\overline{\text{T}}$ = 0、GATE = 0，因此，高 4 位应为 0001；T0 未用，低 4 位可随意置数，但低两位不可为 11（因方式 3 时，T1 停止计数），一般将其设为 0000。因此，采用如下语句设置定时/计数器的工作方式：

  TMOD=0x10;   // T1 工作于方式 1

2. 定时/计数器控制寄存器 TCON（Timer Control）

TCON 的作用是控制定时器的启动、停止，标志定时器的溢出和中断情况。TCON 除可进行字节操作外，还能进行位操作。其各位的定义格式如图 5.21 所示。

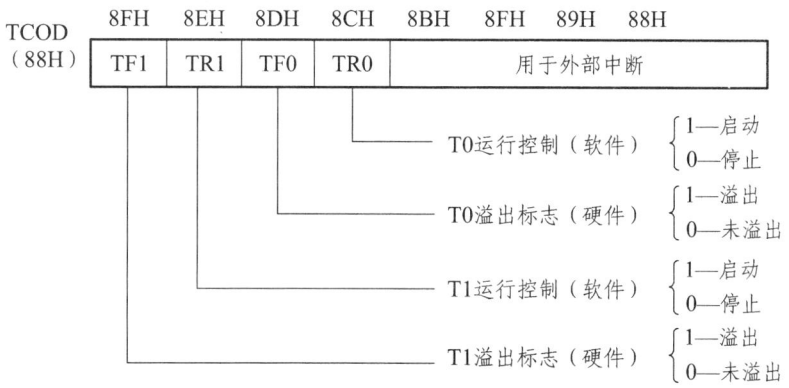

图 5.21 TCON 各位定义及具体的意义

各位含义如下：

（1）TF1（TCON.7）：T1 溢出标志位。当 T1 计数满产生溢出时，由硬件自动置 TF1 = 1。在中断允许时，向 CPU 发出 T1 的中断请求，进入中断服务程序后，由硬件自动清 0。在中断屏蔽时，TF1 可作查询测试用，此时只能由软件清 0。

（2）TR1（TCON.6）：T1 运行控制位。由软件置 1 或清 0 来启动或关闭 T1。GATE = 0 时，只要 TR1 置 1 即可启动 T1；GATE = 1 时，只有 $\overline{\text{INT1}}$ 为高电平，TR1 置 1 方可启动 T1。

（3）TF0（TCON.5）：T0 溢出标志位。其功能及操作情况同 TF1。

（4）TR0（TCON.4）：T0 运行控制位。其功能及操作情况同 TR1。

（5）IE1、IT1、IE0 和 IT0（TCON.3～TCON.0）：外部中断 $\overline{\text{INT0}}$ 和 $\overline{\text{INT0}}$ 的中断请求标志位及触发方式控制位，已在 5.2 节中介绍过了。

当系统复位时，TCON 的所有位均清 0。

5.3.3 定时/计数器的工作方式

由前述内容可知，AT89S51 单片机的 T0 和 T1 可由软件对特殊功能寄存器 TMOD 中控制位 C/T̄ 进行设置，以选择定时功能或计数功能。对 M1 和 M0 位的设置对应于 4 种工作方式，即方式 0、方式 1、方式 2 和方式 3。在方式 0、方式 1 和方式 2 时，T0 与 T1 的工作方式相同；在方式 3 时，T0 与 T1 的工作方式不同。方式 0 为 TLx（5 位）、THx（8 位）的 13 位工作方式，方式 1 为 TLx（8 位）、THx（8 位）的 16 位工作方式，其余完全相同。通常方式 0 很少用，常以方式 1 替代，因此不再介绍方式 0。

1. 方式 1

当 TMOD 中的 M1M0 = 01 时，定时/计数器工作于方式 1，是一个 16 位的定时/计数器。图 5.22 为 T0 工作于方式 1 时的逻辑结构图。T1 工作于方式 1 时的逻辑结构图与此类同。

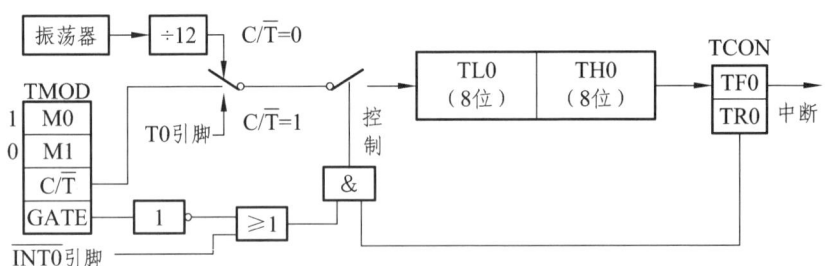

图 5.22　T0 工作于方式 1 时的逻辑结构图

（1）当 C/T̄ = 0 时，T0 为定时工作方式。此时，多路开关连接 12 分频器输出，T0 对机器周期计数。其定时时间为：

$$t = (2^{16} - 初值\ X) \times T$$

式中，T 为计数周期，$T = 12/f_{osc}$。

（2）当 C/T̄ = 1 时，T0 为计数工作方式。此时，多路开关与 T0（P3.4）相连，外部计数脉冲由 T0 脚输入，当外部信号电平发生由 0 到 1 的负跳变时，计数器加 1。计数长度为：

$$N = 2^{16} - 初值\ X = 65\ 536 - X（外部脉冲个数）$$

（3）当 GATE = 0 时，或门被封锁，INT0 信号无效。或门输出常 1，打开与门，因此 TR0 可直接控制 T0 的启动和关闭。

若 TR0 = 1，接通控制开关，T0 从初值开始计数直至溢出。溢出时，16 位加法计数器为 0，TF0 置位，并申请中断。如要循环计数，则 T0 需重置初值，且需用软件将 TF0 复位。

若 TR0 = 0，则与门被封锁，控制开关被关断，停止计数。

（4）当 GATE = 1 时，与门的输出由 INT0 的输入电平和 TR0 位的状态来确定。

若 TR0 = 1，则与门打开，外部信号电平通过 INT0 引脚直接开启或关断定时器 T0。当 INT0 为高电平时，允许计数，否则停止计数。

若 TR0 = 0，则与门被封锁，控制开关被关断，停止计数。

2. 方式 2

当 TMOD 中的 M1M0 = 10 时，定时/计数器工作于方式 2。方式 2 是一个自动重装初值的 8 位定时/计数器。T0 工作于方式 2 时的逻辑结构图如图 5.23 所示。T1 工作于方式 2 时的逻辑结构图与此类同。

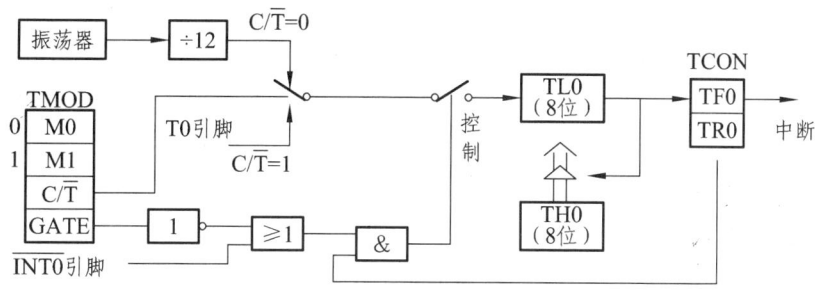

图 5.23　T0 工作于方式 2 时的逻辑结构图

在方式 2 中，定时/计数器 T0 的 TL0 和 TH0 具有不同的功能，TL0 用作 8 位计数器，TH0 用于保存初值。TL0 计数溢出时，不仅使溢出中断标志位 TF0 置 1，而且还自动把 TH0 中的内容重新装载到 TL0 中，从而进入新一轮计数，如此循环不止。

（1）用于定时工作方式时，其定时时间为：

$$t = (2^8 - TL \text{ 初值 } X) \times T$$

（2）用于计数工作方式时，计数长度为：

$$N = 2^8 - TL \text{ 初值 } X = 256 - X \text{（外部脉冲个数）}$$

方式 0 和方式 1 用于循环计数时，在每次计满溢出后，计数器都复位为 0，要进行新一轮计数还须重置计数初值。这不仅导致编程麻烦，而且影响定时时间精度。方式 2 具有初值自动装入功能，省去用户软件中重装初值的语句，并可产生相当精确的定时时间，特别适于作串行口波特率发生器。

3. 方式 3

当 M1M0 = 11 时，工作于方式 3。在方式 3 下，T0 与 T1 的设置与使用不同，下面分别介绍。

1）T0 工作于方式 3

T0 被分解成两个独立的 8 位计数器 TL0 和 TH0。其逻辑结构图如图 5.24 所示。

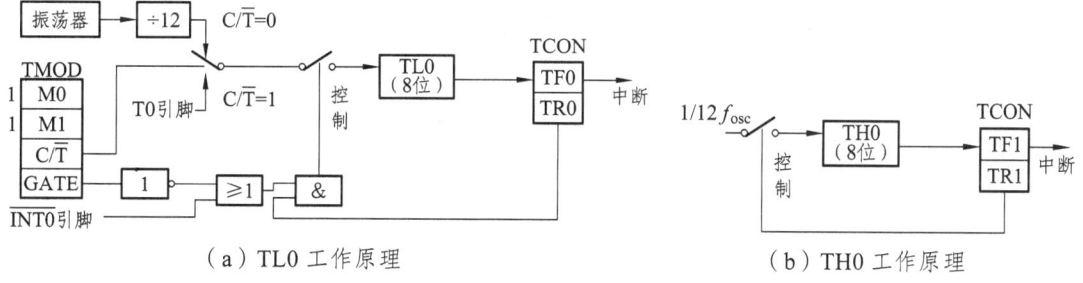

（a）TL0 工作原理　　　　　　（b）TH0 工作原理

图 5.24　T0 工作于方式 3 时的逻辑结构图

（1）TL0 既可用于定时，亦可用于计数。TL0 占用原定时器 T0 的控制位、引脚和中断源，即 $C/\overline{T}$、GATE、TR0、TF0 和 T0（P3.4）、$\overline{INT0}$（P3.2）引脚，如图 5.24（a）所示。除计数位数不同于方式 0、方式 1 外，其功能、操作与方式 0、方式 1 完全相同。其定时时间和计数长度同方式 2。

（2）TH0 仅可用于定时。TH0 占用原定时器 T1 的控制位 TF1 和 TR1，同时还占用了 T1 的中断源，其启动和关闭仅受 TR1 置 1 或清 0 控制，如图 5.24（b）所示。TH0 只能对机器周期进行计数，因此，TH0 只能用作简单的内部定时，不能用作对外部脉冲进行计数，是 T0 附加的一个 8 位定时器。其定时时间同方式 2。

2）T0 工作于方式 3 时 T1 的使用

T0 设置为方式 3 时，T1 仍可设置为方式 0、方式 1 或方式 2。由于 TR1、TF1 及 T1 的中断源已被定时器 T0 占用，此时，T1 仅由控制位 C/T̄ 切换其定时或计数功能，当计数器计满溢出时，只能将输出送往串行口，如图 5.25 所示。

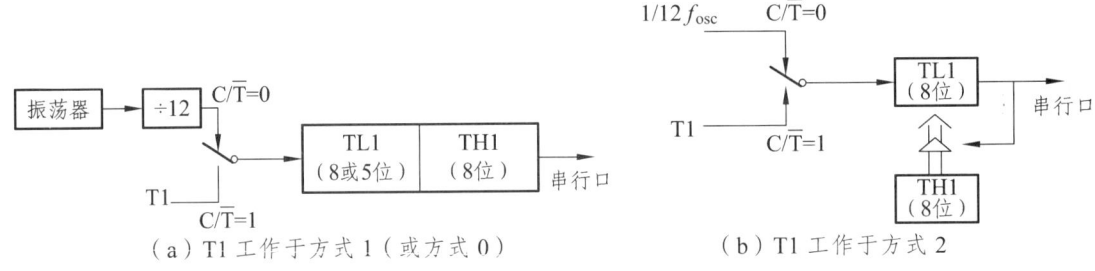

（a）T1 工作于方式 1（或方式 0）　　　　（b）T1 工作于方式 2

图 5.25　T0 工作于方式 3 时 T1 的使用

在这种情况下，T1 一般用作串行口波特率发生器或不需要中断的场合。因 T1 的 TR1 被占用，因此其启动和关闭较为特殊，当设置好工作方式时，T1 即自动开始运行，若要停止操作，只需送入一个设置 T1 为方式 3 的方式字即可。

5.3.4　定时/计数器的编程和应用

定时/计数器是单片机应用系统中的重要部件，通过下面的实例可以看出，灵活应用定时/计数器可提高编程技巧，减轻 CPU 的负担，简化外围电路。

1. 定时/计数器的初始化

因为定时/计数器的功能是由软件编程确定的，所以一般在使用定时/计数器前都要对其进行初始化。初始化步骤如下：

（1）确定工作方式——对 TMOD 赋值，确定 T0 和 T1 的工作方式。

（2）预置定时或计数的初值——直接将初值写入 TH0、TL0 或 TH1、TL1。

① 计数的初值：

$$计数初值\ X = M - N$$

式中：N 为计数值，M 为最大计数值。各种工作方式下的 M 值如下所示：

$$M = \begin{cases} 2^{13} = 8\ 192, & 方式\ 0 \\ 2^{16} = 65\ 536, & 方式\ 1 \\ 2^{8} = 256, & 方式\ 2、3 \end{cases}$$

② 定时器初值：

$$初值\ X = M - N = M - \frac{t}{T}$$

式中，t 为定时时间，M 为最大计数值，T 为计数周期，$T = 12/f_{osc}$。

例 5.11 T1 采用方式 1 定时，要求每 50 ms 溢出一次，如采用 12 MHz 晶振，则计数周期 $T = 1$ μs，计数值 $N = 50\ 000$，所以，计数初值为：$X = 65\ 536 - 50\ 000 = 15\ 536 = 3CB0H$。将 3CH、B0H 分别预置给 TH1、TL1。

```
TH1=0x3c;                // T1 的高 8 位初值
TL1=0xb0;                // T1 的低 8 位初值
```

> **小经验**
>
> 用 C51 语言编写程序时，已知计数值 N，可按下列方式装载计数初始值（$x=0$ 或 1）。
> 方式 1：　　　THx=（65536 – N）/256;　　//定时器 Tx 工作于方式 1 的高 8 位初值
> 　　　　　　　TLx=（65536 – N）%256;　　//定时器 Tx 工作于方式 1 的低 8 位初值
> 方式 2、3：　 TLx=256 – N;　　　　　　　//定时器 TLx 工作于方式 2、3 的初值
> 　　　　　　　THx=256 – N;　　　　　　　//定时器 THx 工作于方式 2、3 的初值

（3）若定时/计数器工作在中断方式，需要进行中断初始化——对 IE 寄存器赋值开启定时/计数器中断，对 IP 寄存器赋值设置中断优先级。

（4）启动定时/计数器工作——将 TR0 或 TR1 置 "1"。GATE = 0 时，直接由软件置位启动；GATE = 1 时，除软件置位外，还必须在外中断引脚处加上相应的电平值才能启动。

2. 应用 1——用定时器扩展外部中断源

AT89S51 单片机仅有两个外部中断请求输入端 $\overline{INT0}$ 和 $\overline{INT1}$，在实际应用中，若外部中断源超过两个，则需扩充外部中断源。

AT89S51 单片机有两个定时器，具有两个内部中断标志和外部计数引脚，如在某些应用中不被使用，则它们的中断可作为外部中断请求使用。方法如下：将定时/计数器设置成计数方式，计数初值可设为满量程，则它们的计数输入端 T0（P3.4）或 T1（P3.5）引脚上发生负跳变时，计数器加 1 便产生溢出中断。利用此特性，可把 T0 脚或 T1 脚作为外部中断请求输入线，而计数器的溢出中断作为外部中断请求标志。

例 5.12 将 AT89S51 单片机的定时器 T0 扩展为外部中断源。

分析：将定时器 T0 设定为方式 2（自动恢复计数初值），TH0 和 TF0 的初值均设置为 FFH，允许 T0 中断，CPU 开放中断。源程序如下：

```
//************************************************************
//程序：ex5_12.c
//功能：将定时器 T0 扩展为外部中断源
//************************************************************
#include<reg51.h>              /*包含头文件 reg51.h*/
void main()                    //主程序
{
    TMOD=0x06;                 //设置 T0 为计数、工作方式 2
    TL0=0xff;                  //计数器初值设置为满量程 FFH
```

```
        TH0=0xff;
        TR0=1;                          //启动 T0
        IE=0x82;                        //开放总中断和定时器 T0 中断
        ……                              //其他主程序
}
//***************************************************************************
//函数名：Timer0_ISR
//函数功能：T0 中断服务程序
//***************************************************************************
void Timer1_ISR() interrupt 1
{
        ……                              //中断服务程序略
}
```

当连接在 T0（P3.4）引脚的外部中断请求输入线电平发生负跳变时，TL0 加 1 后溢出，TF0 置 1，向 CPU 发出中断申请，同时，TH0 的内容自动送至 TL0 使 TL0 恢复初值 FFH。这样，T0 引脚每输入一个负跳变，TF0 都会置 1，向 CPU 请求中断，此时，T0 脚相当于边沿触发的外部中断源输入脚。同样，也可将定时器 T1 扩展为外部中断源。

3. 应用 2——定时/计数器的一般应用

1）方式 1 的应用

例 5.13 利用 AT89S51 单片机控制 8 个 LED 从上到下依次点亮，时间间隔为 1 s，要求使用单片机 T1 的方式 1 实现 1 s 延时。硬件电路如图 5.6 所示。

分析：采用 12 MHz 晶振，方式 1 最大定时时间为：

$$t_{max} = (2^{16} - T1初值) \times 振荡周期 \times 12 = (2^{16} - 0) \times \frac{1}{12 \times 10^6} \times 12 = 65.536 \text{ (ms)}$$

因此，必须采用硬件与软件结合的方式实现。可设置 T1 的定时时间为 50 ms，循环 20 次即可实现定时时间 1 s。分别采用查询方式和中断方式实现，参考程序如下：

（1）采用查询方式。

```
//***************************************************************************
//程序：ex5_13_1.c
//功能：查询方式实现间隔 1 s 的流水灯程序。8 个 LED 依次点亮，采用循环移位
//函数_crol_(m,1)实现
//***************************************************************************
#include<reg51.h>                /*包含头文件 reg51.h*/
#include <intrins.h>             /*包含函数_crol_(m,1)的头文件*/
#define uchar unsigned char
#define LED P1                   /*定义 8 个 LED 接至 P1 口*/
#define Count 50000              /* T1 方式 1 定时 50ms 的计数值*/
uchar Temp1, Temp2;
```

```c
    void Delay1s();                      //1 s 延时函数声明
    void main()                          //主程序
    {
        TMOD=0x10;                       //设置 T1 为定时器、方式 1
        LED=0xff;                        //8 个 LED 全部熄灭
        Temp1=0xfe;                      //点亮最上面的 LED
        LED=Temp1;
        while(1)
        {
            Delay1s();                   //调用 1 s 延时函数
            Temp2=_crol_(Temp1,1);       //采用_crol_(m,1)实现单只 LED 从上到下依次点亮
            Temp1=Temp2;
            LED=Temp2;
        }
    }
```
//***
//函数名：Delay1s
//函数功能：利用 T1 定时、方式 1 实现 1 s 延时，采用查询方式实现
//***
```c
    void Delay1s()
    {
        uchar i;
        for(i=0;i<0x14;i++)              //设置循环次数为 20 次
        {
            TH1=(65536-Count)/256;       // T1 的高 8 位初值
            TL1=(65536-Count)%256;       // T1 的低 8 位初值
            TR1=1;                       //启动 T1
            while(!TF1);                 //查询计数是否溢出，即定时 50 ms 时间是否到了
            TF1=0;                       //50 ms 定时时间到，将 T1 溢出标志位 TF1 清零
        }
    }
```

> **小经验**
>
> 　　如果程序使用了 C51 标准库函数，则要在程序的开头用＃include 预处理命令，将调用函数所需要的信息包含在本文件中。例如：
> 　　　#include <intrins.h>   /*包含函数_crol_（m，1）的头文件*/

（2）采用中断方式。

//***

```c
//程序：ex5_13_2.c
//功能：中断方式实现间隔 1 s 的流水灯程序。8 个 LED 依次顺序点亮，采用数组实现。
//**************************************************************************
#include<reg51.h>                          /*包含头文件 reg51.h*/
#define uchar unsigned char
#define uint unsigned int
#define LED P1                             /*定义 8 个 LED 接至 P1 口*/
#define Count 50000                        /* T1 方式 1 定时 50ms 的计数值*/
uint IntCount=0;                           //声明 IntCount 变量，用于计算 T1 中断次数
uchar LED_Position=0;                      //用于指数指示点亮的 LED 的位置
uchar Display[ ]={0xfe,0xfd,0xfb,0xf7,0xef,0xdd,0xbf,0x7f};   //LED 依次点亮的数组
void Timer1_Init();                        //T1 初始化函数声明
void main()                                //主程序
{
    Timer1_Init();                         //调用 T1 初始化函数
    TR1=1;                                 //启动 T1
    while(1);                              //等待中断
}
//**************************************************************************
//函数名：Timer1_Init
//函数功能：T1 初始化
//**************************************************************************
void Timer1_Init()
{
    IE=0x88;
    TMOD=0x10;                             //设置 T1 为定时、方式 1
    TH1=(65536-Count)/256;                 //T1 的高 8 位初值
    TL1=(65536-Count)%256;                 //T1 的低 8 位初值
}
//**************************************************************************
//函数名：Timer1_ISR
//函数功能：T1 中断服务程序
//**************************************************************************
void Timer1_ISR() interrupt 3
{
    TH1=(65536- Count)/256;                //重新设置 T1 的高 8 位初值
    TL1 = (65536- Count)%256;              //重新设置 T1 的低 8 位初值
    if(++IntCount==20)
    {
        IntCount=0;                        //中断次数达到 20 次后，将重新计中断次数
```

```
            LED=Display[LED_Position];      //显示字送 P1 口
            if(++LED_Position==8)
            {
                LED_Position=0;              //若第 8 只 LED 点亮,LED_Position 清 0
            }
        }
    }
```

> **小提示**
> （1）若要循环计数，在一次定时或计数结束后，应给 TLx、THx 重新赋值。但方式 2 除外。
> （2）如果采用查询方式，要用软件将 TFx 清 0。如果采用中断方式，则不需要，因为 TFx 可在中断响应过程中由硬件自动清 0。

2）方式 2 的应用

方式 2 是一种自动重置初值的 8 位定时/计数器，这种工作方式省去了用户在程序中重置初值的语句，因此可产生相当精确的定时时间。

例 5.14 用单片机 T0 设计一个秒表，P1 口连接 8 个 LED，采用 BCD 码格式显示 00～59，LED 亮表示 1，暗表示 0。计满 60 s 后从头开始，依此循环。硬件电路如图 5.6 所示。

分析：采用 12 MHz 晶振，方式 2 最大定时时间为：

$$t_{max} = (2^8 - T0初值) \times 振荡周期 \times 12 = (2^8 - 0) \times \frac{1}{12 \times 10^6} \times 12 = 256 \ (\mu s)$$

因此，必须采用硬件与软件结合的方式实现。可设置 T0 的定时时间为 250 μs，循环 4 000 次即可实现定时时间 1 s。参考程序如下：

```
//*******************************************************************
//程序：ex5_14.c
//功能：中断方式实现 60 s 秒表
//*******************************************************************
#include<reg51.h>                    /*包含头文件 REG51.H*/
#define uchar unsigned char
#define uint unsigned int
#define LED P1                       /*定义 8 个 LED 接至 P1 口*/
#define Count 250                    /* T0 方式 2 定时 250μs 的计数值*/
uchar Second,Temp;
uint IntCount=0;                     //声明 IntCount 变量，计算 T0 中断次数
void Timer0_Init();                  // T0 初始化函数声明
void main()                          //主程序
{
    Timer0_Init();                   //调用 T0 初始化函数
    while(1);                        //等待中断
```

```c
}
//****************************************************************
//函数名：Timer0_Init
//函数功能：T0 初始化
//****************************************************************
void Timer0_Init()
{
    IE=0x82;                //开放定时器 T0 中断
    TMOD=0x02;              //设置 T0 为定时、方式 2
    TL0=256-Count;          //设置 T0 方式 2 的初值
    TH0=256-Count;          //设置 T0 方式 2 的重装初值
    TR0=1;                  //启动 T0
}
//****************************************************************
//函数名：Timer0_ISR
//函数功能：T0 中断服务程序
//****************************************************************
void Timer0_ISR() interrupt 1
{
    if(++IntCount==4000)
    {
        IntCount=0;                         //重新计中断次数
        Second++;
        Temp=Second;
        Temp=(((Temp/10)<<4)|(Temp%10));    //将 Second 转换为 BCD 码
        LED=~Temp;                          //计数值取反后送 P1 口显示
        if(Second==60)
        {
            Second=0;
        }
    }
}
```

3）方式 3 的应用

方式 3 对于 T0 和 T1 大不相同。T0 工作在方式 3 时，T1 只能工作在方式 0、1、2。T0 被分解成两个独立的 8 位计数器 TL0 和 TH0。TL0 既可用于定时，亦可用于计数，TH0 仅可用于定时。

例 5.15 设某用户系统中已使用了两个外部中断源，并置定时器 T1 工作在模式 2，作串行口波特率发生器用。现要求再增加一个外部中断源，并由 P1.0 引脚输出一个 5 kHz 的方波。f_{osc} = 12 MHz。

分析：为了不增加其他硬件开销，可设置 T0 工作在模式 3 计数方式，将 T0 的引脚作附加的外部中断输入端,TL0 的计数初值为 FFH,当检测到 T0 引脚电平出现由 1 至 0 的负跳变时,TL0 产生溢出,申请中断。这相当于边沿触发的外部中断源。T0 在模式 3 下,TL0 作计数器用,而 TH0 可用作 8 位的定时器,定时控制 P1.0 引脚输出 5 kHz 的方波信号。TH0 的计数初值 X 的计算如下:

P1.0 的方波频率为 5 kHz,故周期 $T = 1/(5\ \text{kHz}) = 0.2\ (\text{ms}) = 200\ (\mu s)$。

用 TH0 定时 100 μs 时,$X = 256 - 100 \times 12/12 = 156$。

参考程序如下:

```c
//*****************************************************************
//程序:ex5_15.c
//功能:TL0 用作 8 位的计数器,扩展一个外部中断;TH0 用作 8 位的定时器,定时控制
//      P1.0 引脚输出 5 kHz 的方波信号。
//*****************************************************************
#include<reg51.h>              /*包含头文件 reg51.h*/
#define Count 100               /*TH0 方式 3 定时 100 μs 的计数值*/
sbit Pulse_Out=P1^0;            //方波从 P1.0 输出
void Init();                    //中断初始化函数声明
void main()                     //主程序
{
    Init();                     //调用中断初始化函数
    while(1);                   //等待中断
}
//*****************************************************************
//函数名:Init
//函数功能:中断初始化
//*****************************************************************
void Init()
{
    IE=0x9f;                    //允许所有中断开放
    IT0=1;                      //外中断 0 边沿触发
    IT1=1;                      //外中断 1 边沿触发
    TMOD=0x27;                  //T0 为方式 3,TL0 计数,TH0 定时;T1 为定时、方式 2
    TL0=0xff;                   //TL0 装入计数初值
    TH0=256-Count;              //TH0 装入定时初值
    TL1=0xxx;                   //T1 方式 2 的 8 位初值,根据波特率设置
    TH1=0xxx;                   //T1 方式 2 的 8 位重装初值
    TR0=1;                      //启动计数器 TL0
    TR1=1;                      //启动定时器 TH0
}
//*****************************************************************
//函数名:TL0_ISR
```

```
//函数功能：TL0 计数器方式实现外部中断扩展
//****************************************************************
void TL0_ISR() interrupt 1
{
    TL0=0xff;              //重新装入计数器 TL0 的初值
}
//****************************************************************
//函数名：TH0_ISR
//函数功能：定时器 TH0 中断服务程序
//****************************************************************
void TH0_ISR() interrupt 3
{
    TH0=256-Count;         //重新装入定时器 TH0 的初值
    Pulse_Out=!Pulse_Out;  //产生 5kHz 方波
}
```

串行口及外部中断 0、外部中断 1 的服务程序在此不再一一列出。

4. 应用 3——利用门控位 GATE 的作用测量 $\overline{INTx}$ 脚脉冲宽度

例 5.16 利用 T0 的门控位 GATE 测量 $\overline{INT0}$（P3.2）上输入的正脉冲宽度，并将测试结果放在单片机内部 RAM 中 20H、21H 两个单元中。

分析：当 T0 工作在定时方式，TMOD 的门控位 GATE = 1，且 TR0 = 1 时，T0 的启动和关闭受外部中断引脚 P3.2 的信号控制。利用这个特性可测量 P3.2 引脚上输入的正脉冲宽度。为此在初始化程序中使 T0 工作于方式 1，置 GATE = 1，TR0 = 1；一旦 P3.2 引脚出现高电平，T0 开始对机器周期 T_m 计数，直到 P3.2 引脚出现低电平，T0 停止计数；然后读出 T0 的计数值乘以 T_m。测试过程如图 5.26 所示。

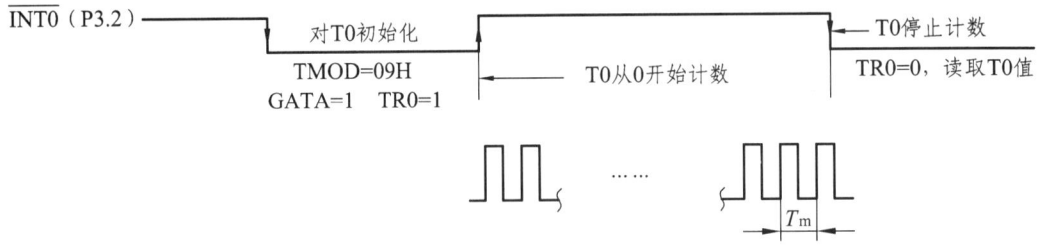

图 5.26 利用 GATE 测量正脉冲宽度

参考程序如下：

```
//****************************************************************
//程序：ex5_16.c
//功能：测量 INT0 脚脉冲宽度
//****************************************************************
#include<reg51.h>              /*包含头文件 reg51.h*/
```

```c
#define uchar unsigned char
#define uint unsigned int
sbit Pulse_In=P3^2;                    //脉冲从 P3.2 输入
uchar data Count_Hight _at_ 0x20;      //定义计数变量 Count_Hight 在内部 RAM 的 20H
uchar data Count_Low _at_ 0x21;        //定义计数变量 Count_Low 在内部 RAM 的 21H
void Timer0_Init();                    //T0 初始化函数声明
void Read_Counter();                   //读计数器函数声明
void main()                            //主程序
{
    Timer0_Init();                     //调用 T0 初始化函数
    while(Pulse_In==1);                //等待输入脉冲 P3.2 变低
    TR0=1;                             //若输入脉冲 P3.2 变低,启动 T0,但此时并未真正开始计数
    while(Pulse_In==0);                //等待输入脉冲 P3.2 变高,变高后 T0 才真正开始计数
    while(Pulse_In==1);                //等待输入脉冲 P3.2 变低
    TR0=0;                             // P3.2 变低,T0 停止计数
    Read_Counter();                    //调用读计数器函数
}
//*****************************************************************
//函数名：Timer0_Init
//函数功能：T0 初始化
//*****************************************************************
void Timer0_Init()
{
    TMOD=0x09;                         //设置 T0 为定时、方式 1,门控方式(GATE=1)
    TH0=0x00;                          //设置 T0 的初值为 0
    TL0=0x00;
}
//*****************************************************************
//函数名：Read_Counter
//函数功能：读计数器函数
//*****************************************************************
void Read_Counter()
{
    do
    {
        Count_Hight=TH0;               //读高字节
        Count_Low=TL0;                 //读低字节
    }while(Count_Hight=!TH0);          //因单片机无法在同一时刻读取 TH0、TL0,需要重复读取。
                                       //可先读 TH0,再读 TL0,然后再读 TH0。两次读取的 TH0
                                       //内容一致,则读取正确,否则重新读直到正确为止。
}
```

> **小知识**
> 可以使用关键字 _at_ 对指定的存储器空间的绝对地址进行访问,格式如下:
> [存储类型] 数据类型标识符 变量名 _at_ 地址常量

通过本节内容可知,定时/计数器既可用作定时亦可用作计数,而且其应用方式非常灵活。同时还可看出,软件定时不同于定时器定时(也称硬件定时)。软件定时是对循环体内指令机器数进行计数,定时器定时是采用加法计数器直接对机器周期进行计数。二者工作机理不同,置初值方式也不同,相比之下定时器定时在方便程度和精确程度上都高于软件定时。此外,软件定时在定时期间一直占用 CPU,而定时器定时如采用查询工作方式,一样占用 CPU,如采用中断工作方式,则在其定时期间 CPU 可处理其他指令,从而可以充分发挥定时/计数器的功能,大大提高 CPU 的效率。

5.4 串行口通信技术

AT89S51 单片机除具有 4 个 8 位并行口外,还具有串行接口。此串行接口是一个全双工串行通信接口,即能同时进行串行发送和接收数据。它可以作 UART(通用异步接收和发送器)用,也可以作同步移位寄存器用。使用串行接口可以实现 AT89S51 单片机系统之间点对点的单机通信和 AT89S51 单片机与 PC 机的通信。

5.4.1 串行通信基础

1. 串行通信与并行通信

在计算机系统中,CPU 和外部通信有两种方式:并行通信和串行通信。图 5.27 为这两种通信方式的示意图。

图 5.27 两种通信方式的示意图

并行通信,即数据的各位同时传送,它的特点是传送速度快、效率高,但占用的数据线较多,成本高,仅适用于短距离的数据传送。

串行通信,即数据一位一位顺序传送,它的特点是数据传送速度有限制,但只需要一根数据线,成本低,主要用于传送速度要求较低的场合。

2. 串行通信的传输方式

在串行通信中数据是在两个站之间进行传送的,按照数据传送方向,串行通信可分为单工（simplex）、半双工（half duplex）和全双工（full duplex）三种制式，如图 5.28 所示。

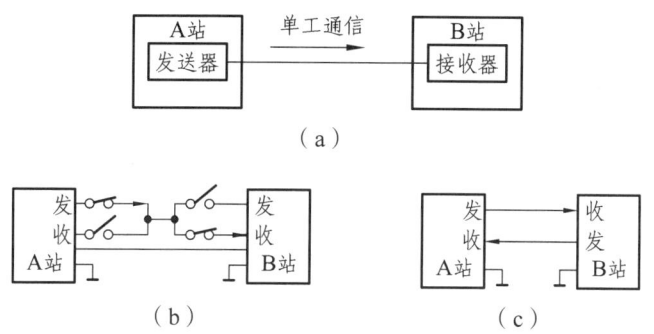

图 5.28 单工、半双工和全双工三种制式示意图

在单工制式下，通信线的一端接发送器，一端接接收器，数据只能按照一个固定的方向传送，如图 5.28（a）所示。

在半双工制式下，系统的每个通信设备都由一个发送器和一个接收器组成，如图 5.28（b）所示。在这种制式下，数据能从 A 站传送到 B 站，也可以从 B 站传送到 A 站，但是不能同时在两个方向上传送，即只能一端发送，一端接收。其收发开关一般是由软件控制的电子开关。

全双工通信系统的每端都有发送器和接收器，可以同时发送和接收，即数据可以在两个方向上同时传送，如图 5.28（c）所示。

在实际应用中，尽管多数串行通信接口电路具有全双工功能，但一般情况只工作于半双工制式下，这种用法简单、实用。

3. 串行通信的分类

按照串行数据的时钟控制方式，串行通信可分为同步通信和异步通信两类。

1）异步通信（Asynchronous Communication）

在异步通信中，数据通常是以字符为单位组成的字符帧进行传送的。字符帧由发送端一帧一帧地发送，每一帧数据是低位在前，高位在后，通过传输线被接收端一帧一帧地接收。发送端和接收端可以由各自独立的时钟来控制数据的发送和接收，这两个时钟彼此独立，互不同步。

在异步通信中，接收端是依靠字符帧格式来判断发送端是何时开始发送、何时结束发送的。字符帧格式是异步通信的一个重要指标。

字符帧（Character Frame）也叫数据帧，由起始位、数据位、奇偶校验位和停止位等四部分组成，如图 5.29（a）所示。

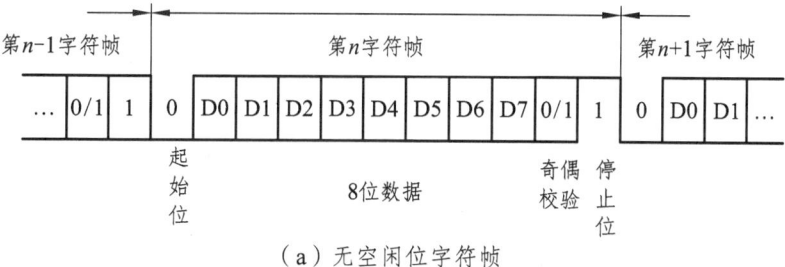

（a）无空闲位字符帧

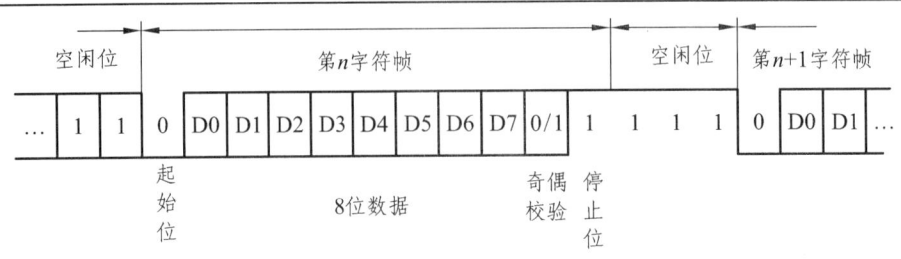

(b) 有空闲位字符帧

图 5.29 异步通信的字符帧格式

（1）起始位：位于字符帧开头，只占 1 位，为逻辑 0 低电平，用于向接收设备表示发送端开始发送一帧信息。

（2）数据位：紧跟起始位之后，用户根据情况可取 5 位、6 位、7 位或 8 位，低位在前，高位在后。

（3）奇偶校验位：位于数据位之后，仅占 1 位，用来表征串行通信中采用奇校验还是偶校验，由用户决定。

（4）停止位：位于字符帧最后，为逻辑 1 高电平。通常可取 1 位、1.5 位或 2 位，用于向接收端表示一帧字符信息已经发送完，也为发送下一帧作准备。

在串行通信中，两相邻字符帧之间可以没有空闲位，也可以有若干空闲位，这由用户来决定。图 5.29（b）表示有 3 个空闲位的字符帧格式。

2）同步通信（Synchronous Communication）

同步通信是一种连续串行传送数据的通信方式，一次通信只传输一帧信息。这里的信息帧和异步通信的字符帧不同，通常有若干个数据字符，如图 5.30 所示。图 5.30（a）所示为单同步字符帧结构，图 5.30（b）所示为双同步字符帧结构，但它们均由同步字符、数据字符和校验字符 CRC 三部分组成。在同步通信中，同步字符可采用统一的标准格式，也可由用户约定。

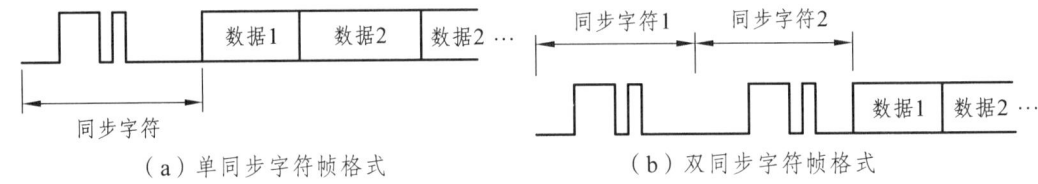

（a）单同步字符帧格式　　　　　　　　（b）双同步字符帧格式

图 5.30 同步通信的字符帧格式

3）波特率（Baud rate）

波特率，即数据传送速率，表示每秒钟传送二进制数码的位数，单位为 b/s。波特率用于表征数据传输的速度，波特率越高，数据传输速度越快。但波特率和字符的实际传输速率不同，字符的实际传输速率是每秒内所传字符帧的帧数，和字符帧格式有关。

例如，假设数据传送速率是 120 字符/s，而每个字符格式包含 10 个代码位（1 个起始位、1 个终止位、8 个数据位）。这时，传送的波特率为：

$$10 \text{ b/字符} \times 120 \text{ 字符/s} = 1\,200 \text{ b/s}$$

每一位代码的传送时间 T_d 为波特率的倒数，即

$$T_d = \frac{1\text{ b}}{1\,200\text{ b/s}} = 0.833\text{ ms}$$

通常，异步通信的波特率为 50～19 200 b/s，常用于计算机到终端机和打印机之间的通信、直通电报以及无线电通信的数据发送等。

异步通信的优点是不需要传送同步时钟，字符帧长度不受限制，故设备简单。其缺点是字符帧中因包含起始位和停止位而降低了有效数据的传输速率。

同步通信的数据传输速率较高，通常可达 56 kb/s 或更高。其缺点是要求发送时钟和接收时钟必须保持严格同步。

5.4.2 单片机串行口的结构

AT89S51 系列单片机的串行口内部结构简化示意图如图 5.31 所示。其内部有一个可编程全双工异步接收器/发送器（Universal Asynchronous Receiver/Transmitter，UART）。

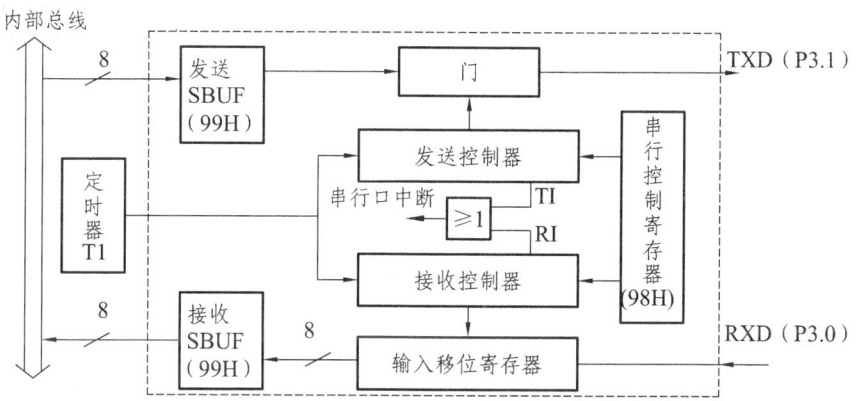

图 5.31 单片机串行口结构示意图

图中，串行口由串行接口控制电路、发送电路和接收电路三部分组成。发送电路由发送控制电路和发送缓冲器（SBUF）组成。接收电路由接收控制电路和接收缓冲器（SBUF）组成。串行口通过引脚 P3.0 和 P3.1 与外界进行通信。P3.0 是串行数据接收端 RXD，P3.1 是串行数据发送端 TXD。串行口内部有一个可编程全双工异步接收器/发送器，因此可以同时发送、接收数据，为全双工制式。与串行口有关的寄存器 SCON 和 PCON 分别控制串行口的工作方式、工作过程及比特率。

5.4.3 串行口控制字及控制寄存器

AT89S51 串行口是可编程接口，对它的初始化编程只用将两个控制字分别写入特殊功能寄存器 SCON（98H）和电源控制寄存器 PCON（87H）中即可。

1. 串行口数据缓冲器 SBUF（Serial Buffer）

SBUF 是两个在物理上独立的接收、发送寄存器，一个用于存放接收到的数据，另一个用于存放欲发送的数据，可同时发送和接收数据。两个缓冲器共用一个地址 99H，通过对 SBUF

的读、写指令来区别是对接收缓冲器还是发送缓冲器进行操作。CPU 在写 SBUF 时，就是修改发送缓冲器；读 SBUF 时，就是读接收缓冲器的内容。例如：

```
SBUF=send[i];          //发送第 i 个数据
buffer[i]=SBUF;        //接收数据
```

2. 串行口控制寄存器 SCON（Serial Control）

AT89S51 串行通信的方式选择、接收和发送控制以及串行口的状态标志等均由特殊功能寄存器 SCON 控制和指示，可以位寻址，字节地址为 98H。单片机复位时，所有位全为 0。其控制字格式如图 5.32 所示。

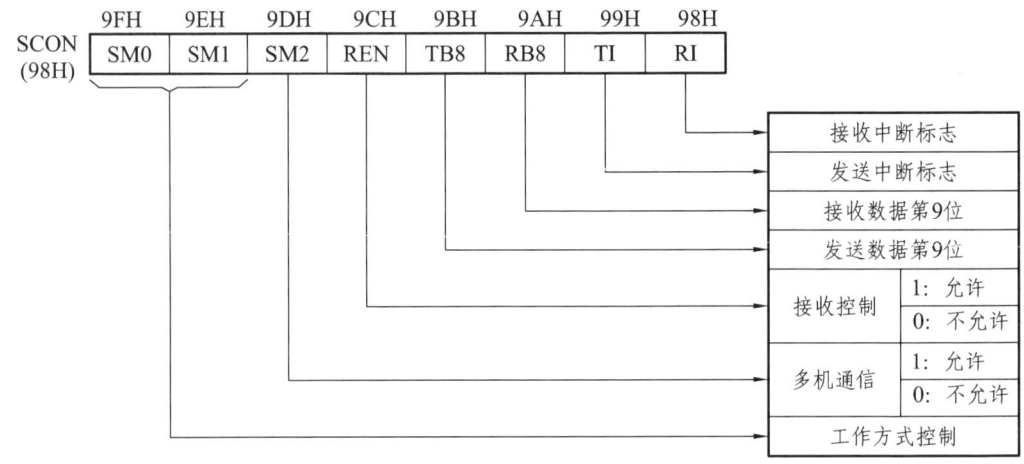

图 5.32　SCON 的各位定义

对各位的说明如下：

（1）SM0、SM1：串行方式选择位。两个选择位对应 4 种通信方式，定义如表 5.6 所示。其中，f_{osc} 是振荡频率。

表 5.6　串行口工作方式

SM0	SM1	工作方式	功能	波特率
0	0	方式 0	8 位同步移位寄存器	$f_{osc}/12$
0	1	方式 1	10 位 UART	可变
1	0	方式 2	11 位 UART	$f_{osc}/64$ 或 $f_{osc}/32$
1	1	方式 3	11 位 UART	可变

（2）SM2：多机通信控制位，常用于方式 2 和方式 3 中。

① 在方式 2 和方式 3 中，若置 SM2 = 1，则只有当接收到的第 9 位数据（RB8 中）为 1，才将接收到的前 8 位数据送入 SBUF，并置 RI = 1，产生中断请求，否则将接收的前 8 位数据丢弃。而当 SM2 = 0 时，不管接收到的第 9 位数据是 0 还是 1，都置 RI = 1，将接收到的数据装入 SBUF 中，产生中断请求。

因此，方式 2 和方式 3 可根据 SM2 这个功能，实现多个 AT89S51 应用系统的串行通信。

② 在方式 1 时，若 SM2 = 1，则只有接收到有效停止位时，RI 才置 1，以便接收下一帧数据。实际应用中，当串行口工作在方式 1 时，设置 SM2 = 0。

③ 在方式 0 时，SM2 必须是 0。

（3）REN：允许串行接收位。由软件置 1 或清 0。

REN = 1 时，允许接收；REN = 0 时，禁止接收。

在串行通信接收控制过程中，如果满足 RI = 0 和 REN = 1（允许接收）的条件，就允许接收，一帧数据就装载入接收 SBUF 中。

（4）TB8：发送数据的第 9 位（D8）装入 TB8 中。

在方式 2 和方式 3 中，该位由软件根据发送数据的需要置位或复位。该位可作奇偶校验位，也可在多机通信中作为区别地址帧或数据帧的标识位。一般约定 TB8 = 1，说明该帧数据为地址字节；TB8 = 0，说明该帧数据为数据字节。

在方式 0 或方式 1 中，该位未用。

（5）RB8：接收数据的第 9 位。

在方式 2 或方式 3 中，接收到的第 9 位数据放在 RB8 位。它或是约定的奇/偶校验位，或是约定的地址/数据标识位。在方式 2 和方式 3 多机通信中，若 SM2 = 1，如果 RB8 = 1，则说明收到的数据为地址帧。

在方式 1 中，若 SM2 = 0（即不是多机通信情况），则 RB8 中存放的是已接收到的停止位。

在方式 0 中，该位未用。

（6）TI：发送中断标志位，在一帧数据发送完时被置位。在方式 0 中，发送完 8 位数据后，由硬件置位；在其他方式中，在发送到停止位的开始时由硬件置位。因此，TI = 1 是发送完一帧数据的标志，其状态可用软件查询，也可向 CPU 申请中断。TI 置位意味着向 CPU 提供"发送缓冲器 SBUF 已空"的信息，CPU 可以准备发送下一帧数据。串行口发送中断被响应后，TI 不会自动清 0，必须由软件清 0。

（7）RI：接收中断标志位，在接收到一帧有效数据后由硬件置位。在方式 0 中，接收完 8 位数据后，由硬件置位；在其他方式中，在接收停止位的中间时由硬件置位。因此，RI = 1 是接收完一帧数据的标志，其状态可用软件查询，也可向 CPU 申请中断。RI = 1 申请中断，表示一帧数据接收结束，并已装入接收 SBUF 中，要求 CPU 取走数据。CPU 响应中断，取走数据。RI 也必须由软件清 0，清除中断申请，并准备接收下一帧数据。

串行发送中断标志 TI 和接收中断标志 RI 是同一个中断源，CPU 事先不知道是发送中断 TI 还是接收中断 RI 产生的中断请求，所以，在全双工通信时，必须由软件来判别。

例如，使单片机工作在串行通信的方式 1 下，可用以下语句：

```
SCON = 0x40;              //串行通信的工作方式 1
```

3. 电源及波特率选择寄存器 PCON（Power Control）

PCON 主要是为 CHMOS 型单片机的电源控制而设置的专用寄存器，不可以位寻址。在 HMOS 的 8051 单片机中，PCON 除了最高位以外其他位都是虚设的。其格式如图 5.33 所示。

图 5.33 PCON 的各位定义

与串行通信有关的只有 SMOD 位,为波特率选择位。在方式 1、2 和 3 中,串行通信的波特率与 SMOD 有关。当 SMOD = 1 时,通信波特率乘以 2;当 SMOD = 0 时,波特率不变。

PCON 的其他各位用于电源管理,在此不再赘述。

5.4.4 串行口的工作方式

AT89S51 的串行口有 4 种工作方式,由 SCON 中的 SM1、SM0 位来决定,如表 5.6 所示。

1. 方式 0

方式 0 为同步移位寄存器输入/输出方式,其波特率固定为 $f_{osc}/12$。方式 0 常用于扩展 I/O 口。串行数据通过 RXD(P3.0)端输入或输出(注意不仅仅是接收),同步移位脉冲由 TXD(P3.1)送出,每一个移位脉冲使 RXD 端输出或输入 1 位二进制码。图 5.34 所示为发送电路,图 5.35 所示为接收电路。

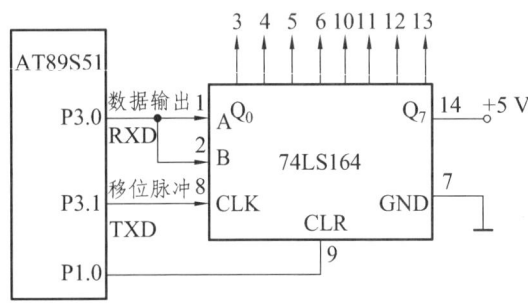

图 5.34 方式 0 用于扩展 I/O 口输出图

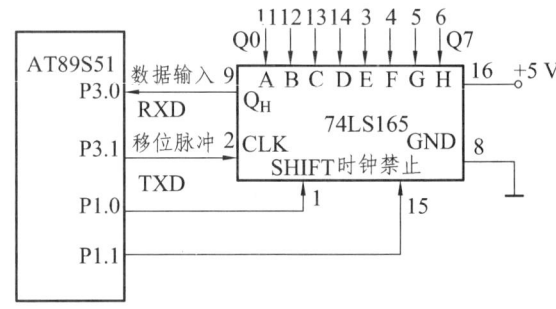

图 5.35 方式 0 用于扩展 I/O 口输入图

这种方式不适用于两个 AT89S51 之间的直接数据通信,但可以通过外接移位寄存器来实现单片机的接口扩展。例如,74LS164 可用于扩展并行输出口,74LS165 可用于扩展输入口。在这种方式下,收/发的数据为 8 位,低位在前,无起始位、奇偶校验位及停止位。

1)发 送

方式 0 发送时序如图 5.36 所示。当一个数据写入串行口发送缓冲器 SBUF 时,串行口将 8 位数据以 $f_{osc}/12$ 的波特率从 RXD 引脚输出(低位在前),发送完毕置中断标志 TI 为 1,向 CPU 申请中断。在发送下一帧信息之前,TI 必须由中断服务程序或查询程序清 0。在 TXD 脚上输出 $f_{osc}/12$ 的移位时钟提供给 74LS164 作时钟脉冲。

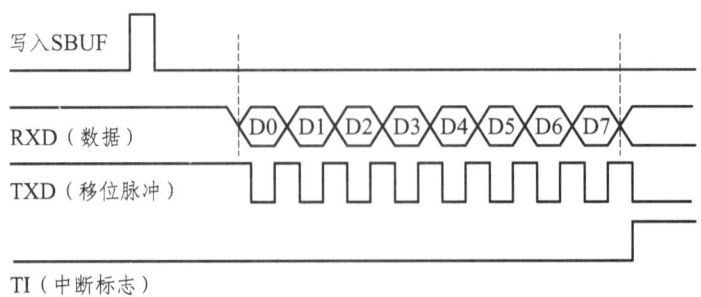

图 5.36 方式 0 用于扩展 I/O 口输出时序图

2）接　收

方式 0 接收时序如图 5.37 所示。接收时用软件置 REN = 1，在满足 RI = 0 的条件下，串行口即开始从 RXD 端以 $f_{osc}/12$ 的波特率接收信息（低位在前），同时 TXD 端输出移位脉冲。当接收完 8 位数据后，置中断标志 RI = 1，向 CPU 申请中断。在接收下一帧信息之前，RI 必须由中断服务程序或查询程序清 0。

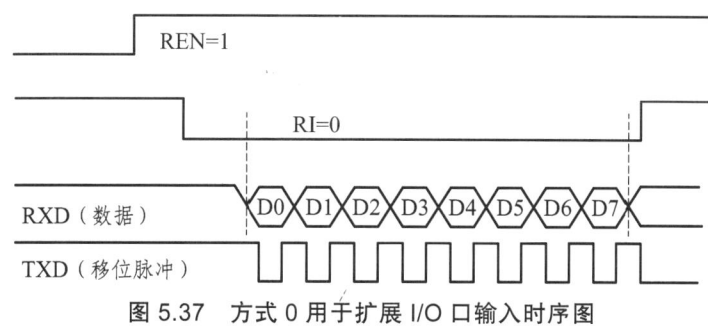

图 5.37　方式 0 用于扩展 I/O 口输入时序图

在方式 0 中，SCON 中的 TB8 和 RB8 未用，SM2 必须为 0。

2. 方式 1

方式 1 为波特率可调的 10 位通用异步接口 UART。发送时，数据从 TXD（P3.1）输出；接收时，数据从引脚 RXD（P3.0）端输入。发送或接收一帧数据，包括 1 位起始位 0，8 位数据位和 1 位停止位 1。在接收时，停止位进入 SCON 的 RB8，其帧格式如图 5.38 所示。方式 1 所传送的波特率取决于定时器 T1 的溢出率和 PCON 中的 SMOD 位，将在下一小节具体讨论。

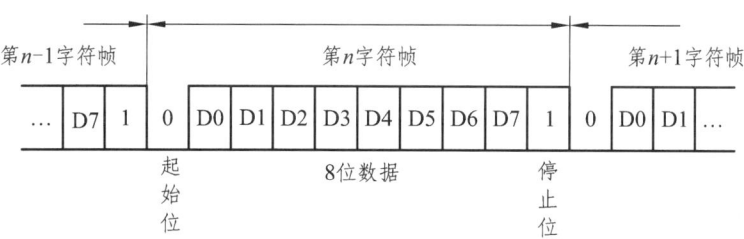

图 5.38　方式 1 的 10 位帧格式

1）发　送

方式 1 的发送时序如图 5.39 所示。当数据写入发送缓冲器 SBUF 后，就启动了串行口的发送过程。在发送时钟脉冲的作用下，从 TXD 先送出起始位，然后是 8 位数据位，最后是停止位。在发送完一帧数据后，TI 被自动置 1，向 CPU 申请中断。在发送下一帧信息之前，TI 必须由中断服务程序或查询程序清 0。

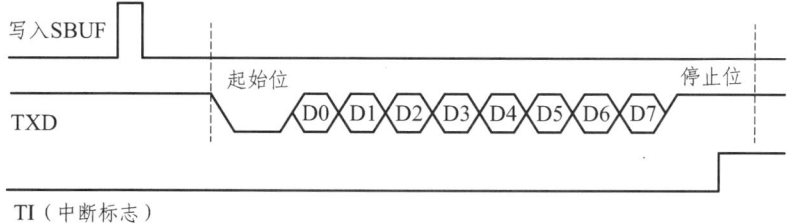

图 5.39　方式 1 发送时序图

2）接　收

方式 1 的接收时序如图 5.40 所示。接收时，用软件置 REN = 1，在满足 RI = 0 的条件下，串行口对 RXD 进行检测，当采样到 1→0 的跳变时，即确认是起始位"0"，就开始接收一帧数据，将输入的 8 位数据逐位移入内部的输入移位寄存器中。当 RI = 0 且停止位为 1 或 SM2 = 0 时，接收到的 9 位数据（含 8 位数据和 1 位停止位）的前 8 位装入接收 SBUF 中，第 9 位（是停止位）送入 SCON 中 RB8，同时置中断标志 RI = 1，向 CPU 申请中断。在接收下一帧信息之前，RI 必须由中断服务程序或查询程序清 0，否则信息将丢失。所以，方式 1 接收时，应先用软件清除 RI 或 SM2 标志。

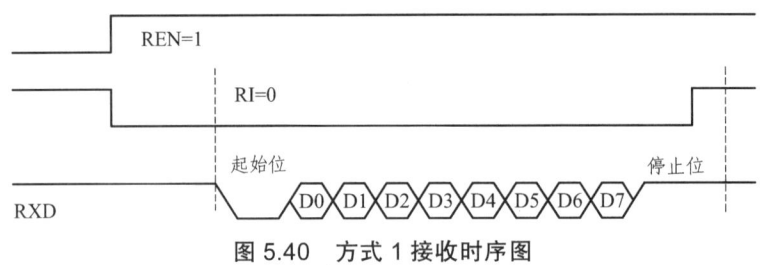

图 5.40　方式 1 接收时序图

3. 方式 2、方式 3

串行口工作在方式 2 和方式 3 均为每帧 11 位异步通信格式，两种方式操作是完全一样的，不同的只是波特率。由 TXD 和 RXD 发送或接收一帧信息，包括 1 位起始位、8 位数据位、1 位可编程的第 9 数据位和 1 位停止位。发送时，第 9 数据位（TB8）可以设置为 1 或 0，先根据通信协议由软件设置 TB8（如作奇偶校验位或地址/数据标志位）。接收时，第 9 数据位进入 SCON 的 RB8。其帧格式如图 5.41 所示。

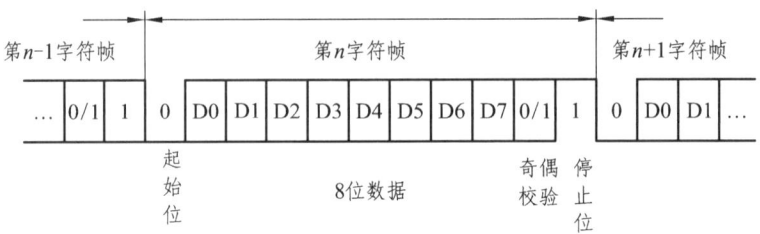

图 5.41　方式 2 和方式 3 的 11 位帧格式

1）发　送

方式 2、3 的发送时序如图 5.42 所示，发送过程类似于方式 1。不同的是串行口能将 8 位数据送入 SBUF 外，同时还能自动把 SCON 中的 TB8 取出，并装入到第 9 位数据位 D8 的位置，再逐一发送出去。

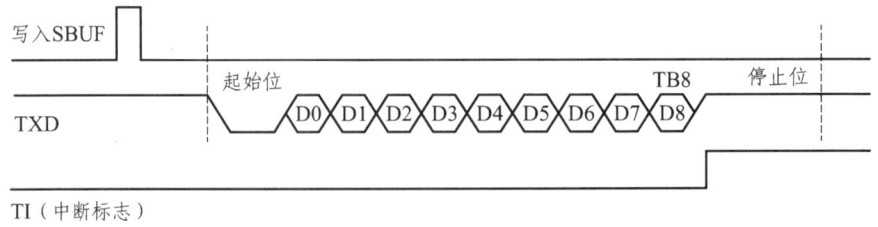

图 5.42　方式 2、3 发送时序图

2）接 收

方式 2、3 的接收时序如图 5.43 所示，接收过程类似于方式 1。不同的是方式 2、3 存在真正的第 9 位数据 D8 位，而方式 1 只是把停止位作为第 9 位数据处理。方式 2、3 接收到第 9 位数据后，若同时满足 RI = 0、SM2 = 0，或接收到的第 9 位数据为 1，则接收数据有效，前 8 位数据送入 SBUF，附加的第 9 位数据送入 SCON 中 RB8，同时置中断标志 RI = 1，向 CPU 申请中断。

图 5.43 方式 2、3 接收时序图

5.4.5 串行口的波特率

在串行通信中，收发双方对传送数据的速率即波特率要有一定的约定。通过上一小节的论述，我们已经知道，AT89S51 单片机的串行口通过编程可以有 4 种工作方式。其中方式 0 和方式 2 的波特率是固定的；方式 1 和方式 3 的波特率可变，由定时器 T1 的溢出率决定。下面分别加以分析。

1. 方式 0 和方式 2

在方式 0 中，波特率固定不变，为时钟频率的 1/12，即

$$方式0的波特率 = f_{osc}/12$$

在方式 2 中，波特率取决于 PCON 中的 SMOD 值：当 SMOD = 0 时，波特率为 $f_{osc}/64$；当 SMOD = 1 时，波特率为 $f_{osc}/32$。即

$$方式2的波特率 = \frac{(1+\text{SMOD})}{64} \cdot f_{osc}$$

2. 方式 1 和方式 3

在方式 1 和方式 3 中，波特率由定时器 T1 的溢出率和 SMOD 共同决定。即

$$方式1和方式3的波特率 = \frac{(1+\text{SMOD})}{32} \cdot T1溢出率$$

其中，T1 的溢出率取决于单片机定时器 T1 的计数速率和定时器的预置值。计数速率与 TMOD 寄存器中的 C/$\overline{\text{T}}$ 位有关：当 C/$\overline{\text{T}}$ = 0 时，计数速率为 $f_{osc}/12$；当 C/$\overline{\text{T}}$ = 1 时，计数速率为外部输入时钟频率。

实际上，当定时器 T1 作为波特率发生器使用时，通常是工作在方式 2，即自动重装载的 8 位定时器，此时 TL1 作计数器用，自动重装载的值在 TH1 内。设计数的预置值（初始值）为 X，那么每过 $256 - X$ 个机器周期，定时器溢出一次。为了避免溢出而产生不必要的中断，此时应禁止 T1 中断。

$$T1\text{溢出周期} = \frac{12}{f_{osc}} \times (256-X)$$

溢出率为溢出周期的倒数,所以

$$\text{方式1和方式3的波特率} = \frac{(1+\text{SMOD})}{32} \times \frac{f_{osc}}{12\times(256-X)}$$

例 5.17 AT89S51 单片机时钟振荡频率为 11.059 2 MHz,选用 T1(工作于方式 2)作为波特率发生器,波特率为 2 400 b/s,求初值。

解:设置波特率控制位(SMOD) = 0,由波特率计算公式可得:

$$X = 256 - \frac{(1+\text{SMOD})\times f_{osc}}{384\times\text{波特率}} = 256 - \frac{(1+0)\times 11.059\,2\times 10^6}{384\times 2\,400} = 244 = \text{F4H}$$

所以,(TH1) = (TL1) = F4H。串行口初始化程序如下:

```
TMOD=0x20;            //T1 工作于方式 2
TL1=0xf4;             //初值设置,波特率为 2400 b/s
TH1=0xf4;
TR1=1;
```

表 5.7 列出了各种常用的波特率及获得办法。

表 5.7 定时器 T1 产生的常用波特率

波特率	f_{osc}(MHz)	SMOD	定时器 T1		
			C/$\overline{\text{T}}$	模式	初始值
方式 0: 1 MHz	12	×	×	×	×
方式 2: 375 kb/s	12	1	×	×	×
方式 1、3: 62.5 kb/s	12	1	0	2	FFH
19.2 kb/s	11.059 2	1	0	2	FDH
9 600 b/s	11.059 2	0	0	2	FDH
4 800 b/s	11.059 2	0	0	2	FAH
2 400 b/s	11.059 2	0	0	2	F4H
1 200 b/s	11.059 2	0	0	2	E8H
137.5 b/s	11.986	0	0	2	1DH
110 b/s	6	0	0	2	72H
110 b/s	12	0	0	1	FEEBH

小经验

系统晶体振荡频率选为 11.059 2 MHz 就是为了使初值为整数,从而产生精确的波特率。如果串行通信选用很低的波特率,则可将定时器 T1 置于模式 0 或模式 1,即 13 位或 16 位定时方式;但在这种情况下,T1 溢出时,须用中断服务程序重装初值。中断响应时间和执行指令时间会使波特率产生一定的误差,可用改变初值的办法加以调整。

5.4.6 单片机串行口的应用程序设计

1. 串行口的应用程序设计要点

1）串行口的初始化

串行口初始化的具体步骤如下：

（1）确定定时器 T1 工作方式——写 TMOD。

（2）选择合适的波特率，要求接收、发送单片机应采用相同的波特率——计算定时器 T1 的初值，并装入 TH1、TL1。

（3）启动定时器 T1，使其产生溢出脉冲，产生所需要的波特率——写 TCON。

（4）确定串口的工作方式及接收允许——写 SCON。

（5）若串行口采用中断控制，还应开中断——写 IE 寄存器。

注意：将 T1 作为波特率发生器使用时，为了避免计数溢出而产生不必要的中断，使 IE 寄存器中的 ET1 = 0，不允许 T1 产生中断。

2）串行口程序编写

可根据要求编写串口程序，注意以下两点：

（1）在发送程序中，采用中断方式或查询方式得到 TI 置位后，紧接着是发送语句。同理，在接收程序中，采用中断方式或查询方式得到 RI 置位后，紧接着是接收 SBUF 语句。示例如下：

```
SBUF=P1;            //发送 1 个数据到 P1 口
P0=SBUF;            //接收 1 个数据到 P0 口
```

（2）无论是中断方式还是查询方式，程序中都要有清除中断标志 TI、RI 的指令。在中断方式中，应在进入中断服务程序后清除中断标志；在查询方式中，得到 TI 或 RI 置位后随即清除中断标志。

2. 应用举例

1）应用 1——串行口扩展 I/O 端口

AT89S51 单片机串行口基本上是异步通信接口，但在方式 0 时是同步操作。外接串入-并出或并入-串出器件，可实现 I/O 的扩展。串行口方式 0 的数据传送可以采用中断方式，也可以采用查询方式。无论哪种方式，都要借助于 TI 或 RI 标志。

在串行口发送时，或者靠 TI 置位后引起中断申请，在中断服务程序中发送下一组数据；或者通过查询 TI 的值，只要 TI 为 0 就继续查询，直到 TI 为 1 后结束查询，开始下一个字符的发送。在串行口接收时，由 RI 引起中断或对 RI 查询来决定何时接收下一个字符。无论采用什么方式，在开始串行通信前，都要先对 SCON 寄存器初始化，进行工作方式的设置。在方式 0 中，SCON 寄存器的初始化只是简单地把 00H 送入 SCON。

例 5.18 用 AT89S51 串行口外接串入-并出移位寄存器 74LS164 扩展 8 位并行口。8 位并行口的每位都接一个 LED，要求 LED 从左到右以一定延迟轮流显示，并不断循环。设 LED 为共阴极接法，如图 5.44 所示。

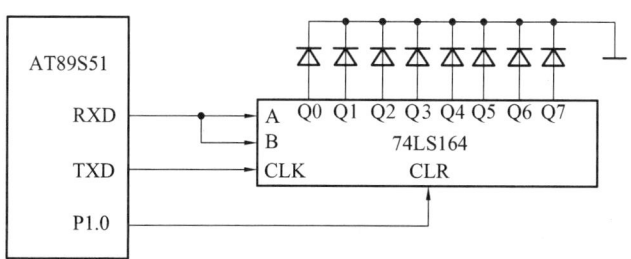

图 5.44 串入-并出电路图

分析：串行数据由 RXD 发送给串并转换芯片 74LS164，TXD 则用于输出移位时钟脉冲。74LS164 将串行输入的 1 字节转换为并行数据，并将转换的数据通过 8 只 LED 显示出来。本例中串口工作于方式 0，即移位寄存器 I/O 模式。设数据串行发送采用查询方式，显示的延迟通过调用延迟程序 DelayMS 来实现。程序清单如下：

```c
//********************************************************************
//程序：ex5_18.c
//功能：串行数据转换为并行数据
//********************************************************************
#include<reg51.h>
#include <intrins.h>              /*包含函数_crol_(m,1)的头文件*/
#define uchar unsigned char
#define uint unsigned int
sbit CLR=P1^0;                    //片选端接单片机 P1.0
void DelayMS(uint x);             //延时函数声明
void main()                       //主程序
{
    uchar Temp=0x01;
    CLR=1;                        //允许串行移位
    SCON=0x00;                    //串口方式 0，即移位寄存器输入/输出方式
    while(1)
    {
        SBUF=Temp;                //向 SBUF 写入一个数据，启动发送
        while(TI==0);             //等待发送结束
        TI=0;                     //发送结束，TI 清 0
        Temp=_crol_(Temp,1);      //发送数据左移一位
        DelayMS(400);             //延时函数调用
    }
}
void DelayMS(uint x)              //延时函数，见例 5.1，此处略
```

用方式 0 加上并入-串出移位寄存器可扩展一个 8 位并行输入口。移位寄存器必须带有预置/移位的控制端，由单片机的一个输出端子加以控制，以实现先由 8 位输入口置数到移位寄存器，然后再串行移位从单片机的串行口输入到接收缓冲器，最后再读入到 CPU 中。

例 5.19 用 ATAT89S51 串行口外加移位寄存器 74LS165 扩展 8 位输入口，单片机的 P2.1 接 74LS165 的移位/装载（SH/$\overline{LD}$）数据控制端，输入数据由 8 个开关提供，并将数据显示在 P1 口所接的 8 个 LED 上。另有一个开关 S 提供联络信号，当 S = 0 时，表示要求输入数据，如图 5.45 所示（图中省略了 P1 口所接的 8 个 LED，可参考图 5.6）。

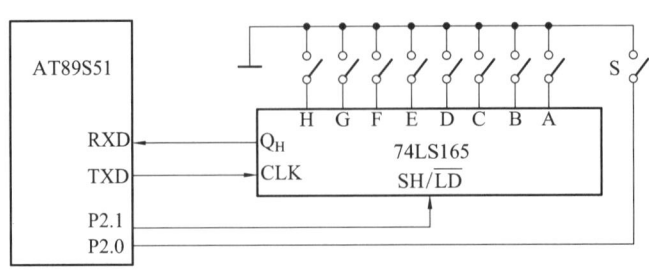

图 5.45 并入-串出电路

分析：串行口工作于方式 0 的接收要用 SCON 寄存器中的 REN 位作为开关来控制。因此，初始化时，除了设置工作方式外，还要使 REN 位为 1，其余各位仍然为 0。对 RI 采用查询方式来编写程序，当然，先要查询开关 S 是否闭合。程序清单如下：

```c
//************************************************************
//程序：ex5_19.c
//功能：并行数据转换为串行数据
//说明：切换连接到并串转换芯片 74LS165 的拨码开关，该芯片将并行数据以串行方式发送到
// AT89S51 的 RXD 引脚，移位脉冲由 TXD 提供，显示在 P1 口上。
//************************************************************
#include<reg51.h>
#define uint unsigned int
#define LED P1                  /*定义 8 个 LED 接至 P1 口*/
sbit Read=P2^0;                 /* P2.0 为判断是否读的引脚*/
sbit SPL=P2^1;                  /* P2.1 接移位/装载(SH/LD)数据控制端*/
void DelayMS(uint x);           //延时函数声明
void main()                     //主程序
{
    while(1)
    {
        SCON=0x10;              //串行口工作在方式 0，REN=1，允许串口接收
        if(Read==0)
        {
            SPL=0;              //SH/LD 引脚低电平，74LS164 加载(load) 8 位并行数据
            if(SPL==0) ;        //延长 SH/LD 低电平
            if(SPL==0) ;        //延长 SH/LD 低电平
            SPL=1;              //移位(shift)，并口输入被封锁，串行转换开始
            while(RI==0);       //未接收完 1 字节时等待
            RI=0;               //接收完成，RI 置 0
            LED=SBUF;           //接收到的数据显示在 P1 口的 LED 上，指示拨码开关的值
            DelayMS(20);
        }
    }
}
void DelayMS(uint x)            //延时函数，见例 5.1，此处略
```

2）应用 2——AT89S51 单片机双机通信

两个单片机之间的通信称为点对点通信。利用 AT89S51 单片机的串行口可以实现两个 AT89S51 单片机间的串行异步通信。

（1）通信协议。单片机进行双机通信时，要想保证通信成功，通信双方要设定好通信协议。所谓通信协议就是通信双方的一系列约定，是对数据格式、传递步骤、传输速度、检纠错方式

以及控制字符等做出的统一规定。通信双方必须遵守这些规定，才能顺利地进行通信。就单片机应用系统来说，一般是指发送端和接收端应采用相同的工作方式，设定相同的数据格式，使用相同的波特率，定义好相关的控制字符。

（2）波特率设置。在串行通信中，一个重要的指标是波特率，它反映了串行通信的速率，也反映了对传输通道的要求。波特率越高，要求传输通道的频带越宽。一般异步通信的波特率为 50～9 600 b/s。由于异步通信双方各用自己的时钟源，要保证捕捉到的信号正确，最好采用较高频率的时钟。一般选择时钟频率比波特率高 16 倍或 64 倍。若时钟频率等于波特率，则频率稍有偏差便会产生接收错误。

在异步通信中，收、发双方必须事先规定两件事：一是字符格式，即规定字符各部分所占的位数、是否采用校验以及校验的方式等；二是采用的波特率以及时钟频率和波特率的比例关系。

（3）双机通信硬件电路。如果两个 AT89S51 单片机系统距离较近，就可以将它们的串行口直接相连，实现双机通信，如图 5.46 所示。

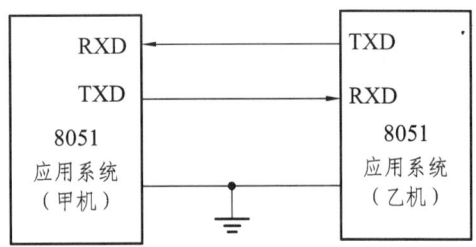

图 5.46 双机异步通信接口电路

（4）双机通信软件编程。对于双机异步通信的程序通常采用两种方法：查询方式和中断方式。下面通过程序示例介绍这两种方法。

例 5.20 用两个 AT89S51 单片机进行串行通信，甲机的 P1 口接 8 个按钮开关，乙机的 P1 口接 8 个 LED。用 8 个按钮开关控制 8 个 LED 的亮灭，即按下某一按钮，对应的 LED 点亮。硬件电路如图 5.47 所示。

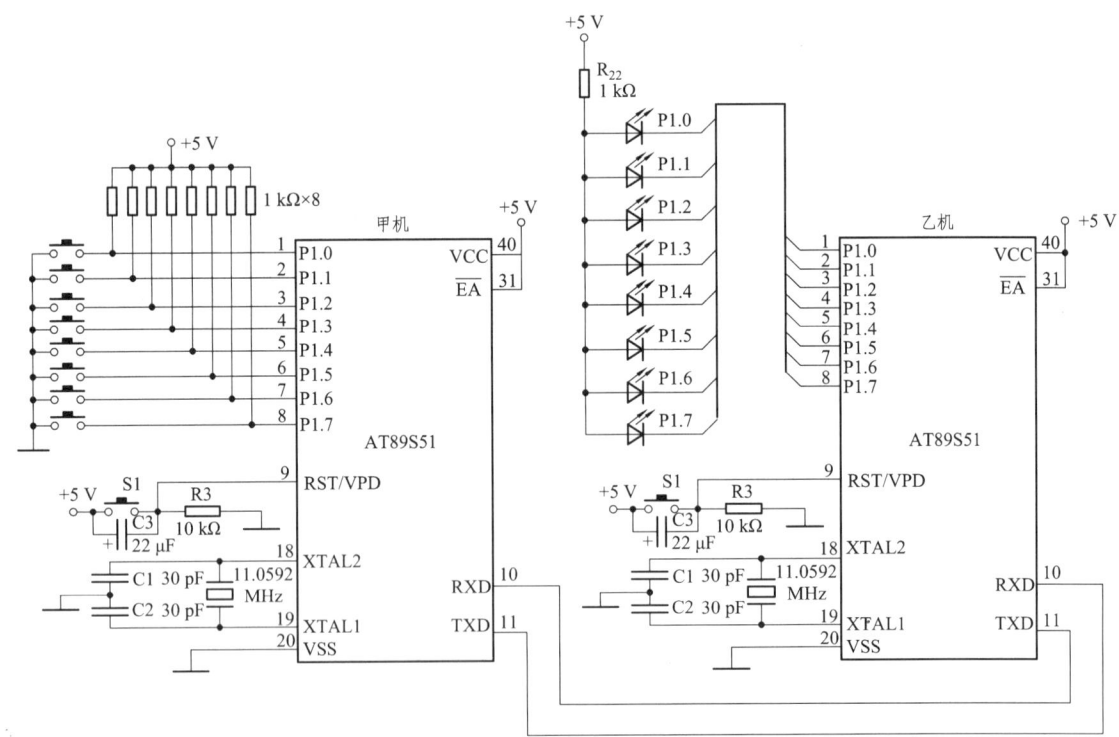

图 5.47 双机异步通信接口电路

C51 源程序代码如下：
① 查询方式：甲机发送。

```c
//************************************************************************
//程序：ex5_20_1.c
//功能：甲机发送程序，查询方式，晶振频率为11.059 2 MHz，串行口工作于方式1，波特率为9 600 b/s
//************************************************************************
#include<reg51.h>
#define Key P1              /*定义8个按键接至 P1 口*/
void UART_Init();           //串行口初始化函数声明
void UART_Transmit();       //串行口数据发送函数声明
void main()                 //主函数
{
    UART_Init();            //串行口初始化
    Key=0xff;               //P1 口作为输入口，必须先置全 1
    while(1)
    {
        UART_Transmit();    //串行口数据发送
    }
}
//************************************************************************
//函数名：UART_Init
//函数功能：串行口初始化
//************************************************************************
void UART_Init()
{
    TMOD|=0x20;             //设置 T1 为定时、方式 2
    TH1=0xfd;               //设置 T1 初值，使串口波特率为 9600 b/s
    TL1=0xfd;
    SCON=0x50;              //设置串行口工作方式1，允许接收
    PCON=0x00;
    TR1=1;                  //启动定时器
}
//************************************************************************
//函数名：UART_Transmit
//函数功能：串行口数据发送
//************************************************************************
void UART_Transmit()
{
    SBUF=Key;               //把 P1 口的状态发送给乙机
    while(!TI);             //查询发送是否完毕
    TI=0;                   //发送完毕，TI 由软件清 0
}
```

② 查询方式：乙机接收。

在进行双机通信时，收发两机应采用相同的工作方式和波特率。

```c
//**************************************************************
//程序：ex5_20_2.c
//功能：乙机接收程序，查询方式，晶振频率为11.059 2 MHz，串行口工作于方式1，波特率为9 600 b/s
//**************************************************************
#include<reg51.h>
#define LED P1                /*定义8个LED接至P1口*/
void UART_Init();             //串行口初始化函数声明
void UART_Receive();          //串行口接收发送函数声明
void main()                   //主函数
{
    UART_Init();              //串行口初始化
    LED=0xff;                 //P1口 LED全灭
    while(1)
    {
        UART_Receive();       //串行口数据接收
    }
}
void UART_Init()              //串行口初始化函数，与ex5_20_1.c相同，引处略
//**************************************************************
//函数名：UART_Receive
//函数功能：串行口数据接收
//**************************************************************
void UART_Receive()
{
    while(!RI);               //查询等待接收
    RI=0;                     //接收完毕，RI由软件清0
    LED=SBUF;                 //根据甲机P1口的状态点亮发光二极管
}
```

小经验

（1）在双机通信程序设计中，甲机和乙机的通信波特率和工作方式设置必须一致。

（2）在上面的程序中，发送和接收程序均采用查询方式，发送数据时查询TI标志位，接收数据时查询RI标志位，查询完毕后，均由软件清0。

---

③ 中断方式。

在很多应用中，双机通信的接收方一般采用中断的方式来接收数据，以提高CPU的工作效率；发送方仍然采用查询方式发送。采用中断方式的接收程序如下。

```c
//**************************************************************
//程序：ex5_20_3.c
//功能：乙机接收程序，中断方式，晶振频率为11.059 2 MHz，串行口工作于方式1，波特率为9 600 b/s
//**************************************************************
#include<reg51.h>
#define LED P1                    /*定义8个LED接至P1口*/
void UART_Init();
void main()                       //主函数
{
    UART_Init();                  //串行口初始化
    LED=0xff;                     //P1口LED全灭
    while(1);
}
//**************************************************************
//函数名：UART_Init
//函数功能：串行口初始化
//**************************************************************
void UART_Init()
{
    TMOD|=0x20;                   //设置T1为定时、方式2
    TH1=0xfd;                     //设置T1初值，使串口波特率为9600 b/s
    TL1=0xfd;
    TR1=1;
    SCON=0x50;                    //设置串行口工作方式1，允许接收
    IE|=0x90;                     //开总中断允许位，开串行口中断
}
//**************************************************************
//函数名：UART_ISR
//函数功能：串行口中断接收函数
//**************************************************************
void UART_ISR() interrupt 4       //串口中断服务程序，中断类型号为4
{
    EA=0;                         //关中断
    RI=0;                         //软件清除中断标志位
    LED=SBUF;                     //根据甲机P1口的状态点亮发光二极管
    EA=1;                         //开中断
}
```

> **小经验**
>
> 例 5.20 中分别采用了查询方式和中断方式,由例可知,在不影响 CPU 效率的情况下,采用查询方式时程序更容易编写。但在双机通信中,由于接收端无法知道发送端开始发送的准确时间,如果采用查询方式让接收端的 CPU 在发送端还未开始发送时就去查询本机 RI 的状态,会浪费 CPU 很多时间,因此接收端一般采用中断方式。
>
> 而发送端则不同,整个发送过程是由发送端执行一条写 SBUF 的指令来启动的,这样 CPU 完全可以采用查询方式来判断一帧数据是否发送结束,CPU 等待的时间就是发送一帧数据所需要的时间,对效率没有多大影响。

3)应用 3——多机通信

AT89S51 单片机串行口的方式 2 和方式 3 有一个专门的应用领域,即多机通信。这一功能通常采用主从式多机通信方式。在这种方式中,有一台主机和多台从机。主机发送的信息可以传送到各个从机或指定的从机,各从机发送的信息只能被主机接收,从机与从机之间不能进行通信。图 5.48 是多机通信的一种连接示意图。

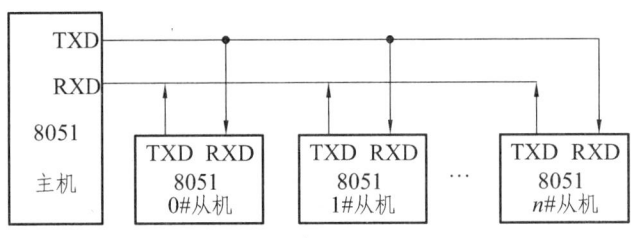

图 5.48 多机通信连接示意图

多机通信的实现,主要依靠主、从机之间正确地设置与判断 SM2 和发送或接收的第 9 位数据来(TB8 或 RB8)完成。我们首先将上述二者的作用总结如下:

在单片机串行口以方式 2 或方式 3 接收时,若 SM2 = 1,表示置多机通信功能位。这时有两种情况:(1)接收到第 9 位数据为 1,此时数据装入 SBUF,并置 RI = 1,向 CPU 发中断请求;(2)接收到第 9 位数据为 0,此时不产生中断,信息将被丢弃,不能接收。若 SM2 = 0,则接收到的第 9 位信息无论是 1 还是 0,都产生 RI = 1 的中断标志,接收的数据装入 SBUF。根据这个功能,就可以实现多机通信。

在编程前,首先要给各从机定义地址编号,如分别为 00H、01H、02H 等。在主机想发送一个数据块给某个从机时,它必须先送出一个地址字节,以辨认从机。编程实现多机通信的过程如下:

(1)主机发送一帧地址信息,与所需的从机联络。主机应置 TB8 为 1,表示发送的是地址帧。例如:

```
SCON = 0xd8;        //设串行口为方式 3,TB8=1,允许接收。
```

(2)所有从机初始化设置 SM2 = 1,处于准备接收一帧地址信息的状态。例如:

```
SCON = 0xf0;        //设串行口为方式 3,SM2=1,允许接收。
```

(3)各从机接收到地址信息,因为 RB8 = 1,则置中断标志 RI。中断后,首先判断主机送过来的地址信息与自己的地址是否相符。对于地址相符的从机,置 SM2 = 0,以接收主机随后发来的所有信息。对于地址不相符的从机，保持 SM2 = 1 的状态，对主机随后发来的信息不予处理，直到发送新的一帧地址信息。

（4）主机发送控制指令和数据信息给被寻址的从机。其中主机置 TB8 为 0，表示发送的是数据或控制指令。对于没选中的从机，因为 SM2 = 1，RB8 = 0，所以不会产生中断，对主机发送的信息不接收。

对于多机通信的程序代码，本书将不再列出，有兴趣的读者可自行编写。

5.4.7 串行通信总线标准及其接口

在单片机应用系统中，数据通信主要采用异步串行通信。在设计通信接口时，必须根据需要选择标准接口，并考虑传输介质、电平转换等问题。采用标准接口后，能够方便地把单片机和外设、测量仪器等连接起来，从而构成一个测控系统。例如，当需要单片机和 PC 机通信时，通常采用 RS-232 接口进行电平转换。

1. RS-232C 接口标准

RS-232C 是使用最早、应用最多的一种异步串行通信总线标准。它是美国电子工业协会（EIA）1962 年公布、1969 年最后修订而成的。其中 RS 表示 Recommended Standard，232 是该标准的标识号，C 表示最后一次修订。

RS-232C 主要用来定义计算机系统的一些数据终端设备（DTE）和数据电路终接设备（DCE）之间的电气性能。例如 CRT、打印机与 CPU 的通信大都采用 RS-232C 接口，AT89S51 单片机与 PC 机的通信也是采用该种类型的接口。由于 AT89S51 系列单片机本身有一个全双工的串行接口，因此该系列单片机用 RS-232C 串行接口总线非常方便。

RS-232C 串行接口总线适用于：设备之间的通信距离不大于 15 m，传输速率最大为 20 kb/s。

RS-232C 标准总线为 25 根，可采用标准的 DB-25 和 DB-9 的 D 型插头。目前计算机上只保留了 DB-9 插头，各引脚定义如表 5.8 所示，各引脚的排列如图 5.49 所示。

表 5.8 DB-9 连接器引脚定义

引脚	名称	功能	引脚	名称	功能
1	DCD	载波检测	6	DSR	数据准备完成
2	RXD	接收数据	7	RTS	发送请求
3	TXD	发送数据	8	CTS	发送清除
4	DTR	数据终端准备完成	9	RI	振铃指示
5	SG(GND)	信号地线			

在最简单的全双工系统中，仅用发送数据、接收数据和信号地三根线即可。对于 AT89S51 单片机，利用其 RXD（串行数据接收端）线、TXD（串行数据发送端）线和一根地线，就可以构成符合 RS-232C 接口标准的全双工通信口。

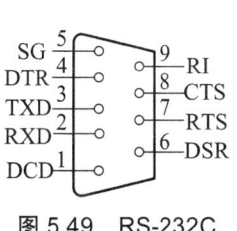

图 5.49 RS-232C 引脚图

2. RS-232C 信息格式标准

RS-232C 采用串行格式，如图 5.29 所示。该标准规定：信息的开始为起始位,信息的结束为停止位;信息本身可以是 5、6、7、8 位再加一位奇偶位。如果两个信息之间无信息,则写"1",表示空。

3. RS-232C 电平转换器

RS-232C 规定了自己的电气标准。由于它是在 TTL 电路之前研制的,所以它的电平不是 +5 V 和地,而是采用负逻辑,即

逻辑"0": +5 V ~ +15 V

逻辑"1": -5 V ~ -15 V

因此,RS-232C 不能和 TTL 电平直接相连,使用时必须进行电平转换,否则将使 TTL 电路烧坏,实际应用时必须注意。常用的电平转换集成电路有 MAX232。图 5.50 为 MAX232 的引脚图。一片 MAX232 可以完成 4 路转换,其中 2 路将 TTL 电平转换为 RS-232 电平,另 2 路将 RS-232 电平转换为 TTL 电平,如图 5.51 所示。

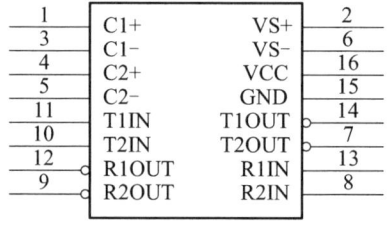

图 5.50 MAX232 引脚图

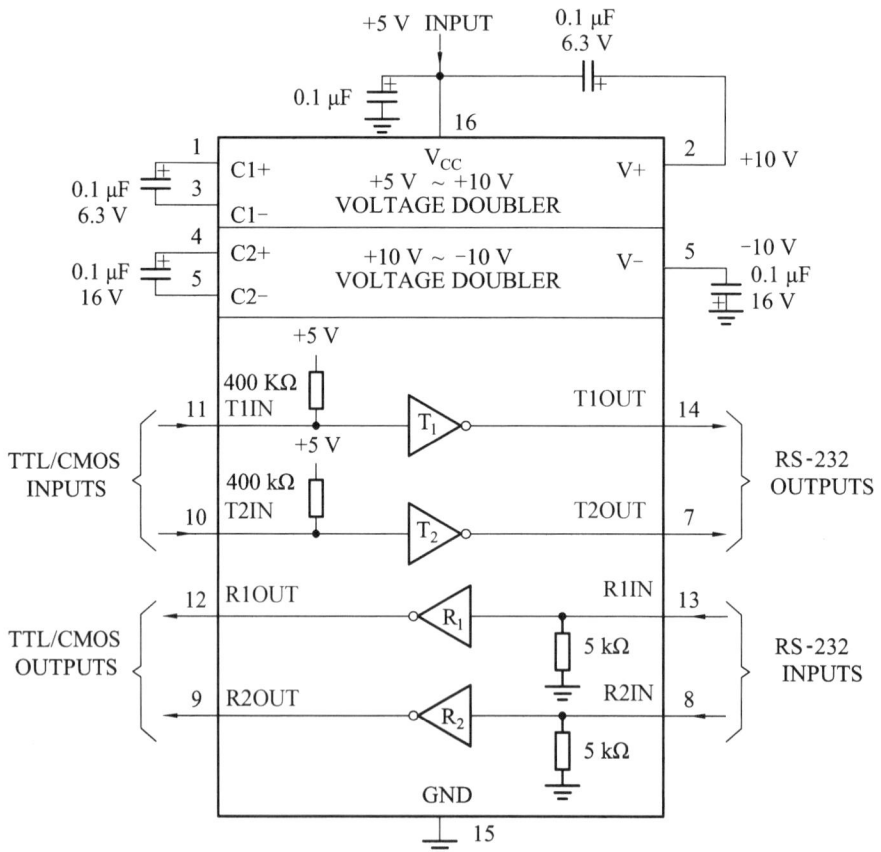

图 5.51 MAX232 典型工作电路图

4. PC 机和单片机之间的通信

在数据处理和过程控制应用领域,通常需要一台 PC 机,由它来管理一台或若干台以单片机为核心的智能测量控制仪表。这时,就需要实现 PC 机和单片机之间的通信。

1）接口设计

PC 机和单片机最简单的连接是零调制三线经济型。这是进行全双工通信所必需的最少线路。因为 AT89S51 单片机输入、输出电平为 TTL 电平，而 PC 机配置的是 RS-232C 标准接口，二者的电气规范不同，所以要加电平转换电路。常用的有 MC1488、MC1489 和 MAX232。图 5.52 给出了采用 MAX232 芯片的 PC 机和单片机串行通信接口电路，与 PC 机相连采用 9 芯标准插座。

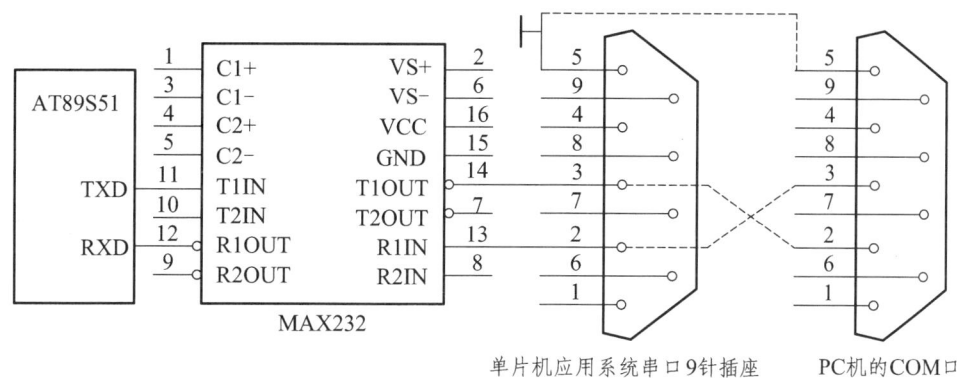

图 5.52　PC 机和单片机串行通信接口

2）软件编程

AT89S51 单片机与 PC 机的串行通信程序包括以下两部分。

（1）AT89S51 单片机的串行口通信程序：可以用 C51 语言来编程。因为 PC 机采用了标准比特率，因此单片机通信程序中的比特率也要选择标准比特率，如可以选择 1 200 b/s。一般选择信息格式为 8 个数据位、1 个起始位、1 个停止位。奇偶校验位可根据要求选择。根据信息格式，可以设定单片机串行口的工作方式。

（2）PC 机的通信软件：PC 机的通信程序要在 PC 机上编译和运行，可以用 Turbo C 语言，也可以用 VC、VB 高级语言来编写。如在 VB 中可以很方便地使用 Mscomm.vbx 通信控件来实现单片机和 PC 机的通信。在 Mscomm.vbx 通信控件的属性设置中，要选择与单片机方面相同的比特率、数据格式。例如：

　　　　Mscomm1.settings="1200,n8,1"

就可以选择比特率 1 200 b/s，8 个数据位，1 个停止位。

当然也可以采用一种更简单实用的方法：在 PC 机中安装"串口调试助手"应用软件，只要设置好波特率就可以直接使用，用户无须再编写通信程序。

知识梳理与总结

（1）AT89S51 单片机有四个并行 I/O 口，均可作为通用 I/O 口使用。同时 P0 口还能在系统扩展外部存储器时用作低 8 位地址总线和数据总线。P2 口还能在系统扩展外部存储器时用作高 8 位地址总线。P3 口还可以作为第二功能使用。P1~P3 口作为输出口使用时，无须再外接上拉电阻。但 P0 口作为输出口使用时，由于 T1 截止，输出电路是漏极开路电路，所以必须外接上拉电阻。当 P0~P3 口作为通用 I/O 口的输入口使用时，应区分读引脚和读端口。读引脚时，必须先向锁存器写入"1"，以避免锁存器为"0"状态时对引脚读入的干扰。

（2）中断是单片机中的一个重要概念。中断是指当机器正在执行程序的过程中，一旦遇到某些异常情况或特殊请求时，暂停正在执行的程序，转入必要的处理（中断服务子程序），处理完毕后，再返回到原来被停止程序的间断处（断点）继续执行。引起中断的事情称为中断源。AT89S51 单片机提供了 5 个中断源：$\overline{INT0}$、$\overline{INT1}$、T0、T1 和串行口。中断请求的优先级由用户编程和内部优先级共同确定。中断编程包括中断入口地址设置、中断源优先级设置、中断开放或关闭、中断服务子程序等。

（3）AT89S51 单片机内部有两个可编程定时/计数器 T0 和 T1。每个定时/计数器有 4 种工作方式：方式 0～方式 3。方式 0 是 13 位的定时/计数器。方式 1 是 16 位的定时/计数器。方式 2 是初值重载的 8 位定时/计数器。方式 3 只适用于 T0，将 T0 分为两个独立的定时/计数器，同时 T1 可以作为串行接口波特率发生器。不同位数的定时/计数器其最大计数值也不同。

对于定时/计数器的编程包括设置方式寄存器、初值及控制寄存器（可位寻址）。初值由定时时间及定时/计数器的位数决定。

（4）AT89S51 单片机内部具有一个全双工的异步串行通信 I/O 口，该串行口的波特率和帧格式可以编程设定。串行口有四种工作方式：方式 0、1、2、3。帧格式有 10 位、11 位。方式 0 和方式 2 的传送波特率是固定的。方式 1 和方式 3 的波特率是可变的，由定时器的溢出率决定。单片机与单片机之间以及单片机与 PC 机之间都可以进行通信。异步通信的程序通常采用两种方法：查询法和中断法。

习题 5

5.1 单项选择题

（1）AT89S51 单片机中，P0 口的作用是_____。
    A. 只用作 I/O 口
    B. 可用作 I/O 口，还作为地址总线的低 8 位
    C. 可用作 I/O 口，还作为地址总线的低 8 位和数据总线
    D. 可用作 I/O 口，还作为地址总线的高 8 位和数据总线

（2）访问外部存储器或其他接口芯片时，用作数据线和低 8 位地址线的是_____，用作高 8 位地址线的是_____。
    A. P0 口，P1 口   B. P1 口，P2 口
    C. P2 口，P3 口   D. P0 口，P2 口

（3）AT89S51 单片机的 4 个并行 I/O 口 P0～P3 均可作为通用 I/O 口使用，在输出数据时，必须外接上拉电阻的是_____。
    A. P0 口   B. P1 口
    C. P2 口   D. P3 口 P2 口

（4）AT89S51 单片机提供了_____个中断，其中有_____个外部中断。
    A. 5，3   B. 6，3
    C. 5，2   D. 6，3

（5）在 Keil C 中，中断服务程序与函数的不同在于_____。
    A. 中断服务程序不必声明   B. 函数不必声明

C. 中断服务程序必须有自变量传入　　D. 中断服务程序一定会有自变量传入
（6）当外部中断 0 发出中断请求后，中断响应的条件是_____。
　　　A. IE = 0x61;　　　　　　　　　B. IE = 0x81;
　　　C. T0 = 1;　　　　　　　　　　 D. EX0 = 1;
（7）利用下列_____关键字可以改变工作寄存器组。
　　　A. interrupt　　　　　　　　　 B. sfr
　　　C. while　　　　　　　　　　　 D. using
（8）若 AT89S51 单片机的 T1 用作计数方式，工作于方式 2，则初始化编程为_____。
　　　A. TMOD = 0x06;　　　　　　　 B. TMOD = 0x02;
　　　C. TMOD = 0x60;　　　　　　　 D. TCON = 0x20;
（9）定时/计数器工作方式 1 是（　　　）。
　　　A. 8 位计数器结构　　　　　　　B. 2 个 8 位计数器结构
　　　C. 13 位计数结构　　　　　　　 D. 16 位计数结构
（10）启动 T0 开始计数是使 TCON 的_____。
　　　A. TF0 = 1;　　　　　　　　　　B. TR0 = 0;
　　　C. TR0 = 1;　　　　　　　　　　D. TR1 = 1;
（11）AT89S51 系列单片机的定时器 T0 用作定时方式时，是_____。
　　　A. 对内部时钟频率计数，一个机器周期加 1
　　　B. 对内部时钟频率计数，一个时钟周期加 1
　　　C. 对外部时钟频率计数，一个机器周期加 1
　　　D. 对外部时钟频率计数，一个时钟周期加 1
（12）AT89S51 系列单片机的串行口是_____。
　　　C. 单工　　　　B. 全双工　　　 C. 半双工　　　　　D. 并行口
（13）在 AT89S51 单片机中，若通过串行口输出数据，只要将数据放入_____中。
　　　A. TMOD　　　　　　　　　　　 B. PCON
　　　C. SBUF　　　　　　　　　　　 D. SCON
（14）AT89S51 单片机的串行口的发送和接收数据端为_____。
　　　A. TI 和 RI　　　　　　　　　　B. REN
　　　C. TXD 和 RXD　　　　　　　　 D. TB8 和 RB8
（15）当采用中断方式进行串行数据的发送时，发送完一帧数据后，TI 标志要_____。
　　　A. 硬件清 0　　　　　　　　　　B. 软件清 0
　　　C. 自动清 0　　　　　　　　　　D. 软、硬件均可
（16）串行口工作在方式 1 时，其波特率_____。
　　　A. 取决于 PCON 中的 SMOD 位
　　　B. 取决于时钟频率
　　　C. 取决于 PCON 中的 SMOD 位和定时器 1 的溢出率
　　　D. 取决于定时器 1 的溢出率
（17）当设置串行口工作方式为方式 3 时，采用语句_____。
　　　A. SCON = 0xe0;　　　　　　　　B. PCON = 0x80;
　　　C. SCON = 0xc0;　　　　　　　　D. PCON = 0x10;

（18）芯片 MAX232 的作用是_____。
  A. 完成 TTL 和 232 电平的转换 B. 提高口线的驱动电流
  C. A/D 转换器件 D. 提高串行口的驱动能力

5.2 问答题

（1）并行 I/O 口读引脚和读锁存器有什么区别？为什么要区分？
（2）为什么 P0～P3 口作为输入使用时，要先向 P0～P3 口写 1？
（3）什么叫中断？中断有什么特点？
（4）AT89S51 单片机有哪几个中断源？如何设定它们的优先级？
（5）外部中断有哪两种触发方式？对触发脉冲或电平有什么要求？如何选择和设定？
（6）中断函数的定义形式是怎样的？
（7）AT89S51 单片机定时/计数器的定时功能和计数功能有什么不同？分别应用于什么场合？
（8）软件定时与硬件定时的原理有何异同？
（9）AT89S51 单片机的定时/计数器是增 1 计数器还是减 1 计数器？增 1 和减 1 计数器在计数和计算计数初值时有什么不同？
（10）若定时/计数器工作于方式 1，晶振频率为 6 MHz，请计算最短定时时间和最长定时时间。
（11）简述 AT89S51 单片机定时/计数器的 4 种工作方式的特点，以及如何选择和设定。
（12）什么是串行异步通信？有哪几种帧格式？
（13）若串行异步通信中，每个字符由 11 位组成，串行口每秒传送 250 个字符，则波特率为多少？
（14）定时器 T1 作串行口波特率发生器时，为什么采用方式 2？
（15）AT89S51 单片机时钟振荡频率为 11.059 2 MHz，选用定时器 T1 工作方式 2 作为波特率发生器，波特率为 4 800 b/s，求定时器 T1 的初值。

5.3 编程题

（1）AT89S51 单片机 P1 口接 8 个 LED，参考图 5.6。表 5.9 给出了 8 个 LED 的 4 种状态，●表示灭，○表示亮。利用单片机控制 8 个 LED 按状态 1→状态 2→状态 3→状态 4→状态 1→……依次点亮，每个状态间延时 0.5 s，循环 5 次。用软件延时，试编程实现。

表 5.9 LED 发光二极管的状态表

P1 口引脚	P1.7	P1.6	P1.5	P1.4	P1.3	P1.2	P1.1	P1.0
对应灯的状态 1	●	●	●	○	○	●	●	●
对应灯的状态 2	●	●	○	●	●	○	●	●
对应灯的状态 3	●	○	●	●	●	●	○	●
对应灯的状态 4	○	●	●	●	●	●	●	○

（2）AT89S51 单片机的时钟振荡频率为 12 MHz，选用定时器 T1 实现从 P1.1 产生周期为 2 s 的方波，试分别用查询方式和中断方式编程实现。
（3）用定时器查询方式和中断方式分别实现编程题（1）中的延时，试编程实现。

（4）AT89S51 单片机时钟振荡频率为 12 MHz，选用定时器 T0 实现从 P1.1 产生高电平脉冲宽度为 10 ms、低电平脉冲宽度为 20 ms 的矩形波，试编程实现。

（5）用 AT89S51 单片机制作一个模拟航标灯，灯接在 P1.0 上，在 $\overline{\text{INT0}}$（P3.2）引脚上接光敏器件，使它具有以下功能：① 白天航标灯熄灭，夜间航标灯间歇发光，亮 2 s，灭 2 s；② 将 $\overline{\text{INT0}}$（P3.2）引脚上的信号作为门控信号，启动定时器。

（6）编程实现甲、乙两个单片机的点对点通信，甲机每隔 1 s 发送一次 AAH，乙机接收后在 LED 上显示出来。

（7）设计并编程，完成单片机的双机通信程序，将甲机片内 RAM 单元 30H~3FH 的数据块通过串行口传送到乙机片内 RAM 的 20H~2FH 单元。

（8）将 PC 机键盘输入数据发送给单片机，单片机收到数据后，回送一个相同数据给 PC 机，并在显示器上显示出来。当显示器上显示的数据与所键入的数据相同，说明二者之间的通信正常。试编程实现。

第6章 单片机常用接口电路设计

本章主要介绍单片机系统与外部设备的接口电路，例如 LED、LCD、A/D、D/A 等一些常用外设的接口电路。

【教学导航】

教 学		
	知识重点	1. LED 显示接口； 2. LCD 液晶显示和接口； 3. 矩阵式按键接口； 4. ADC0809 的功能及应用； 5. DAC0832 的功能及应用
	知识难点	1. LED 动态显示接口； 2. LCD 液晶显示和接口； 3. 矩阵式按键接口； 4. ADC0809 的工作过程； 5. DAC0832 的双缓冲方式
	推荐教学方式	从工作任务入手，让学生逐步熟悉各种显示器件和键盘的工作原理、接口，以及 A/D 和 D/A 转换器的应用和编程方法
	建议学时	8~12 学时
学	推荐学习方法	1. 从简单任务入手。学习数码管接口时可以先接 1 个数码管再扩展到多个数码管。 2. 类比法。LED 数码管的动态显示和 LED 点阵显示屏的显示原理相似，可以比较学习。 3. 先通过任务制作，了解数模（D/A）之间的转换现象及结果。收集训练过程中出现的问题及疑问，从而引入理论知识，最后再回到任务中，之前的问题便迎刃而解
	必须掌握的理论知识	1. LED 动态显示接口； 2. LCD 液晶显示和接口； 3. 矩阵式按键接口； 4. ADC0809 与单片机之间的硬件连接及软件编程； 5. DAC0832 与单片机之间的硬件连接及软件编程
	必须掌握的技能	简单显示器件和键盘接口的应用，A/D 和 D/A 转换器的应用

6.1 显示器接口原理及应用

在单片机应用系统中，显示器是最常用的输出设备。常用的显示器有：数码管（LED）、液晶显示器（LCD）和荧光屏显示器。其中以数码管显示最为便宜，而且它的配置灵活，与单片机接口简单，广泛应用于单片机系统中。

6.1.1 LED 显示器

1. 结构及显示原理

LED 显示器是单片机应用系统中常用的显示器件。它是由若干个发光二极管组成的，当发光二极管导通时，相应的一个点或一个笔画发光。控制不同组合二极管导通，就能显示出各种字符，如表 6.1 所示。常用的 LED 显示器是 7 段数码管，这种显示器有共阳极和共阴极两种。如图 6.1 所示，共阴极数码管公共端接地，共阳极数码管公共端接电源。每段发光二极管需要 5~10 mA 的驱动电流才能正常发光，一般需加限流电阻控制电流的大小。

表 6.1 7 段数码管字形码

显示字符	共阴字码	共阳字码	显示字符	共阴字码	共阳字码
0	0x3F	0xC0	C	0x39	0xC6
1	0x06	0xF9	D	0x5E	0xA1
2	0x5B	0xA4	E	0x79	0x86
3	0x4F	0xB0	F	0x71	0x8E
4	0x66	0x99	H	0x76	0x89
5	0x6D	0x92	L	0x38	0xC7
6	0x7D	0x82	P	0x73	0x8C
7	0x07	0xF8	R	0x31	0xCE
8	0x7F	0x80	U	0x3E	0xC1
9	0x6F	0x90	-	0x40	0xBF
A	0x77	0x88	.	0x80	0x7F
B	0x7C	0x83	熄灭	0x00	0xFF

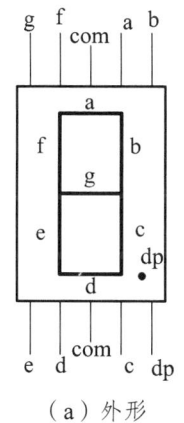 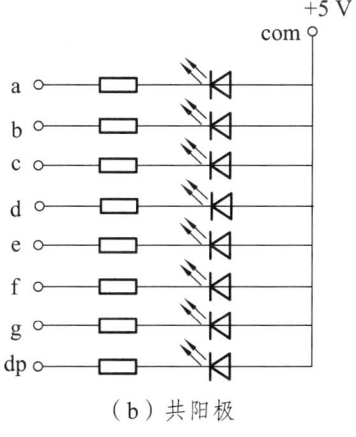 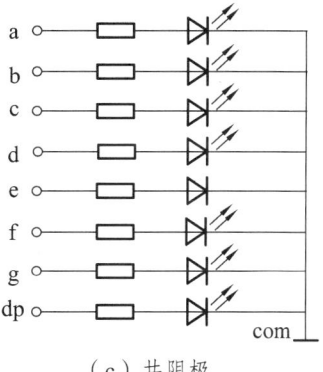

（a）外形　　　　　（b）共阳极　　　　　（c）共阴极

图 6.1 7 段数码管结构图

> **小问答**
>
> 问：对于同一个字符，共阳极和共阴极的字型编码之间有什么关系？
>
> 答：从表 6.1 中可以看出，当显示字符"1"时，共阳极的字型码为 0xF9，而共阴极的字型码为 0x06，所以对于同一个字符，共阴和共阳码的关系为取反。
>
> 问：如何判断数码管的结构是共阳极还是共阴极？如何用万用表测试数码管的极性及好坏？
>
> 答：根据图 6.1，通过判断任意段与公共端连接的二极管的极性就可以判断出是共阳极还是共阴极数码管。假设数码管是共阳极的，那么将万用表的表内电源正极（黑表笔）与数码管的 com 端相接，然后用万用表的表内电源负极（红表笔）逐个接触数码管的各段，数码管的各段将逐个点亮，则数码管是共阳极的；如果数码管的段均不亮，则说明数码管是共阴极的。也可将万用表的红、黑表笔交换连接后测试。如果数码管只有部分段点亮，而另一部分不亮，说明数码管已经损坏。

2. 应用举例

数码管的显示方法可以分为两种，即静态显示和动态显示。

1）静态显示

静态显示就是当要显示某个数字时，通过给数码管的数据引脚设置相应的高低电平即可实现显示相应数据。例如：有一个共阴的数码管，只要给它的 abcdef 脚提供高电平，g 脚提供低电平即可显示数字 0。这种显示方法电路简单，程序也十分简洁。但是这种显示方法占用的 I/O 端口较多，当显示的位数在一位以上，一般都不采用这种显示方法。

例如，一个 2 位静态显示电路，如图 6.2 所示。由于显示器中各位相互独立，而且各位的

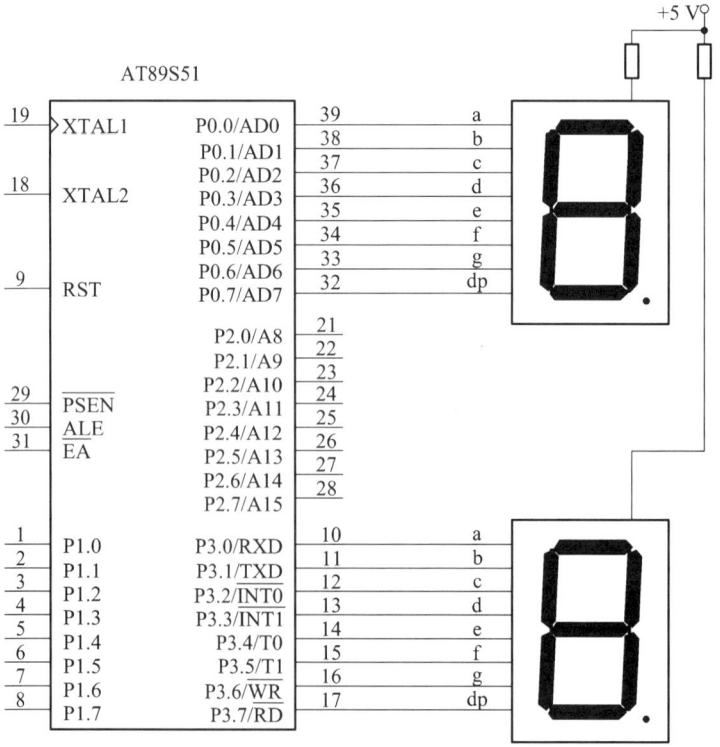

图 6.2　2 位数码管静态显示电路

显示字符完全取决于对应口的输出数据,如果数据不改变那么显示器的显示亮度将不会受影响,所以静态显示器的亮度都较高。但是从图 6.2 中可以看出它需要 2 个 8 位的数据总线。这对于单片机来说占用了较多的 I/O 端口。所以显示位数过多时,就不会采用静态显示这种办法。

2)LED 动态显示

所谓动态显示,就是将要显示的数按顺序在各个数码管上一位一位地显示,它利用人眼的视觉暂留效应使人感觉到这些数不是一位一位显示的,而是一起显示的。2 位数码管动态显示的电路如图 6.3 所示,它将每个显示器的段代码连在一起,所以同样显示的是 2 位,但是动态显示的段代码数据线却只要 8 根。各位数码管的公共端,也称为"位选端",由 P2.0、P2.1 控制。动态显示时,数码管的数目还可以再扩展。

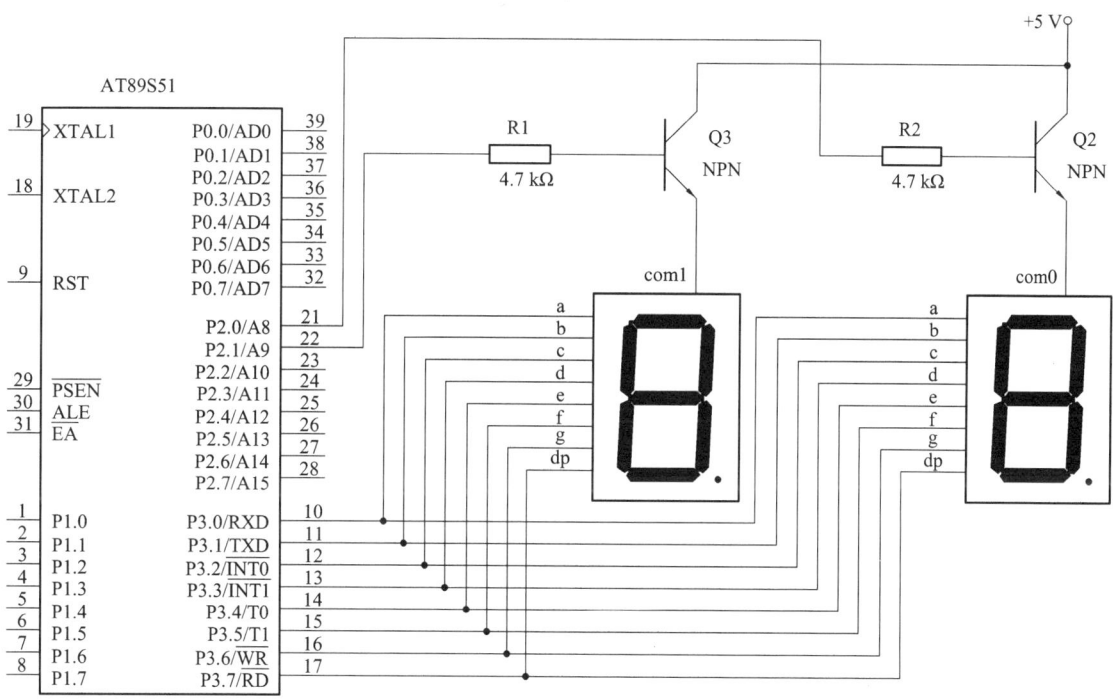

图 6.3 2 位数码管动态显示电路

例 6.1 编制 2 个数码管上稳定显示 "01" 2 个字符的动态显示程序。

2 位数码管动态显示 "01" 的程序如下:

```
//********************************************************************
//程序: ex6_1.c
//功能: 2 位 LED 数码管动态扫描显示
//********************************************************************
#include <reg51.h>              /*包含头文件 REG51.H*/
sbit COM0=P2^0;                 //定义 P2.0 引脚位名称为 COM0 位选端
sbit COM1=P2^1;                 //定义 P2.1 引脚位名称为 COM1 位选端
unsigned char const LED[]=
{0xc0,0xf9,0xa4,0xb0,0x99,0x92,0x82,0xf8,0x80,0x90};        //0~9 共阳极字形码表
```

```c
//*************************************************************
//函数名：Delay
//函数功能：软件延时函数
//形式参数：unsigned int cnt
//*************************************************************
void Delay(unsigned int cnt)
{
    while(--cnt);
}
//*************************************************************
//函数名：main
//函数功能：主函数
//*************************************************************
main()
{
    while(1)
    {
        P3=LED[0];        //显示字符码码表值送 P3
        COM0=1;           //选中个位
        Delay(1000);      //延时
        COM0=0;           //关闭个位
        P3=LED[1];        //显示字符码码表值送 P3
        COM1=1;           //选中十位
        Delay(1000);      //延时
        COM1=0;           //关闭十位
    }
}
```

> **小问答**
>
> 问：在 LED 数码管动态显示程序中，如果把延时 50 ms 函数修改为延时 1 s，LED 数码管显示会有什么变化？为什么？
>
> 答：2 个数码管上轮流显示"0"、"1"，间隔时间为 1 s，不能稳定显示。
>
> 由于人的眼睛存在"视觉驻留效应"，必须保证每位数码管显示间断的时间间隔小于眼睛的驻留时间，才可以给人一种稳定显示的视觉效果。如果延时时间太长，每位数码管闪动频率太慢，就不能产生稳定显示效果。

6.1.2 LED 点阵显示屏

1. LED 点阵显示屏概述

LED 点阵显示屏是通过 PC 机将要显示的汉字字模提取出来，发给单片机，然后显示在点阵屏上。它主要适用于室内外汉字显示。

LED 点阵显示屏按照显示的内容可以分为图文显示屏、图像显示屏和视频显示屏。与图像显示屏相比，图文显示屏的特点在于无论是单色还是彩色显示屏，都没有颜色上的灰度差别，因此图文显示屏体现不出色彩的丰富性。而视频显示屏不仅能够显示运动、清晰和全彩色的图像，还能够播放电视和计算机信号。虽然这三者有一些区别，但它们最基础的显示控制原理都是相同的。

2. LED 点阵显示屏结构及原理

LED 点阵显示屏是把很多 LED 发光管按矩阵方式排列在一起，通过对每一个 LED 进行发光控制，来完成各种字符或图形显示的。最常见的 LED 点阵显示模块有 5×7（5 列 7 行）、7×9（7 列 9 行）、8×8（8 列 8 行）结构。

LED 点阵由一个一个的点（LED 发光管）组成，总点数为行数与列数的积，引脚数为行数与列数之和。

以 8×8 的 LED 点阵屏为例，其内部等效电路如图 6.4 所示。它由 8 列 8 行共 64 个 LED 构成，对外有 16 个引脚，其中列线 8 根（Col0 ~ Col7），行线 8 根（Row0 ~ Row7）。

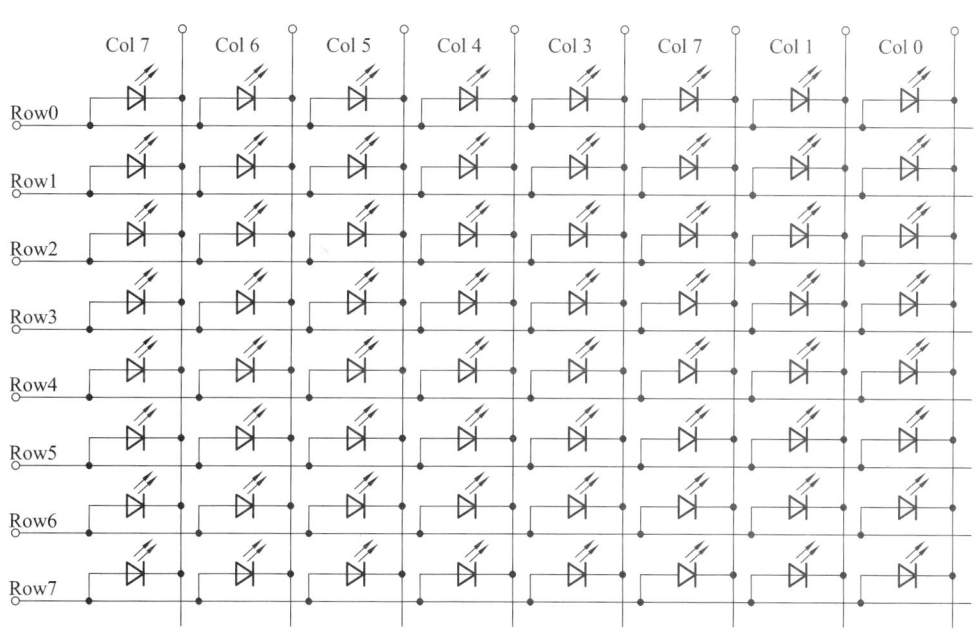

图 6.4　LED 点阵屏内部等效电路

从图 6.4 可以知道，要点亮跨接在某行某列上的发光管，要在对应的行线输出高电平，对应的列线输出低电平。如果在短时间内依次点亮多个发光管，就可以看到多个发光管稳定地点亮，从而可以用这种动态的方式来显示数字、字母和其他图形符号。例如，需要显示"本"字，8×8 LED 点阵需要点亮的位置和编码数据如图 6.5 所示。

点阵的显示过程是先给第 0 行送高电平，然后给第 8 列送 11101111，延时 2 ms；再给

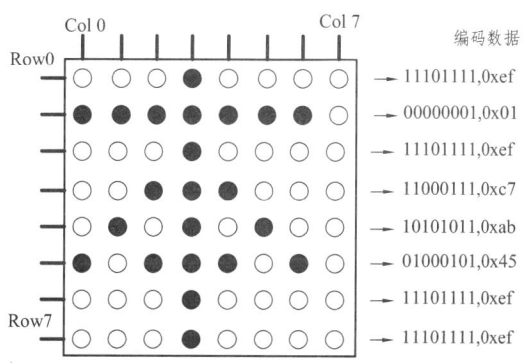

图 6.5　"本"字 8×8 LED 点阵编码示意图

第1行送高电平,然后给8列送00000001,延时2 ms;……直到最后一行,不断循环。

3. LED 点阵屏与单片机的接口

以单片机控制一个 8×8 的 LED 点阵屏为例,需要用到两个并行端口,一个端口控制行线,一个端口控制列线,如图 6.6 所示。

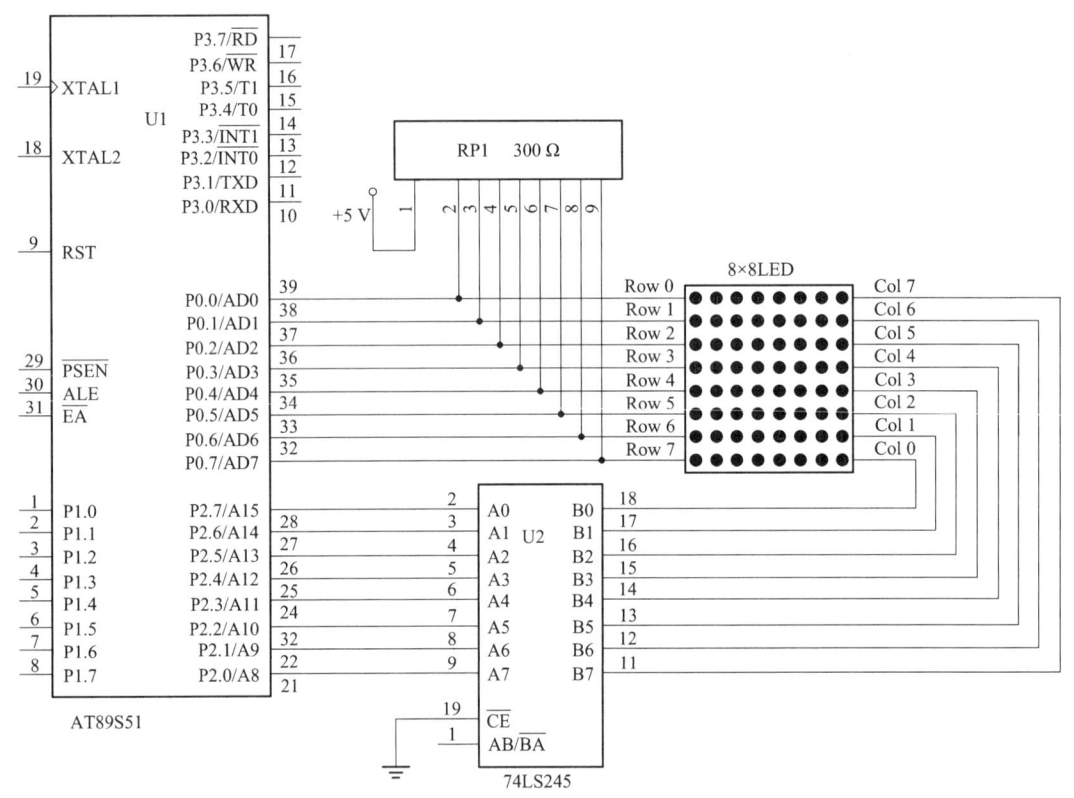

图 6.6　LED 点阵屏与单片机的接口原理图

如果显示过程以行扫描的方式进行,则每次显示一行中若干个 LED 发光管,将一行显示时间称为行周期,8 行扫描显示完成后重新开始一轮扫描,这个时间段称为场周期。行与行之间延时 1~2 ms。扫描频率一般在 50 Hz,应保证扫描所有 8 行的时间和在 20 ms 以内。

4. 综合应用

例 6.2　LED 点阵的应用电路如图 6.6 所示。编制程序驱动 LED 点阵实现循环显示数字 0~9。

程序代码如下:

```
//*********************************************************
//程序:ex6_2.c
//功能:LED 点阵实现循环显示数字 0~9 控制程序
//*********************************************************
#include <reg51.h>              /*包含头文件 reg51.h*/
#define uchar unsigned char     /*宏定义后方便书写*/
```

```c
#define uint unsigned int        /*宏定义后方便书写*/
void Delay(uint j)
{
    uint i;
    for(;j>0;j--)
    {
        for(i=0;i<50;i++)   ;        //大约延时 5 ms
    }
}
void main()
{
    uint i,j,k,m;
    uchar w;
    uchar code DigitsTable[]={0xFF,0xC1,0x9C,0xBE,0xBE,0x9C,0xC1,0xFF,   //0
                              0xFF,0xF7,0xC7,0xF7,0xF7,0xF7,0xF7,0xFF,   //1
                              0xFF,0xE1,0x9E,0xFD,0xF3,0x8F,0x80,0xFF,   //2
                              0xFF,0xE1,0x9E,0xF1,0xFE,0xBE,0xC1,0xFF,   //3
                              0xFF,0xF9,0xF5,0xCD,0x80,0xFD,0xFD,0xFF,   //4
                              0xFF,0xC0,0xDF,0xA1,0x9E,0xBE,0xC1,0xFF,   //5
                              0xFF,0xE1,0x9E,0x81,0xBE,0xBE,0xC1,0xFF,   //6
                              0xFF,0x80,0xFD,0xFB,0xF7,0xF7,0xEF,0xFF,   //7
                              0xFF,0xC1,0xBE,0xBD,0x80,0xBE,0xC1,0xFF,   //8
                              0xFF,0xC1,0xBE,0xBE,0xC0,0xBC,0xC3,0xFF}; //9
    while(1)
    {
        for(k=0;k<10;k++)        //显示字符个数控制(0~9,共 10 个)
        {
            for(m=0;m<200;m++)   //每个字符扫描 200 次,字符显示时间
            {
                w=0x01;          //行扫描码,从第 0 行开始
                j=k*8;           //字符编码数组下标
                for(i=0;i<8;i++) //每个字符有 8 个编码(8 行),分 8 次送出
                {
                    P0=w;                //扫描码送 P0 口选中某行
                    P2=DigitsTable[j];   //列线送出字符编码
                    Delay(2);            //延时显示
                    w<<=1;               //行扫描码变换,指向下一行
                    j++;                 //指向数组下一个编码
                }
            }
        }
    }
}
```

> **小经验**
>
> 在实际应用时,在每条列线上需串接一个 300Ω 左右的限流电阻。同时,为提高单片机端口带负载的能力,通常在端口和外接负载之间增加一个缓冲驱动器。在图 6.6 中,P1 口通过 74LS245 与 LED 连接,提高了 P1 口输出的电流,既保证了 LED 的亮度,又保护了单片机端口引脚。

6.1.3 LCD 显示器

1. 结构种类

液晶显示器简称 LCD,它是利用液晶经过处理后能改变光线的传输方向的特性实现显示信息的。LCD 具有体积小、重量轻、功耗极低、显示内容丰富等特点,正广泛应用于便携式仪器仪表、智能仪器、消费类电子产品等领域。

液晶显示是通过液晶显示模块(LCD Module)实现的。液晶显示模块是一种将液晶显示器、控制器和驱动器装配在一起的组件。按其功能可分为三类:笔段式液晶显示器、字符点阵式显示器和图形点阵液晶显示器。前两种可显示数字、字符和符号等,而图形点阵式显示器还可以显示汉字和任意图形,达到图文并茂的效果。本书将只对应用广泛、使用比较简单的字符点阵式液晶显示器作介绍。

> **小资料**
>
> 液晶显示器的特点如下:
> (1)低压微功耗。工作电压 3~5 V,工作电流为几 μA,因此它成为便携式和手持仪器仪表首选的显示屏幕。
> (2)平板型结构。安装时占用体积小,减小了设备体积。
> (3)被动显示。液晶本身不发光,而是靠调制外界光进行显示,因此适合人的视觉习惯,不会使人眼睛疲劳。
> (4)显示信息量大。像素小,在相同面积上可容纳更多信息。
> (5)易于彩色化。
> (6)没有电磁辐射。在显示期间不会产生电磁辐射,有利于人体健康。
> (7)寿命长。LCD 器件本身无老化问题,因此寿命极长。

2. 字符型液晶显示模块 RT-1602C

RT-1602C 字符型液晶模块是 2 行,每行 16 个字符的液晶显示器。它的外形如图 6.7 所示。

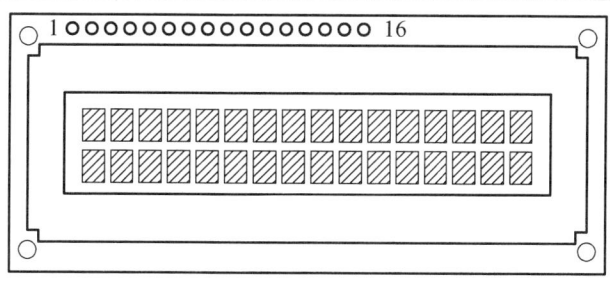

图 6.7　RT-1602C 字符型液晶模块外形图

RT-1602C 采用标准的 16 针接口。各引脚情况如表 6.2 所示。

表 6.2　RT-1602C 引脚

引脚名称	引脚功能定义
第 1 脚	VSS，电源地
第 2 脚	VDD，+5 V 电源
第 3 脚	VL，液晶显示偏压信号
第 4 脚	RS，数据/命令寄存器选择端，高电平时选择数据寄存器，低电平时选择指令寄存器
第 5 脚	$R/\overline{W}$，读/写信号选择端，高电平时进行读操作，低电平时进行写操作。当 RS 和 $R/\overline{W}$ 同为低电平时，可以写入指令或者显示地址；当 RS 为低电平、$R/\overline{W}$ 为高电平时，可以读忙信号；当 RS 为高电平、$R/\overline{W}$ 为低电平时，可以写入数据
第 6 脚	E，为使能端，当 E 端由高电平跳变成低电平时，液晶模块执行命令
第 7~14 脚	D0~D7，为 8 位双向数据线
第 15 脚	BLA，背光源正极
第 16 脚	BLK，背光源负极

小提示

如果需要背光控制，可以采用单片机的 I/O 端口控制 A、K 端来实现。控制方法与控制发光二极管的方法完全相同。

3. 指令格式和指令功能

液晶显示模块 RT-1602C 的控制器采用 HD44780。控制器 HD44780 内有多个寄存器，通过 RS 和 $R/\overline{W}$ 引脚共同决定选择哪一个寄存器。选择情况如表 6.3 所示。

表 6.3　HD44780 内部寄存器选择表

RS	$R/\overline{W}$	寄存器及操作
0	0	指令寄存器写入
0	1	忙标志和地址计数器读出
1	0	数据寄存器写入
1	1	数据寄存器读出

其指令总共有 11 条，它们的格式和功能如下：

1）清屏命令

格式：

RS	R/$\overline{\text{W}}$	D7	D6	D5	D4	D3	D2	D1	D0
0	0	0	0	0	0	0	0	0	1

功能：

（1）清除液晶显示器，即将 DDRAM 的内容全部填入"空白"的 ASCII 码 20H；

（2）光标归位，即将光标撤回到液晶显示屏的左上方；

（3）将地址计数器（AC）的值设为 0。

2）光标归位命令

格式：

RS	R/$\overline{\text{W}}$	D7	D6	D5	D4	D3	D2	D1	D0
0	0	0	0	0	0	0	0	1	×

功能：

（1）把光标撤回到显示器的左上方；

（2）把地址计数器（AC）的值设置为 0；

（3）保持 DDRAM 的内容不变。

3）输入模式设置命令

格式：

RS	R/$\overline{\text{W}}$	D7	D6	D5	D4	D3	D2	D1	D0
0	0	0	0	0	0	0	1	I/D	S

功能：设定每次写入 1 位数据后光标的移位方向，并且设定每次写入的一个字符是否移动。参数设定的情况如表 6.4 所示。

表 6.4　输入模式设置命令参数设置

位名	设　　置
I/D	0＝写入新数据后光标左移；1＝写入新数据后光标右移
S	0＝写入新数据后显示屏不移动；1＝写入新数据后显示屏整体移动 1 个字符

4）显示开关控制命令

格式：

RS	R/$\overline{\text{W}}$	D7	D6	D5	D4	D3	D2	D1	D0
0	0	0	0	0	0	1	D	C	B

功能：控制显示器开/关、光标显示/关闭以及光标是否闪烁。参数设定的情况如表 6.5 所示。

第6章 单片机常用接口电路设计

表6.5 显示开关控制命令参数设置

位名	设 置
D	0=显示功能关；1=显示功能开
C	0=无光标；1=有光标
B	0=光标不闪烁；1=光标闪烁

5）设置显示屏或光标移动方向命令

格式：

RS	R/$\overline{\text{W}}$	D7	D6	D5	D4	D3	D2	D1	D0
0	0	0	0	0	1	S/C	R/L	×	×

功能：使光标移位或使整个显示屏幕移位。参数设定的情况如表6.6所示。

表6.6 设置显示屏或光标移动方向命令参数设置

S/C	R/L	设定情况
0	0	光标左移1格，且AC值减1
0	1	光标右移1格，且AC值加1
1	0	显示器上字符全部左移1格，但光标不动
1	1	显示器上字符全部右移1格，但光标不动

6）功能设置命令

格式：

RS	R/$\overline{\text{W}}$	D7	D6	D5	D4	D3	D2	D1	D0
0	0	0	0	1	DL	N	F	×	×

功能：设定数据总线位数、显示的行数及字型。参数设定的情况如表6.7所示。

表6.7 功能设置命令参数设置

位名	设 置
DL	0=数据总线为4位；1=数据总线为8位
N	0=显示1行；1=显示2行
F	0=5×7点阵/每字符；1=5×10点阵/每字符

7）设定CGRAM地址命令

格式：

RS	R/$\overline{\text{W}}$	D7	D6	D5	D4	D3	D2	D1	D0
0	0	0	1	CGRAM的地址（6位）					

功能：设定用户自定义的CGRAM地址，对用户自定义的CGRAM访问时，要先设定CGRAM地址，地址范围为0~63。

8）设置 DDRAM 地址命令

格式：

RS	R/$\overline{W}$	D7	D6	D5	D4	D3	D2	D1	D0
0	0	1	\multicolumn{7}{c}{DDRAM 的地址（7 位）}						

RS	R/$\overline{W}$	D7	D6	D5	D4	D3	D2	D1	D0
0	0	1							

功能：设定当前显示缓冲区的 DDRAM 地址，对 DDRAM 访问时，要先设定 DDRAM 地址，地址范围为 0~127。

9）读取忙信号或 AC 地址命令

格式：

RS	R/$\overline{W}$	D7	D6	D5	D4	D3	D2	D1	D0
0	1	BF	\multicolumn{7}{c}{AC 内容（7 位）}						

功能：

（1）读取忙碌信号 BF 的内容，BF = 1 表示液晶显示器忙，暂时无法接收单片机送来的数据或指令；当 BF = 0 时，液晶显示器可以接收单片机送来的数据或指令；

（2）读取地址计数器（AC）的内容。

10）数据写入 DDRAM 或 CGRAM 命令

格式：

RS	R/$\overline{W}$	D7	D6	D5	D4	D3	D2	D1	D0
1	0	\multicolumn{8}{c}{要写入的数据 D7~D0}							

功能：

（1）将字符码写入 DDRAM，以使液晶显示屏显示出相对应的字符；

（2）将使用者自己设计的图形存入 CGRAM。

11）从 CGRAM 或 DDRAM 读出数据的命令

格式：

RS	R/$\overline{W}$	D7	D6	D5	D4	D3	D2	D1	D0
1	1	\multicolumn{8}{c}{要读出的数据 D7~D0}							

功能：读取 DDRAM 或 CGRAM 中的内容。

小经验

字符型液晶显示模块比较通用，接口格式也比较统一，主要是因为各制造商所采用的模块控制器都是 HD44780 及其兼容产品，不管显示屏的尺寸如何，操作指令及其形成的模块接口信号定义都是兼容的。所以学会使用一种字符型液晶显示模块，就会通晓所有的字符型液晶显示模块。

4. LCD 显示器初始化

使用 LCD 之前必须对它进行初始化，初始化可以通过复位完成，也可以在复位后完成。初始化过程如下：

（1）清屏；
（2）功能设置；
（3）开/关显示设置；
（4）输入方式设置。

5. 综合应用

例 6.3 LCD 点阵显示模块的应用电路如图 6.8 所示。编程驱动 LCD 显示器在第一行显示字符串 "Microcontroller"，第二行显示字符串 "LCD1602 Test ok!"。

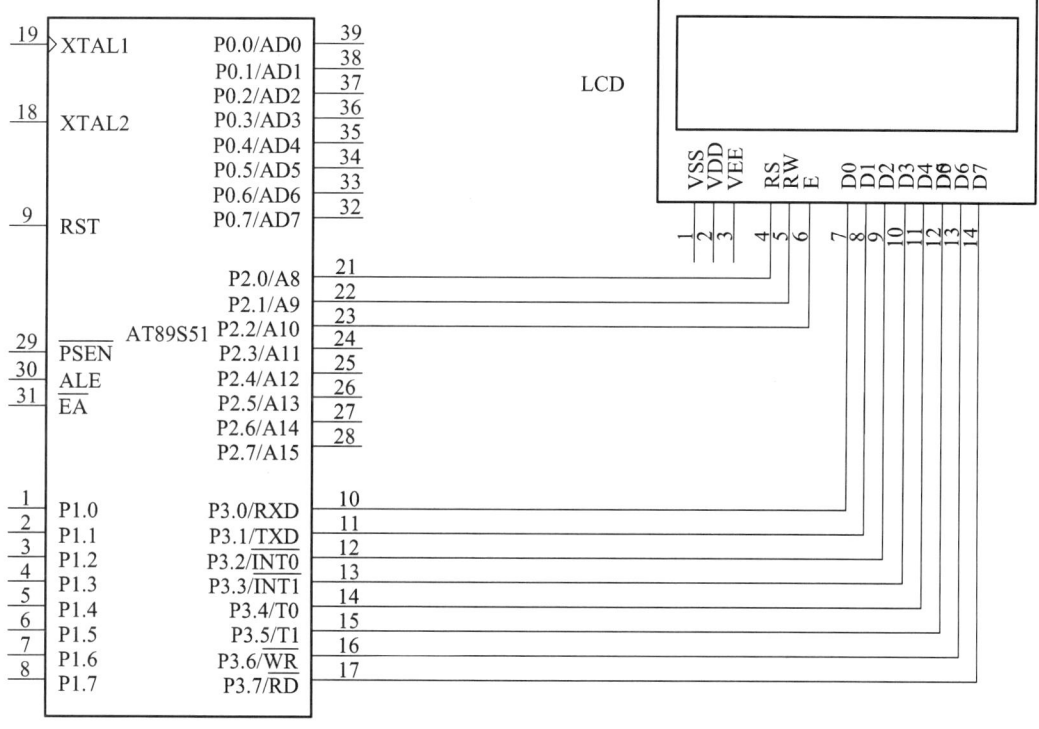

图 6.8 LCD 点阵显示模块的应用电路

程序代码如下：

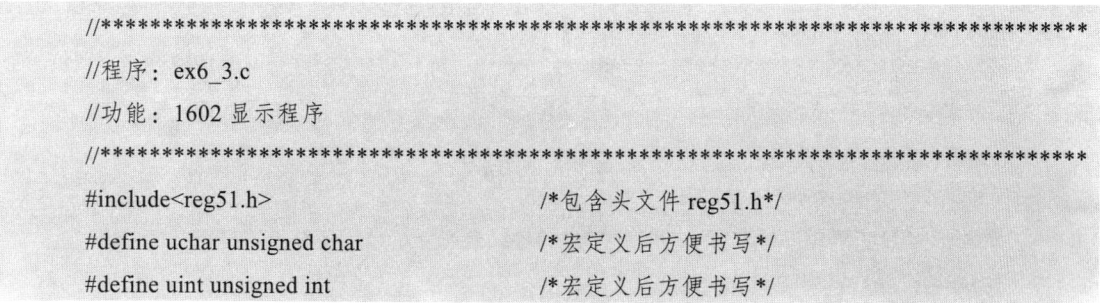

```c
sbit LCD_RS=P2^0;              //定义 P2.0 引脚位名称为 LCD_RS
sbit LCD_RW=P2^1;              //定义 P2.1 引脚位名称为 LCD_RW
sbit EN=P2^2;                  //定义 P2.2 引脚位名称为 EN
sbit BUSY=P3^7;                //定义 P3.7 引脚位名称为 BUSY
uchar code word1[]={"Microcontroller"};      //显示字符串
uchar code word2[]={"LCD1602 Test ok!"};     //显示字符串
//**************************************************************************
//函数名：Delay
//函数功能：软件延时函数
//**************************************************************************
void Delay()
{
    uint i,j;                  //定义无符号字符型变量 i 和 j
    for(i=0;i<200;i++)         //双重 for 循环语句实现软件延时
        for(j=0;j<200;j++);    //循环体为空循环
}
//**************************************************************************
//函数名：LCD_CheckBusy
//函数功能：判断 LCD 的忙碌状态函数
//**************************************************************************
void LCD_CheckBusy()
{
    P3=0xff;
    do
    {
        LCD_RS=0;
        LCD_RW=1;
        EN=0;
        EN=1;
    } while(BUSY==1);          //LCD 忙，继续查询，否则退出
    EN=0;
}
//**************************************************************************
//函数名：LCD_WriteData
//函数功能：写数据函数
//形式参数：uchar dat
//**************************************************************************
void LCD_WriteData(uchar dat)
```

```c
{
    LCD_CheckBusy();
    EN=0;
    P3=dat;                         //数据送端口
    LCD_RS=1;                       //数据寄存器
    LCD_RW=0;                       //写入数据寄存器
    EN=1;                           //执行允许（E端由高电平跳变到低电平）
    EN=0;
}
//*********************************************************************
//函数名：LCD_WriteCommand
//函数功能：写指令函数
//形式参数：uchar cmd
//*********************************************************************
void LCD_WriteCommand(uchar cmd)
{
    LCD_CheckBusy();
    EN=0;
    P3=cmd;                         //指令送端口
    LCD_RS=0;
    LCD_RW=0;                       //写入LCD指令寄存器
    EN=1;                           //执行允许（E端由高电平跳变到低电平）
    EN=0;
}
//*********************************************************************
//函数名：LCD_Init
//函数功能：LCD1602初始化函数
//*********************************************************************
void LCD_Init()
{
    LCD_WriteCommand(0x38);         //设置8位格式，2行，5×7
    LCD_WriteCommand(0x0f);         //整体显示，光标显示，光标位字符闪烁
    LCD_WriteCommand(0x06);         //设定输入方式，增量不移位
    LCD_WriteCommand(0x01);         //清除屏幕显示
}
//*********************************************************************
//函数名：LCD_WriteString
//函数功能：LCD1602显示字符函数
```

```
//形式参数：uchar addr_start, uchar *p
//**************************************************************
void LCD_WriteString(uchar addr_start, uchar *p)
{
    LCD_WriteCommand(addr_start);          //行起始地址
    while (*p != '\0')                      //字符串结束标志'\0'
    {
        LCD_WriteData(*p++);                //取字符送出显示
        Delay();
    }
}
//**************************************************************
//函数名：main
//函数功能：主函数
//**************************************************************
main()
{
    LCD_Init();                             //初始化
    LCD_WriteString(0x80,word1);            //显示字符串1
    LCD_WriteString(0xc0,word2);            //显示字符串2
    LCD_WriteCommand(0x0c);                 //整体显示，关光标，不闪烁
    while(1);                               //等待
}
```

6.2 键盘接口原理及应用

键盘是由若干个按键组成的开关矩阵，它是最简单的单片机输入设备。通过键盘可输入数据或命令，实现简单的人机对话。若键盘上闭合键的识别是由专用硬件实现的，称其为编码键盘；靠软件实现，称其为非编码键盘。

6.2.1 键盘工作原理

1. 键输入原理

在单片机应用系统中，除了复位按键有专门的复位电路以及专一的复位功能外，其他按键或键盘都是以开关状态来设置控制功能或输入数据，这些按键不只是简单的电平输入。当所设定的功能键或数字键按下时，计算机应用系统应完成该按键所设定的功能。键信息输入是与软件结构密切相关的过程。对某些应用系统，例如智能仪器仪表，键输入程序是整个应用程序的重要部分。对于一组或一个按键，需要通过接口电路与 CPU 相连。CPU 可以采用查询或中断方式了解有无按键输入并检查是哪一个按键按下，并将该按键号送入累加器 ACC 中，然后通过跳转指令转入执行该键的功能程序，执行完又返回到原始状态。

> **小资料**
>
> 按键按照结构原理可分为两类:一类是触点式开关按键,如机械式开关、导电橡胶式开关等;另一类是无触点开关按键,如电气式按键、磁感应按键等。前者造价低,后者寿命长。按键按照接口原理可分为编码键盘与非编码键盘两类。这两类键盘的主要区别是识别键符及给出相应键码的方法。编码键盘主要用硬件来实现对按键的识别,硬件结构复杂;非编码键盘主要由软件来实现按键的定义与识别,硬件结构简单,软件编程量大。这里将要介绍的独立式按键和矩阵式键盘都是非编码键盘。

2. 键输入接口与软件应解决的问题

键输入接口与软件应可靠、快速地实现键信息输入与执行键功能任务。为此,应解决以下问题。

1) 键开关状态的可靠输入

目前,无论是按键还是键盘,大部分都是利用机械触点的合、断作用。机械触点在闭合及断开时由于弹性作用的影响,在闭合及断开瞬间均有抖动过程,从而使电压信号也出现抖动,如图 6.9 所示。抖动时间长短与开关机械特性有关,一般为 5~10 ms。

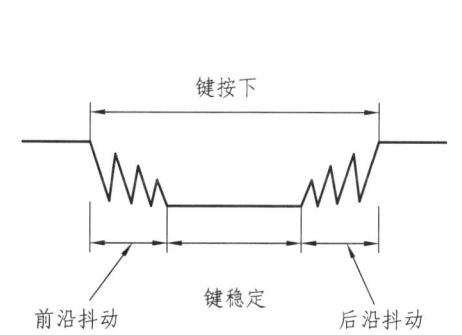

图 6.9　闭合及断开电压波动

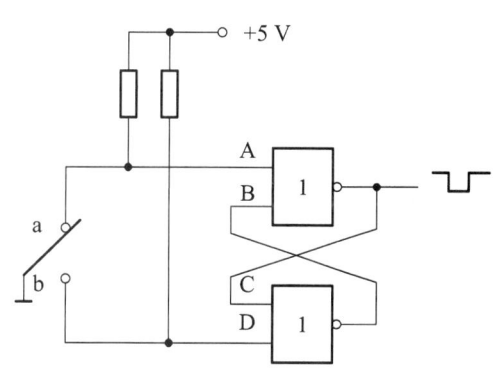

图 6.10　双稳态消抖电路

按键的稳定闭合时间,由操作人员的按键动作所确定,一般在十分之几到几秒之间。为了保证 CPU 对键的一次闭合仅作一次键输入处理,必须去除抖动影响。

通常去除抖动影响的方法有硬、软两种。硬件方法是在键输出端加 RS 触发器构成双稳态消抖电路,如图 6.10 所示。图中两个与非门构成一个 RS 触发器。当按键未按下时,输出为"1";当键按下时,输出为"0"。此时即使按键因抖动而产生瞬时断开(抖动跳开 b),只要按键不返回原始状态 a,双稳态电路的状态不改变,输出保持为"0",不会产生抖动的波形。这就是说,即使 b 点的电压波形是抖动的,但经双稳态电路之后,其输出波形为正规的矩形波。

如果按键较多,则常用软件方法去抖动,即检测出键闭合后执行一个延时程序产生 5~10 ms 的延时,等前沿抖动消失后再一次检测键的状态,如果仍保持闭合状态电平则确认为真正有键按下。当检测到按键释放后,也要给 5~10 ms 的延时,待后沿抖动消失后才能转入该键的处理程序,从而去除抖动影响。

2）对按键进行编码以给定键值或直接给出键号

任何一组按键或键盘都要通过 I/O 线查询按键的开关状态。根据不同的键盘结构，采用不同的编码方法。但无论有无编码，以及采用什么编码，最后都要转换成为与累加器中数值相对应的键值，以实现按键功能程序的散转转移，因此一个完善的键盘控制程序应能完成下述任务。

（1）检测有无按键按下。有按键按下后，在无硬件去抖电路时，应用软件延时方法去除抖动影响。

（2）可靠的逻辑处理办法，如 n 键锁定，即只处理一个键，其间任何按下又松开的键不产生影响；不管一次按键持续多长时间，仅执行一次按键功能程序。

（3）输出确定的键号以满足散转指令的要求。

3. 按键盘扫描子程序的调用方式分类

当按键按下时，则通过执行键盘扫描子程序找出按键的位置，并对按键进行识别。CPU 调用键盘扫描子程序的方式有程序控制方式、定时方式和中断方式 3 种。

1）程序控制方式

在主程序中按一定的间隔设置调用键盘扫描子程序的命令，使 CPU 在执行主程序的过程中不断地对键盘进行扫描。

2）定时方式

在主程序中设置定时器为中断工作方式，键盘扫描子程序作为定时器的中断服务程序，每产生一次定时器中断调用一次键盘扫描子程序，达到定时扫描键盘的目的。

3）中断方式

在中断方式中，按键按下时所产生的信号一方面送入单片机的端口，另一方面通过组合电路送入单片机的外部中断输入端。当按键按下时，向 CPU 发出中断请求，调用键盘扫描子程序。

6.2.2 独立式按键的应用

独立式按键是指直接用 I/O 口线构成的单个按键电路。每个独立式按键单独占用一根 I/O 口线，每根 I/O 口线的工作状态不会影响其他 I/O 口线的工作状态。这是一种最简单易懂的按键结构。

1. 独立式按键结构

独立式按键电路结构如图 6.11 所示。

独立式按键电路配置灵活，硬件结构简单，但每个按键必须占用一根 I/O 口线，在按键数量较多时，I/O 口线浪费较大，故只在按键数量较少时采用这种按键电路。

2. 独立式按键的软件编制

一般逐位查询每根 I/O 端口的输入状态，如果某一根 I/O 端口线的输入为低电平，则可确认该 I/O 端口线所对应的按键已按下，然后，再转向该按键的功能程序。

例 6.4 编制程序对图 6.11 所示电路扫描按键，并将键值通过连接在 P2 口的数码管显示出来。

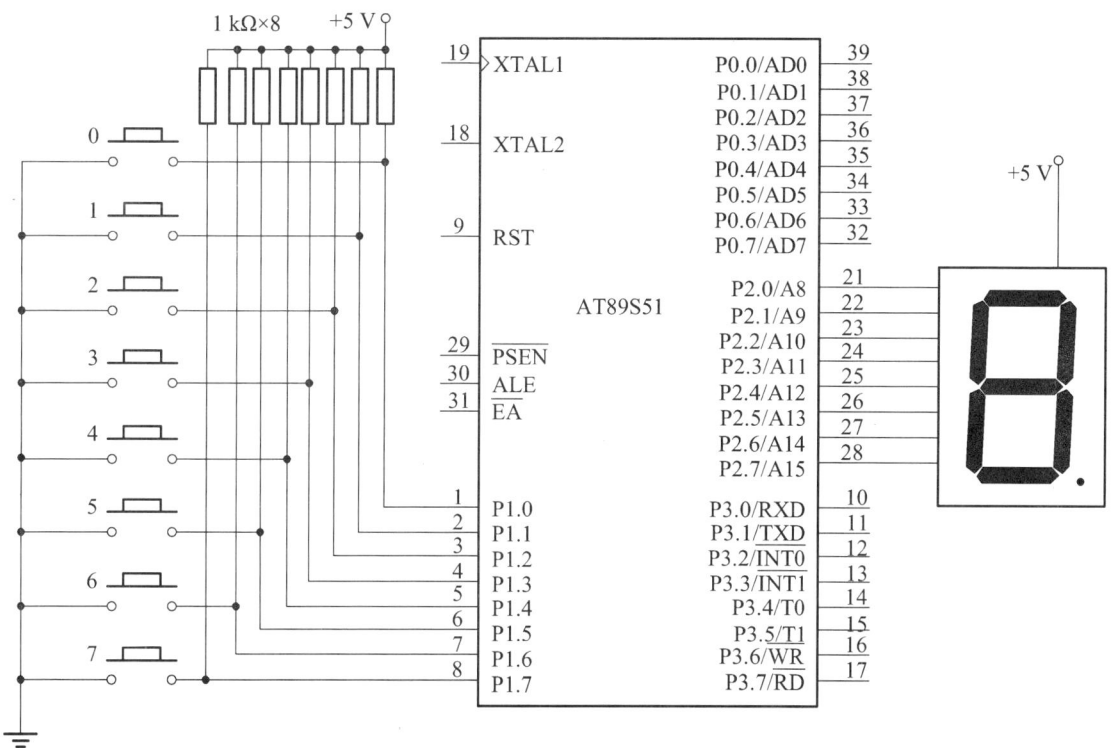

图 6.11 独立式按键电路

程序代码如下：

```
//*******************************************************************
//程序：ex6_4.c
//功能：独立式按键扫描程序
//*******************************************************************
#include <reg51.h>
#define uint unsigned int           /*宏定义后方便书写*/
#define uchar unsigned char         /*宏定义后方便书写*/
uchar code Val[]={0xc0,0xf9,0xa4,0xb0,0x99,0x92,0x82,0xf8,0x80,0x90}; //七段数码管码表
void DelayMS（uint x）；              //延时函数声明
void main（）                         //主函数
{
    uchar Key_State=0;
    P1=0xff;                         //P1 口作为输入口，置全 1
    while（1）
    {
```

```
        while（Key_State==0）         //循环判断是否有键按下
        {
            Key_State=P1;             //读按键状态
            Key_State=~Key_State;
                //按键状态取反，Key_State=0,无按键按下，循环，有按键按下，结束循环
        }
        DelayMS（10）;                //有键按下，延时10ms去抖
        do
        {
            Key_State=P1;             //再次读按键状态
            Key_State=~Key_State;     //按键状态取反
        } while（Key_State==0）;
        switch（Key_State）           //根据键值调用不同的处理函数
        {
            case 0x01: P2=Val[0]; break;    //0号键按下，键值显示0
            case 0x02: P2=Val[1]; break;    //1号键按下，键值显示1
            case 0x04: P2=Val[2]; break;    //2号键按下，键值显示2
            case 0x08: P2=Val[3]; break;    //3号键按下，键值显示3
            case 0x10: P2=Val[4]; break;    //4号键按下，键值显示4
            case 0x20: P2=Val[5]; break;    //5号键按下，键值显示5
            case 0x40: P2=Val[6]; break;    //6号键按下，键值显示6
            case 0x80: P2=Val[7]; break;    //7号键按下，键值显示7
            default:break;
        }
    }
}
void DelayMS（uint x）                //延时函数，见例5.1，此处略
```

6.2.3 矩阵式按键的应用

独立式按键电路每一个按键开关占一个 I/O 口线，当按键数量较多时，要占用较多的 I/O 口线，因此通常多采用矩阵式（也称为行列式）键盘电路。

1. 矩阵式键盘电路的结构及原理

如图 6.12 所示为用单片机的 P0 和 P1 口组成的矩阵式键盘电路。图中行线 P0.0 ~ P0.3，通过 4 个上拉电阻接 +5 V，为输入状态。列线为 P2.0 ~ P2.3，处于输出状态。按键设置在行、列交点上，行、列线分别连接到按键开关的两端，构成 4×4（16 个按键）的矩阵式键盘。

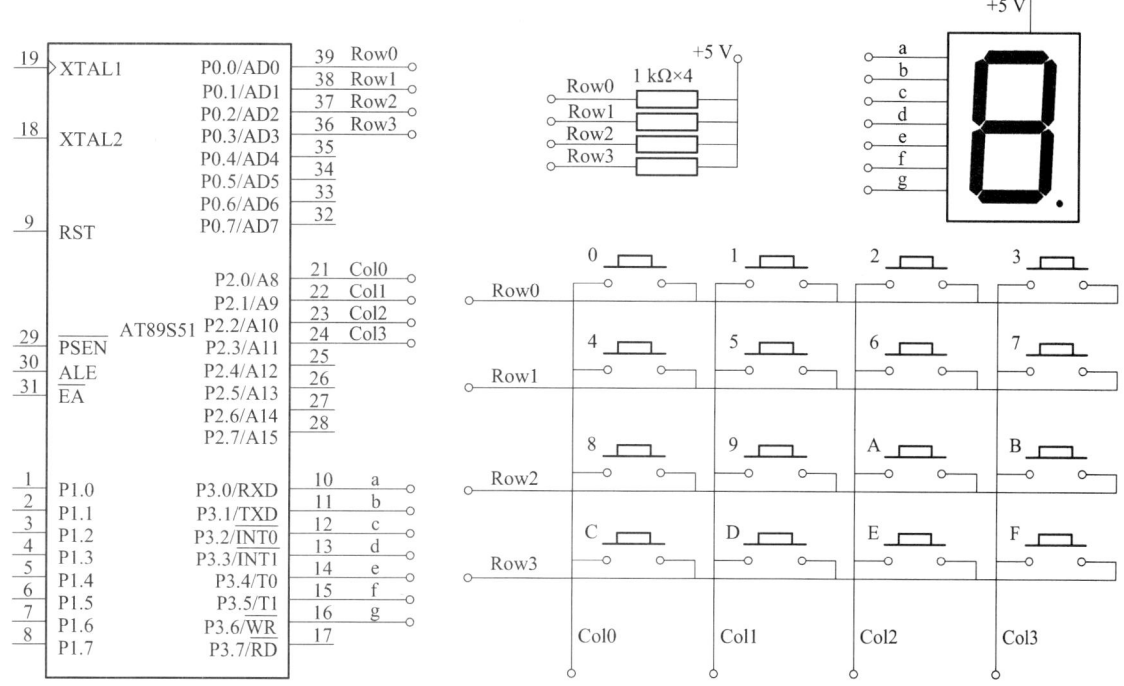

图 6.12 矩阵式键盘电路

2. 矩阵式键盘的识别

最常用的矩阵式键盘识别方法是编程扫描法，分为行扫描法（逐行扫描查询法）和列扫描法（逐列扫描查询法）。这里采用列扫描法识别方法。

CPU 通过读取行线的状态，即可知道有无按键按下。当键盘上没有键闭合时，行、列线之间是断开的，所有的行线输入全部为高电平。当键盘上某个键被按下闭合时，则对应的行线和列线短路，行线输入即为列线输出。键盘扫描法识别可以分作以下两个步骤：

1）判断有无按键被按下

键被按下时，与此键相连的行线与列线将导通，而行线电平在无按键按下时处于高电平。显然，让所有列线处于低电平，当有键按下时按键所在行电平将被拉成低电平，根据此行电平的变化，便能判定一定有按键被按下。

2）判断具体按键按下

方法是向列线上逐列送低电平。先送第 0 列低电平，第 1、2、3 列为高电平，读入行电平的状态就显示了位于第 0 行的 0、4、8、C 这 4 个按键的状态，若读入的行值全为高，则表示无键按下；再送第 1 列为低电平，第 0、2、3 列为高电平，读入行电平的状态就显示了位于第 1 行的 1、5、9、D 这 4 个按键的状态，以此类推，直到 4 列全部扫描完毕，再从第 0 列开始。通过上面的扫描方法可以得到按下按键所在的行号和列号，然后用公式计算法或查表法得到键值。键值与行号、列号之间的关系为：键值 = 行号 × 4 + 列号。

3. 矩阵式键盘的程序编制

例 6.5 利用如图 6.12 所示应用电路，用列扫描法编制程序扫描矩阵式键盘，并将扫描到的键值送到连接在 P3 口的 LED 数码管上显示。

程序代码如下：

```c
//******************************************************************
//程序：ex6_5.c
//功能：矩阵式键盘扫描程序
//******************************************************************
#include <reg51.h>              /*包含头文件 reg51.h*/
#define uchar unsigned char     /*宏定义后方便书写*/
#define uint  unsigned int      /*宏定义后方便书写*/
uchar code Table[]=
{0xc0,0xf9,0xa4,0xb0,0x99,0x92,0x82,0xf8,0x80,0x90,0x88,0x83,0xc6,0xa1,0x86,0x8e};//LED 码表
//******************************************************************
//函数名：Delay
//函数功能：软件延时函数
//形式参数：uint i
//******************************************************************
void Delay(uint i)
{
    while(i--);
}
//******************************************************************
//函数名：KeyScan
//函数功能：扫描子程序
//返回值：KeyNum
//******************************************************************
uchar KeyScan()
{
    uint Row,Col,KeyNum,j,temp=0;   //Row 行值变量，Col 列值变量，KeyNum 键值变量
    P0=0xff;                        //行线拉高(P0 口低 4 位)
    for(j=0;j<4;j++)                //分 4 次（列）扫描
    {
        P2=0xfe<<j;                 //扫描列扫描码送 P2 口(低 4 位)，每次扫描一列
        temp=P0;                    //读回行值
        temp=~temp&0x0f;            //读回行值取反，并去掉高 4 位
        if(temp!=0x00)              //如果读回行值为 0 说明没有按键按下
        {
            Delay(5);               //消抖延时
```

```c
            temp=P0;                      //读回行值
            temp=~temp&0x0f;              //读回行值取反,并去掉高4位
            if(temp!=0x00)                //如果读回行值为0说明没有按键按下
            {
                Col=j;                    //保存列值
                switch(temp)
                {
                    case 0x01:Row=0;break;  //如果读回值是0x01,说明被按下的键在第0行
                    case 0x02:Row=1;break;  //如果读回值是0x02,说明被按下的键在第1行
                    case 0x04:Row=2;break;  //如果读回值是0x04,说明被按下的键在第2行
                    case 0x08:Row=3;break;  //如果读回值是0x08,说明被按下的键在第3行
                    default:break;          //如果读回值是其他参数不处理
                }
                break;                    //已经确定行列值,提前结束扫描
            }
        }
    }
    KeyNum=Row*4+Col;                     //键值 = 行号*4+列号
    return KeyNum;                        //键值返回主函数
}
//*****************************************************************
//函数名:main
//函数功能:主函数
//*****************************************************************
void main()
{
    uchar KeyNum;                         //KeyNum 键值变量
    while(1)
    {
        KeyNum=KeyScan();                 //调用键盘扫描程序
        P3=Table[KeyNum];                 //键值送出显示
    }
}
```

小知识

除了上面给出的编程扫描法能够识别按键外,还可以采用下面两种方法识别按键。一种是定时扫描方式,每隔一段时间对键盘扫描一次;另一种是利用单片机定时器产生一个定时时间(例如10 ms),采用中断方式,当定时时间到产生定时器溢出中断,CPU响应中断后,

在中断函数中对键盘进行编程扫描，识别键值。

采用以上两种键盘扫描方式时，无论是否有按键按下，CPU 都要定时扫描键盘，而单片机应用系统工作时并不是经常需键盘输入，因此，CPU 经常处于空扫描状态。为提高 CPU 的工作效率，可采用中断扫描方式。当无键按下时，CPU 处理自己的工作；当有键按下时，产生中断申请，CPU 转去执行键盘扫描函数，并识别键值，这一应用充分体现了中断处理的实时处理功能。当有键按下时，向 CPU 申请中断，若 CPU 开放外部中断，则会响应中断请求，调用键盘扫描函数。

6.3 D/A 与 A/D 接口电路

D/A 转换器（Digital to Analog Converter，DAC）是一种能把数字量信号转换成模拟量信号的电子器件，A/D 转换器（Analog to Digital Converter，ADC）则是一种能把模拟量信号转换成数字量信号的电子器件。在单片机控制的应用系统中，如图 6.13 所示，经常需要用到模数转换器（A/D 转换器）和数模转换器（D/A 转换器）。被控对象的过程信号可以是电量（如电流、电压和开关量等），也可以是非电量（如温度、压力、速度和密度等），其数值是随时间连续变化的。通常情况下，过程信号是由变送器和各类传感器变换成相应的模拟电量信号（多为电流信号），然后经图 6.13 中的多路电子开关汇集，再经过信号调理电路传给 A/D 转换器，由 A/D 转换器转换成相应的数字量传给单片机。单片机对过程信息进行运算和处理，把过程信息输出显示、打印等，或输出被控对象的工作状态或故障状况。另一方面，单片机还把处理后的数字量信号送给 D/A 转换器，再经过 V/I 转换（电压/电流转换），驱动执行器对被控系统实施控制和调整，使之始终处于最佳状态。

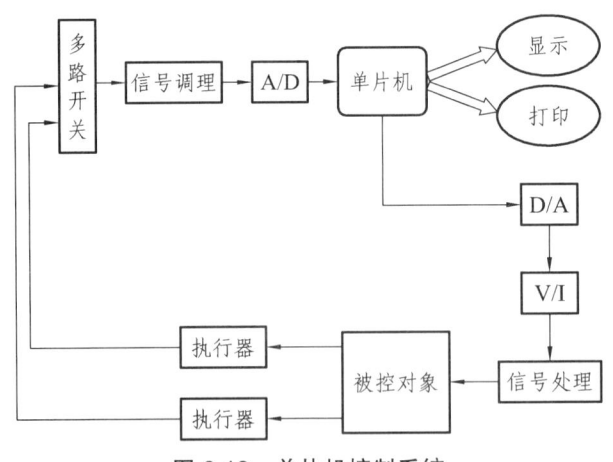

图 6.13 单片机控制系统

A/D 转换器在单片机控制系统中主要用于数据采集，向单片机提供被控对象的各种实时参数，以便单片机对被控对象进行监视；D/A 转换器用于模拟控制，通过机械或电气手段对被控对象进行调整和控制。因此，A/D 转换器和 D/A 转换器是架设在单片机和被控对象之间的桥梁，在单片机控制系统中具有极为重要的作用。

6.3.1 AT89S51 与 DAC0832 芯片接口设计

目前，市面上销售的 D/A 转换器有两大类：一类在电子电路中使用，不带使能端和控制端，只有数字量输入和模拟量输出线；另一类是专为微型计算机设计的，带有使能端和控制端，可以直接与微型计算机接口连接。与微型计算机接口的 DAC 芯片也有很多种，有内部含数据锁存器和不含数据锁存器的，也有 8 位、10 位、12 位之分。DAC0832 是这类 DAC 芯片中的一种，由美国国家半导体公司（National Scmiconcluctor Corporation）研制，其系列芯片还有 DAC0830 和 DAC0831，都是 8 位芯片，可以相互替换。

> **小知识**
>
> 8 位 D/A 转换器中的"8 位"是指输入数字量的位数，它决定了 D/A 转换分辨率。分辨率是 D/A 转换器对输入量变化敏感程度的描述，如果输入数字量的位数为 n，则 D/A 转换器的分辨率为 2^{-n}。所以，DAC0832 的分辨率是 1/256。一般来说，数字量位数越多，分辨率也就越高，转换器对输入量变化的敏感程度也就越高。常用的有 8 位、10 位、12 位 3 种 D/A 转换器。
>
> 建立时间是描述 D/A 转换速度的一个参数，指从输入数字量变化到输出达到终值误差 ±（1/2）LSB（最低有效位）时所需的时间。转换器的输出形式为电流时，建立时间较短；输出形式为电压时，还要加上运算放大器的延迟时间，建立时间比较长。DAC0832 为电流输出形式，建立时间可达 $1\mu s$。

1. DAC0832 芯片内部结构和引脚功能

1）DAC0832 内部结构

DAC0832 内部结构由 3 部分电路组成，如图 6.14 所示。8 位输入寄存器用于存放 CPU 送来的数字量，使输入数字量得到缓冲和缓存，由 $\overline{LE1}$ 加以控制。8 位 DAC 寄存器用于存放特殊数字量，由 $\overline{LE2}$ 控制。8 位 D/A 转换器由 8 位 T 型电阻网络和电子开关组成，电子开关受 8 位 DAC0832 寄存器输出控制，T 型电阻网络能输出与数字量成正比的模拟电流。因此，DAC0832 通常需要外接运算放大器才能得到模拟输出电压。

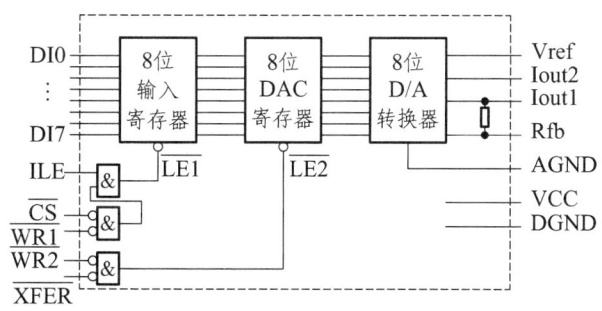

图 6.14 DAC0832 内部结构

2）DAC0832 引脚功能

DAC0832 转换器芯片为 20 引脚，双列直插式封装。其引脚排列如图 6.15 所示。

➤ DI0～DI7：数字量输入端。常和 CPU 数据总线相连，用于输入 CPU 送来的待转换的数字量。DI7 为最高位。

➤ $\overline{CS}$：片选信号端（输入）。当 $\overline{CS}$ 低电平时，本片被选中工作；当 $\overline{CS}$ 高电平时，本片不被选中。

➤ ILE：允许数字量输入端（输入）。当 ILE 为高电平时，"8 位输入寄存器"允许数字量输入。

➤ $\overline{XFER}$：数据传送控制信号端（输入），低电平有效。

➤ $\overline{WR1}$ 和 $\overline{WR2}$：$\overline{WR1}$ 是第 1 写信号（输入），低电平有效。$\overline{WR2}$ 是第 2 写信号（输入），低电平有效。$\overline{WR1}$ 用于控制数字量输入到输入寄存器：若 ILE 为"1"、$\overline{CS}$

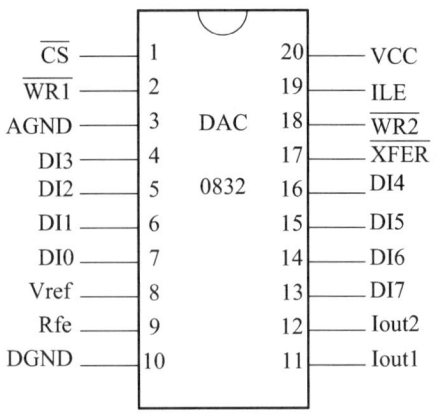

图 6.15　DAC0832 引脚图

为"0"和 $\overline{WR1}$ 为"0"同时满足，则与门输出高电平，8 位输入寄存器接收信号；若上述条件中有一个不满足，则与门输出由高变低，8 位输入寄存器锁存 DI0～DI7 上的输入数据。$\overline{WR2}$ 用于控制 D/A 转换的时间。若 $\overline{XFER}$ 和 $\overline{WR2}$ 同时为低电平，则与门输出高电平，8 位 DAC 寄存器输出跟随输入；否则，与门输出由高电平变低电平时 8 位 DAC 寄存器锁存数据。$\overline{WR1}$ 和 $\overline{WR2}$ 的脉冲宽度要求小于 500ns。

➤ Iout1，Iout2：电流输出端 1 和 2。Iout1 与 Iout2 端电流之和为一常数。若输入数字量为全"1"，则 Iout1 为最大，Iout2 为最小；若输入数字量为全"0"，则 Iout1 为最小，Iout2 为最大。为了保证额定负载下输出电流的线性度，Iout1 和 Iout2 引脚上的电位必须尽量接近地电平。为此，Iout1 和 Iout2 通常接运算放大器的输入端。

➤ Rfb：运算放大器反馈端，常常接到运算放大器输出端。DAC0832 是电流输出，为了取得电压输出，需在电压输出端接运算放大器，Rfb 即为运算放大器的反馈电阻端。

➤ Vref：基准电压，其电压可正可负，范围为 –10 V～+10 V，由精密稳压电源提供。

➤ DGND：数字量地线。

➤ AGND：模拟量地线。通常将 DGND 和 AGND 接在一起。

2. DAC0832 的工作方式与应用

DAC0832 是 8 位 DAC 的接口，通常有 3 种连接方式：直通方式、单缓冲方式和双缓冲方式。

1）直通方式

DAC0832 内部有两个起数据缓冲作用的寄存器，分别受 $\overline{LE1}$ 和 $\overline{LE2}$ 控制。如果 $\overline{LE1}$ 和 $\overline{LE2}$ 都设置为高电平，那么数据总线 DI0～DI7 上的信号便可直通地到达 8 位 DAC 寄存器，进行 D/A 转换。具体地说，ILE 接 +5 V 以及使 $\overline{CS}$、$\overline{XFER}$、$\overline{WR1}$ 和 $\overline{WR2}$ 接地，DAC0832 就可以在直通方式下工作。在直通方式下工作的 DAC0832 常用于不带微型计算机的控制系统。

2）单缓冲方式

单缓冲方式是指 DAC0832 内部的两个数据缓冲器，一个处于直通方式，另一个受 AT89S51 控制处于锁存方式，如图 6.16 所示。

由图 6.16 可知，$\overline{\text{XFER}}$ 和 $\overline{\text{WR2}}$ 都为低电平，所以 DAC0832 的 8 位 DAC 寄存器处于直通工作方式。8 位输入寄存器受 $\overline{\text{CS}}$ 和 $\overline{\text{WR1}}$ 信号控制，$\overline{\text{CS}}$ 由 P2.7 片选，地址为 7FFFH。因此，AT89S51 的 CPU 对 DAC0832 执行一次写操作，就可以在 $\overline{\text{CS}}$ 和 $\overline{\text{WR1}}$ 上产生低电平信号，使得 DAC0832 的 8 位输入寄存器收到 AT89S51 送来的数字量，并经 DAC0832 的 8 位 DAC 寄存器直通到达 A/D 转换器，DAC0832 的模拟量输出随之变化。

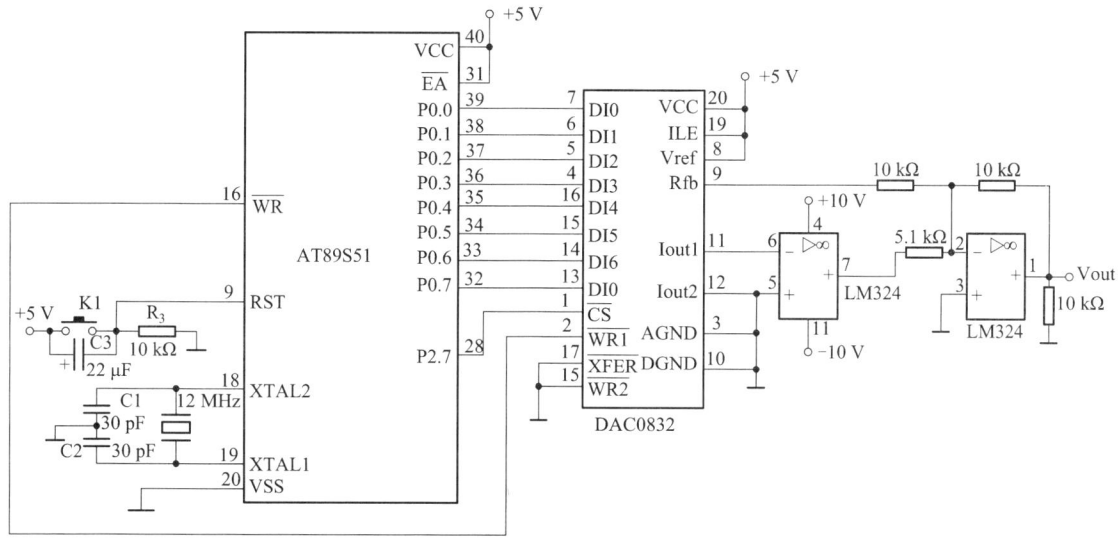

图 6.16　DAC0832 的单缓冲方式接线

例 6.6　利用 DAC0832 作波形发生器，根据图 6.16 的接线方式，产生锯齿波。程序代码如下：

```c
//************************************************************
//程序：ex6_6.c
//功能：DAC0832 锯齿波发生程序
//************************************************************
#include <reg51.h>              /*包含头文件 reg51.h */
#include <absacc.h>             /*包含头文件 absacc.h */
#define uchar unsigned char     /*宏定义后方便书写*/
#define DAC0832 XBYTE[0x7FFF]   //DAC0832 地址
void main( )
{
    uchar i;                    //定义无符号字符变量
    while(1)
    {
        for(i=0;i<255;i++)
        DAC0832=i;              //D/A 转换数据输出
    }
}
```

3）双缓冲方式

双缓冲方式是指 DAC0832 内部的 8 位输入寄存器和 8 位 DAC 寄存器都不在直通方式下工作。这种方式适用于几个模拟量需要同时输出的系统。AT89S51 的 CPU 必须通过 $\overline{\text{LE1}}$ 和 $\overline{\text{LE2}}$ 来锁存待转换的数字量，通过 $\overline{\text{LE2}}$ 启动 D/A 转换。因此，双缓冲方式下，每个 DAC0832 应为 CPU 提供两个 I/O 接口。如图 6.17 所示为 AT89S51 和两片 DAC0832 在双缓冲方式下的连线图。1#和 2#DAC0832 的 $\overline{\text{WR1}}$、$\overline{\text{WR2}}$ 均接 AT89S51 的 $\overline{\text{WR}}$。1#DAC0832 的 $\overline{\text{CS}}$ 和 P2.5 相连，故控制 1#DAC0832 中的 $\overline{\text{LE1}}$ 的接口地址为 DFFFH；2#DAC032 的 $\overline{\text{CS}}$ 和 P2.6 相连，故控制 2# DAC0832 中的 $\overline{\text{LE2}}$ 的接口地址为 BFFFH；1#和 2#DAC0832 的 $\overline{\text{XFER}}$ 同 P2.7 相连，所以控制 1#和 2#DAC0832 的数字量送入它们的相应 8 位输入寄存器，然后再通过接口地址 7FFFH 把输入寄存器的数据同时送入相应的 8 位 DAC0832 寄存器中，以实现 D/A 转换。

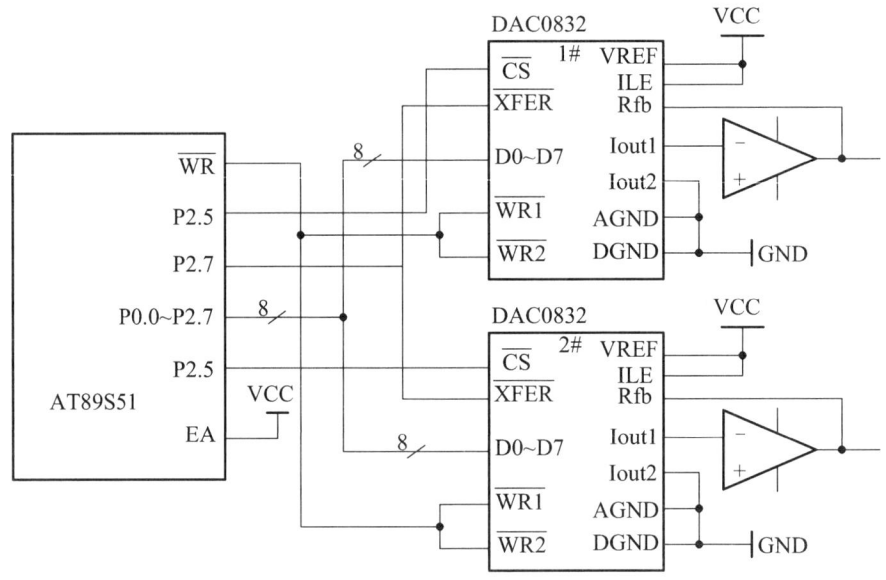

图 6.17　DAC0832 双缓冲方式

例 6.7　利用 DAC0832 双缓冲方式实现两路信号同步输出。程序代码如下：

```
//*********************************************************************
//程序：ex6_7.c
//功能：DAC0832 双缓冲方式输出程序
//*********************************************************************
#include <reg51.h>              /*包含头文件 reg51.h */
#include <absacc.h>             /*包含头文件 absacc.h */
#define uchar unsigned char     /*宏定义后方便书写*/
#define DAC0832_1 XBYTE[0xDFFF] //1#DAC0832 输入寄存器地址
#define DAC0832_2 XBYTE[0xBFFF] //2#DAC0832 输入寄存器地址
#define DACR XBYTE[0x7FFF]      //两片 DAC0832 的 DAC 寄存器地址
void DelayMS(uint x);           //延时函数声明
void main()
{
    while(1)
```

```
        {
            DAC0832_1=0x80;              //第一个数据送 1#DAC0832
            DAC0832_2=0xf0;              //第二个数据送 2#DAC0832
            DACR=0x00;                   //两个值同时输出
            DelayMS(10);                 //延时函数调用
            DAC0832_1=0x00;              //第一个数据送 1#DAC0832
            DAC0832_2=0x00;              //第二个数据送 2#DAC0832
            DACR=0x00;                   //两个值同时输出
            DelayMS(10);                 //延时函数调用
        }
    }
    void DelayMS(uint x)                 //延时函数，见例 5.1，此处略
```

6.3.2 AT89S51 与 ADC0809 接口设计

ADC0809 是带有 8 位 A/D 转换器、8 路多路开关以及微处理机兼容的控制逻辑的 CMOS 组件。它是逐次逼近式 A/D 转换器，可以和单片机直接相连。

> **小知识**
>
> A/D 转换器是实现模拟量向数字量转换的器件，按转换原理可分为四种：计数式 A/D 转换器、双积分式 A/D 转换器、逐次逼近式 A/D 转换器和并行式 A/D 转换器。目前最常用的 A/D 转换器是双积分式 A/D 转换器和逐次逼近式 A/D 转换器。前者的主要优点是转换精度高，抗干扰性能好，价格便宜，但转换速度较慢，一般用于速度要求不高的场合。后者是一种速度较快、精度较高的转换器，其转换时间在几微秒到几百微秒之间。

1. ADC0809 的内部逻辑结构

ADC0809 是 CMOS 单片型逐次逼近式 A/D 转换器，其内部结构如图 6.18 所示。

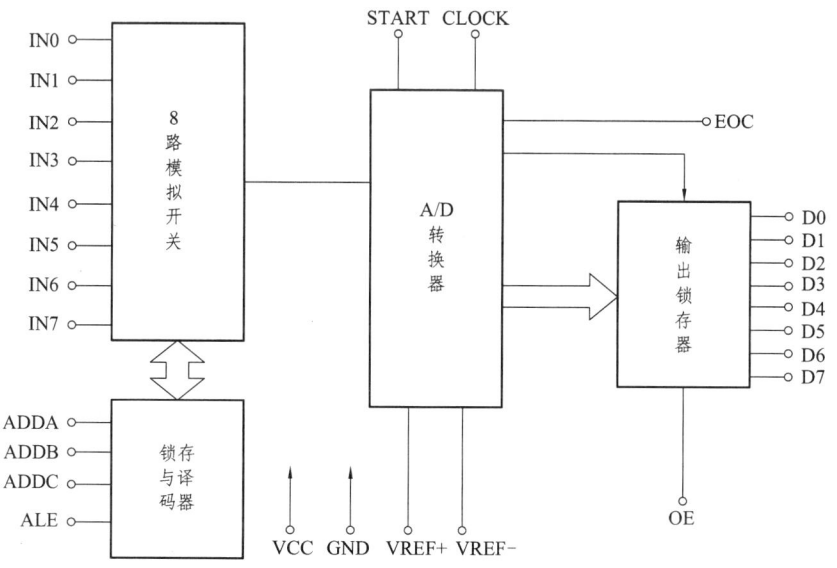

图 6.18 ADC0809 内部逻辑结构

由上图可知，ADC0809 由 1 个 8 路模拟开关、1 个地址锁存与译码器、1 个逐次逼近式 A/D 转换器和 1 个三态输出锁存器组成。多路开关可选通 8 个模拟通道，允许 8 路模拟量分时输入，共用 1 个 A/D 转换器进行转换。三态输出锁存器用于锁存 A/D 转换完的数字量，当 OE 端为高电平时，才可以从三态输出锁存器取走转换完的数据。

其主要性能参数如下：

- 单一的 +5 V 供电；
- 分辨率为 8 位；
- 最大不可调误差小于 ±1LSB；
- 模拟信号输入范围为 0～5 V；
- 转换速率可达 128 μs。

2. ADC0809 芯片引脚

ADC0809 芯片有 28 条引脚，采用双列直插式封装，如图 6.19 所示。

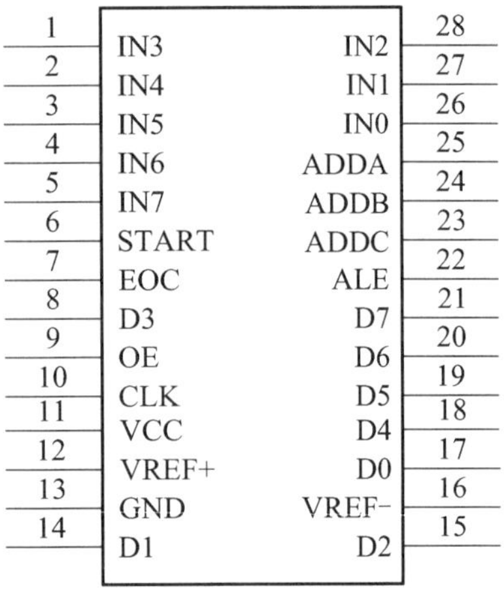

（1）IN0～IN7：8 个模拟量输入通道。ADC0809 对输入模拟量要求：信号单极性，电压范围是 0～5 V，若信号太小，必须进行放大；输入的模拟量在转换过程中应该保持不变，如模拟量变化太快，则需在输入前增加采样保持电路。

图 6.19　ADC0809 芯片引脚结构

（2）ALE：地址锁存允许输入线，高电平有效。

（3）ADDA、ADDB、ADDC：地址信号线。当 ALE 线为高电平时，地址锁存与译码器将 A、B、C 三条地址线的地址信号进行锁存，经译码后被选中的通道的模拟量进入转换器进行转换。地址输入线，用于选通 IN0～IN7 上的一路模拟量输入。通道选择表如表 6.8 所示。

表 6.8　通道选择地址

通道	ADDC	ADDB	ADDA	通道	ADDC	ADDB	ADDA
IN0	0	0	0	IN4	1	0	0
IN1	0	0	1	IN5	1	0	1
IN2	0	1	0	IN6	1	1	0
IN3	0	1	1	IN7	1	1	1

（4）START：转换启动信号。在 START 上升沿时，所有内部寄存器清零；在 START 下降沿时，开始进行 A/D 转换；在转换期间，START 应保持低电平。

（5）EOC：A/D 转换结束信号。当 A/D 转换结束时，EOC 输出一个高电平，表明转换结束；否则，表明正在进行 A/D 转换。

（6）OE：输出允许信号，高电平有效，用于控制 3 态输出锁存器向单片机输出转换得到的数据。OE = 1，输出转换得到的数据；OE = 0，输出数据线呈高阻状态。

（7）D7～D0：数字量输出线。当 A/D 转换结束时，OE 端输入一个高电平，才能打开输出三态门，输出数字量。

（8）CLK：时钟输入信号线。因 ADC0809 的内部没有时钟电路，所需时钟信号必须由外界提供，通常使用频率为 500 kHz。

（9）VREF+，VREF-：参考电压输入，用来与输入模拟信号进行比较。其典型值为+5 V。

> **小知识**
>
> 根据读入转换结果的方式，EOC 信号和单片机有以下 3 种连接方式：
> （1）延时方式：EOC 悬空，启动转换后，延时 100 μs 读入转换结果。
> （2）查询方式：EOC 接单片机端口线，查得 EOC 变高，读入转换结果，作为查询信号。
> （3）中断方式：EOC 经非门接单片机的中断请求端，转换结束作为中断请求信号向单片机提出中断申请，在中断服务中读入转换结果。

3. ADC0809 应用说明

如图 6.20 所示是 ADC0809 的工作时序图。

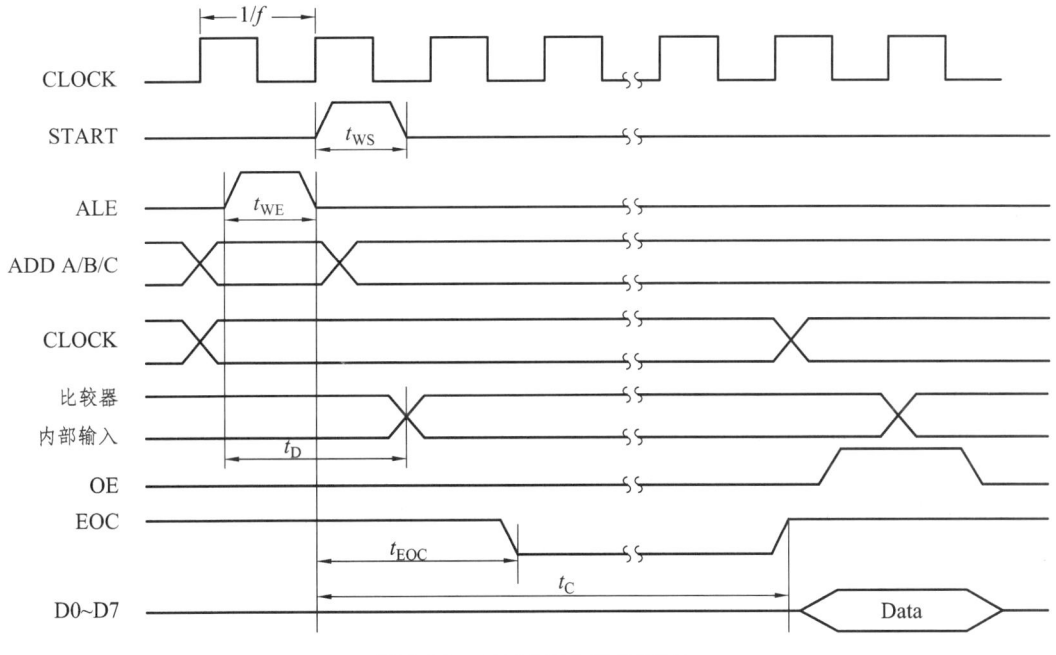

图 6.20　ADC0809 工作时序

（1）ADC0809 内部带有输出锁存器，可以与单片机直接相连。
（2）初始化时，使 START 和 OE 信号全为低电平。
（3）送要转换的那一通道的地址到 ADDA、ADDB、ADDC 端口上。
（4）在 START 端给出一个至少有 100 ns 宽的正脉冲信号。
（5）根据 EOC 信号来判断转换是否完毕。当 EOC 为高电平时，转换结束。
（6）转换完成后，置 OE 为高电平，转换的数据就输出到单片机了。

ADC0809 的工作过程是：首先输入 3 位地址，并使 ALE=1，将地址存入地址锁存器中。此地址经译码选通 8 路模拟输入之一到比较器。START 上升沿将逐次逼近寄存器复位，下降沿启动 A/D 转换，之后 EOC 输出信号变低，指示转换正在进行，直到 A/D 转换完成。EOC 变为高电平，指示 A/D 转换结束，结果数据已存入锁存器，这个信号可用作中断申请。当 OE 输入高电平时，输出三态门打开，转换结果的数字量输出到数据总线上。

4. AT89S51 单片机与 ADC0809 的接口连接

ADC0809 与单片机的一种常用连接方法如图 6.21 所示。

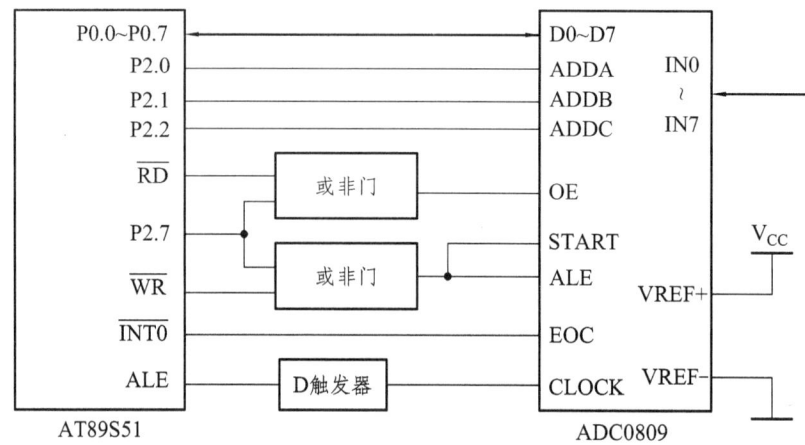

图 6.21 ADC0809 与单片机的连接

单片机与 ADC0809 接口时必须注意处理好如下 3 个问题：
- 在 START 端送一个 100 ns 宽的启动正脉冲。
- 获取 EOC 端上的状态信息，因为它是 A/D 转换的结束标志。
- 给三态输出锁存器分配一个端口地址，也就是给 OE 端送一个地址译码器的输出信号。

1) 8 路模拟通道选择

ADDA、ADDB、ADDC 分别接系统地址锁存器提供的低 3 位地址，只要把这 3 位地址写入 ADC0809 中的地址锁存器，就实现了模拟通道的选择。

从图 6.21 中可以看出，ADC0809 的 ALE 信号和 START 信号连在一起，这样连接可以在信号的前沿写入地址信号，在其后沿启动 A/D 转换。START 信号和 ALE 信号互连可以使 ADC0809 在锁存通道地址的同时启动转换工作。START 启动信号由单片机的 $\overline{WR}$ 和 P2.7 经或非门产生。这就要求向 I/O 端发送写操作指令来启动转换。平时，START 因译码器输入端 P2.7 上的高电平而封锁。

2) 转换数据的传送

A/D 转换后得到的数据为数字量，这些数据传送到单片机中进行处理。数据传送的关键是如何确认 A/D 转换已经完成。因为只有确认数据转换完成后，才能进行有效的数据传送。一般情况下可采取以下 3 种方式：

（1）定时传送方式。

对于一种 A/D 转换器来说，转换时间是一项固定不变的技术指标。例如，ADC0809 的转换时间为 128 μs，在 12 MHz 的振荡频率下，相当于 AT89S51 单片机的 128 个机器周期。由此可以设计一个延时子程序，A/D 转换启动后调用这个子程序，延时一到，A/D 转换结束，接着便进行数据传送。

（2）查询方式。

该方式利用 A/D 转换芯片表示转换结束的状态信号（例如 ADC0809 的 EOC 端）。在查询方式中，用软件测试 EOC 的状态，来判断转换是否结束，如果判断 ADC 转换已经结束则接着进行数据传输。

（3）中断方式。

如果把表示转换结束的状态信号（EOC）作为中断请求信号，那么就可以中断方式进行数据传输。

不管使用上述哪种方式，只要一旦通过转换结束状态信号判断出 A/D 转换已经结束，便可以进行数据传输。

> **小经验**
>
> 单片机与 A/D 转换器接口程序设计，主要有以下 4 个步骤：
> （1）启动 A/D 转换，START 引脚得到下降沿信号。
> （2）查询 EOC 引脚状态，EOC 引脚由 0 变 1，表示 A/D 转换过程结束。
> （3）允许读数，将 OE 引脚设置为 1 状态。
> （4）读取 A/D 转换结果。

5. ADC0809 的应用举例

例 6.8 利用如图 6.22 所示 AT89S51 单片机与 ADC0809 的连接电路，采集 IN0 通道连接的可调电阻 RV1 上的电压信号，并将 ADC0809 转换后的数据送到 P1 连接的共阴极数码管显示。

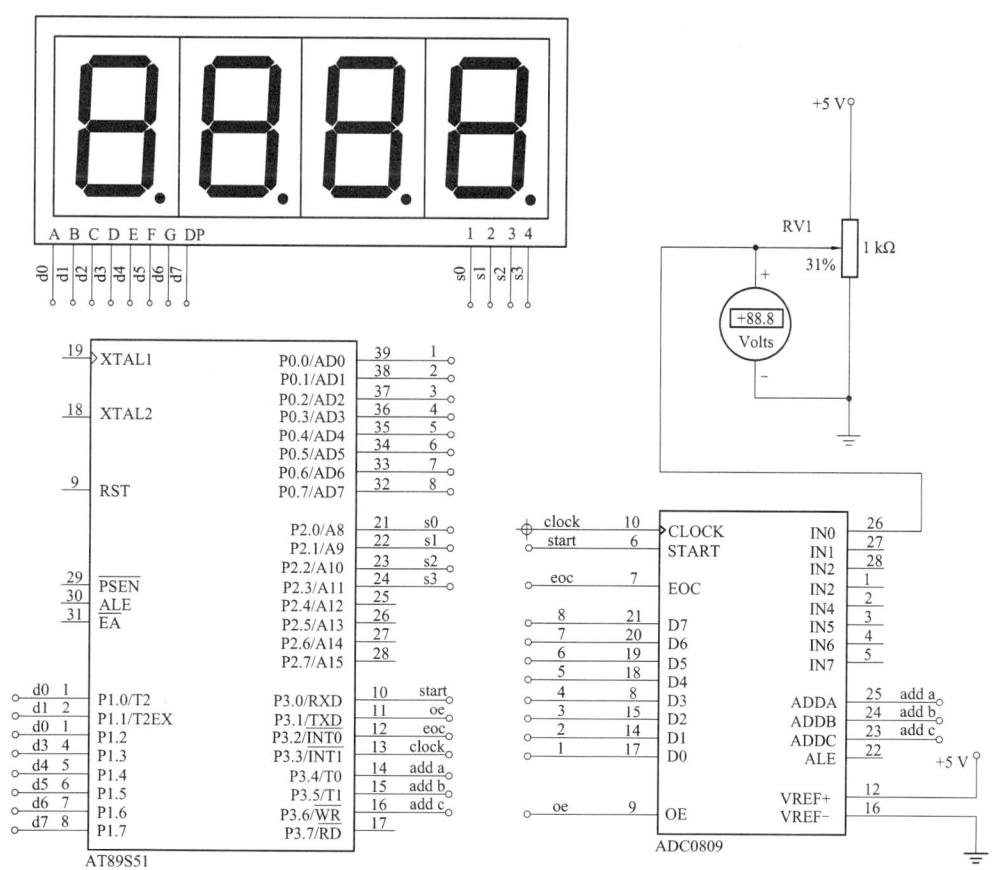

图 6.22　AT89S51 与 ADC0809 的连接电路图

程序代码如下：

```c
//**************************************************************************
//程序：ex6_8.c
//功能：AT89S51+ADC0809 电压测量显示程序
//**************************************************************************
#include<reg51.h>                    /*包含头文件 reg51.h */
#define uchar unsigned char          /*宏定义后方便书写*/
#define uint unsigned int            /*宏定义后方便书写*/
#define COM P2
uchar code DigitSTARTable[]={0x3f,0x06,0x5b,0x4f,0x66,0x6d,0x7d,0x07,0x7f,0x6f};   //LED 码表
uchar DisplayBuffer[4];              //显示码数据缓冲区
uchar AD_Data;                       //存放 ADC0809 转换数据
uint Temp;                           //处理后的数据
sbit START=P3^0;                     //定义 P3.0 引脚位名称为 START
sbit OE=P3^1;                        //定义 P3.1 引脚位名称为 OE
sbit EOC=P3^2;                       //定义 P3.2 引脚位名称为 EOC
sbit CLK=P3^3;                       //定义 P3.3 引脚位名称为 CLK
sbit ADDA=P3^4;                      //定义 P3.4 引脚位名称为 ADDA
sbit ADDB=P3^5;                      //定义 P3.5 引脚位名称为 ADDB
sbit ADDC=P3^6;                      //定义 P3.6 引脚位名称为 ADDC
sbit LED_DP=P1^7;                    //定义 P1.7 引脚位名称为 LED_DP,选择 LED 的 DP 位
//**************************************************************************
//函数名：Delay
//函数功能：软件延时函数
//形式参数：uint i
//**************************************************************************
void Delay(uint i)
{
    uint j;
    for(;i>0;i--)
        for(j=0;j<125;j++);
}
//**************************************************************************
//函数名：TimeInitial
//函数功能：定时器初始化函数
//**************************************************************************
void TimeInitial()                   //定时器初始化
{
    TMOD=0x10;                       //定时器工作模式
    TH1=(65536-200)/256;             //定时器初值高 8 位
```

```c
        TL1=(65536-200)%256;            //定时器初值低8位
        EA=1;                           //开总中断
        ET1=1;                          //开定时器中断
        TR1=1;                          //启动定时器
}
//***************************************************************************
//函数名：Time1
//函数功能：定时器1中断服务子程序函数
//***************************************************************************
void Time1(void) interrupt 3 using 0    //定时器中断服务子程序
{
        TH1=(65536-200)/256;            //定时器初值高8位
        TL1=(65536-200)%256;            //定时器初值高8位
        CLK=~CLK;                       //工作脉冲发生
}
//***************************************************************************
//函数名：Display
//函数功能：LED数码管显示函数
//***************************************************************************
void Display()
{
        uchar i,w;
        w=0x01;                         //位选码初值为0x01
        for(i=0;i<4;i++)
        {
                COM=~w;                 //选通第i个LED数码管的位选线
                w=w<<1;                 //位选码左移一位，选中下一个LED数码管
                P1=DigitSTARTable[DisplayBuffer[i]];
                                        //将第i个LED数码管的字形码送段选线P1
                if(i==1) LED_DP=1;      //若是个位，点亮小数点
                Delay(5);
        }
}
//***************************************************************************
//函数名：main
//函数功能：主函数
//***************************************************************************
void main()
{
```

```
        TimeInitial();                              //启动定时器
        while(1)
        {
            ADDA=0;                                 //ADC0809 通道选择
            ADDB=0;
            ADDC=0;
            OE=0;                                   //输出关闭
            START=0;
            START=1;                                //START 由低到高跳变（上升沿），寄存器清零
            START=0;                                //START 由高到低跳变（下降沿），启动 AD 转换
            while(EOC==0);                          //等待转换结束
            OE=1;                                   //输出允许
            P0=0xff;
            AD_Data=P0;                             //读 ADC0809 原始数据
            OE=0;                                   //输出关闭
            Temp=(AD_Data*5.0/255)*100;             //数据处理：输出值=输入值*5/255，参数 5 是基准电压 5 V
            DisplayBuffer[0]=Temp%10;               //取处理后的数据个位，对应显示温度值的小数第 2 位
            DisplayBuffer[1]=Temp/10%10;            //取处理后的数据十位，对应显示温度值的小数第 1 位
            DisplayBuffer[2]=Temp/100%10;           //取处理后的数据百位，对应显示温度值的个位
            DisplayBuffer[3]=Temp/1000;             //取处理后的数据千位，对应显示温度值的十位
            Display();                              //调用显示函数
        }
    }
```

知识梳理与总结

本章重点内容如下：
（1）LED 数码管静态、动态显示原理及应用；
（2）LED 点阵显示屏动态显示原理及应用；
（3）字符型 LCD 液晶显示器显示原理及应用；
（4）独立式、矩阵式按键的接口电路及软件编程；
（5）DAC0832 与单片机之间的硬件连接及软件编程；
（6）ADC0809 与单片机之间的硬件连接及软件编程。

习题 6

6.1 单项选择题

（1）在单片机应用系统中，LED 数码管显示电路通常有_____显示方式。
　　A. 静态　　　　　B. 动态　　　　　C. 静态和动态　　　　　D. 查询

（2）_____显示方式编程较简单，但占用 I/O 端口线多，其一般适用于显示位数较少的场合。
    A. 静态　　　　　　B. 动态　　　　　　C. 静态和动态　　　　　　D. 查询

（3）LED 数码管若采用动态显示方式，下列说法错误的是_____。
    A. 将各位数码管的段选线并联
    B. 将段选线用一个 8 位 I/O 端口控制
    C. 将各位数码管的公共端直接连接在 +5 V 或者 GND 上
    D. 将各位数码管的位选线用各自独立的 I/O 端口控制

（4）共阳极 LED 数码管加反相器驱动时显示字符"6"的段码是_____。
    A. 06H　　　　　　B. 7DH　　　　　　C. 82H　　　　　　D. FAH

（5）一个单片机应用系统用 LED 数码管显示字符"8"的段码是 80H，可以断定该显示系统用的是_____。
    A. 不加反相驱动的共阴极数码管
    B. 加反相驱动的共阴极数码管或不加反相驱动的共阳极数码管
    C. 加反相驱动的共阳极数码管
    D. 以上都不对

（6）在共阳极数码管使用中，若要仅显示小数点，则其相应的字段码是_____。
    A. 80H　　　　　　B. 10H　　　　　　C. 40H　　　　　　D. 7FH

（7）某一应用系统需要扩展 10 个功能键，通常采用_____方式更好。
    A. 独立式按键　　　B. 矩阵式键盘　　　C. 动态键盘　　　D. 静态键盘

（8）按键开关通常采用机械弹性元件，在按键按下和断开时，触点在闭合和断开瞬间会产生接触不稳定，为消除抖动引起的不良后果常采用的方法有_____。
    A. 硬件去抖动　　　　　　　　　　　B. 软件去抖动
    C. 硬、软件两种方法　　　　　　　　D. 单稳态电路去抖方法

（9）行列式（矩阵式）键盘的工作方式主要有_____。
    A. 编程扫描方式和中断扫描方式　　　B. 独立查询方式和中断扫描方式
    C. 中断扫描方式和直接访问方式　　　D. 直接输入方式和直接访问方式

（10）ADC0809 芯片是 m 路模拟输入 z 位 A/D 转换器。m、z 分别是_____。
    A. 8、8　　　　　　B. 8、9　　　　　　C. 8、16　　　　　　D. 1、8

（11）A/D 转换结束通常采用_____方式编程。
    A. 中断方式　　　　　　　　　　　　B. 查询方式
    C. 延时等待方式　　　　　　　　　　D. 中断、查询和延时等待

（12）DAC0832 是一种_____芯片。
    A. 8 位模拟量转换成数字量　　　　　　B. 16 位模拟量转换成数字量
    C. 8 位数字量转换成模拟量　　　　　　D. 16 位数字量转换成模拟量

（13）DAC0832 的工作方式通常有_____。
    A. 直通工作方式　　　　　　　　　　B. 单缓冲工作方式
    C. 双缓冲工作方式　　　　　　　　　D. 单缓冲、双缓冲和直通工作方式

（14）多片 D/A 转换器必须采用_____接口方式。
    A. 单缓冲　　　　　　B. 双缓冲　　　　　　C. 直通　　　　　　D. 均可

6.2 问答题

（1）如果直接将电路中共阳极数码管换成共阴极数码管，能否正常显示？为什么？应采取什么措施？

（2）7段LED静态显示和动态显示在硬件连接上分别具有什么特点？实际设计时应如何选择和使用？

（3）机械式按键组成的键盘，应如何消除按键抖动？

（4）独立式按键和矩阵式键盘分别具有什么特点？适用于什么场合？

（5）判断A/D转换是否结束，一般可采用几种方式？每种方式各有何特点？

（6）使用ADC0809进行转换的主要步骤有哪些？

（7）DAC0832与8051单片机接口时有哪些控制信号？作用分别是什么？ADC0809与8051单片机接口时有哪些控制信号？作用分别是什么？

（8）使用DAC0832时，单缓冲方式如何工作？双缓冲方式如何工作？

6.3 编程题

连接电路如图6.16所示，试编程产生以下波形：

（1）周期为25 ms的锯齿波；（2）周期为50 ms的三角波；（3）周期为50 ms的方波。

第 7 章 单片机常用串行总线扩展技术

与并行扩展总线相比，串行总线简化了系统的连线，缩小了电路板的面积，节省了系统的资源，使系统具有扩展性好、程序编写方便、易于实现用户系统软硬件的模块化及标准化等优点。目前单片机应用系统常用的串行总线有：1-Wire 单总线、SPI 串行总线、IIC 总线。

【教学导航】

教	知识重点	1. 1-Wire 单总线时序分析； 2. IIC 总线时序分析； 3. SPI 串行总线接口扩展
	知识难点	串行接口器件的时序分析与软件编程
	推荐教学方式	通过学习典型的串行总线芯片的硬件结构及时序，介绍串行总线技术规范，掌握单片机与串行总线的接口电路及编程方法
	建议学时	6 学时
学	推荐学习方法	在实际操作中熟悉常用串行接口芯片的特点和用法，掌握对其同类芯片的使用
	必须掌握的理论知识	串行总线接口器件扩展方法和时序分析
	必须掌握的技能	单片机串行总线扩展技术

7.1 1-Wire 单总线

1-Wire 单总线是 Maxim 全资子公司 Dallas 的一项专利技术。与目前多数标准串行数据通信方式（如 SPI、IIC、MICROWIRE）不同，它采用单根信号线实现通信，既可以传输时钟又可以传输数据，而且数据传输是双向的。它具有节省 I/O 端口资源、结构简单、成本低廉、便于总线扩展和维护等诸多优点。

1-Wire 单总线适用于单个主机系统，能够控制一个或多个从机设备。当只有一个从机位于总线上时，系统可按照单节点系统操作，而当多个从机位于总线上时，则系统按照多节点系统操作。下面以单总线温度传感器 DS18B20 的应用为例，详细介绍 1-Wire 的知识和应用。

7.1.1 DS18B20 简介

美国 Dallas 半导体公司的数字化温度传感器 DS18B20 是世界上第一片支持 "1-Wire 总线" 接口的温度传感器，全部传感元件及转换电路集成在形如一只三极管的集成电路内。1-Wire 总线结构独特而且成本经济，使用户可轻松地组建传感器网络，为测量系统的构建引入全新概念。

现在，新一代的 DS18B20 体积更小、更经济、更灵活，可以使用户充分发挥 1-Wire 总线的优点。

DS18B20 可以通过软件设定 9~12 位的分辨率，测量温度范围为 -55~+125 ℃，在 -10~+85 ℃ 范围内，精度为 ±0.50 ℃；可选更小的封装方式，更宽的电压适用范围，新的产品支持 3~5.5 V 的电压范围。分辨率设定及用户设定的报警温度数据存储在 EEPROM 中，掉电后依然保存。温度以单总线的数字方式传输，大大提高了系统的抗干扰能力。它适合于恶劣环境的现场温度测量，如环境控制、设备或过程控制、测温类消费电子产品等，使系统设计更灵活、方便。

7.1.2　DS18B20 引脚排列及内部结构

1. DS18B20 的封装

DS18B20 的封装采用 TO-92 和 8Pin SOIC 封装，外形及引脚排列如图 7.1 所示。DS18B20 引脚功能定义如表 7.1 所示。

表 7.1　DS18B20 引脚功能定义

引脚名称	引脚功能
GND	电源地
DQ	数字信号输入/输出端
VDD	外接供电电源输入端（在寄生电源接线方式时接地）
NC	空引脚

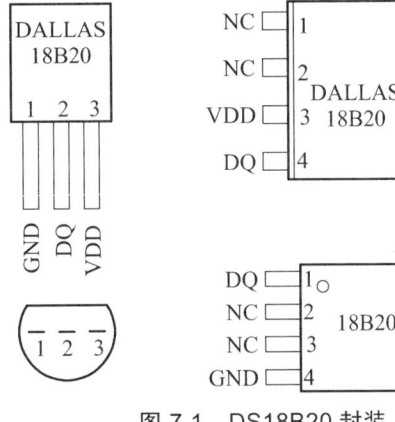

图 7.1　DS18B20 封装

2. DS18B20 的构成

DS18B20 的内部结构如图 7.2 所示。主要包括：寄生电源、温度传感器、64 位激光（lasered）ROM、存放中间数据的高速暂存器 RAM、非易失性温度报警触发器 TH 和 TL、配置寄存器等部分。

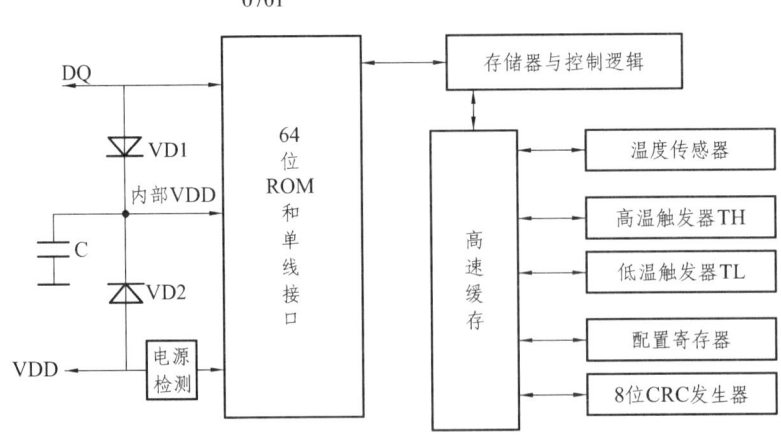

图 7.2　DS18B20 内部结构

1）寄生电源

寄生电源由二极管 VD1、VD2、寄生电容 C 和电源检测电路组成。电源检测电路用于判定供电方式。DS18B20 有两种供电方式：3~5.5 V 的电源供电方式和寄生电源供电方式（直接从数据线获取电源）。寄生电源供电时，VDD 端接地，器件从单总线上获取电源。当 I/O 总线呈低电平时，由电容 C 上的电压继续向器件供电。该寄生电源有两个优点：第一，检测远程温度时无须本地电源；第二，缺少正常电源时也能读 ROM。

2）64 位只读存储器 ROM

ROM 中的 64 位序列号是出厂前被光刻好的，它可以看作是该 DS18B20 的地址序列码。光刻 ROM 的作用是使每一个 DS18B20 都各不相同，这样就可以实现一根总线上挂接多个 DS18B20 的目的。64 位光刻 ROM 序列号的排列是：开始 8 位（28H）是产品类型标号，接着的 48 位是该 DS18B20 自身的序列号，最后 8 位是前面 56 位的循环冗余校验码（CRC = X8 + X5 + X4 + 1）。

3）温度传感器

DS18B20 中的温度传感器可以完成对温度的测量。DS18B20 的温度测量范围是 -55 ~ +125 ℃，分辨率的默认值是 12 位。DS18B20 温度采集转化后得到 16 位数据，以补码的形式存储在 DS18B20 的两个 8 位 RAM 中，如表 7.2 所示。高字节的高 5 位 S 代表符号位，如果温度值大于或等于 0，符号位为 0；温度值小于 0，符号位为 1。低字节的第 4 位是小数部分，中间 7 位是整数部分。测得的温度和数字量的关系如表 7.3 所示。

表 7.2　DS18B20 的 16 位数据位定义

低字节	D7	D6	D5	D4	D3	D2	D1	D0
	2^3	2^2	2^1	2^0	2^{-1}	2^{-2}	2^{-3}	2^{-4}
高字节	D15	D14	D13	D12	D11	D10	D9	D8
	S	S	S	S	S	2^6	2^5	2^4

表 7.3　DS18B20 的温度与数字输出的典型值

温度/℃	二进制表示	十六进制表示
+125	0000 0111　1101 0000	07D0H
+85	0000 0101　0101 0000	0550H
+25.0625	0000 0001　1001 0001	0191H
+10.125	0000 0000　1010 0010	00A2H
+0.5	0000 0000　0000 1000	0008H
0	0000 0000　0000 0000	0000H
-0.5	1111 1111　1111 1000	FFF8H
-10.125	1111 1111　0101 1110	FF5EH
-25.0625	1111 1110　0110 1111	FE6FH
-55	1111 1100　1001 0000	FC90H

4）内部存储器

DS18B20 温度传感器的内部存储器包括一个高速暂存 RAM 和一个非易失性的可电擦除的 EEPROM。EEPROM 用于存放高温度和低温度触发器 TH、TL 和配置寄存器的内容。高速暂存存储器由 9 个字节组成，其分配如图 7.3 所示。

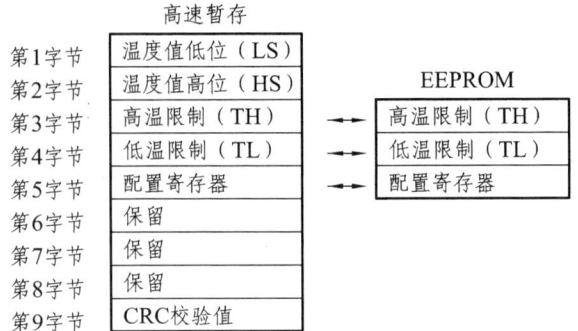

图 7.3 DS18B20 内部存储器结构

（1）第 1 个和第 2 个字节是测得的温度信息，第 1 个字节的内容是温度的低 8 位，第 2 个字节的内容是温度的高 8 位。

（2）第 3 个和第 4 个字节是 TH 和 TL 的易失性复制，在每一次上电复位时被刷新（从 EEPEOM 中复制到暂存器中）。

（3）第 5 个字节是配置寄存器，每次上电后配置寄存器也会刷新。

（4）第 6、7、8 个字节保留。

（5）第 9 个字节是冗余校验字节。

5）配置寄存器

暂存器的第 5 字节是配置寄存器，可以通过相应的写命令进行配置，其内容如表 7.4 所示。低 5 位一直都是"1"，TM 是测试模式位，用于设置 DS18B20 在工作模式还是在测试模式。在 DS18B20 出厂时该位被设置为 0，为工作模式，用户不要去改动。R1 和 R0 用来设置 DS18B20 的分辨率，如表 7.5 所示（DS18B20 出厂时被设置为 12 位）。

表 7.4 配置寄存器位定义

D7	D6	D5	D4	D3	D2	D1	D0
TM	R1	R0	1	1	1	1	1

表 7.5 分辨率配置

R1	R0	分辨率	温度转换最大时间（ms）
0	0	9 位	93.75
0	1	10 位	187.5
1	0	11 位	375
1	1	12 位	750

7.1.3 单总线开发使用

单总线的开发使用包含以下 3 个方面的内容：

（1）单总线的硬件连接结构；

（2）单总线的操作命令序列；

（3）单总线的通信协议，总线的操作时序。

1. 硬件结构

主机或从机通过一个漏极开路或三态端口连接至该数据线，这样允许设备在不发送数据时释放数据总线，以便总线被其他设备所使用。为了使总线上所有电路的输出能完成"线与"的功能，连接到总线上的器件的输出级必须为"开漏"或"开集"的形式。其内部等效电路如图 7.4 所示。

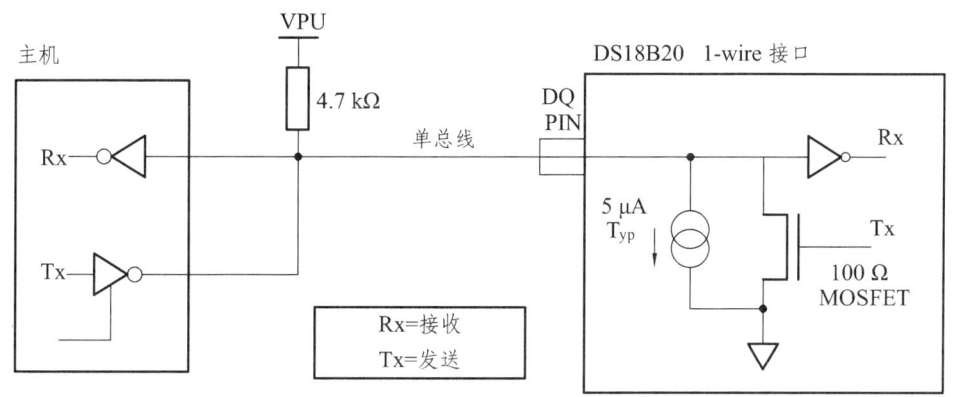

图 7.4　单总线接口电路

单总线要求外接一个约 4.7 kΩ的上拉电阻，这样，单总线在闲置状态时为高电平。不管什么情况，如果传输过程需要暂时挂起，且要求传输过程还能够继续，则总线必须处于空闲状态。位传输之间的恢复时间没有限制，只要总线在恢复期间处于空闲状态（高电平）。

如果总线保持低电平超过 480 μs，总线上的所有器件将复位。另外在寄生方式供电时为了保证单总线器件在某些工作状态下，如温度转换期间、EEPROM 写入等，要具有足够的电源电流，必须在总线上提供强上拉。

2. 单总线操作描述

每次访问单总线器件，必须严格遵守这个命令序列，否则，单总线器件不会响应主机。但是，这个准则对于搜索 ROM 命令和报警搜索命令例外，在执行两者中的任何一条命令之后，主机不能执行其后的功能命令，必须返回，从初始化开始。

1）初始化

基于单总线的所有传输过程都是以初始化序列开始的。初始化序列由主机发出的复位脉冲和从机响应的应答脉冲组成。应答脉冲使主机知道总线上有从机设备，且准备就绪。复位和应答脉冲的时间详见本章"单总线数据通信协议"部分。

2）ROM 操作命令

在主机检测到应答脉冲后，就可以发出 ROM 命令，这些命令与各个从机设备的唯一 64 位 ROM 代码相关。允许主机在单总线上连接多个从机设备时，指定操作某个从机设备。这些命令还允许主机检测总线上有多少个从机设备以及其设备类型，或者有没有设备处于报警状态。从机设备可以支持 5 种 ROM 命令（实际情况与具体型号有关），每种命令长度为 8 位。主机在发出功能命令之前，必须送出合适的 ROM 命令。下面简要地介绍各个 ROM 命令的功能，以及在何种情况下使用。

（1）搜索 ROM[F0H]命令。

当系统初始上电时，主机必须找出总线上所有从机设备的 64 位 ROM 代码，这样主机就能够判断出从机的数目和类型。主机通过重复执行搜索 ROM 循环（搜索 ROM 命令跟随着位数据交换），以找出总线上所有的从机设备。如果总线只有一个从机设备，则可以采用读 ROM 命令来替代搜索 ROM 命令。如要详细了解搜索 ROM 命令，可以查阅单总线协议资料。在每次执行完搜索 ROM 循环后，主机必须返回至命令序列的第一步（初始化）。

（2）读 ROM[33H]命令（仅适合于单节点）。

该命令仅适用于总线上只有一个从机设备的场合。它允许主机直接读出从机的 64 位 ROM 代码，而无须执行搜索 ROM 过程。如果该命令用于多节点系统，则必然发生数据冲突，因为每个从机设备都会响应该命令。

（3）匹配 ROM[55H]命令。

匹配 ROM 命令后跟随 64 位 ROM 代码，从而允许主机访问多节点系统中某个指定的从机设备。仅当从机完全匹配 64 位 ROM 代码时，才会响应主机随后发出的功能命令，其他设备将处于等待复位脉冲状态。

（4）跳越 ROM[CCH]命令（仅适合于单节点）。

主机能够采用该命令同时访问总线上的所有从机设备，而无须发出任何 ROM 代码信息。例如，主机通过在发出跳越 ROM 命令后跟随转换温度命令[44H]，就可以同时命令总线上所有的 DS18B20 开始转换温度，这样大大节省了主机的时间。值得注意的是，如果跳越 ROM 命令跟随的是读暂存器[BEH]的命令（包括其他读操作命令），则该命令只能应用于单节点系统，否则将由于多个节点都响应该命令而引起数据冲突。

（5）报警搜索[ECH]命令（仅少数 1-Wire 器件支持）。

除那些设置了报警标志的从机响应外，该命令的工作方式完全等同于搜索 ROM 命令。该命令允许主机设备判断哪些从机设备发生了报警（如最近的测量温度过高或过低等）。同搜索 ROM 命令一样，在完成报警搜索循环后，主机必须返回至命令序列的第一步。

3）功能命令

在主机发出 ROM 命令，以访问某个指定的 DS18B20 后，接着就可以发出 DS18B20 支持的某个功能命令。这些命令允许主机写入或读出 DS18B20 暂存器、启动温度转换以及判断从机的供电方式。DS18B20 的功能命令如表 7.6 所示。

表 7.6 DS18B20 功能命令表

命令	描述	命令代码	发送命令后，单总线响应
温度转换命令			
温度转换	启动温度转换	44H	读温度状态
存储器命令			
读暂存器	读暂存器的 9 个字节，包含 CRC 字节	BEH	读数据直到第 9 个字节到主机
写暂存器	字节写入暂存器 TH，TL 和配置寄存器	4EH	写两个字节到地址 2、3、4
复制暂存器	暂存器 TH，TL 和配置寄存器复制到 EEPROM	48H	读复制状态
回读 EEPROM	EEPROM 的值读回暂存器	B8H	读温度忙状态

3. 单总线数据通信协议

数字式温度传感器和模拟传感器最大的区别,是将温度信号直接转化成数字信号,然后通过串行通信方式输出。所有的单总线器件要求采用严格的通信协议,以保证数据的完整性。该协议定义了几种信号类型:复位脉冲、应答脉冲序列,写0时隙、写1时隙、读0时隙、读1时隙。所有这些信号,除了应答脉冲以外,都由主机发出同步信号。并且发送所有的命令和数据都是字节的低位在前,这一点与多数串行通信格式不同(多数为字节的高位在前)。

> **小经验**
>
> DS18B20是可编程器件,在使用时必须经过以下三个步骤:初始化、写字节操作和读字节操作。每一次读写操作之前都要先将DS18B20初始化复位,复位成功后才能对DS18B20进行预定的操作,三个步骤缺一不可。
>
> 对于比较复杂的可编程器件,为了方便用户编制应用程序,制造商会提供针对各种功能进行编程的时序图,使用者参照时序图中提供的时序来编制程序,因此学会阅读时序图对正确编制应用程序将有很大帮助。在温度转换和复制暂存器数据至EEPROM期间,主机必须在单总线上允许强上拉。并且在此期间,总线上不能进行其他数据传输。通过发出复位脉冲,主机能够在任何时候中断数据传输。在复位脉冲发出前,必须写入全部的3个字节。

1)初始化序列——复位和应答脉冲

单总线上的所有通信都是以初始化序列开始。主机向单总线发送一个480 μs以上低电平信号,产生复位脉冲,然后释放该线,进入接收模式。主机释放总线时,4.7 kΩ的电阻将单总线拉高,产生一个上升沿。单线器件(从机)DS18B20检测到该上升沿后,延时15~60 μs,然后向总线发送一个60~240 μs的低电平应答脉冲。主机接收到从机的应答脉冲后,说明有单线器件在线。总线初始化脉冲时序图如图7.5所示。DS18B20初始化程序见例7.1程序中的DS18B20_Init()函数和DS18B20_Ack()函数。

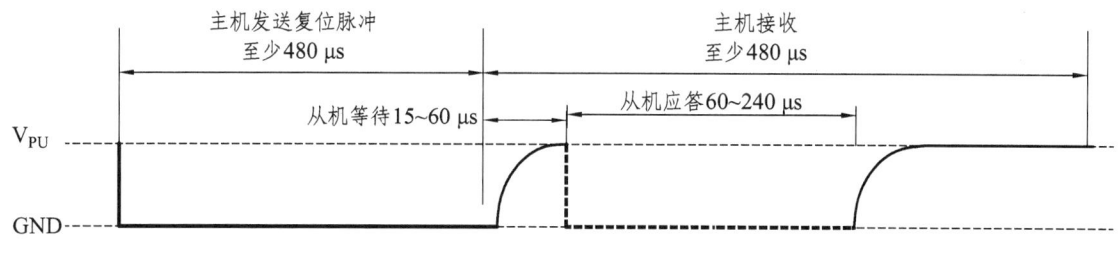

图7.5 总线初始化脉冲时序图

> **小技巧**
>
> 编程时只需严格按照时序图,按顺序和时间要求依次在单总线端口输出相应的高低电平(或读入数据)即可。

2)写时隙

当主机将单总线DQ从逻辑高(空闲状态)拉为逻辑低时,即启动一个写时序。存在两种写时隙:"写1"和"写0"。主机采用写1时隙向从机写入1,而采用写0时隙向从机写入0。

所有写时隙至少需要 60 μs，且在两次独立的写时隙之间至少需要 1 μs 的恢复时间。两种写时隙均起始于主机拉低总线（见图 7.6）。产生写 1 时隙的方式：在主机拉低总线后，必须在 15 μs 之内释放总线（向总线写 1），由 4.7 kΩ 上拉电阻将总线拉至高电平。产生写 0 时隙的方式：在主机拉低总线后，只需在整个时隙期间保持低电平即可（至少 60 μs）。

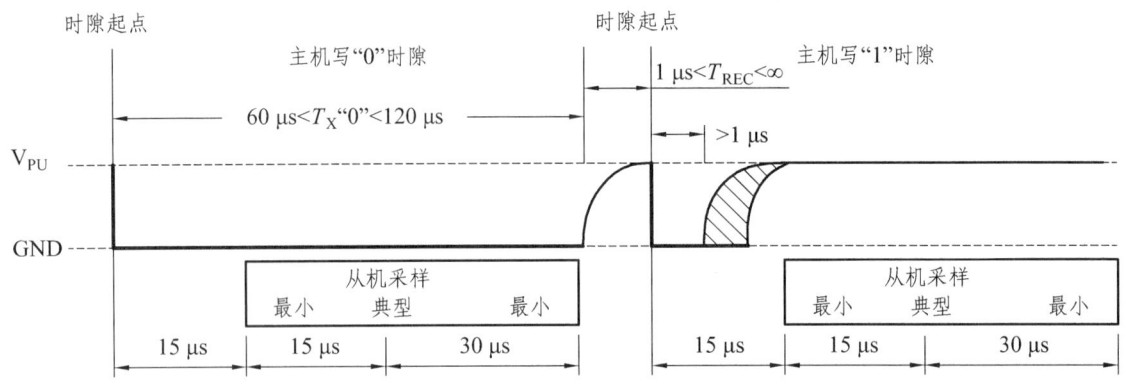

图 7.6　总线写脉冲时序图

在写时隙起始后 15 ~ 60 μs 期间，单总线器件采样总线电平状态。如果在此期间采样为高电平，则逻辑 1 被写入该器件；如果为 0，则写入逻辑 0。DS18B20 写一个字节程序见例 7.1 程序中的 DS18B20_WriteByte() 函数。

3）读时隙

总线器件仅在主机发出读时隙时，才向主机传输数据。所以，在主机发出读数据命令后，必须马上产生读时隙，以便从机能够传输数据。所有读时隙至少需要 60 μs，且在两次独立的读时隙之间至少需要 1 μs 的恢复时间。每个读时隙都由主机发起，至少拉低总线 1 μs，如图 7.7 所示。在主机发起读时隙之后，单总线器件才开始在总线上发送 0 或 1。若从机发送 1，则保持总线为高电平；若发送 0，则拉低总线。当发送 0 时，从机在该时隙结束后释放总线（向总线写 1），由上拉电阻将总线拉回至空闲高电平状态。从机发出的数据在起始时隙之后，保持有效时间 15 μs，因而，主机在读时隙期间必须先释放总线，并且在时隙起始后的 15 μs 之内采样总线状态。DS18B20 读一位和读一个字节程序分别见例 7.1 程序中的 DS18B20_ReadBit() 函数和 DS18B20_ReadByte() 函数。

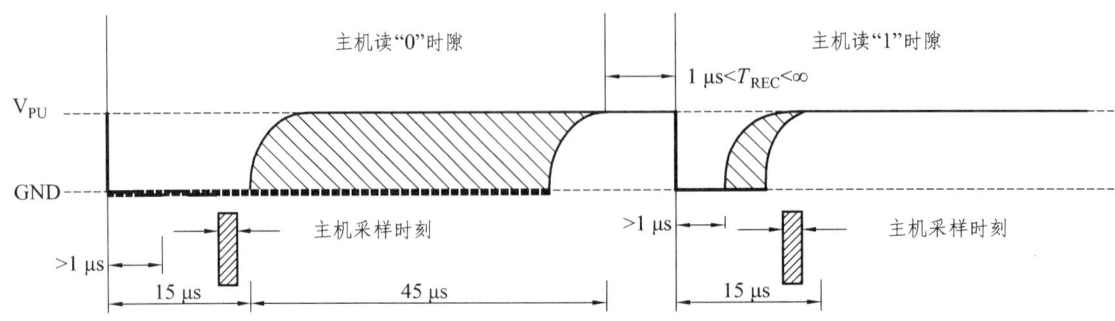

图 7.7　总线读脉冲时序图

> **小知识**
>
> DS18B20 温度传感器是一个直接数字化的温度传感器,可将 -55~+125 ℃ 的温度值按 9 位、10 位、11 位和 12 位的分辨率进行量化,与之对应的温度增量单位值分别是 0.5 ℃、0.25 ℃、0.125 ℃ 和 0.062 5 ℃。传感器上电后的默认值是 12 位的分辨率,当 DS18B20 接收到单片机发出的温度转换命令 44H 后,便开始进行温度转换操作。
>
> 温度测量结果以二进制补码形式存放。分辨率为 12 位的测量结果用带 5 个符号位的 16 位二进制格式来表示,高低 8 位分别存储在两个 RAM 单元中,前面 5 位 S 代表符号位。
>
> 如果测得的温度大于 0,这 5 个符号位 S 为 0,只要将测得的数值乘以 0.062 5 即可得到实际温度值;如果所测温度小于 0,这 5 个符号位为 1,测得的数值必须要先取反加 1 再乘以 0.062 5 才能得到实际温度值。例如,+125 ℃ 的数字输出为 07D0H。如果不考虑小数部分的精度,只要将读到的 16 位温度值的最高 4 位和最低 4 位去掉,就能得到当前温度的整数值。例如,读到的 16 位温度值为 0191H,将它的最高 4 位和最低 4 位去掉,就得到 19H=25,正好是当前温度的整数值。

7.1.4 DS18B20 和 AT89S51 设计实例

例 7.1 硬件连接图如图 7.8 所示。温度传感器 DS18B20 采用独立电源供电,数据线 DQ 经过一个上拉电阻和单片机的 P1.0 口相连。P2 通过 74LS245 给共阴极数码管提供显示码,P3.4、P3.5、P3.6、P3.7 给共阴极数码管提供位选码。

下面对本电路编程实现对温度传感器 DS18B20 的温度采集功能,并将温度信息显示在数码管上。程序中只保留 2 位整数和 1 位小数。

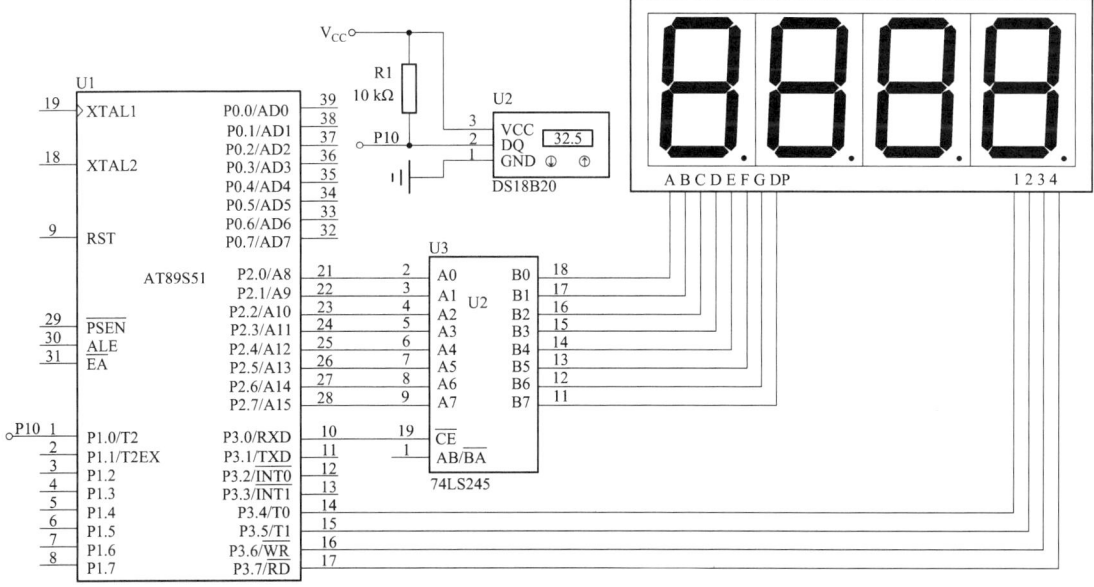

图 7.8 DS18B20 和 AT89S51 硬件连接图

程序代码如下：

```c
//**********************************************************************
//程序：ex7_1.c
//功能：  AT89S51 对 DS18B20 温度采集显示程序
//**********************************************************************
#include<reg51.h>                    /*包含头文件 reg51.h*/
#define uchar unsigned char          /*宏定义后方便书写*/
#define uint unsigned int            /*宏定义后方便书写*/
#define COM P3
unsigned char code DigitsTable[]={0x3f,0x06,0x5b,0x4f,0x66,0x6d,0x7d,0x07,0x7f,0x6f,0x40,0x00};
                                    //LED 字形码
sbit Dot=P2^7;                       //小数点
sbit CE=P3^0;                        //74LS245 片选 CE 端
sbit DQ=P1^0;                        //18B20 数据线
//**********************************************************************
//函数名：Delay
//函数功能：软件延时函数
//形式参数：uchar x;
//**********************************************************************
void Delay(uchar x)
{
    while(x--);
}
//**********************************************************************
//函数名：Delay1
//函数功能：软件延时函数
//形式参数：uint x
//**********************************************************************
void Delay1(uint x)
{
    uint i;
    while(x--)
    {
        for(i=0;i<125;i++);
    }
}
//**********************************************************************
//函数名：DS18B20_Init
//函数功能：初始化 DS18B20
//**********************************************************************
```

```c
void DS18B20_Init()
{
    DQ=0;                    //产生复位脉冲
    Delay(85);               //延时大于 480 μs(520 μs)
    DQ=1;                    //释放总线
    Delay(8);                //这个时间不能太长，否则就过了检测信号的时间
}
//***************************************************************************
//函数名：DS18B20_Ack
//函数功能：读取应答脉冲函数
//***************************************************************************
void DS18B20_Ack()
{
    while(DQ);
    while(~DQ)               //检测到应答脉冲
    {
        Delay(20);           //延时 60～240 μs(131μs)
        break;
    }
}
//***************************************************************************
//函数名：DS18B20_ReadBit
//函数功能：读一个位数据函数
//***************************************************************************
bit DS18B20_ReadBit()
{
    bit b;
    DQ=1;
    Delay(3);                //稍作延时
    DQ=0;
    Delay(1);                //保持低最少 1 μs（4 μs）
    DQ=1;
    Delay(2);                //延时 15 μs 以后输出数据有效（23 μs）
    b=DQ;
    Delay(10);               //读间隙 60～120 μs(71 μs)
    return(b);
}
//***************************************************************************
//函数名：DS18B20_WriteByte
//函数功能：写字节函数
```

```c
//形式参数：uchar b
//*********************************************************************
void DS18B20_WriteByte (uchar b)
{
    int i,j;
    uchar btemp;
    DQ=1;
    for(i=0;i<8;i++)                    //一个字节 8 位
    {
        btemp=b&0x01;                   //与运算保留字节数据最低位，存 btemp 变量中
        b>>=1;                          //右移取下一位
        if(btemp==0)                    //如果 btemp 变量值为 0，执行写 0 时序，参见图 7.6
        {
            DQ=0;
            Delay(10);                  //DQ 拉低保持拉低 60~120 μs（71 μs）
            DQ=1;
            j++; j++;                   //1 μs 以上的恢复时间
        }
        else                            //如果 btemp 变量值为 1，执行写 1 时序，参见图 7.6
        {
            DQ=0;
            j++;    j++;                //DQ 拉低后在 15 μs 之内拉高
            DQ=1;
            Delay(10);                  //整个写时序时间为 60~120 μs（71 μs）
        }
    }
}
//*********************************************************************
//函数名：DS18B20_ConverTemp
//函数功能：软件延时函数
//*********************************************************************
void DS18B20_ConverTemp ()
{
    DS18B20_Init();                     //初始化
    DS18B20_Ack();                      //读取应答脉冲
    DS18B20_WriteByte (0xcc);           //跳过验证序列号命令，
                                        //若单线上有多个 DS18B20，则不可用这个命令
    DS18B20_WriteByte (0x44);           //启动温度转换命令
}
//*********************************************************************
```

```c
//函数名：DS18B20_ReadByte
//函数功能：读字节数据函数
//*********************************************************************
char DS18B20_ReadByte()
{
    uint i;
    uchar a,b;
    b=0;
    for(i=0;i<8;i++)                    //一个字节数据分8次（位）读取
    {
        a=DS18B20_ReadBit();            //读取一个位，存入a变量最低位
        b=(a<<i)|b;                     //a变量值左移i位，或运算并入b变量对应位
    }
    return(b);
}
//*********************************************************************
//函数名：DS18B20_ReadTemp
//函数功能：读取内部ROM的数据及处理函数
//*********************************************************************
uint DS18B20_ReadTemp()
{
    uchar Temp_l, Temp_h;               //温度数据低8位和高8位
    uint y;
    float yy;
    DS18B20_Init();                     //初始化
    DS18B20_Ack();                      //读取应答脉冲
    DS18B20_WriteByte (0xcc);           //跳过验证序列号命令
    DS18B20_WriteByte (0xbe);           //读取内部ROM的数据
    Temp_l=DS18B20_ReadByte();          //读数据低字节
    Temp_h=DS18B20_ReadByte();          //读数据高字节
    y=Temp_h;                           //数据高字节存入y变量（int型）中
    y<<=8;                              //y变量中的数据高字节（在低8位位置），左移8位
    y=y|Temp_l;                         //和数据低字节或运算，整合为一个int型
    if((Temp_h&0xf8)!=0)                //判断温度是否为负
    {
        Temperature=1;                  //Temperature为1表示温度为负
        y=~y+1;                         //若温度为负，则取其补
    }
    else
            Temperature=0;              //温度大于0
    yy=y*0.0625;                        //12位精度为0.0625
```

```c
        y=yy*10+0.5;                          //乘以10表示小数点后只取1位，加0.5是四舍五入
        return(y);
}
//*********************************************************************
//函数名：LED_Display
//函数功能：温度数据显示函数
//形式参数：uint x
//*********************************************************************
void LED_Display(uint x)
{
        uint DisplayBuffer[4];                //存放百位，十位，个位，十分之一位
        uchar i,w;
        if(x/1000==1)                         //温度过百
        {
            DisplayBuffer[0]=1;               //百位
            DisplayBuffer[1]=x%1000/100;      //十位
        }
        if(x/1000==0)                         //温度不过百
        {
            if(Temperature==1)                //若温度为负则前面显示"-"
                DisplayBuffer[0]=10;
            else                              //若温度的百位为0且正则不显示
                DisplayBuffer[0]=11;
            DisplayBuffer[1]=x/100;
        }
        DisplayBuffer[2]=x%100/10;            //个位
        DisplayBuffer[3]=x%10;                //十分之一位
        w=0xe0;                               //位选码初值为0xe0
        for(i=0;i<4;i++)
        {
            COM=w|(0x0e<<i);                  //选通第i个LED数码管的位选线
            w=w<<1;                           //位选码左移一位，选中下一个LED数码管
            P2=DigitsTable[DisplayBuffer[i]]; //将第i个LED数码管的字形码送段选线P2
            if(i==2) Dot=1;                   //若是个位，点亮小数点
            Delay1(5);
        }
}
//*********************************************************************
//函数名：main
//函数功能：主函数
//*********************************************************************
void main(void)
{
```

```
        uint Temp;
        CE=0;                                //选中 74LS245
        while(1)
        {
            DS18B20_ConverTemp();            //启动 DS18B20 温度转换
            Delay1(5);
            Temp=DS18B20_ReadTemp();         //读取 DS18B20 温度值
            LED_Display(Temp);               //调用显示函数显示温度
        }
    }
```

> **小经验**
>
> DS18B20 的编程注意事项如下：
>
> （1）较小的硬件开销需要相对复杂的软件进行补偿，由于 DS18B20 与微处理器间采用串行数据传送，因此，在对 DS18B20 进行读写编程时，必须严格地保证读写时序，否则将无法读取测温结果。
>
> （2）每次执行相应操作时，都应该遵循单总线的命令周期，复位→ROM 命令→功能命令，否则无法完成命令。
>
> （3）从 DS18B20 中读取温度数据，是按照先低字节再高字节，先低位（LSB）再高位（MSB）的顺序读取的。
>
> （4）DS18B20 在上电复位时，其温度寄存器初始值是 85 ℃。如果不想显示这个 85 ℃，可以延迟一段时间，比如 0.5 s 后再提取这个 DS18B20 转换的温度显示即可。

7.2 IIC 总线

目前比较流行的几种串行扩展总线中，IIC 总线以其严格的规范和众多带 IIC 接口的外围芯片而获得广泛应用。IIC 总线是 Philips 公司推出的串行总线，它是一种简单的双向二线制同步串行总线，只需要两根线即可在连接于总线上的器件之间传送信息。它易于扩展，凡是具有 IIC 接口的器件都可以挂接在 IIC 总线上。IIC 总线现已广泛应用在音/视频领域、IC 卡行业、家电行业以及 LCD 驱动器、远程 I/O 口、RAM、EEPROM 或数据转换器等。下面将结合基于 IIC 通信接口的 AT24C02 讲解 IIC 总线的基本知识和应用。

7.2.1 IIC 总线简介

下面是 IIC 总线的一些特征：

（1）IIC 串行总线一般有两根信号线，一根是双向的数据线 SDA，另一根是时钟线 SCL。所有接到 IIC 总线设备上的串行数据 SDA 都接到总线的 SDA 上，各设备的时钟线 SCL 接到总线的 SCL 上。

（2）每个接到 IIC 总线的设备都有一个唯一的地址，以便于主机访问。主机和从机的数据传送，可以由主机发送数据到从机，也可以由从机发到主机。凡是发送数据到总线的设备称为发送器，从总线上接收数据的设备被称为接收器。

（3）它是一个真正的多主机总线。IIC 总线上允许连接多个微处理器以及各种外围设备，如果两个或更多主机同时初始化数据传输，可以通过冲突检测和仲裁以防止数据被破坏。

（4）串行的 8 位双向数据传输位速率在标准模式下可达 100 kb/s，快速模式下可达 400 kb/s，高速模式下可达 3.4 Mb/s。

（5）连接到相同总线的芯片数量只受总线的最大电容 400 pF 限制。

> **小知识**
>
> 目前已有众多公司生产带有 IIC 总线的单片机，如 Philips、Motorola、三星、三菱等公司，这些单片机在工作时，总线状态由硬件监测，无须用户介入，应用非常方便，对于不具有 IIC 总线接口的 MCS-51 单片机，在单片机应用系统中可以通过软件模拟 IIC 总线的工作时序，在使用时，只需正确调用基本时序操作函数就可很方便地实现扩展 IIC 总线接口器件。

7.2.2　IIC 总线的数据通信协议

1. IIC 接口

IIC 总线接口的电气结构如图 7.9 所示。IIC 总线的串行数据线 SDA 和串行时钟线 SCL 必须经过上拉电阻 Rp 接到正电源上。当总线空闲时，SDA 和 SCL 必须保持高电平。为了使总线上所有电路的输出能完成"线与"的功能，连接到总线上的器件的输出极必须为"开漏"或"开集"的形式，所以总线上需加上拉电阻。

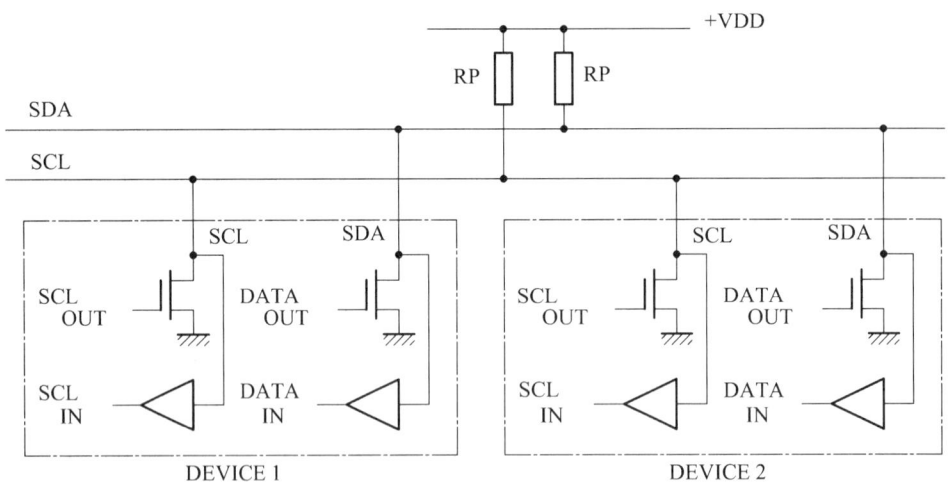

图 7.9　IIC 总线接口电气结构

2. 起始和终止信号

对 IIC 器件的操作总是从一个规定的"启动（Start）"时序开始，即 SCL 为高电平时，SDA 由高电平向低电平跳变，开始传送数据；信息传输完成后总是以一个规定的"停止（Stop）"时序结束，即 SCL 为高电平时，SDA 由低电平向高电平跳变，结束传送数据。时序如图 7.10 所示。起始和终止信号的程序实现参见例 7.2 程序中的 IIC_Start()函数和 IIC_Stop()函数。

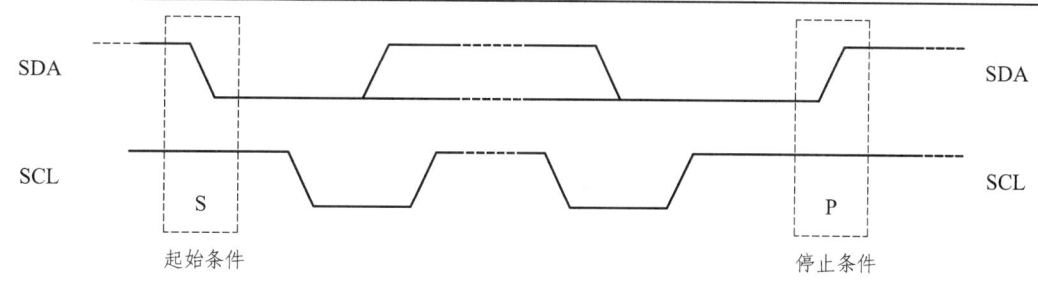

图 7.10 IIC 总线起始和终止时序

起始信号和终止信号都是由主机发出的。在起始信号产生后，总线就处于被占用的状态；在终止信号产生一段时间后，总线就处于空闲状态。在进行数据传输时，SDA 线上的数据必须在时钟的高电平周期保持稳定，数据线的高或低电平状态只有在 SCL 线的时钟信号是低电平时才能改变，如图 7.11 所示。向 IIC 写数据的程序实现参见例 7.2 程序中的 IIC_Write()函数，从 IIC 读数据的程序实现参见例 7.2 程序中的 IIC_Read()函数。

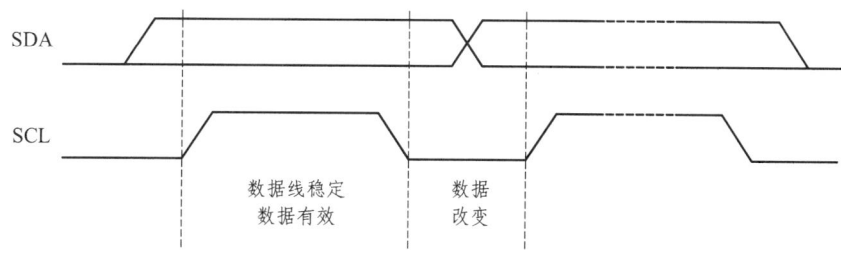

图 7.11 数据传输时序

3. 字节数据传送及应答信号

IIC 总线传送的每个字节均为 8 位，每次传输可以发送的字节数量不受限制，每个字节后必须跟一个应答信号。首先传输的是数据的最高位，如图 7.12 所示，主控器件发送时钟脉冲信号，并在时钟信号的高电平期间保持数据线（SDA）的稳定。由最高位开始一位一位地发送完一个字节后，在第 9 个时钟高脉冲时，从机输出低电平作为应答信号，表示对接收数据的认可，应答信号用 ACK 表示。如果从机要完成一些其他功能，例如一个内部中断服务程序，可以使时钟线 SCL 保持低电平，迫使主机进入等待状态，当从机准备好接收下一个数据字节并释放时钟线 SCL 后，数据传输继续。应答信号的程序实现参见例 7.2 程序中的 IIC_Ack()函数。

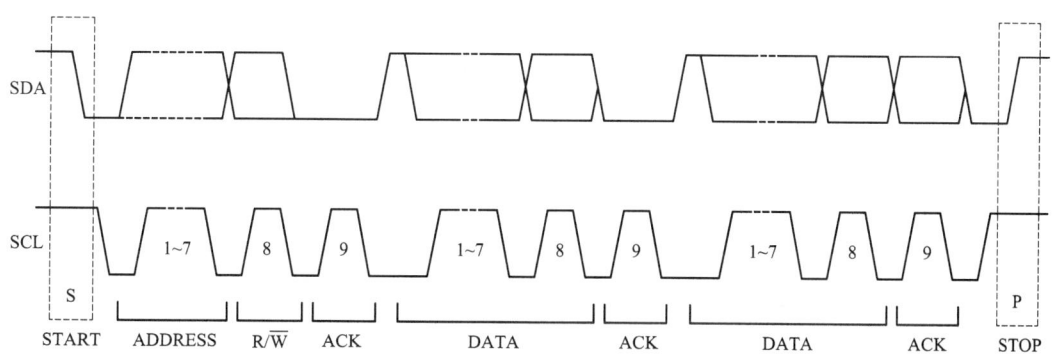

图 7.12 数据传送格式

4. 完整的数据传送

IIC 数据的传输遵循图 7.12 所示的格式。先由主控器发送一个启动信号（S），随后发送一个带读/写（R/$\overline{W}$）标记的从机地址字节（SLAVE ADDRESS）。从机地址只有 7 位长，第 8 位是"读/写"（R/$\overline{W}$）标志，用来确定数据传送的方向。

1）写格式

IIC 总线数据的写格式，如图 7.13 所示。

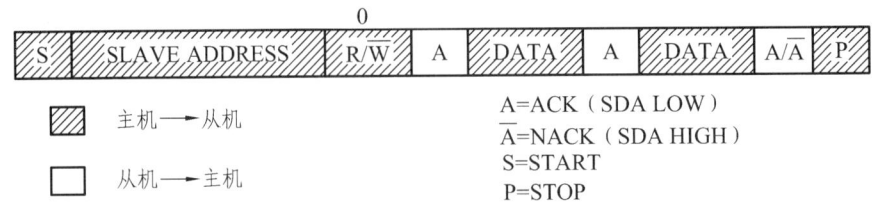

图 7.13　写数据格式

对于写格式，从机地址中第 8 位 R/$\overline{W}$ 应为 0，表示主机控制器将发送数据给从机。从机发送应答信号（A）表示接收到地址和读写信息。接着主机发送若干个字节，每个字节后从机发送一个应答位（A）。注意根据具体的芯片功能，传送的数据格式也有所不同。主机发送完数据后，最后发送一个停止信号（P），表示本次传送结束。

2）读格式

IIC 总线数据的读格式，如图 7.14 所示。

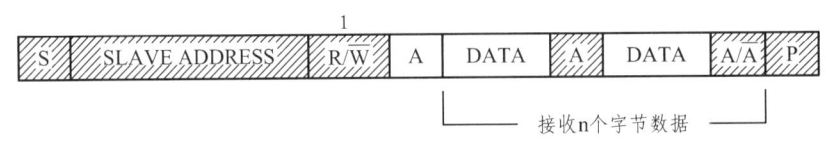

图 7.14　读数据格式

主机发送从机地址（SLAVE ADDRESS）时将 R/$\overline{W}$ 设为 1，则表示主机将读取数据。从机接收到这个信号后，将数据传送到数据线 SDA，主机每接收到一个字节数据后，发送一个应答信号 ACK。当主机接收完数据后，发送一个非应答信号 NACK，通知从机表示接收完成，然后再发送一个停止信号 STOP。非响应信号的程序实现参见例 7.2 程序中的 IIC_NoAck() 函数。

7.2.3　IIC 总线串行存储器 AT24C02

1. AT24C02 简介

AT24C02 是美国 Atmel 公司的串行 EEPROM 芯片，提供 2 Kb 的 EEPROM 存储空间，也就是 256 个字节的存储空间。该芯片有页写功能，数据保存可达 100 年。这个器件广泛用于那些需要低电压低功耗的商业和工业领域。AT24C02 有多种封装形式，如 TSSOP、PDIP、MAP、SOIC 等。其引脚排列如图 7.15 所示。引脚功能定义如表 7.7 所示。

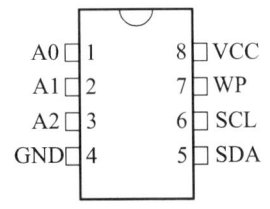

图 7.15　AT24C02 引脚排列

表 7.7　AT24C02 引脚功能定义

引脚名称	引脚功能
A0、A1、A2	器件地址输入端
SDA	串行数据线，IIC 总线的数据线，用于传送地址和所有的数据
SCL	串行时钟线，IIC 总线的时钟信号线，用于形成所有数据发送或接收的时钟
WP	写保护。如果 WP 引脚连接到 VCC，所有的内容都被写保护（只能读，不能写）。当 WP 引脚连接到 GND 或悬空，允许对器件进行正常的读/写操作
VCC	电源
GND	地

2. AT24C02 的使用

1）确定从机即 AT24C02 的地址

AT24C02 的地址字节格式如表 7.8 所示。高半字节是出厂固定的数据，A2、A1、A0 由引脚确定。

表 7.8　AT24C02 地址字节格式

D7	D6	D5	D4	D3	D2	D1	D0
1	0	1	0	A2	A1	A0	R/$\overline{W}$

2）对 AT24C02 写操作

（1）字节写。

在字节写模式下，主器件发送起始命令和从器件地址信息（R/$\overline{W}$ 位置 0）给从器件，在从器件产生应答信号后，主器件发送 AT24C02 的字节地址（即写入的数据在 AT24C02 中存放的地址）。主器件在收到从器件的另一个应答信号后，再发送数据到被寻址的存储单元。AT24C02 再次应答，并在主器件产生停止信号后开始内部数据的擦写。在内部擦写过程中 AT24C02 不再应答主器件的任何请求。AT24C02 字节写操作的时序如图 7.16 所示。写字节操作的程序实现参见例 7.2 程序中的 AT24C02_WriteByte()函数。

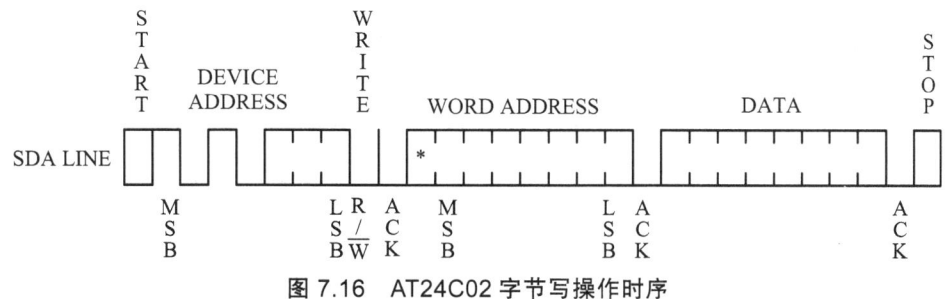

图 7.16　AT24C02 字节写操作时序

（2）页写。

用页写 AT24C02 可以一次写入 16 个字节的数据。页写操作的启动和字节写一样，不同之处在于传送了一字节数据后并不产生停止信号（主器件被允许发送 15 个额外的字节），每发送一个字节数据后 AT24C02 产生一个应答位，并将字节地址低位加 1，高位保持不变。如果在发送停止信号之前主器件发送超过 16 个字节，即字节地址的地位满 16，地址计数器将自动翻转，将低位清零，高位不变，继续写入，先前写入的数据被覆盖。接收到 16 字节数据和主器件发送的停止信号后，AT24C02 启动内部写周期将数据写到数据区，所有接收的数据在一个写周期内写入 AT24C02。页写时序如图 7.17 所示。

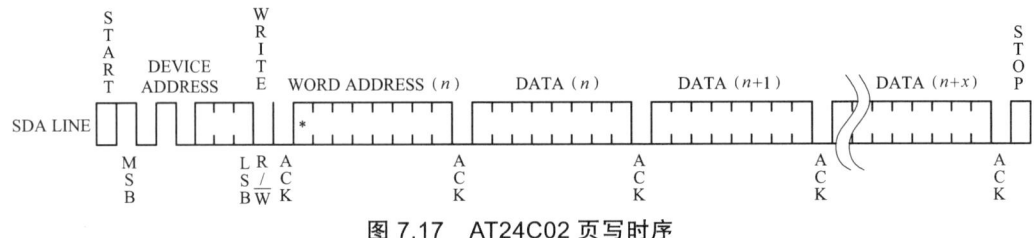

图 7.17　AT24C02 页写时序

3）对 AT24C02 读操作

当从器件的 R/$\overline{W}$ 位被置 1，启动读操作。存在 3 种基本读操作：读当前地址内容，读指定地址内容，读连续地址内容。

（1）读当前地址内容。

AT24C02 片内包含一个地址计数器，此计数器保持被存取的最后一个字的地址，并在片内自动加 1，因此，如果以前存取的地址为 n，则下一个读操作从当前地址 $n+1$ 中读出数据。在接收到从器件的地址中 R/$\overline{W}$ 位为 1 的情况下，AT24C02 发送一个确认位并且发送 8 位数据。主器件接收到 8 位数据后，产生一个非响应信号 NACK，再发送一个停止信号。AT24C02 就不再发送数据，如图 7.18 所示。

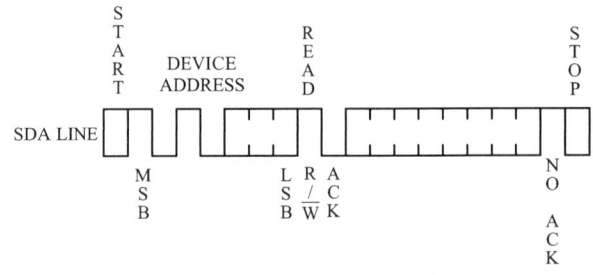

图 7.18　读当前地址内容时序

（2）读指定地址内容。

读指定地址内容操作允许主器件对 AT24C02 的任意字节进行读操作。主器件首先通过发送起始信号、从器件地址和它想读取的字节数据的地址，执行一个伪写操作。在 AT24C02 应答之后，主器件重新发送起始信号和从器件地址，此时 R/$\overline{W}$ 位置 1，AT24C02 响应并发送应答信号，然后输出所要求的一个 8 位字节数据，主器件不发送应答信号但产生一个停止信号，如图 7.19 所示。读字节操作的程序实现参见例 7.2 程序中的 AT24C02_ReadByte()函数。

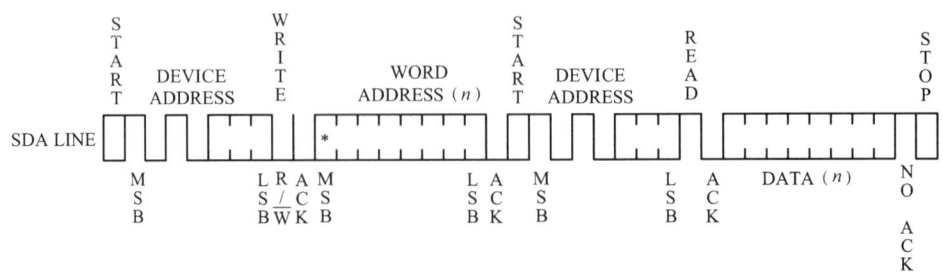

图 7.19　指定地址内容时序

（3）读连续地址内容。

读连续地址内容可通过读当前地址内容或读指定地址内容操作启动。在 AT24C02 发送完一个 8 位字节数据后，主器件产生一个应答信号来响应，告知 AT24C02 主器件要求更多的数据，对应每个主机产生的应答信号 AT24C02 将发送一个 8 位数据字节。当主器件不发送应答信号而发送非应答信号和停止信号时结束此操作，如图 7.20 所示。

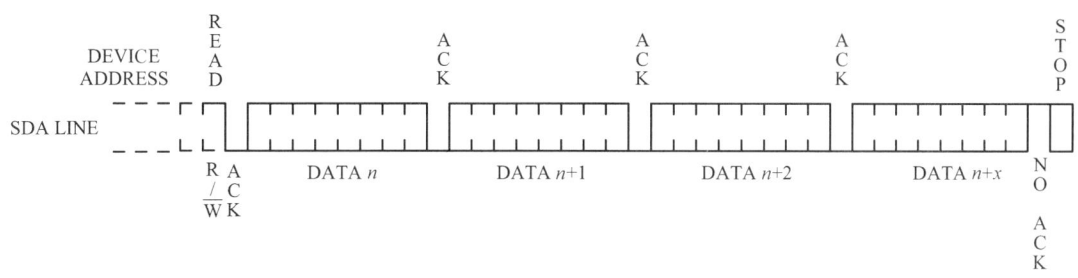

图 7.20　读连续地址内容时序

7.2.4　AT24C02 和 AT89S51 应用实例

例 7.2　AT89S51 与 AT24C02 串行 EEPROM 芯片的典型连接电路如图 7.21 所示。A2，A1，A0 全部接低电平。编制程序通过 AT89S51 将数据写入 AT24C02 中指定地址，然后再从这个地址读出数据并送到 LED 上显示出来。

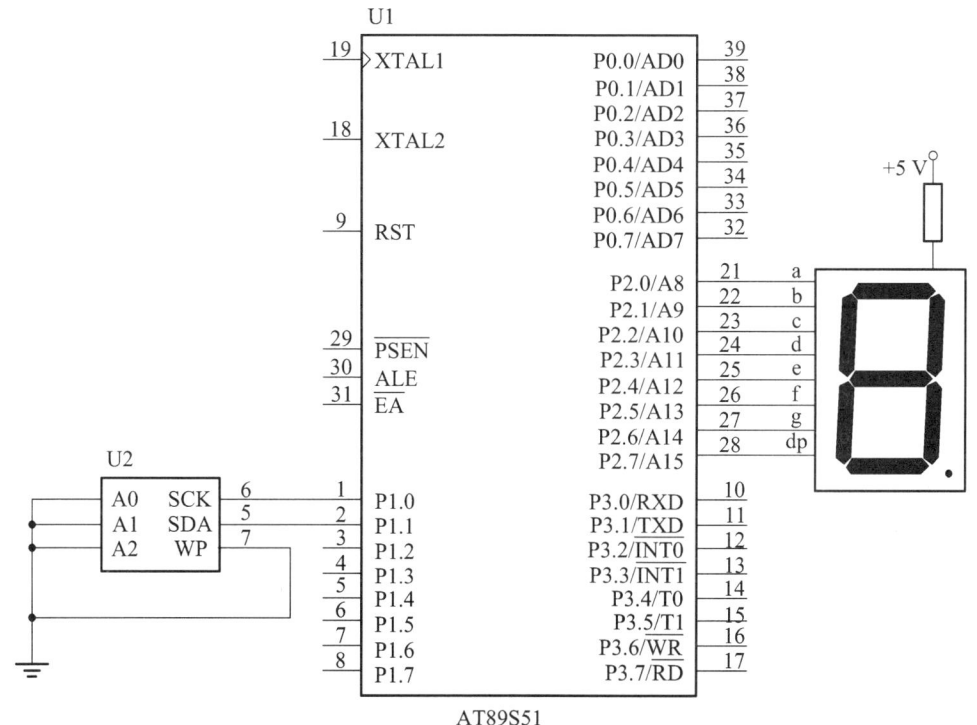

图 7.21　AT24C02 和 AT89S51 典型连接电路

程序代码如下：

```c
//***************************************************************
//程序：ex7_2.c
//功能：AT89S51 对 AT24C02 读写操作
//***************************************************************
#include <reg51.h>              /*包含头文件 reg51.h */
#include <intrins.h>            /*包含头文件 intrins.h */
#define Add_Wr_24C02 0xa0       //写地址
#define Add_Rd_24C02 0xa1       //读地址
sbit SDA=P1^1;                  //定义 P1.1 引脚位名称为 SDA
sbit SCL=P1^0;                  //定义 P1.0 引脚位名称为 SCL
unsigned char Write_Data=0;     //写数据变量
unsigned char Read_Data = 0;    //读数据变量
unsigned char const LED[]={0xc0,0xf9,0xa4,0xb0,0x99,0x92,0x82,0xf8,0x80,0x90 };
                                //共阳极数码管码表
//***************************************************************
//函数名：Delay
//函数功能：软件延时函数
//形式参数：unsigned int j
//***************************************************************
void Delay(unsigned int j)
{
    unsigned int i;
    for(;j>0;j--)
        for(i=0;i<125;i++);
}
//***************************************************************
//函数名：IIC_Start
//函数功能：IIC 开始函数
//***************************************************************
void IIC_Start(void)            //参照图 7.10 时序，在时钟信号高电平时，数据信号拉低
{
    SDA=1;                                  //数据信号高电平
    _nop_();_nop_();                        //插入空操作，延时
    SCL=1;                                  //时钟信号高电平
    _nop_();_nop_();_nop_();_nop_();_nop_();//插入空操作，延时
    SDA=0;                                  //数据信号拉
    _nop_();_nop_();_nop_();_nop_();_nop_();//插入空操作，延时
    SCL=0;                                  //时钟信号低电平
}
```

//***
//函数名：IIC_Stop
//函数功能：IIC 停止函数
//***
void IIC_Stop(void)   //参照图 7.10 时序，在时钟信号高电平时，数据信号拉高
{
    SDA=0;   //数据信号低电平
    nop();   //插入空操作，延时
    SCL=1;   //时钟信号高电平
    nop();_nop_();_nop_();_nop_();_nop_(); //插入空操作，延时
    SDA=1;   //数据信号拉高电平
    nop();_nop_();_nop_();_nop_();_nop_(); //插入空操作，延时
}
//***
//函数名：IIC_Ack
//函数功能：IIC 应答函数
//***
void IIC_Ack(void)   //参照图 7.12 时序，第 9 个时钟信号高电平时，数据信号低电平，时钟拉低
{
    SDA=0;   //数据信号低电平
    nop();_nop_();_nop_();   //插入空操作，延时
    SCL=1;   //时钟信号高电平
    nop();_nop_();_nop_();_nop_();_nop_(); //插入空操作，延时
    SCL=0;   //时钟信号低电平
    nop();_nop_();   //插入空操作，延时
}
//***
//函数名：IIC_NoAck
//函数功能：IIC 无应答函数
//***
void IIC_NoAck(void)
{
    SDA=1;   //数据信号高电平
    nop();_nop_();_nop_();   //插入空操作，延时
    SCL=1;   //时钟信号高电平
    nop();_nop_();_nop_();_nop_();_nop_(); //插入空操作，延时
    SCL=0;   //时钟信号低电平
    nop();_nop_();   //插入空操作，延时
}
//***

```c
//函数名：IIC_Write
//函数功能：IIC 发送一个字节函数
//形式参数：unsigned char Data
//**************************************************************************
void IIC_Write(unsigned char Data)              //字节数据一位一位取出来送到 IIC 总线上
{
    unsigned char BitCounter=8;                 //一个字节 8 位
    unsigned char Temp;                         //数据位移变量
    do
    {
        Temp=Data;
        SCL=0;                                  //参考图 7.11，时钟低电平时总线上的数据变换
        _nop_();_nop_();_nop_();_nop_();_nop_();//插入空操作，延时
        if((Temp&0x80)==0x80)    SDA=1;         //判断取出来的位数据是 0 还是 1
            else    SDA=0;
        SCL=1;                                  //参考图 7.11，时钟高电平时总线上的数据有效
        Temp=Data<<1;                           //数据左移，取下一位
        Data=Temp;
        BitCounter--;                           //数据处理位数减 1
    }while(BitCounter);
    SCL=0;
}
//**************************************************************************
//函数名：IIC_Read
//函数功能：IIC 读字节函数
//**************************************************************************
unsigned char IIC_Read(void)
{
    unsigned char Temp=0;
    unsigned char Temp1=0;
    unsigned char BitCounter=8;                 //一个字节数据分 8 次（位）读取
    SDA=1;
    do
    {
        SCL=0;                                  //参考图 7.11，时钟低电平时总线上的数据变
        _nop_();_nop_();_nop_();_nop_();_nop_();
        SCL=1;                                  //参考图 7.11，时钟高电平时总线上的数据有效
        _nop_();_nop_();_nop_();_nop_();_nop_();
        if(SDA)                                 //读 IIC 总线上的数据，如果读回数据是 1
            Temp=Temp|0x01;                     //Temp 变量的最低位置 1
```

```c
            else                                        //否则，如果读回数据是 0
                Temp=Temp&0xfe;                         //Temp 变量的最低位置 0
            if(BitCounter-1)                            //一个字节数据分 8 次（位）读取
            {
                Temp1=Temp<<1;                          //Temp 变量值左移一位，存入 Temp1
                Temp=Temp1;
            }
        BitCounter--;                                   //读取次数减 1
    }while(BitCounter);
    return(Temp);
}
//*************************************************************************
//函数名：AT24C02_WriteByte
//函数功能：AT24C02 写一个字节函数
//形式参数：unsigned char Address
//*************************************************************************
void AT24C02_WriteByte(unsigned char Address)
{
    IIC_Start();
    IIC_Write(Add_Wr_24C02);                            //AT24C02 器件写地址
    IIC_Ack();
    IIC_Write(Address);                                 //AT24C02 存储单元地址
    IIC_Ack();
    IIC_Write(Write_Data);                              //AT24C02 存储单元写入数据
    IIC_Ack();
    IIC_Stop();
    Delay(20);
}
//*************************************************************************
//函数名：AT24C02_ReadByte
//函数功能：读 AT24C02 一个字节数据函数
//形式参数：unsigned char Address
//*************************************************************************
void AT24C02_ReadByte(unsigned char Address)
{
    IIC_Start();
    IIC_Write(Add_Wr_24C02);                            //AT24C02 器件写地址
    IIC_Ack();
    IIC_Write(Address);                                 //AT24C02 存储单元地址
    IIC_Ack();
```

```c
        IIC_Start();
        IIC_Write(Add_Rd_24C02);            //AT24C02 器件读地址
        IIC_Ack();
        Read_Data=IIC_Read();               //AT24C02 存储单元读出数据
        IIC_NoAck();
        IIC_Stop();
}
//*********************************************************************
//函数名：main
//函数功能：主函数
//*********************************************************************
void main()
{
    AT24C02_WriteByte(100);                 //Write_Data 值写入存储器单元地址 100 中
    while(1)
    {
        AT24C02_ReadByte(100);              //从存储器地址读出 Write_Data 值存入 Read_Data
        P2=LED[Read_Data];                  //将 Read_Data 值查表送 P0 口显示出来
        Delay(1000);
        Write_Data++;                       //Write_Data 值范围：0~9
        if(Write_Data>9)    Write_Data=0;
        AT24C02_WriteByte(100);             //写入 1 个数据写入存储器
    }
}
```

> **小经验**
>
> 单片机编程控制 IIC 器件的工作主要包括两部分，一是按照时序图和上述各操作说明编写基本 IIC 时序函数；二是根据每个器件的特性编写应用函数，调用基本时序函数完成数据的读写功能。
>
> 例如，在例 7.2 中的 EEPROM 器件基本 IIC 时序函数包括：IICStart、IICStop、II2CAck、IICSend 及 IICRead 等，而真正读写存储器的函数是根据芯片资料的读写时序说明，调用基本时序函数实现的，如 AT24C02_WriteByte（）、AT24C02_ReadByte（）等函数。

7.3 SPI 总线扩展接口及应用

7.3.1 SPI 简介

SPI（Serial Peripheral Interface，串行外设接口）是 Motorola 公司提出的一种同步串行外设接口，允许 MCU 与各种外围设备以同步串行方式进行通信来交换信息，如 EEPROM、ADC 和显示驱动器之类的低速外设器件。

与 IIC 总线不同，SPI 总线采用四线方式，功能定义如表 7.9 所示。

表 7.9　SPI 总线功能定义表

名称	功能描述
SCK	串行时钟线
MISO	主机输入/从机输出线
MOSI	主机输出/从机输入线
CS/SS	低电平有效的从机选择线

并行总线系统扩展需要 8 根数据线、8~16 根地址线以及 2~3 根的控制线，而 SPI 总线只需要 3~4 根线就可以实现与外设的通信，因此采用 SPI 总线接口可以简化硬件电路的设计，节省很多常规电路中的接口器件和 I/O 接口线，提高系统的可靠性。尤其在单片机端口有限时，使用 SPI 总线，可以解决 I/O 不够用的问题。

7.3.2　SPI 接口系统

使用单片机作为主机来控制数据，并向一个或多个从机外围器件传送数据，从机只有在主机发送命令时才能接收或发送数据。数据的传输格式是高位（MSB）在前，低位（LSB）在后。SPI 总线接口系统典型的结构如图 7.22 所示。

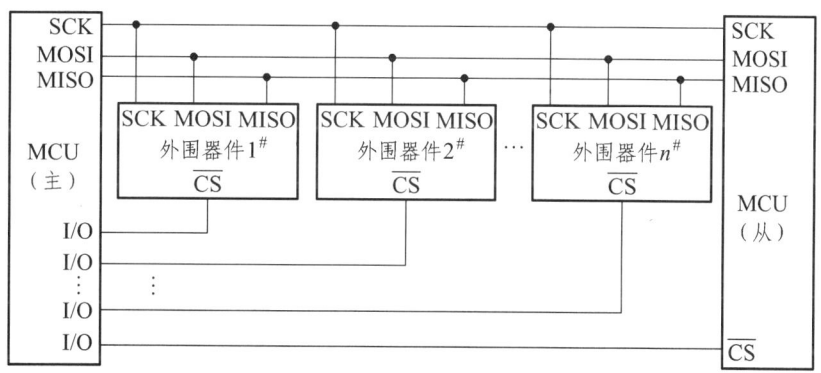

图 7.22　SPI 总线接口系统典型结构

在 SPI 总线扩展中，如果某个从器件只作为输入或只作为输出（如显示驱动器）时，可以省去一根主机输入/从机输出线（MISO），这样可以节省一根线，构成三线系统。同样如果只有一个从机设备时，可以省去片选信号，再节省一根线。当有多个不同的串行 I/O 器件连接至 SPI 总线上时，应该注意两点：一是它的数据输入线必须是三态结构，片选无效时输出高阻态，这样可以不影响其他 SPI 设备的正常工作；二是连接到总线上的从器件必须有片选信号线。

7.3.3　SPI 通信协议

SPI 模块为了和外设进行数据交换，根据外设工作要求，其输出串行同步时钟极性和相位可以进行配置，时钟极性（CPOL）对传输协议没有重大的影响。如果 CPOL = 0，串行同步时钟的空闲状态为低电平；如果 CPOL = 1，串行同步时钟的空闲状态为高电平。时钟相位（CPHA）

能够配置用于选择两种不同的传输协议之一进行数据传输。如果 CPHA = 0，在串行同步时钟的第一个跳变沿（上升或下降）数据被采样；如果 CPHA = 1，在串行同步时钟的第二个跳变沿（上升或下降）数据被采样。SPI 主模块和与之通信的外设的时钟相位和极性应该一致。但是大多数的 51 单片机没有 SPI 模块接口，通常使用软件的办法来模拟 SPI 的总线操作，包括串行时钟、数据输入和输出。值得注意的是，对于不同的串行接口外围芯片，它们的时钟时序有可能不同，按 SPI 数据和时钟的相位关系来看，通常有 4 种情况，这是由片选信号有效前的 SCK 电平和数据传送时的 SCK 有效沿区分的。传送 8 位数据的时序种类具体如图 7.23 所示。

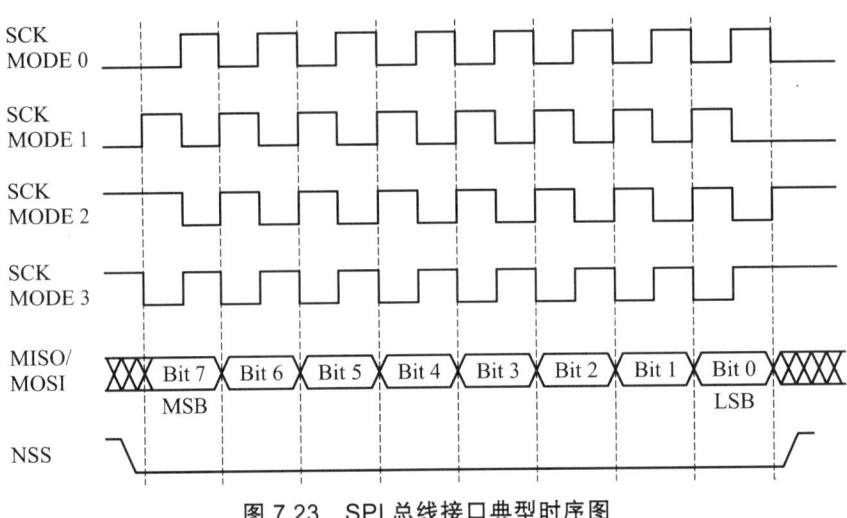

图 7.23　SPI 总线接口典型时序图

由时序图可知：
（1）SPI 总线是边沿信号触发信号传送，数据传送的格式是高位在前，低位在后。
（2）片选信号是低电平有效，数据在片选有效时进行数据的传送，无效时停止数据传送。
（3）片选信号的跳变发生在时钟 SCK 低电平时。

由上可知，其 SPI 时序其实很简单，主要是在 SCK 的控制下，两个双向移位寄存器进行数据交换：上升沿发送、下降沿接收、高位先发送。上升沿到来的时候，MOSI 上的电平将被发送到从设备的寄存器中；下降沿到来的时候，MISO 上的电平将被接收到主设备的寄存器中。

7.3.4　SPI 接口语音芯片 ISD4004 的应用

1. ISD4004 语音芯片介绍

ISD4004 是美国 ISD 公司制造的一种新款语音芯片。此芯片无须 A/D 转换和压缩就可以直接存储，没有 A/D 转换误差，在一个记录位（bit）可存储 250 级声音信号，相当于通常的 A/D 记录的 8 倍。片内集成了晶体振荡器、麦克前置放大器、自动增益控制等，只要很少的外围器件，就可以构成一个完整的声音录放系统。与 ISD 其他系列语音产品不同的是，ISD4004 是一种微控制器"从"设备，而"主"控制器可以是内置有 SPI 兼容接口的微控制器，也可以用 I/O 仿真 SPI 通信协议。ISD4004 系列工作电压为 3 V，单片录放时间为 8～16 分钟，音质好，片内信息存于闪烁存储器中，可在断电情况下保存 100 年，反复录音 10 万次。该芯片适用于移动电话及其他便携式电子产品。

2. ISD4004 引脚定义

ISD4004 采用 PDIP/SOIC 封装，引脚排列如图 7.24 所示。

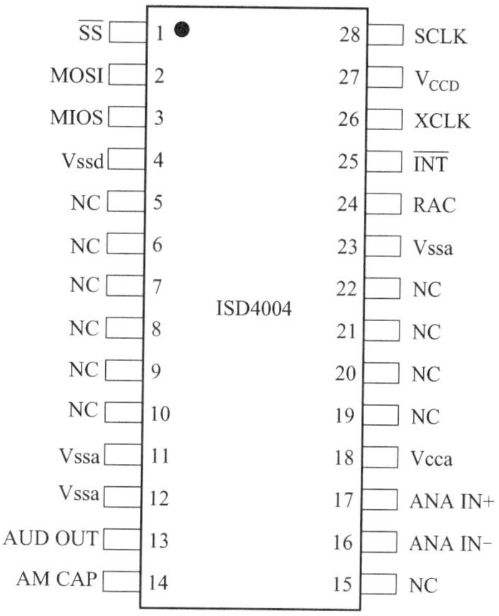

引脚描述如下：

➢ 电源（Vcca，Vccd）：为使噪声最小，模拟和数字电源端最好分别走线，尽可能在靠近供电端处相连，而去耦电容应尽量靠近器件。

➢ 地线（Vssa，Vssd）：芯片内部的模拟和数字电路也使用不同的地线。

➢ 同相模拟输入（ANA IN+）：这是录音信号的同相输入端。输入放大器可用单端或差分驱动。单端输入时，信号由耦合电容输入，最大幅度为峰峰值 32 mV，耦合电容和本端的 3 kΩ 电阻输入阻抗决定了芯片频带的低端截止频率。差分驱动时，信号最大幅度为峰峰值 16 mV。

➢ 反相模拟输入（ANA IN-）：差分驱动时，这是录音信号的反相输入端。信号通过耦合电容输入，最大幅度为峰峰值 16 mV。

➢ 音频输出（AUD OUT）：提供音频输出，可驱动 5 kΩ 的负载。

➢ 片选（$\overline{SS}$）：低电平有效。

➢ 串行输入（MOSI）：此端为串行输入端，主控制器应在串行时钟上升沿之前半个周期将数据放到本端，供 ISD 输入。

➢ 串行输出（MISO）：ISD 的串行输出端。ISD 未选中时，本端呈高阻态。

➢ 串行时钟（SCLK）：ISD 的时钟输入端，由主控制器产生，用于同步 MOSI 和 MISO 的数据传输。数据在 SCLK 上升沿锁存到 ISD，在下降沿移出 ISD。

➢ 中断（$\overline{INT}$）：本端为漏极开路输出。ISD 在任何操作（包括快进）中检测到 EOM 或 OVF 时，本端变低并保持。中断状态在下一个 SPI 周期开始时清除。中断状态也可用 RINT 指令读取。OVF 标志：指示 ISD 的录、放操作已到达存储器的末尾。EOM 标志：只在放音中检测到内部的 EOM 标志时，此状态位才置 1。

➢ 行地址时钟（RAC）：漏极开路输出。每个 RAC 周期表示 ISD 存储器的操作进行了一行（ISD4004 系列中的存储器共 2 400 行）。该信导保持高电平 175 ms，低电平为 25 ms。

➢ 外部时钟（XCLK）：本端内部有下拉元件。芯片内部的采样时钟在出厂前已调校，误差在 ±1% 内。若要求更高精度，可从本端输入外部时钟。在不外接时钟时，此端必须接地。

➢ 自动静噪（AMCAP）：当录音信号电平下降到内部设定的某一阈值以下时，自动静噪功能使信号衰弱，这样有助于养活无信号（静音）时的噪声。通常本端对地接 1 mF 的电容，构成内部信号电平峰值检测电路的一部分。检出的峰值电平与内部设定的阈值作比较，决定自动静噪功能的翻转点。大信号时，自动静噪电路不衰减，静音时衰减 6 dB。1 mF 的电容也影响自动静噪电路对信号幅度的响应速度。本端接 Vcca 则禁止自动静噪。

图 7.24 ISD4004 引脚排列

3. ISD4004 的 SPI 端口控制

1）SPI 端口的控制位

端口的控制位如图 7.25 所示。

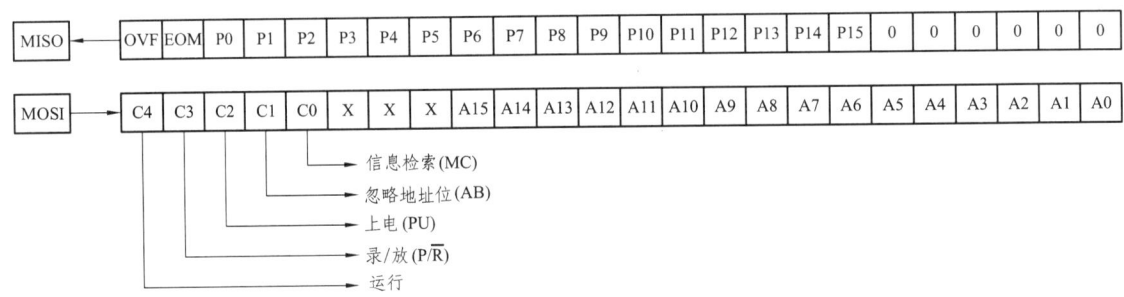

图 7.25 端口控制位

2）SPI 控制寄存器

SPI 控制寄存器控制器件的每个功能，如录放、录音、信息检索（快进）、上电/掉电、开始和停止操作、忽略地址指针等，详见表 7.10。

表 7.10 SPI 控制寄存器

寄存器位	位值	功能	寄存器位	位值	功能
RUN		允许/禁止操作	PU		电源控制
	1	开始		1	上电
	0	停止		0	停电
P/R		录/放模式	IAB		操作是否使用指令地址
	1	录		1	忽略输入地址寄存的内容
	0	放		0	使用输入地址寄存的内容
MC		快进模式	P15~P0		行指针寄存器输出
	1	允许快进	A15~A0		输入地址寄存器
	0	禁止快进			

注：IAB 置 0 时，录、放操作从 A9~A0 地址开始。为了能连贯地录、放到后续的存储空间，在操作到达该行末之前，应发出第二个 SPI 指令将 IAB 置 1，否则器件在同一地址上反复循环。

3）ISD4004 串行 SPI 传输接口

ISD4004 工作于 SPI 串行接口。对 ISD4004 而言，在时钟上升沿锁存 MOSI 引脚的数据，在下降沿将数据送至 MISO 引脚。协议的具体内容如下：

（1）所有串行数据传输开始于 $\overline{SS}$ 下降沿。

（2）$\overline{SS}$ 在数据传输期间必须保持为低电平，在两条指令之间则保持为高电平。

（3）数据在时钟上升沿移入，在下降沿移出。

（4）$\overline{SS}$ 变低，输入指令和地址后，ISD 才能开始录放操作。

（5）ISD 的任何操作（含快进）如果遇到 EOM 或 OVF，则产生一个中断，该中断状态在下一个 SPI 周期开始时被清除。

（6）使用"读"指令使中断状态位移出 ISD 的 MISO 引脚时，控制及地址数据也应同步从 MOSI 端移入。因此要注意移入的数据是否与器件当前进行的操作兼容。当然，也允许在一个 SPI 周期里，同时执行读状态和开始新的操作（即新移入的数据与器件当前的操作可以不兼容）。

（7）所有指令都在 $\overline{SS}$ 端上升沿开始执行。

（8）指令格式是：（8 位控制码）+（16 位地址码）。

（9）所有操作在运行位 RUN 置 1 时开始，置 0 时结束。

ISD4004 单字节数据传送的工作时序如图 7.26 所示。

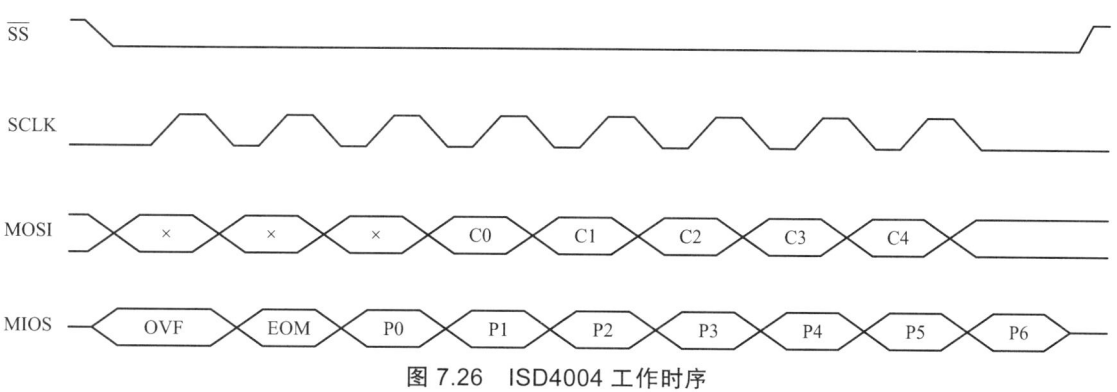

图 7.26　ISD4004 工作时序

4）ISD 操作指令

器件延时 TPUD（8 kHz 采样时，约为 25 ms）后才能开始操作。因此，用户发完上电指令后，必须等待 TPUD，才能发出一条操作指令。

例如，从地址 00 处发音，应遵循如下时序：

（1）发 POWER UP 命令；

（2）等待 TPUD（上电延时）；

（3）发地址值为 00 的 SET PLAY 命令；

（4）发 PLAY 命令。

器件会从此 00 地址开始放音，当出现 EOM 时，立即中断，停止放音。

如果从地址 00 处录音，则遵循以下时序：

（1）发 POWER UP 命令；

（2）等待 TPUD（上电延时）；

（3）发 POWER UP 命令；

（4）等待 2 倍 TPUD；

（5）发地址值为 00 的 SET REC 命令；

（6）发 REC 命令。

器件便从 00 地址开始录音，一直到出现 OVF（存储器末尾）时，录音停止。

ISD 的操作指令如表 7.11 所示。

表 7.11 ISD4004 操作指令

指令	8 位控制码<16 位地址>	操作摘要
POWER UP	00100×××	上电：等待 TPUD 后器件可以工作
SET PLAY	11100×××<A15～A0>	从指定地址开始放音（该命令之前送入 16 位地址）。后跟 PLAY 指令可使放音继续进行下去
PLAY	11110×××	从当前地址开始放音（直至 EOM 或 OVF）
SET REC	10100×××<A15～A0>	从指定地址开始录音（该命令之前送入 16 位地址）。后跟 REC 指令可使录音继续进行下去
REC	10110×××	从当前地址开始录音（直至 OVF 或停止）
SET MC	11101×××<A15～A0>	从指定地址开始快进。后跟 MC 指令可使快进继续进行下去
MC	11111×××	执行快进，直到 EOM。若再无信息，则进入 OVF 状态
STOP	0×110×××	停止当前操作
STOP PWRDN	0×01××××	停止当前操作并掉电
RINT	0×110×××	读状态：OVF 和 EOM

7.3.5 ISD4004 与 AT89S51 单片机应用实例

例 7.3 ISD4004 和 AT89S51 的应用电路如图 7.27 所示。图中，MIC 为麦克风，用于采集外界声音；LM386 是典型的音频放大电路，用于加强 ISD4004 的语音输出功率。单片机的 P0.0～P0.3 口模拟 SPI 接口与 ISD4004 的 SPI 接口相接。

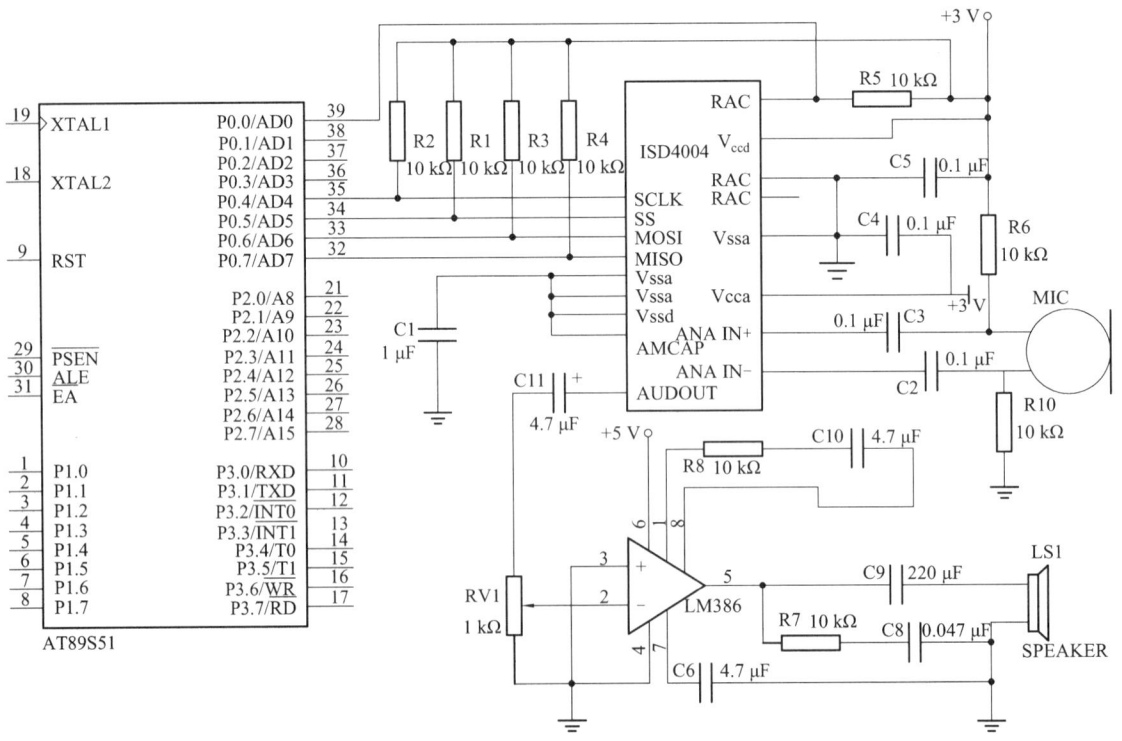

图 7.27 ISD4004 和 AT89S51 的应用电路

参考源程序如下:

```c
//*****************************************************************
//程序: ex7_3.c
//功能: AT89S51 对 ISD4004 的操作
//*****************************************************************
# include<reg51.h>              /*包含头文件 reg51.h */
# include<intrins.h>            /*包含头文件 intrins.h */
#define uchar unsigned char     /*宏定义后方便书写*/
#define uint unsigned int       /*宏定义后方便书写*/
sbit SCLK=P0^0;                 // ISD4004 时钟位定义
sbit MOSI=P0^1;                 //ISD4004 数据输入位
sbit MISO=P0^2;                 //ISD4004 数据输出位
sbit SS=P1^0;                   //ISD4004 片选
//*****************************************************************
//函数名: Send_Bit8
//函数功能: 向 ISD4004 传送一个字节数据
//形式参数: uchar m
//*****************************************************************
void Send_Bit8( uchar m)
{
    uchar i,j ;                 //i 是位移变量, j 循环变量
    SCLK=0;                     //时钟信号拉低
    i=m;                        //ISD4004 传送数据赋位移变量 i
    for(j=0;j<8;j++)            //一个字节数据分 8 次位移送出
    {
        if( i&0x01)   MOSI=1;   //如果取的数据位是 1, 则 MOSI 引脚置高电平
            else    MOSI=0;     //如果取的数据位是 0, 则 MOSI 引脚置低电平
        SCLK=1;                 //时钟信号上升沿锁存 MOSI 引脚数据
        i=i>>1;                 //数据右移 1 位, 准备送下一位数据
        SCLK=0;                 //时钟信号拉低, 为送下一位数据作准备
    }
}
//*****************************************************************
//函数名: Send_Bit16
//函数功能: 向 ISD4004 传送两个字节的数据
//形式参数: uint m
//*****************************************************************
void Send_Bit16 (uint m)
{
    uint i;                     //i 是位移变量
```

```c
        uchar j ;                          //j 循环变量
        SCLK=0;                            //时钟信号拉低
        i=m;                               //ISD4004 传送数据赋位移变量 i
        for(j=0;j<16;j++)                  //二个字节数据分 16 次位移送出
        {
            if( i&0x0001)   MOSI=1;        //如果取的数据位是 1，则 MOSI 引脚置高电平
              else          MOSI=0;        //如果取的数据位是 0，则 MOSI 引脚置低电平
            SCLK=1;                        //时钟信号上升沿锁存 MOSI 引脚数据
            i=i>>1;                        //数据右移 1 位，准备送下一位数据
            SCLK=0;                        //时钟信号拉低，为送下一位数据作准备
        }
}
//*****************************************************************
//函数名：Delay
//函数功能：软件延时函数
//形式参数：uchar n；n 控制空循环的外循环次数，共循环 n*250 次
//*****************************************************************
void Delay( uchar n)
{
    uchar i,j;                             //定义无符号字符型变量 i 和 j
    for(i=n;i>0;i--)                       //双重 for 循环语句实现软件延时
        for(j=250;j>0;j--);                //循环体为空循环
}
//*****************************************************************
//函数名：ISD_Stop
//函数功能：停止当前操作函数
//*****************************************************************
void ISD_Stop()
{
    SS=1;_nop_( );
    SS=0;
    Send_Bit8( 0x30);                      //发停止指令，操作指令格式参见表 7.11
    SS=1;                                  //所有指令都在 SS 上升沿开始执行
}
//*****************************************************************
//函数名：ISD_PowerOn
//函数功能：ISD4004 上电函数
//*****************************************************************
void ISD_PowerOn( void)
{
```

第7章 单片机常用串行总线扩展技术

```
        Send_Bit8( 0x20);                    //发上电指令,操作指令格式参见表 7.11
}
//**************************************************************************
//函数名: ISD_Rec
//函数功能: 在 ISD4004 指定的地址开始录音
//**************************************************************************
void    ISD_Rec()
{
    SS=1;_nop_();
    SS=0;
    ISD_PowerOn();                           //ISD 上电
    SS=1;                                    //SS 上升沿开始执行上电指令
    Delay(100);
    SS=0;
    ISD_PowerOn();                           //录音与放音不同,需两次上电
    SS=1;                                    //SS 上升沿开始执行上电指令
    Delay(200);
    SS=0;
    Send_Bit16( 0x0000);                     //从地址 00 处开始录音
    Send_Bit8( 0xa0);                        //发 SET REC 指令
    SS=1;nop_(); SS=0;                       //两命令之间 SS 必须为高电平
    Send_Bit8( 0xb0);                        //REC 命令,开始录音
    SS=1;
}
//**************************************************************************
//函数名: ISD_Play
//函数功能: 在 ISD4004 指定的地址开始放音
//**************************************************************************
void ISD_Play()
{
    SS=1;_nop_();
    SS=0;
    ISD_PowerOn();                           //ISD 上电
    SS=1;                                    //SS 上升沿开始执行上电指令
    Delay(100);
    SS=0;
    Send_Bit16( 0x0000);                     //设置开始放音的地址
    Send_Bit8( 0xe0);                        //发 SET PLAY 指令
    SS=1;_nop_( );                           //两命令之间 SS 必须为高电平
    SS=0;_nop_( );
```

```
            Send_Bit8( 0xf0);                    //发 PLAY 命令，开始放音
            SS=1;                                //SS 上升沿开始执行放音指令
    }
```

> **小经验**
>
> 　　针对某个器件的读写操作过程，就是针对器件资料中的读写时序和内部寄存器结构，调用基本的 SPI 读字节和写字节的时序函数来实现的。这一点与 IIC 器件的应用方法类似。程序分为两部分：一部分实现 SPI 标准时序函数，这部分函数相对比较标准，只是要根据个别芯片的特殊时序进行微调即可，主要包括片选有效、片选无效、读字节、写字节 4 个函数；另一部分是根据器件具体结构和操作方法调用 SPI 标准时序函数的过程，从而实现每个器件特殊的功能，再把这些专用函数声明为外部函数，在主程序模块中调用，而 SPI 时序函数如果在其他模块中无须调用，就不用在头文件中声明了。

知识梳理与总结

　　本章重点介绍了 1-Wire 单总线、IIC 总线、SPI 串行总线器件的应用方法，及其典型芯片 DS18B20、AT24C02 和 ISD4004 的应用。读者可以举一反三，在工程实现中轻松完成同类串行总线接口器件的开发应用。

习题 7

7.1 问答题
（1）三种串行总线的特点分别是什么？
（2）IIC 总线是如何选中从器件的？
（3）IIC 总线的起始信号和终止信号是如何定义的？

7.2 编程题
　　利用 DS18B20、24C02 和 ISD4004 设计一个带有时钟、温度、存储和语音播报功能的测温计，并用 LCD1602 同时显示当前时间和温度。

第8章 51单片机应用系统开发与设计

单片机应用系统是为完成某项任务而研制开发的用户系统，是以单片机为核心，配以外围电路和软件，能实现设定任务、功能的实际应用系统。前面章节介绍了单片机的基本组成、功能及其扩展电路，以及单片机的软件、硬件资源的组织和使用。此外，一个实际的单片机应用系统还涉及很多复杂的内容与问题，如涉及多种类型的接口电路、软件设计、软件与硬件的结合、如何选择最优方案等内容。本章将对单片机应用系统的开发过程及设计步骤，可靠性及抗干扰设计，实用低功耗、加密技术等方面作介绍，并通过单片机数字钟应用项目举例说明单片机应用系统的设计过程。

【教学导航】

教	知识重点	1. 单片机开发过程； 2. 单片机抗干扰技术； 3. 单片机加密技术
	知识难点	以单片机为核心的应用系统软、硬件开发过程； 单片机软、硬件抗干扰技术
	推荐教学方式	从单片机开发过程入手，通过例程了解在单片机软硬件设计过程中的抗干扰技术，以及烧录过程中使用的加密技术
	建议学时	4~6学时
学	推荐学习方法	先通过例程了解单片机开发流程，从而引入单片机开发过程中涉及的抗干扰技术、加密技术
	必须掌握的理论知识	单片机软硬件抗干扰技术
	必须掌握的技能	单片机应用系统设计

8.1 单片机应用系统开发过程及设计步骤

单片机应用系统是指以单片机芯片为核心，配以一定的外围电路和软件，能实现某种或几种功能的应用系统。单片机应用系统的开发工作主要包括应用系统硬件电路的设计和单片机控制程序设计两个部分，其中又以单片机控制程序的设计为核心。

不同的单片机应用系统由于应用目的的不同，设计时自然要考虑其应用特点。如对智能仪器仪表，要求有较高的测量精度，功能齐全；对工业实时控制系统，则要求有较强的实时控制能力，较完善的输入/输出设备；而对数据采集系统，则要求具有一定的精度和较强的数据处理能力；等等。所以，设计一个符合生产要求的单片机应用系统，就必须充分了解这个系统的应用目的和其特殊性，才能真正做到有的放矢，提出合理、可行的设计方案。

一般来说，单片机应用系统的设计原则是：
- 系统功能应满足生产要求；
- 系统运行应安全可靠；
- 系统具有较高的性能价格比；
- 系统易于操作和维护；
- 系统功能应灵活，便于扩展；
- 系统具有自诊断功能；
- 系统能与上位机通信。

在这些原则中，适用、可靠、经济最为重要。对于一个应用系统的设计要求，应根据具体任务和实际情况进行具体分析后提出。

对于单片机系统的设计，由于控制对象不同，其硬件和软件结构有很大差异，但系统设计的基本内容和主要步骤是相同的。一般来说，单片机应用系统的开发过程主要包括：系统分析、单片机选型、程序设计、仿真测试并最终下载到实际硬件电路中执行。

在设计单片机控制系统时，一般需要考虑以下几个方面：

1. 确定系统设计的任务

在进行系统设计之前，首先必须进行设计方案的调研，要保证设计要求可以利用现有的技术来实现，包括查找资料、进行调查、分析研究。要充分了解委托研制单位提出的技术要求、使用的环境状况及技术水平，明确任务，确定系统的技术指标，包括系统必须具有哪些功能。这是系统设计的依据和出发点，它将贯穿于系统设计的全过程，也是整个研制工作成败、好坏的关键，因此必须认真做好这项工作。

其次，需要了解整个项目开发所需要的知识是否都具备。如果不具备，则需要估计在现有的知识背景和时间限制下能否掌握并完成整个设计。必要的时候，可以选用成熟的开发板来加快学习和程序设计的速度。

完成可行性分析后，便进入系统总体方案设计阶段。设计者可参考前面可行性分析中查找到的相关资料及本系统的应用要求和现有条件，初步规划本设计所采用的器件以及实现的功能和技术指标。接着，再制定合理的时间计划表，编写设计的任务书，从而完成系统总体方案设计。

2. 系统方案设计

在系统设计任务和技术指标确定以后，即可进行系统的总体方案设计。这一工作一般包括以下两个方面：

1）机型及支持芯片的选择

单片机应用系统的开发过程中，单片机是整个设计的核心，设计者需要为单片机安排合适的外部器件，同时还需要设计整个控制软件，因此选择合适的单片机型号很重要。目前，市场上的单片机种类繁多，在进行正式的单片机应用系统开发之前，需要根据不同单片机的特性，从中作出合理的选择。

机型选择应适合于产品的要求。设计人员可大体了解市场所能提供的构成单片机系统的功能部件，根据要求进行选择。若作为系统生产的产品，则所选的机种必须要保证有稳定、充足的货源，且这些器件使用得比较广泛，有许多设计资料供学习或参考。应从可能提供的多种机型中选择最易实现技术指标的机型，如字长、指令系统、执行速度、中断功能等。如果要求研制周期短,则应选择熟悉的机种,并尽量利用现有的开发工具。

单片机尽量选择所需的硬件资源集成在单片机内部的型号,例如:ADμC8XX系列51内核的单片机具有ADC、DAC、I2C、SPI等模块,这样便于整个控制系统的软件管理,减少外部硬件的投入,缩小整体电路板面积,从而减少总体投资等。

对于手持式设备、移动设备等需要低功耗的设备,尽量选择如MSP430系列等低电压、低功耗单片机型号,这样可以减少能量的消耗,延长设备的使用寿命。

在资金等条件允许的情况下,尽量选择功能丰富、扩展能力强的单片机,这样便于以后的功能升级和扩展。

对于体积有限制的产品,尽量选择贴片封装的单片机型号,这样可以减少电路板面积,从而降低硬件成本,同时也有助于电磁兼容设计。

2)综合考虑软、硬件的分工与配合

因为单片机系统中的硬件和软件具有一定的互换性,就如有些由硬件实现的功能也可以用软件来完成,反之也一样。因此,在方案设计阶段要认真考虑软、硬件的分工与配合。考虑的原则是:软件能实现的功能尽可能由软件来实现,以简化硬件结构,还可降低成本。但必须注意,这样做势必增加软件设计的工作量。此外,由软件实现的硬件功能,其响应时间要比直接用硬件的时间长,而且还占用了CPU的工作时间。另外还要考虑功能接口芯片。因此,在设计系统时必须综合考虑这些因素。

3. 系统详细设计与制作

系统详细设计与制作就是将前面的系统方案付诸实施,将硬件框图转化成具体电路,并制作成电路板,画出软件框图或流程图,用程序加以实现。

1)硬件设计

在进行电路设计时,需要仔细规划整个硬件电路的资源成本以及扩展器件。同时,需要考虑哪部分的功能用硬件来实现以及用什么器件来实现,哪部分的功能用软件来实现等。这里需要注意以下几点:

(1)如果所选单片机的硬件资源丰富且性能指标达到要求,则应尽量使用其内部集成的硬件资源来实现,这样可以减少额外的器件投资,同时提高系统的集成度和降低电路的复杂性。

(2)合理规划和使用单片机的硬件资源,充分发挥单片机的性能。

(3)尽量选择一些标准化、模块化的典型电路,这样可以加快电路设计速度,提高设计的灵活性,确保成功率等。

(4)硬件电路上最好将不用的引脚留为扩展的接口,以便后期的电路维护及硬件升级。

(5)要仔细考虑各部分硬件的功耗以及驱动能力,确保电源具有足够的驱动能力,同时也需要保证相连接的两个器件之间的驱动能力,否则将导致系统无法正确运行。

2)软件设计

在单片机软件设计时,主要需要从以下几点来考虑:

(1)选择合适易用的程序开发工具,例如Keil μVision系列等。

(2)尽量选择使用单片机C51语言来进行设计,避免使用汇编语言,这样可以使程序易读易懂,便于代码交流和后期维护。

（3）对于那些在执行速度上有特殊要求的场合，可采用 C51 语言嵌入汇编代码来实现。

（4）应采用结构化的程序设计，将各个主要的功能部件设计为子程序或者子函数，这样便于调试以及后续的移植修改等。

（5）设计时要合理使用单片机的硬件资源，包括 RAM、ROM、串口、定时/计数器和中断等。

（6）程序尽量采用执行速度快的指令，以充分发挥单片机的运算性能。

（7）设计时要充分考虑软件运行时的状态，避免未处理的运行状态。否则，程序运行时进入未处理的状态便容易出错致使软件死机。

（8）必要时可以在软件中采用看门狗定时器进行强制复位。

（9）编写源程序代码时，要尽量添加注释，这样可以提高程序的可读性，便于代码交流和维护。

4. 系统调试与修改

当硬件和软件设计好后，就可以进行调试了。硬件电路检查分为两步：静态检查和动态检查。硬件的静态检查主要是检查电路制作的正确性，因此，一般无须借助于开发器。动态检查是在开发系统上进行的。把开发系统的仿真头连接到产品中，代替系统的单片机。然后向开发产品输入各种诊断程序，检查系统中的各部分工作是否正常。做完上述检查就可进行软硬件联调。先将各模块程序分别调试完毕，然后再进行连接，连成一个完整的系统应用软件，待一切正常后，即可将程序固化到程序存储器中，此时即可脱离开发系统进行脱机运行，并到现场进行调试，检查系统在实际应用环境中是否能正常而可靠地工作，同时再检测其功能是否达到技术指标的要求。如果某些功能还未达到要求，则再对系统进行修改，直至满足要求。

单片机程序在实际使用前，一般均需要进行代码仿真。单片机仿真测试和程序设计是紧密相关的。在实际设计过程中，通过仿真测试，可以及时发现问题，确保模块及程序的正确性。当发现问题时，需要重新修改设计，直到程序通过仿真测试。单片机程序的仿真测试需要从如下几点考虑：

（1）对于模块化的程序，可以通过仿真测试的方法单独测试每个模块的功能是否正确。

（2）对于通信接口，如串口等，可以在仿真程序中测试通信的流程。

（3）通过仿真测试可以预先了解软件的整体运行情况是否满足要求。

（4）要选择一个好的程序编译仿真环境，例如 Keil 公司的 μVision 系列、Labcenter Electronics 公司的 Proteus 软件等。

（5）如果条件允许的话，可以选择一款和单片机型号匹配的硬件仿真器。硬件仿真一般支持在线仿真调试，可以实时观察程序中的各个变量，最大限度地对程序进行测试。

当程序设计完毕并初步通过仿真测试后，便可以将其下载到单片机，并结合硬件电路来测试系统整体运行。此时，主要测试单片机程序和外部硬件接口是否运行正常，整个硬件电路的逻辑时序配合是否正确等。如果发现问题，则要返回设计阶段，逐个解决问题，直至解决所有问题，达到预期设计功能和指标要求。在程序下载和实践电路调试时，可以从如下几方面考虑：

（1）设计调试时，尽量选可重复编程的单片机，这样便于修改程序。

（2）投入生产时，可以根据需要选择一次性编程的器件。

（3）调试时尽量要选择 Flash 编程的单片机，相比早期问世的单片机来说，其程序下载方式简单、灵活，下载器投资较少。

（4）选择合适的程序下载器，最好同时具有在线调试功能，这样便于硬件的仿真调试。

8.2 单片机应用系统的可靠性及抗干扰设计

单片机系统的可靠性是由多种因素决定，其中系统的抗干扰性能的好坏是影响系统可靠性的重要因素。

本节将从干扰源、硬件、软件以及电源系统、接地系统等方面研究分析并给出有效可行的解决措施。

8.2.1 干扰的来源

影响单片机系统正常工作的信号称为噪声，又称干扰。干扰会影响指令的正常执行，造成控制事故或控制失灵；在测量通道中产生了干扰，就会使测量产生误差；电压的冲击有可能使系统遭到致命的破坏。干扰产生的后果，可概括为下面几点：影响数据采集的准确度；造成程序运行失常，包括控制状态失灵、死机等；系统对被控对象的误操作；被控对象状态不稳定。

单片机应用环境中干扰是以脉冲的形式进入单片机系统的，其渠道主要有三条，即空间干扰、供电系统干扰、过程通道干扰。

（1）空间干扰：电气设备如发射机、中频炉、可控硅逆变电源等发出的电磁场干扰；广播电台或通信发射台发出的电磁波；空中雷电，甚至地磁场的变化也会引起干扰。

（2）供电系统干扰：供电系统中大功率设备、大感性负载设备的启停使电网电压大幅度涨落（浪涌），欠压或过压常常达到额定电压的15%以上；由于大功率开关的通断、电机的启停、电焊等原因，电网上常出现几百伏，甚至几千伏的尖脉冲干扰。

（3）过程通道干扰：单片机系统中开关量/模拟量输入、输出的信号线多至几百条甚至几千条，长度往往达几百或几千米，不可避免地将干扰引入单片机系统；大的电气设备漏电，接地系统不完善，或者测量部件绝缘不好，会使通道中直接串入干扰信号。

各通道的线路如果出自同一根电缆或绑扎在一起，各路间会通过电磁感应而产生瞬间的干扰，尤其是 0~15 V 的信号与交流 220 V 的电源线同套在一根长达几百米的管中其干扰更为严重。这种彼此感应产生的干扰其表现形式仍然是通道中形成干扰电压。这样，轻者会使测量的信号发生误差，重者会使有用的信号完全淹没。这种通过感应产生的干扰电压会达到几十伏，使单片机系统无法工作。

三种干扰以来自供电系统的干扰最甚，其次为来自过程通道的干扰。对于来自空间的辐射干扰，需加适当的屏蔽及接地来解决。

8.2.2 过程通道干扰的抑制措施

过程通道是系统输入、输出以及单片机之间进行信息传输的路径。过程通道的干扰的抑制主要采用光电隔离技术。采用光电耦合器可以将单片机与前向、后向以及其他部分切断电路的联系，能有效地防止干扰从过程通道进入单片机。其原理如图 8.1 所示。

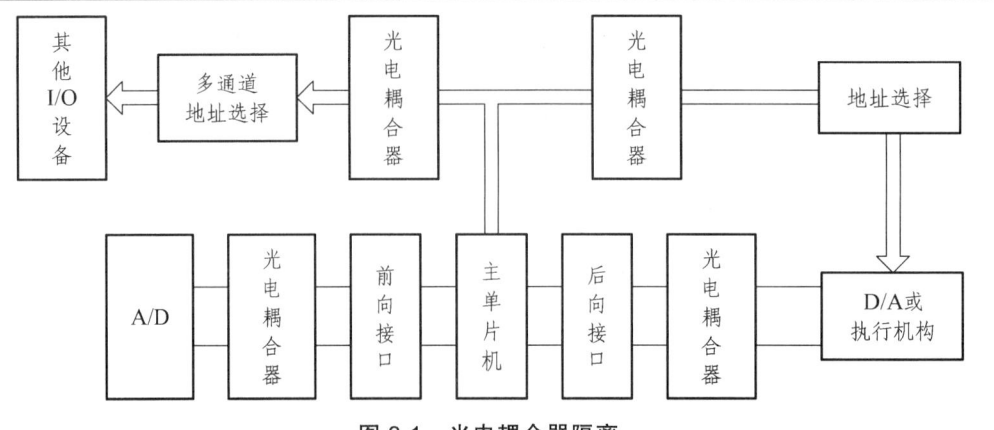

图 8.1 光电耦合器隔离

光电耦合的主要优点是能有效抑制尖峰脉冲以及各种噪声干扰，从而使过程通道上的信噪比大大提高。

1. ADC、DAC 与单片机之间的隔离

对 CPU 数据总线进行隔离是一种十分理想的方法，全部 I/O 端口均被隔离。但是，由于在 CPU 数据总线上是高速（μs 级）双向传输，这就要求频率响应为 MHz 级的隔离器件，而这种器件目前较难买到，价格较高。因此，这种方法采用得不多。通常采用下列方法将 ADC、DAC 与单片机之间的电气联系切断。

1）对 A/D、D/A 进行模拟隔离

通常采用隔离放大器对模拟量进行隔离，但所用的隔离型放大器必须满足 A/D、D/A 变换的精度和线性要求。例如，如果对 12 位 A/D、D/A 变换器进行隔离，其隔离放大器要达到 13 位，甚至 14 位精度，如此高精度的隔离放大器，价格昂贵。

2）在 I/O 与 A/D、D/A 之间进行数字隔离

这种方案最经济，也称数字隔离。

A/D 变换时，先将模拟量变为数字量，对数字量进行隔离，然后再送入单片机。D/A 变换时，先将数字量进行隔离，然后进行 D/A 变换。这种方法的优点是方便、可靠、廉价，不影响 A/D、D/A 的精度和线性度。缺点是速度不高。如果用廉价的光电隔离器件，最大转换速度约 3 000 ~ 5 000 b/s。

将输出的数字量经锁存器锁存后，驱动光电隔离器，经光电隔离之后的数字量被送到 D/A 变换器。

但要注意的是，现场电源、现场地和系统电源及系统地，必须分别由两个隔离电源供电。

还应指出的是，光电隔离器件的数量不能太多，因为光电隔离器件的发光二极管与受光三极管之间存在分布电容。当数量较多时，必须考虑将并联输出改为串联输出的方式，这可使光电器件大大减少，且保持很高的抗干扰能力，但传送速度下降。

2. 开关量隔离

常用的开关量隔离器件有继电器、光电隔离器、光电隔离固态继电器（SSR）。用继电器对开关量进行隔离时，要考虑到继电器线包的反电动势的影响，驱动电路的器件必须能耐高压。

为了吸收继电器线包的反电动势，通常在线包两端并联一个二极管。其触点并联一个消火花电容器，容量可在 0.1～0.047 μF 之间选择，耐压视负荷电压而定。

8.2.3 电源抗干扰设计

电源分配系统首要的就是良好的接地，系统的地线必须能够吸收来自所有电源系统的全部电流。应该采用粗导线作为电源连接线，地线应尽量短而直接走线；对于插件式线路板，应多给电源线、地线分配几个沿插头方向均匀分布的插针。

在单片机系统中，为了提高供电系统的质量，防止窜入干扰，可采取的供电配置措施如下：

（1）交流进线端加交流滤波器，可滤掉高频干扰，如电网上大功率设备启停造成的瞬间干扰。滤波器市场上的产品有一级、二级滤波器之分，安装时外壳要加屏蔽并良好接地；进出线要分开，防止感应和辐射耦合。低通滤波器仅允许 50 Hz 交流电通过，对高频和中频干扰有良好的衰减作用。

（2）要求高的系统需加交流稳压器。

（3）采用具有静电屏蔽和抗电磁干扰的隔离电源变压器。

（4）采用集成稳压块两级稳压。目前市场上集成稳压块有许多种，如提供正电源的 7805、7812、7820、7824 以及提供负电压的 79 系列稳压块，它们内部是多级稳压电路。采用两级稳压，效果好。例如主机电源先用 7809 稳压到 9 V，再用 7805 稳压到 5 V。

（5）直流输出采用大容量电解电容进行平滑滤波。

（6）交流电源线与其他线尽量分开，减少再度耦合干扰。如滤波器的输出线上干扰已减少，应使其与电源进线级滤波器外壳保持一定距离，交流电源线与直流电源线及信号线分开走线。

（7）电源线与信号线一般都通过地板下面走线，而且不可把两线靠得太近或互相平行，以减少电源信号线的影响。

（8）在每块印刷板的电源与地之间并接退耦电容，即 5～10 μF 的电解电容和一个 0.01～1.0 μF 的电容，以消除直流电源与地线中的脉冲电流所造成的干扰。

8.2.4 印刷电路板的抗干扰设计

印刷电路板（也称印制板）是单片机系统中器件、信号线、电源线的高密度集合体。印刷电路板设计的好坏对抗干扰能力影响很大，故印刷电路板设计决不单是器件、线路的简单布局安排，还必须符合抗干扰的设计原则。

1. 地线设计原则

（1）加粗地线宽度。加粗地线能降低导线电阻，使它能通过三倍于印制板上的允许电流。如有可能，地线宽度应在 2～3 mm 以上。

（2）接地线构成闭环路。接地线构成闭环路能明显地提高抗噪声能力。闭环形状能显著地缩短线路的环路，降低线路阻抗，从而减少干扰。但要注意环路所包围的面积越小越好。

（3）印刷电路板分区集中并联一点接地。当同一印制板上有多个不同功能的电路时，可将同一功能单元的元器件集中于一点接地，自成独立回路。这就可使地线电流不会流到其他功能单元的回路中去，避免了对其他单元的干扰。数字地和模拟地分开设计，在电源处两种地线相连，且地线应尽量加粗。

2. 电源线设计原则

（1）电源线布置。电源线除了要根据电流的大小，尽量加粗导体宽度外，还可以采取使电源线、地线的走向与数据传递的方向一致的设计方法，这样有助于增强抗噪声能力。

（2）电源去耦配置。电源去耦就是在每个印制板入口外的电源线与地线之间并接退耦电容。并接的电容应为一个大容量的电解电容（10～100 μF）和一个 0.01～0.1 μF 的非电解电容。可以把干扰分解成高频干扰和低频干扰两部分，并接大电容为了去掉低频干扰成分，并接小电容为了去掉高频干扰部分。低频去耦电容用铝或钽电解电容，高频去耦电容采用自身电感小的云母或陶瓷电容。

3. 集成芯片去耦

每个集成芯片都应安置一个 0.1 μF 的陶瓷电容器。安装每个芯片的去耦电容时，必须将去耦电容安装在本集成芯片的 VCC 和 GND 线之间，否则便失去了抗干扰作用。如遇到印刷电路板空隙小装不下时，可每 4～10 个芯片安置一个 1～10 μF 的限噪声用的钽电容器。这种电容器的高频阻抗特别小，在 500 Hz～200 MHz 范围内阻抗小于 1 Ω，而且漏电流很小（0.5 μA 以下）。

对于抗噪声能力弱、关断电流大的器件和 ROM、RAM 存储器，应在芯片的电源线 VCC 和地线（GND）间直接接入去耦电容。

4. 印制板布线的抗干扰设计

印制板的布线对抗干扰性能有直接影响，因此印制板的布线要注意以下原则：

（1）如果印制板上逻辑电路的工作速度低于 TTL 的速度，导线条的形状无什么特别要求；若工作速度较高，使用高速逻辑器件，用作导线的铜箔在 90°转弯处的导线阻抗不连续，可能导致反射干扰的发生，所以宜把弯成 90°的导线改成 45°，这将有助于减少反射干扰的发生。

（2）不要在印制板中留下无用的空白铜箔层，因为它们可以充当发射天线或接收天线，可就近把它们接地。

（3）双面布线的印制板，应使双面的线条垂直交叉，以减少磁场耦合，有利于抑制干扰。

（4）导线间距离要尽量加大。对于信号回路，印制铜箔条的相互距离要有足够的尺寸，而且这个距离要随信号频率的升高而加大，尤其是频率极高或脉冲前沿十分陡峭的情况下更要注意，只有这样才能降低导线之间分布电容的影响。

（5）高电压或大电流线路对其他线路更容易形成干扰，低电平或小电流信号线路容易受到感应干扰，布线时使两者尽量相互远离，避免平行铺设，应采用屏蔽等措施。

（6）所有线路尽量沿直流地铺设，尽量避免沿交流地铺设。

（7）电源线的布线除了要尽量加粗导体宽度外，采取使电源线、地线的走向与数据传递的方向一致的方法，将有助于增强抗噪声能力。

（8）走线不要有分支，这样可避免在传输高频信号时导致反射干扰或发生谐波干扰。

8.2.5 软件抗干扰措施

单片机系统在噪声环境下运行，除了前面介绍的各种抗干扰措施外，还可采用软件来增强系统的抗干扰能力。软件抗干扰技术是当系统受干扰后使系统恢复正常运行或输入信号受干扰后去伪求真的一种辅助方法。因此软件抗干扰是被动措施，而硬件抗干扰是主动措施。但由于软件设计灵活，节省硬件资源，所以软件抗干扰技术已得到较为广泛的应用。本节介绍几种常用的软件抗干扰方法。

1. 软件滤波

干扰信号多呈毛刺状，作用时间短。利用这一特点，我们在采集某一状态信号时，可多次重复采集，直到连续两次或多次采集结果完全一致时才可视为有效。若相邻的检测内容不一致，或多次检测结果不一致，则是伪输入信号。可停止采集，给出报警信号。

1）算术平均滤波法

对一点数据连续取 n 个值进行采样，然后求算术平均，这种方法适用于对一般具有随机干扰的信号进行滤波。这种信号的特点是有一个平均值，信号在某一数值范围附近上下波动。这种滤波法当 n 值较大时，信号的平滑度高，但是灵敏度低；当 n 值较小时，平滑度低，但灵敏度高。应视具体情况选取 n，以保证既节约时间，滤波效果又好。对于一般流量测量，通常取 $n=12$；若为压力，则取 $n=4$。一般情况下，$n=3\sim5$ 即可。

2）滑动平均滤波法

上面介绍的算术平均滤波法，每计算一次数据需要测量 n 次。对于测量速度较慢或要求数据计算速度较快的实时控制系统，上述方法无法使用。下面介绍一种只需测量一次，就能得到当前算术平均值的方法：滑动平均滤波法。

滑动平均滤波法是把 n 个采样值看成一个队列，队列的长度为 n，每进行一次采样，就把采样值放入队尾，而扔掉原来队首的一个采样值，这样在队列中始终有 n 个"最新"采样值。对队列中的 n 个采样值进行平均，就可以得到新的滤波值。

滑动平均滤波法对周期性干扰有良好的抑制作用，平滑度高，灵敏度低；但对偶然出现的脉冲性干扰的抑制作用差，不易消除由于脉冲干扰引起的采样值的偏差。因此它不适用于脉冲干扰比较严重的场合，而适用于高频振荡系统。

3）去极值平均值滤波法

前面介绍的算术平均与滑动平均滤波法，在脉冲干扰比较严重的场合，干扰将会"平均"到结果中去，故上述两种平均值法不易消除由于脉冲干扰而引起的误差。这时可采用去极值平均值滤波法。

去极值平均值滤波法的思想：连续采样 n 次后累加求和，同时找出其中的最大值与最小值，再从累加和中减去最大值和最小值，按 $n-2$ 个采样值求平均，即可得到有效采样值。这类似于体育比赛中的去掉最高、最低分，再求平均分的评分办法。

2. 开关量输入软件抗干扰措施

可采用对开关量输入信号重复检测，对开关量输出口数据刷新的方法对抗干扰。

由于开关量输入信号主要来自各类开关型状态传感器，对这些信号采集不能用多次平均方法，必须绝对一致才行。在满足实时性要求的前提下，如果在各次采集状态信号之间增加一段延时，效果就会更好，就能对抗较宽时间范围的干扰。延时时间在 $10\sim100\mu s$。对于每次采集的最高次数限制和连续相同次数均可按实际情况适当调整。

开关量输出信号中，有很多是驱动各种警报装置、电磁装置等的状态驱动信号。对这类信号的抗干扰有效输出方法是重复输出同一个数据，只要有可能，重复周期应尽量短。外部设备接收到一个被干扰的错误信息后，还来不及做出有效的反应，一个正确的输出信息又到来，就可以及时地防止错误动作的产生。在执行输出功能时，应该将有关输出芯片的状态也一并重复设置。例如 8155 芯片和 8255 芯片常用来扩展输入输出功能，很多外设通过它们来获得单片机的控制信息。这类芯片均应进行初始化编程，以明确各端口的功能。由于干扰的作用，有可能在无意中将芯片的编程方式改变。为了确保输出功能正确实现，输出功能模块在执行具体的数据输出之前，应该先执行对芯片的初始化编程指令，再输出有关数据。

3."看门狗"和掉电保护的实现

若 CPU 受到干扰，程序计数器 PC 的状态被破坏，会导致程序从一个区域跳转到另一个区域，或者程序在地址空间内"乱飞"，或者进入死循环。因此，必须尽可能早地发现并采取措施，使程序纳入正轨。

如果操作人员在场，可人工复位。但操作人员不可能一直监视着系统，即使监视着系统，也往往是在引起不良后果之后才进行人工复位。能不能不要人来监视，使系统摆脱"死循环"，重新执行正常的程序呢？这一问题可采用"看门狗"（Watchdog）技术来解决。

1)"看门狗"技术

"看门狗"技术就是使用一个计数器来不断计数，监视程序循环运行。若发现时间超过已知的循环设定时间，则认为系统陷入了"死循环"，这时计数器溢出，然后强迫系统复位，在复位入口 0000H 处安排一段出错处理程序，使系统运行纳入正轨。

另外，在单片机系统运行时，有可能会发生电源掉电的意外情况，一些重要的数据可能丢失。这时要求系统应首先检测到电源的变化，然后通过切换电路把备用电池接入系统，以保护 RAM 中的数据不丢失。

2) AT89S51 单片机的"看门狗"

(1) 看门狗定时器（WDT）：WDT 是为了解决 CPU 程序运行时可能进入混乱或死循环而设置的，它由一个 14 bit 计数器和看门狗复位 SFR（WDTRST）构成。外部复位时，WDT 默认为关闭状态，要打开 WDT，用户必须按顺序将 01EH 和 0E1H 写入 WDTRST 寄存器（地址为 0A6H）。当启动了 WDT。它会随晶体振荡器在每个机器周期计数，除硬件复位或 WDT 溢出复位外没有其他方法关闭 WDT，当 WDT 溢出，将使 RST 引脚输出高电平的复位脉冲。

(2) 使用看门狗（WDT）：打开 WDT 需按次序写 01EH 和 0E1H 到 WDTRST 寄存器，当 WDT 打开后，需在一定的时候写 01EH 和 0E1H 到 WDTRST 寄存器以避免 WDT 计数溢出。14 位 WDT 计数器计数达到 16383（3FFFH），WDT 将溢出并使器件复位。WDT 打开时，它会随晶体振荡器在每个机器周期计数，这意味着用户必须在小于每个 16383 机器周期内复位 WDT，即写 01EH 和 0E1H 到 WDTRST 寄存器，WDTRST 为只写寄存器。WDT 计数器既不可读也不可写，当 WDT 溢出时，通常将 RST 引脚输出高电平的复位脉冲。复位脉冲持续时间为 $98 \times T_{osc}$，而 $T_{osc} = 1/f_{osc}$（晶体振荡频率）。为使 WDT 工作最优化，必须在合适的程序代码时间段周期地复位 WDT，防止 WDT 溢出。

8.3 单片机应用系统实用技术

本节主要介绍单片机的低功耗技术及加密技术。

8.3.1 低功耗设计

AT89S51 有两种低功耗节电工作模式：空闲模式（Idle Mode）和掉电保持模式（Power Down Mode）。其目的是尽可能地降低系统功耗。在掉电保持模式下，VCC 可由后备电源供电。

AT89S51 的两种低功耗节电模式可通过指令对特殊功能寄存器 PCON 的位 IDL 和位 PD 的设置来实现。特殊功能寄存器 PCON 的格式如图 8.2 所示，字节地址为 87H。

PCON	D7	D6	D5	D4	D3	D2	D1	D0
	SMOD	—	—	POF	GF1	GF0	PD	IDL

图 8.2 PCON 特殊功能寄存器

PCON 寄存器各位的功能如表 8.1 所示。

表 8.1 PCON 各位功能

位名称	功　能
SMOD	串行通信的波特率选择位
—	保留位，未定义
POF	电源空闲标志位，电源打开时 POF 置 "1"。它可由软件设置为睡眠状态并不为复位所影响
GF1、GF0	通用标志位，供用户在程序设计时使用。两个标志位用户应充分利用
PD	掉电保持模式控制位，若 PD=1，则进入掉电保持模式
IDL	空闲模式控制位，若 IDL=1，则进入空闲运行模式

1. 空闲模式

1）空闲模式的进入

如果用指令把寄存器 PCON 中的 IDL 位置 1，则把通往 CPU 的时钟信号关断，单片机便进入空闲模式，如图 8.3 所示。这时虽然振荡器仍然运行，但是 CPU 进入空闲状态。此时，所有外围电路（中断系统、串行口和定时器）仍继续工作，SP、PC、PSW、A、P0~P3 端口等所有其他寄存器，以及内部 RAM 和 SFR 中的内容均保持进入空闲模式前的状态。

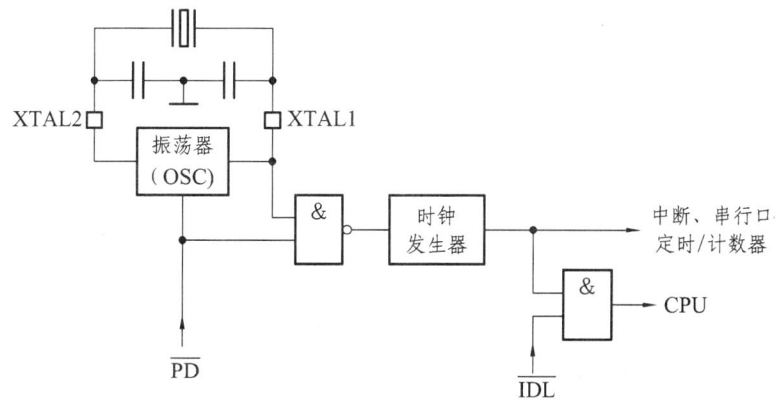

图 8.3 空闲模式的内部控制电路

2）空闲模式的退出

系统进入空闲模式后有两种方法可退出，一种是响应中断方式，另一种是硬件复位方式。

在空闲模式下，若任何一个允许的中断请求被响应时，IDL 位被片内硬件自动清 0，从而退出空闲模式。当执行完中断服务程序返回时，将从设置空闲模式指令的下一条指令（断点处）开始继续执行程序。

当使用硬件复位方式退出空闲模式时，在复位逻辑电路发挥控制作用前，有长达两个机器周期的时间，单片机要从断点处（IDL 位置 1 指令的下一条指令处）继续执行程序。在这期间，片内硬件阻止 CPU 对片内 RAM 的访问，但不阻止对外部端口（或外部 RAM）的访问。为了避免在硬件复位退出空闲模式时出现对端口（或外部 RAM）的不希望的写入，系统在进入空闲模式时，紧随 IDL 位置 1 的指令后面应避免是写端口（或外部 RAM）指令。

2. 掉电运行模式

1）掉电模式的进入

用指令把 PCON 寄存器的 PD 位置 1，单片机便进入掉电模式，如图 8.3 所示。此时单片机的时钟振荡器信号被封锁，振荡器停止工作。由于没有了时钟信号，内部的所有功能部件均停止工作，但片内的 RAM 和 SFR 原来的内容都被保留，有关端口的输出状态值都保存在对应的特殊功能寄存器中。

2）掉电模式的退出

掉电模式的退出有两种方法：硬件复位和外部中断。硬件复位时要重新初始化 SFR，但不改变片内 RAM 的内容。当 VCC 恢复到正常工作水平时，只要硬件复位信号维持 10 ms，便可使单片机退出掉电运行模式。

3. 掉电和空闲模式下的 WDT

在掉电模式下，晶体振荡器停止工作，WDT 也停止计数，用户不需要操作 WDT。有两种方法可退出掉电模式：硬件复位或通过激活外部中断。

当硬件复位退出掉电模式时，处理 WDT 可像通常的上电复位一样。当由中断退出掉电模式则有所不同，应使中断输入保持足够长时间的低电平，以使振荡器达到稳定，当中断电平变为高即响应中断服务。为防止中断误复位，当器件复位，中断引脚持续为低时，WDT 并未开始计数，直到中断引脚被拉高为止。

为保证 WDT 在退出掉电模式时极端情况下不溢出，最好在进入掉电模式前复位 WDT。

在进入空闲模式之前，应先设置特殊功能寄存器 AUXR 中的 WDIDLE 位，以确认 WDT 是否继续计数。在 IDLE 期间，当 WDIDLE = 0 时，默认状态是 WDT 保持继续计数。为防止 AT89S51 从空闲模式中复位，用户应设置一定时器，该定时器使器件周期性退出空闲模式，然后复位 WDTRST，再重新进入空闲模式。

当位 WDIDLE = 1 时，在空闲模式下 WDT 将停止计数，直到从空闲（IDLE）模式中退出，重新开始计数。

8.3.2 加密技术

目前，单片机的应用越来越广泛，在许多应用场合，需要对存储器内容加密，以防止程序被非法读出。

1. AT89S 系列单片机存储器的加密

1)程序存储器的加密位

AT89S 系列单片机具有较好的加密功能,能对程序存储器封锁,阻止非法读出受保护的程序。AT89S 系列单片机的封锁位设有 LB1、LB2 和 LB3,3 位的组合功能如表 8.2 所示。

表 8.2 程序封锁位及其组合功能

方式	程序封锁位			保护类型
	LB1	LB2	LB3	
1	U	U	U	没有程序加密功能
2	P	U	U	禁止在外部 ROM 中执行 MOVC 类指令读取内部 ROM 数据,复位时 $\overline{EA}$ 被采样并锁存,禁止对 Flash 存储器再编程
3	P	P	U	同方式 2,并禁止内部存储器校验
4	P	P	P	同方式 3,并禁止外部存储器的执行

表 8.2 中,"P"表示加密位被编程,"U"表示未被编程。其他组合未被定义。

2)加密位编程的方法

对程序存储器加密需要根据所希望采取的加密保护模式对 3 位加密位 LB1、LB2 和 LB3 进行编程。编程按照 LB1→LB2→LB3 的顺序按位进行。注意,在对各位加密位进行编程时,其控制信号是不同的。具体要求如表 8.3 所示。写加密位的每一个 $\overline{PROG}$ 脉冲为 200~500 ns。

表 8.3 程序存储器加密位编程的方法

模式	VCC	RST	$\overline{PSEN}$	ALE/$\overline{PROG}$	$\overline{EA}$/VPP	P2.6	P2.7	P3.3	P3.6	P3.7
写 LB1	+5 V	H	L	⎍	+12 V	H	H	H	H	H
写 LB2	+5 V	H	L	⎍	+12 V	H	H	H	L	L
写 LB3	+5 V	H	L	⎍	+12 V	H	L	H	H	L

2. AT89C 系列单片机存储器的加密

单片机解密简单地说就是擦除单片机片内的加密锁定位。由于 AT89C 系列单片机擦除操作时序设计上的不合理,使在擦除片内程序之前首先擦除加密锁定位成为可能。对于 AT89C 系列单片机有两种不可破解的加密方法。

1)OTP 加密模式原理

永久性地破坏单片机的加密位的加密方法,简称 OTP 加密模式。

这种编程加密算法可安全烧坏加密锁定位(把芯片内的硅片击穿),而不破坏单片机的其他部分,不占用单片机任何资源。加密锁定位被烧坏后不再具有擦除特性,89C51/52/55 有 3 个加密位,进一步增加了加密的可靠性。一旦用 OTP 模式加密后,单片机片内的加密位和程序存储器内的数据就不能被再次擦除,89C51/52/55 单片机就好像变成了一次性编程的 OTP 型单片机一样。

如果用户程序长度大于 89C51 单片机片内存储器的容量,也可使用 OPT 模式加密。具体方法如下:

➢ 按常规扩展一片大容量程序存储器,如 27C512(64 KB)。

- 将关键的程序部分安排在程序的前 4 KB 中。
- 将整个程序写入 27C512，再把 27C512 的前 4 KB 填充为 0。
- 将程序的前 4 KB 固化到 AT89S51 中，用 OPT 模式加密。
- 将单片机的 $\overline{EA}$ 脚接高电平。

这样程序的前 4 KB 在单片机内部运行，后 60 KB 在片外运行。盗版者无法读出程序的前 4 KB 程序，即使知道后 60 KB 也无济于事。

2）烧总线加密模式原理

永久性地破坏单片机的数据总线的加密方法，简称烧总线加密模式。

因为单片机片内的程序代码最终都要通过数据总线读出，如果把单片机的数据总线的其中一条线永久性地破坏，解密者即使擦除了加密位，也无法读出片内程序的正确代码。89C1051/2051 的数据总线为 P1 口。用烧总线模式烧坏 89C2051 的 P1.0 端口，源程序代码为 02H、01H、00H，读出的数据则为 03H、01H、01H。其中最低位始终为 1，读出的程序代码显然为错码。

这种加密模式用于加密 89C1051/2051 单片机。其缺点是占用单片机的资源。

开发设计人员在设计单片机硬件系统时只要预留出口线 P1.0 不用，以后就可用烧总线模式对单片机加密。

8.4 单片机应用系统设计综合举例

本节采用 AT89S51 单片机实现的数字钟来介绍单片机应用系统设计。

通过数字钟的设计与制作，可以将所学的单片机定时器、I/O 端口、按键和数码管等内容联系起来。通过本实例的硬件设计、模块化程序设计及软硬件调试方法等，可掌握单片机应用系统的开发流程。

数字钟设计要实现如下功能：
- 显示时、分、秒信息；
- 具备调整当前时间功能；
- 具备定时功能，可设置定时时间，定时时间到后自动响铃，并延时 10 s 后关闭。

8.4.1 系统方案

1. 单片机选型

市场上的单片机种类很多，不同厂商均推出了很多不同侧重功能的单片机类型。在进行单片机选型过程中考虑到处理器内部资源、开发工具、市场资源等因素并结合数字钟设计所需实现的功能，可选用 MCS-51 系列单片机中的主流芯片 AT89S51。该芯片内部有 4 KB 的 Flash ROM，完全可以存放数字钟的程序而无须外扩程序存储器。另数字钟无须大量运算和数据缓存，因而 AT89S51 内部自带 128B 的 RAM 完全可以满足设计要求。

2. 显示方案

1）显示器件选型

可供数字钟显示时、分、秒信息的器件很多，包括液晶显示模块、数码管显示器件等都可以实现本设计的功能。考虑到成本、易实现程度以及本设计所需显示的内容，选用6位数码管来动态显示时、分、秒信息。

2）显示方式

（1）串行显示方式：利用单片机串行接口输出显示信息，并通过外接串并转换接口芯片来实现数码管显示。这种方式占用单片机资源少，可实现数码管的静态显示，亮度高，但信息刷新速度慢，硬件电路复杂。

（2）并行显示方式：直接使用单片机并行接口作为数码管的显示接口，无须外接串并转换接口芯片，但占用单片机资源较多。

考虑到本设计主要是实现数字钟的时间显示，并结合硬件实现的便捷性，采用并行显示方式。

3. 计时方案

（1）采用实时时钟芯片，例如DS1302、DS1287、S35190等时钟芯片。这些芯片具备年、月、日、时、分、秒计时功能，计时数据每秒自动更新一次。单片机通过查询或中断方式读取时钟芯片的数据。

（2）采用单片机内部定时器方式。利用AT89S51内部定时器进行定时中断，配合软件延时实现时、分、秒计时。

由于本设计只需显示时、分、秒信息，从功能和节省硬件成本角度考虑，本设计采用单片机内部定时器方式，通过软件控制来实现数字钟计时功能。

4. 键盘方案

（1）采用编码键盘方式。编码键盘本身带有实现接口主要功能所需的硬件电路，不仅能自动检测被按下的键并完成去抖动防串键等功能，而且能提供与被按键功能对应的键码。

（2）采用非编码键盘方式。键盘只简单地提供按键开关的行列矩阵。键的识别、键码的输入与确定，以及去抖动等功能由软件完成。

由于本设计只需通过简单键盘来设定当前时间，按键较少，所以采用非编码键盘方式。

5. 系统总体方案

综合前述方案分析，本设计采用AT89S51作为主控单片机，采用单片机片内定时器实现计时功能，采用6位数码管实现时间显示功能，采用非编码的行列式键盘矩阵实现按键设定当前时间功能。

1）键盘功能定义

（1）时钟参数修改功能选择键：键号为"0"，按1次修改秒信息，按2次修改分信息，按3次修改小时信息，按4次确认修改完毕。

（2）闹钟时间设置功能选择键：键号为"1"，按1次设置分定时，按2次设置小时定时，按3次确认修改完毕。

（3）加1功能键：键号为"2"，每按1次增加1。根据"0"、"1"号键选择结果将相应的时、分、秒信息加1。

2）显示定义

6位数码管从左到右依次显示2位小时信息、2位分钟信息、3位秒信息。采用24小时计时方式。

3）系统工作过程

（1）系统上电后，自动显示"00：00：00"信息，表示从 00 时 00 分 00 秒开始计时。

（2）时间调整。按下时钟参数修改功能选择键，系统停止计时。按 1 次修改秒信息，按 2 次修改分信息，按 3 次修改小时信息，按 4 次确认修改时钟参数完毕，系统按设定好的时间开始计时。

（3）闹钟设置。按下闹钟时间设置功能选择键及加 1 功能键来设定闹钟时间。当设定时间到，蜂鸣器鸣叫 10 s 后停止。在闹钟设置及蜂鸣器鸣叫过程中，数码管正常显示当前时间。

（4）在时间调整及闹钟设置过程中，均可按加 1 功能键来修改相应参数。

6. 系统总体框图

数字钟的总体设计框图如图 8.4 所示。系统包括 AT89S51 单片机、数码管显示、按键电路、电源电路、复位电路、晶振电路等部分组成。

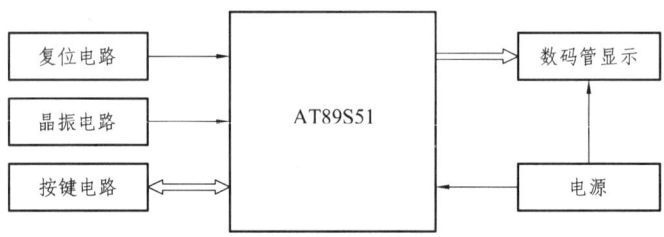

图 8.4　数字钟总体框图

8.4.2　系统硬件设计

如图 8.5 所示，单片机 9 脚接由 1 kΩ 电阻、22 μF 电容以及按键构成的复位电路，电路实现上电复位及手动按键复位功能。

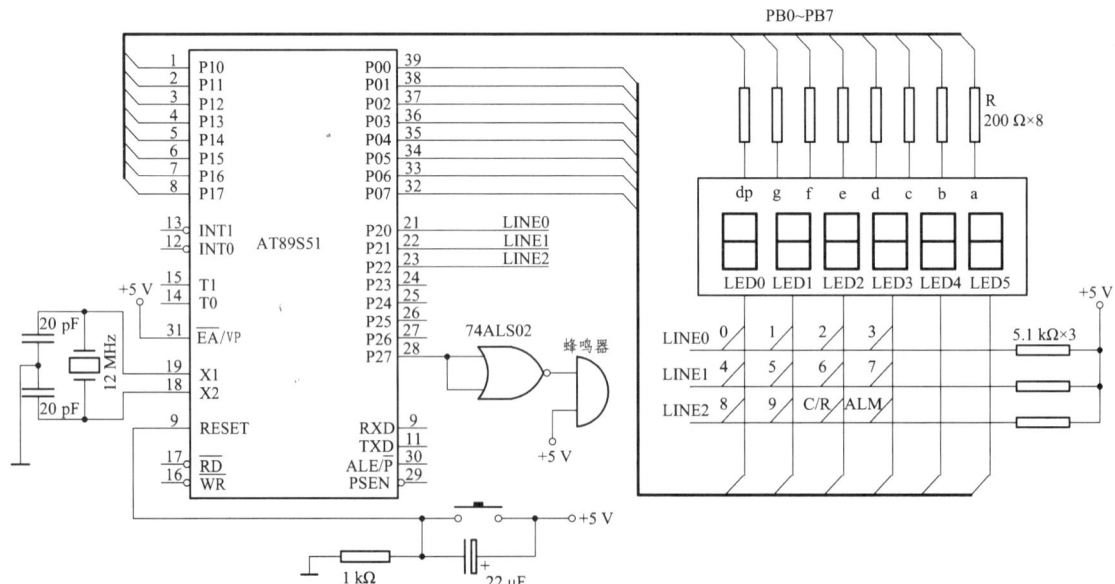

图 8.5　数字钟系统电路图

单片机 18、19 脚接由两个 20 pF 电容及 12 MHz 晶振组成的晶振电路。单片机内部时钟经过 12 分频后得到 CPU 运行所需的时钟。

单片机 P2 口的低 3 位作为扫描键盘的行扫描输入口，对应行列扫描键盘的 0~2 行。P0 口作为行列扫描键盘的列扫描输出口。在本设计中，只用到了"0"~"2"号共 3 个按键。

单片机的 P0.0~P0.5 管脚作为 6 位数码管显示的位选端口，P1 端口作为段选端口。数码管采用共阴极数码管。P0 端口输出低电平选中相应的位，P1 端口输出高电平点亮对应的段。

单片机的 P2.7 经过 74ALS02 反相后控制蜂鸣器，当 P2.7 输出低电平则驱动蜂鸣器鸣叫，模拟闹钟鸣叫。

8.4.3 系统软件设计

1. 软件总设计

主程序首先对系统环境初始化，设置定时器 T0 工作模式为 16 位定时/计数器模式，置位总中断允许位 EA，并对键盘端口置位，显示数码管初始信息，接着扫描键盘，在键盘程序里是对时间、日期及闹钟的调整，最后是时间的显示。

2. 软件模块框图

根据设计任务要求，合理划分相对独立的功能模块函数，如图 8.6 所示。

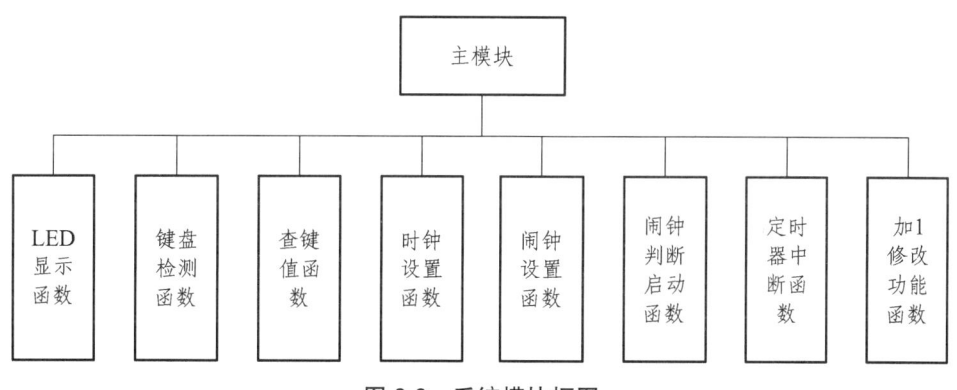

图 8.6 系统模块框图

（1）主模块：main()函数，完成系统时钟、初始参数、标志 I/O 端口、定时器初始状态、中断设置等初始化任务；更新显示时间；扫描键盘并根据键值分别调用时钟设置、闹钟设置函数。

（2）数码管显示函数 LED_Display()：根据显示单元内容显示 6 位数码管动态显示。

（3）键盘检测函数 Key_Test()：判断是否有按键按下。

（4）键盘键值查询函数 Key_Search()：识别并返回按键的键号。

（5）时钟设置函数 SetClock()：根据"0"号键按下次数依次选择时钟的时、分、秒标志位。

（6）闹钟设置函数 SetAlarm()：根据"1"号键按下次数依次修改闹钟的时、分、秒标志位。

（7）加 1 修改函数 Increase()：根据"2"号键及对应时钟、闹钟标志位将相应的时、分、秒加 1。

（8）闹钟启动函数 StartAlarm()：判断闹钟启动时间到否，若时间到，则启动闹钟，延时 10 s 后自动关闭闹钟。

（9）定时器中断函数 Time_Clock_ISR()：定时修改时钟参数中断服务子程序。

8.4.4 系统软件源程序

```c
//***********************************************************************
//程序：Time.c
//功能：数字钟程序
//***********************编译预处理语句***********************************
#pragma    SMALL
#include   "REG51.H"
#include   "absacc.h"
//***************************函数声明*************************************
void LED_Display(unsigned char *p);   //6位LED扫描函数，指针p为显示数据区首地址
unsigned char Key_Test();             //测试键盘有无键按下
unsigned char Key_Search();           //键盘扫描程序
void StartAlarm();                    //闹钟程序
void SetClock();                      //时钟修改程序
void SetAlarm();                      //闹钟修改程序
void Increase();                      //增1程序
//***************************端口定义*************************************
sbit BELL=P2^7;                       //定义蜂鸣器控制端口
//***************************全局变量定义**********************************
unsigned char ClockBuf[3]={0,0,0};    //存放时钟的时分秒的十进制数
unsigned char AlarmBuf[3]={0,0,0};    //存放闹钟的时分秒的十进制数
unsigned char msec1;                  //10毫秒中断次数
unsigned char msec2;                  //1秒循环次数
unsigned char timdata,rtimdata;       //时钟和闹钟修改位置标志
unsigned char count;                  //闹钟启动后10秒计时单元
unsigned char *dis_p;                 //显示缓冲区指针
bit armbit;                           //闹钟标志，armbit=0，闹钟没有设定，armbit=1，闹钟已设定
bit rtimbit;                          //闹钟是否启动标志，rtimbit=1，闹钟已启动
bit rhourbit;                         //闹钟小时修改标志，rhourbit=1，正在修改闹钟小时
bit rminbit;                          //闹钟分修改标志，rminbit=1，正在修改闹钟分钟
bit hourbit;                          //时钟小时修改标志，hourbit=1，正在修改时钟小时
bit minbit;                           //时钟分修改标志，minbit=1，正在修改时钟分钟
bit secbit;                           //时钟秒修改标志
//***************************主函数***************************************
void main()
{
    unsigned char a;
    armbit=0;                         //清零闹钟标识位
    msec1=0;                                      //设置10毫秒中断次数初值
```

```c
        msec2=0;                        //设置1秒中断次数初值
        timdata=0;                      //时钟内容修改位置记忆单元清零
        rtimdata=0;                     //闹钟内容修改位置记忆单元清零
        count=0;                        //闹钟启动后保持10秒计时单元清零
        TMOD=0x02;                      //初始化定时器,定时器T0方式2
        TL0=0x06;                       //定时250μs初始值
        TH0=0x06;
        EA=1;                           //中断允许控制断
        ET0=1;                          //定时器1开中断
        TR0=1;                          //启动定时器0
        dis_p=ClockBuf;                 //将时钟值所在地址送入显示指针
        while(1)
        {
            a=Key_Test();               //调用判别键入测试程序
            if(a==0x07)
            {
                LED_Display(dis_p);     //无键输入调用显示程序
                if(armbit==1)  StartAlarm();  //判别闹钟设定否,若设定了,则调闹钟程序
            }
            else
            {
                LED_Display(dis_p);     //调用显示程序作为延时去抖动
                a=Key_Test();
                if(a!=0x07)             //没有抖动,则表示有键按下
                {
                    a=Key_Search();     //调用键号测试程序
                    switch (a)
                    {
                        case 0x00:SetClock();break;    //是时钟参数修改功能键,调用时钟修改
                        case 0x01:SetAlarm();break;    //是闹钟参数修改功能键,调用闹钟设定
                        case 0x02:Increase();break;    //是加1功能键,则调用加1修改程序
                        default:break;
                    }
                }
            }
        }
}
```

//*******************************6位LED扫描函数********************************
//函数名：LED_Display
//函数功能：6位LED扫描函数

//形式参数：指向时、分、秒计时单元数据首地址的指针
//***

```c
void LED_Display(unsigned char *p)
{
    unsigned char buffer[]={0,0,0,0,0,0};
    unsigned char k,i,j,m,Temp;
    unsigned char led[]={0x3f,0x06,0x5b,0x4f,0x66,0x6d,0x7d,0x07,0x7f,0x6f};   // 0-9 的显示码
    buffer[0]=p[0]/10;                      //将缓冲区中的数的十位和个位分开
    buffer[1]=p[0]%10;
    buffer[2]=p[1]/10;
    buffer[3]=p[1]%10;
    buffer[4]=p[2]/10;
    buffer[5]=p[2]%10;
    for(k=0;k<3;k++)
    {
        Temp=0x01;
        for(i=0;i<6;i++)
        {
            P1=0xff;                        //关显示
            j=buffer[i];
            P1=led[j];                      //P1 送段码
            P0&=~Temp;                      //P0 对应端口低电平选位
            Temp<<=1;
            for(m=0;m<100;m++);             //每一位显示延时
        }
    }
}
```

//**********************键盘测试函数*********************************
//函数名：Key_Test
//函数功能：6 位 LED 扫描函数
//形式参数：读出行输入按键状态码，用于测试是否有按键按下
//返回值：键盘行输入按键状态码，unsigned char 类型
//***

```c
unsigned char Key_Test()
{
    unsigned char c;
    P0=0xf0;
    c=P2;
    c=c&0x07;                               //按键行输入为 P2.0～P2.2，屏蔽无关位
```

```c
        return(c);
}
//**********************扫描键盘得到键值函数********************************
//函数名：Key_Search
//函数功能：键盘扫描函数
//返回值：行列式按键的键码，unsigned char 类型
//***********************************************************************
unsigned char Key_Search()
{
    unsigned char a,b,c,d;
    c=0xfe;                                 //首列扫描字送变量 c
    a=0;                                    //首列号送 a
    while(1)
    {
        P0=c;                               //列扫描字送 P0 口
        d=P2;                               //读入 P2 口的行状态
        if(d&0x01==0){    b=0;break;}       //第 0 行有键按下，第 0 行行首号送 b
            else if(d&0x02==0){ b=4;break;} //第 1 行有键按下，第 1 行行首号送 b
                else if(d&0x04==0){ b=8;break;} //第 2 行有键按下，第 1 行行首号送 b
        a++;                                //扫描列号加 1
        c<<=1;
        c++;                                //修改列扫描字，扫描下一列
    }
    c=a+b;                                  //将行首号与列号相加，求键号
    do
    {
        LED_Display(dis_p);
    } while((d=Key_Test())!=0x07);          //等待释放按键
    return(c);
}
//**************************闹钟函数*************************************
//函数名：StartAlarm
//函数功能：启动闹钟 10 秒
//***********************************************************************
void StartAlarm()
{
    if((ClockBuf[0]==AlarmBuf[0])&&(ClockBuf[1]==AlarmBuf[1]))
    {
        BELL=0;
        rtimbit=1;                          //设置闹钟计时标志，时钟将进行 10 秒计时
```

```c
            }
            else
            {
                if(count==10)                    //判断闹钟保持10秒时间到否
                {
                    count=0;                     //清除闹钟保持10秒计时
                    BELL=1;                      //清除闹钟
                    armbit=0;                    //清闹钟标识,否则闹钟设置将继续保持有效
                    rtimbit=0;
                }
            }
        }
}
//*******************时钟修改函数**********************************************
//函数名：SetClock
//函数功能：时钟修改,根据按键次数,修改时、分、秒修改标志全局变量
//*****************************************************************************
void SetClock()
{
    TR0=0;                                       //关定时器
    rhourbit=0;                                  //禁止闹钟时间参数修改,清闹钟修改标识
    rminbit=0;
    dis_p=ClockBuf;                              //将时钟缓冲区首地址送显示指针
    rtimdata=0;                                  //清闹钟修改位置标识记录
    timdata++;                                   //将时钟修改记录值加1
    switch (timdata)
    {
        case 0x01:secbit=1;break;                //记录值为1,则将时钟秒修改标识置1
        case 0x02:secbit=0;minbit=1;break;       //记录值为2,将时钟分修改标识置1
        case 0x03:minbit=0;hourbit=1;break;      //记录值为3,则将时钟时修改标识置1
        case 0x04:timdata=0;hourbit=0;TR0=1;break; //按4次则清时钟单元修改位置记录
    }
}
//*********************闹钟修改函数********************************************
//函数名：SetAlarm
//函数功能：闹钟修改,根据按键次数,修改时、分修改标志全局变量
//*****************************************************************************
void SetAlarm()
{
    secbit=0;                                    //禁止时钟时间修改
```

```
            minbit=0;
            hourbit=0;
            dis_p=AlarmBuf;                    //设置闹钟显示标志
            timdata=0;                         //清时钟修改位置标识记录
            rtimdata++;                        //将闹钟修改记录值加1
            switch (rtimdata)
            {
                case 0x01:rminbit=1;break;                  //若记录值为1,则将闹钟分修改标识置1
                case 0x02:rminbit=0;rhourbit=1;break;       //记录值为2,则将时钟分修改标识置1
                case 0x03:rtimdata=0;rhourbit=0;            //若按3次则清闹钟单元修改位置记录
                    armbit=1;                               //设置闹钟已设定标志位
                    dis_p=ClockBuf;                         //恢复时钟显示标志
                    break;
                default:break;
            }
    }
}
//******************************增1函数***************************************
//函数名：Increase
//函数功能：根据标志位对相应时、分、秒单元增1
//***************************************************************************
void Increase()
{
    if(secbit==1)                              //若时钟秒修改标识为1则秒单元内容加1
    {
        if(ClockBuf[2]==59)  ClockBuf[2]=0;
            else ClockBuf[2]++;
    }
        else if(minbit==1)                     //若时钟分修改标识为1则分单元内容加1
        {
            if(ClockBuf[1]==59)ClockBuf[1]=0;
                else ClockBuf[1]++;
        }
        else if(hourbit==1)                    //若时钟小时修改标识为1则小时单元内容加1
        {
            if(ClockBuf[0]==23)ClockBuf[0]=0;
                else ClockBuf[0]++;
        }
        else   if(rminbit==1)                  //若闹钟分修改标识为1则分单元内容加1
        {
            if(AlarmBuf[1]==59)AlarmBuf[1]=0;
```

```c
                    else AlarmBuf[1]++;
        }
            else if(rhourbit==1)
            {                                           //闹钟小时修改标识为 1 则小时单元内容加 1
                if(AlarmBuf[0]==23)AlarmBuf[0]=0;
                    else AlarmBuf[0]++;
            }
}
//************************定时器 0 中断函数******************************
//函数名：Time_Clock_ISR
//函数功能：定时器 T0 定时中断，interrupt 1
//************************************************************************
void Time_Clock_ISR ()    interrupt 1
{
    EA=0;                                   //关中断
    if(msec1!=0x28)    msec1++;             //到 10 毫秒否，不到则 msec1 加 1
        else
        {
            msec1=0;
            if(msec2!=100)   msec2++;       //到 1 秒否，不到则 msec2 加 1
                else
                {
                    if(rtimbit==1) count++; msec2=0;
                    if(ClockBuf[2]!=59) ClockBuf[2]++;   //到 1 分否，不到则 ClockBuf[2]加 1
                        else
                        {
                            ClockBuf[2]=0;
                            if(ClockBuf[1]!=59)
                                ClockBuf[1]++;           //到 1 小时否,不到则 ClockBuf[1]加 1
                                else
                                {
                                    ClockBuf[1]=0;
                                    if(ClockBuf[0]!=23)
                                        ClockBuf[0]++;   //到 24 时否,不到则 ClockBuf[0]加 1
                                        else ClockBuf[0]=0;
                                }
                        }
                }
        }
    EA=1;                                   //开中断
}
```

知识梳理与总结

本章介绍了单片机应用系统的开发过程及设计步骤、可靠性及抗干扰设计,以及实用低功耗、加密技术等。此外,本章通过单片机数字钟应用项目举例说明了单片机应用系统设计开发的过程,详细介绍单片机数字钟的软、硬件设计,并给出了相应的软件源程序、硬件电路原理图,可供读者进行相关设计时参考。

习题 8

8.1 填空题

(1)单片机应用系统是指以_____芯片为核心,配以一定的_____,能实现某种或几种功能的应用系统。

(2)单片机应用环境中干扰是以脉冲的形式进入单片机系统,其渠道主要有三条,即_____、_____、_____。

(3)软件抗干扰技术是当系统受干扰后使_____恢复正常运行或输入信号受_____后去伪求真的一种辅助方法。

(4)"看门狗"技术就是使用一个_____来不断计数,监视程序循环运行。

(5)AT89S51 有两种低功耗节电工作模式:_____。

(6)永久性地破坏单片机的加密位的加密方法,简称_____。永久性地破坏单片机的_____的加密方法,简称烧总线加密模式。

8.2 问答题

(1)单片机应用系统的设计原则是什么?

(2)在单片机系统中,为了提高供电系统的质量,防止窜入干扰,可采取的供电配置措施有哪些?

第9章　单片机软件工程基础

对于初学者来说，在掌握了单片机内部资源的使用方法之后，接下来的问题是：如何编写高质量的程序？如何编写易于移植的程序？如何将众多的功能集成在一起构成一个完整的系统？如何让多个功能（任务）同时执行？如何让外部的事件都能立即得到处理？

本章从软件结构与工程方法的角度出发，对上述问题进行探讨：先介绍了软件的可移植性概念及实现可移植性的一些方法，并为读者详解一种常用的程序架构，以及在相应架构下的编程方法，接着介绍了"状态机建模"这一强大的并行多任务建模手段，以及"状态机建模"在程序设计中的应用。

实际上，各类单片机系统的软件在硬件隔离层之上并无本质区别，各种功能都可以通过软件工程手段实现，各种程序结构框架也是通用的。所以，掌握本章的内容，对于各种嵌入式系统开发与设计都会有帮助。

【教学导航】

教	知识重点	1. 软件的可移植性； 2. 前后台系统； 3. 状态机建模
	知识难点	状态机建模
	推荐教学方式	理论讲述加实例演示法
	建议学时	4～8学时
学	推荐学习方法	模仿实训法
	必须掌握的理论知识	1. 可移植性的概念； 2. 实时多任务系统概念； 3. 采用状态机建模
	必须掌握的技能	前后台程序的编写

9.1　软件可移植性

软件可移植性指一种计算机上的软件转置到其他计算机上的能力。作为嵌入式软件的设计者，工程设计人员写的每一个程序都可能会移植到不同的硬件环境或者其他的处理器平台运行。例如 LCD 的显示程序可能会移植到数码管上实现，串口通信程序可能会移植到 ARM 系列的单片机上运行。如果工程设计人员写出的代码移植性强，这将是一件很轻松的事。

9.1.1 实现可移植性的技术

1. 消除 CPU 差异

要想在不同处理器上运行自己的程序,首先需要了解这些处理器的不同之处,其中包括硬件的不同以及特殊语法的差异。例如,8051 单片机有位操作,MSP430 单片机没有,若两者之间的程序需要相互移植,首先要消灭这个差异。

2. 消除硬件差异

即使同一款单片机,在不同项目中硬件接法仍可能导致程序不通用。以 LCD 或数码管显示为例,假设连接 LCD 或数码管的 I/O 口顺序发生改变,结果将是显示数据与实际段码的关系发生改变。这意味着要重写显示段码表。而且很不幸,出于布线方便的考虑,LCD 或数码管的八段连接关系经常被随意调整。硬件设计人员大多会这么做,因为显示表的调整可以交给软件处理,布线过程怎么方便怎么连。

仔细分析上述问题会发现,字形与实际亮的笔画之间的关系是永远不变的,例如需要显示'1',永远是右侧两段亮(b 段和 c 段)。真正改变的只是各个段在显示数据字节中的比特位。鉴于这一点,可以利用宏定义自动生成段码表。

除了宏定义之外,函数也经常被用来作为消除硬件差异的手段,比如用 Motor_ON()和 Motor_OFF()两个函数来控制电动机的启停。某直流电动机控制系统中可能只是简单的 I/O 口赋高低电平值就能实现控制,在步进电动机控制系统中需要控制步进发生定时器的启停,而另一大功率交流系统中需要通过串口发送指令控制变频器缓慢增减转速。无论电动机控制方法如何变化,只需要修改这两个函数,而整个上层软件保持不变。

9.1.2 软件层次划分

一个完整的软件,往往需要众多功能部件的配合,这将导致大量的函数,以及复杂的函数间调用关系。对于初学者来说,写一个符合设计要求的程序也许并不困难,但是整理清楚函数之间的关系可能就是一件复杂的事情。如果从开始写程序就能了解函数分层的思想,可以将函数间的联系复杂性降到最低。调用关系的简单化在某种程度上意味着可移植性与代码可重复使用性的提高。下面以菜单和人机界面程序作为范例说明一些基本概念。菜单和界面可以看作是单片机和操作者沟通的一种手段,实现菜单至少要用到输入和输出设备。液晶(LCD)是最常用的输出设备,用于显示数据和提示符。小键盘是最常用的输入设备。菜单肯定要操作底层的设备,但如果在菜单内直接读写硬件,程序将会变得冗长且复杂。做个直观的比喻:从菜单到底层硬件之间有很长的"距离",如果直接跨越这么大的距离,将会很困难,如果把这个距离划分成几个小台阶,则每一步都走得很轻松。

图 9.1 示范了一种典型的层次划分结构。将人机界面软件模块划分成 4 个层次:应用层函数、功能层函数(模块程序库)、硬件隔离层、硬件驱动层。

软件分层最为核心的思想是每一层的函数只能调用下一层的函数,绝不允许跨层调用。例如菜单需要显示某些内容,它只能调用 LCD 功能层的 6 个函数组合来实现,绝不允许操作显示缓冲区,更不允许操作显示设备的硬件。

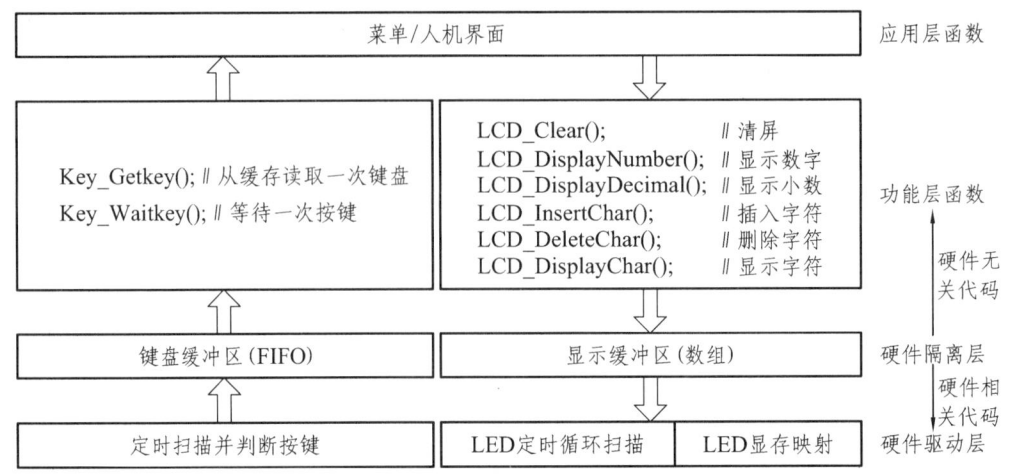

图 9.1　人机接口的函数层次划分图

同样地，LCD 功能层的 6 个函数，只能操作显示缓冲区，绝不能操作硬件。硬件驱动层的函数只负责将显示缓冲区映射到显示设备上，而不管显示缓冲区数据是如何得来的。对于每一层来说，都杜绝了其前后层函数之间的调用。可以做个形象的比喻：软件的每一层都是"不透明的"，它遮挡了其前后两层，仅有相邻的层之间是"可见的"。

软件分层之后，条理会变得非常清晰。比如编写 LCD_DisplayNumber（int Num）函数的时候，仅需要考虑怎样将传入的 int 型参数 Num，转换成显示缓冲区内的 LCD 段码值。编写时可以集中精力解决完成该功能所涉及的细节问题，比如负数显示、无效、消隐等，不必考虑硬件如何工作、如何被菜单调用等无关问题。

软件分层之后带来的另一好处就是可移植性的提高。每一层都可以被替换，只要保证函数接口一致即可。假设工程设计人员在另一个设计中需要将 LCD 替换成动态扫描的数码管，只需要将显示缓冲区内容写入 LCD 的函数删除，替换成定时中断扫描数码管程序。中断内循环扫描程序只负责将显示缓冲区的数据映射到数码管上，程序就被移植到了数码管显示的硬件平台中，且整个上层建筑完全不需作任何改变。

软件分层还能够将大型软件任务分块，以便团队作业。由项目总管负责划分软件层次和结构，将不同层次的函数功能要求、接口规范等标准发给若干程序员，每个程序员只用负责自己的函数功能与接口正确，最后就能组合成一个大软件。

这里最值得一提的是"硬件隔离层"。硬件隔离层也被称为"硬件抽象层"（Hardware Abstract Layer，HAL）。一般用宏定义、缓冲区、函数封装等手段，将硬件特征消灭。在硬件隔离层之上，所有的函数都不允许直接操作硬件，不允许体现出任何硬件特征。有了硬件隔离层，之上的任何函数都是与硬件无关的，因此任何硬件上的改动都不会影响到整个庞大的上层软件。作为一个嵌入式软件程序员，面对一个新的平台（新的处理器或者新的硬件），首要任务就是隔离硬件。

9.1.3　软件接口

接口（Interface）是一个很宽泛的概念，可以广义地理解为两个部件之间的连接。对于每一个函数来说，传入的参数就是输入接口，返回值是输出接口。对于上面软件分层的例子，LCD

模块对外提供了 6 个硬件无关的函数。这 6 个函数可以看作是 LCD 模块对上一层函数的接口。LCD 模块操作的是显示缓冲区，因此缓冲区是 LCD 模块对下一层函数的接口。若干个模块最终构成整个菜单界面，实现人机接口。所以说从微观到宏观，接口无处不在。

如何规划和设计模块对外呈现的接口呢？

对于规划模块函数库来说，第一个问题是要对外提供哪些服务和访问，例如，LCD 模块要提供哪些函数用于显示（服务），哪些函数用于读取状态（访问）。事实上可以编写无数种功能各异的显示函数，不过很快就会发现功能过于凌乱，反而难以驾驭。因此，使用方便，具有丰富功能，不过多过滥以至于无法控制是规划模块接口的首要原则。

通过观察各种菜单和界面发现，一般的 LCD 都会遇到显示数字（包括正负数）、显示小数、显示字母（数字之前）、显示单位（数字之后）、删除字符、清屏等功能操作。还可能在低功耗应用中遇到关闭 LCD 以省电等要求。以此为目标，规划 LCD 所需函数，力求少而精。

最后规划为如下 9 个函数，其中 6 个硬件无关的函数位于功能层，3 个硬件有关的函数位于硬件驱动层。

```
void LCD_Init();                                //初始化 LCD（硬件有关）
void LCD_ON();                                  //开启 LCD（硬件有关）
void LCD_OFF();                                 //关闭 LCD（硬件有关）
void LCD_DisplayDecimal(int Numher,char Dot);   //显示小数，小数点后留 Dot 位
void LCD_DisplyNumber(int Numher);              //显示整数 Number
void LCD_ DiaplayChar(char ch,char Location);   //在指定位置显示字符
void LCD_InsertChar(char ch);                   //从 LCD 右侧插入一个字符，可用于显示单位或做动画
void LCD_DeleteChar(char ch);                   //从 LCD 右侧删除一个字符，可用于删除操作或做动画
void LCD_Clear();                               //清屏
```

这份 LCD 函数清单所具有的功能可以满足大部分菜单和显示要求。

同理，模块对下层的接口也要简洁。

9.1.4 屏 蔽

在物理学中，"屏蔽"的意思是不让干扰电波进出某个区域。软件中借用"屏蔽"这个概念，指的是不让软件中某个区域的细节（或者说差异）暴露出来干扰编程者的思路。一段优秀的程序，能对所描述的对象高度抽象，让后续编程者看不到烦琐而复杂的实现细节。

例如，把手机比作一个软件模块，任何两款手机都不同，但用户拿到一款新手机后无须学习，在键盘上输入电话号码再按拨号键就能打电话。因为不同款手机的拨号操作都是一样的，手机的软件屏蔽了拨号功能具体的实现细节。如果追究细节，CDMA 和 GSM 手机的拨号过程之间差异是巨大的。类似的思想，如果在编写软件的时候，注意屏蔽细节，保留共性，对可移植性的提高很有帮助。

9.2 前后台程序结构

前后台程序结构是最常用的程序结构之一。简单地说，前后台程序由主循环加中断构成，

主循环程序称为"后台程序"或"背景程序";各个中断程序称为"前台程序",依靠中断内的前台程序来实现事件响应与信息收集。后台程序中多个处理任务顺序执行,从宏观上看,这些任务将是同时执行的。

9.2.1 任 务

首先明确"任务"的概念,任务(Task)是指完成某一单一功能的程序。例如,温度报警装置,根据功能划分为获取温度、显示温度、门限比较并驱动报警装置、用户设置报警值、数据通信 5 个任务。

从宏观上看这 5 个任务必须是同时进行的:任何时候一旦超温必须报警;任何时候按下设置按钮都能进入菜单设置温度上下限;任何时候串口如果收到数据请求帧,都必须立即回复温度数据等。这种多个任务同时执行,且各种事件对响应时间要求严格的软件系统被称为"实时多任务系统"。大多数单片机系统都属于实时多任务系统。而 CPU 本身是一个串行执行部件,它只能依次执行代码,不能同时执行多段代码,需要借助一定的软件手段来实现多任务的同时执行。

目前,有许多成熟的软件结构与方法能够实现实时多任务系统,如小巧灵活的前后台程序结构、适合并发多任务的事件触发结构、适合大型软件系统的实时操作系统(RTOS)等,各有其优缺点。对于 AT89S51 单片机来说,事件触发结构是最适合于应用的一种并发多任务结构;前后台程序是实现多任务系统最简单、最灵活的结构。

1. 单任务程序

如果整个处理器系统只实现一个单一功能,或者只处理一种事件,称为"单任务"程序。最典型的单任务程序就是一个死循环,永远执行某一个功能函数。

```
void main( void )
{
    while(1)                //死循环
    {
        do_something();     //执行某任务
    }
}
```

或者虽然能够执行多种任务,但是无法同时执行,程序需要等待一个事件发生后才执行对应的处理功能。例如,早期 PC 的 DOS 程序属于应答式单任务系统,它必须等待用户输入一条命令,才能执行一种功能,然后等待用户输入下一条命令。

实际上,单任务程序对于单片机来说是没有实用价值的,因为很少会有单片机只处理单一事务的情况。一般只有在学习某个部件使用方法,或者验证某段功能代码的时候会用到这种单任务程序。

2. 轮询式多任务程序

在实际应用中,大多数单片机系统至少包括信号获取、显示、人机交互、数据通信等功能,且要求这些功能同时进行,属于多任务程序。下例所示是一种典型的轮询式的多任务程序结构。

```
void main( )
{
    while(l)                              //死循环
    {
        ADC_CetTempture();                //ADC 采集并获取温度信息
        Display_Process();                //数值显示
        Alam_Process ();                  //报警功能相关处理
        UART_CheckBuff ();                //检查串口接收缓冲寄存器
        UART_Process ();                  //解析通信协议并回复数据帧
        KBD_ScanKey ();                   //扫描键盘
        KBD_Process ();                   //处理键盘事件（菜单）
    }
}
```

轮询式的多任务程序要求每个任务都不能长时间占用 CPU，如果 CPU 的处理速度足够快，每个任务都能在很短的时间间隔依次执行，宏观上看这些任务将是同时执行的。

3. 前后台多任务程序

在大部分实际情况中，程序主循环一次的时间都较长（数毫秒至数秒）。在轮询式多任务系统中，对于持续时间短于一个循环周期的事件，或者在一个循环周期内出现多次的事件，将可能会被漏掉。例如，为了接收串口以 9 600 b/s 发出的数据流，要求主循环的周期小于 1 ms。这在许多系统中都是不现实的。其次，每个任务中必然有大量的分支程序，这导致循环周期是不确定的，对于某些对时间要求严格的任务，如定时采样、LED 循环扫描等，不能放在主循环内执行。一个前后台程序结构的示例见图 9.2。

该程序的后台程序包括休眠、读取电压、计算温度、显示温度、报警处理和通信处理，前台程序只有定时中断和串口中断程序。

在轮询式多任务程序中把要求快速响应的事件或者时间严格的任务交给中断（前台）处理，主程序（后台）只处理对时间要求不

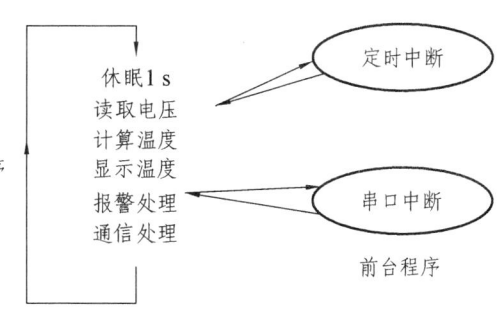

图 9.2 前后台程序结构示例

严格的事件。对于突发事件，可以通过中断随时向 CPU "索取"处理权，这些事件处于"最显著的位置"（foreGround/前台），而在剩余的时间内，CPU 默默无闻地执行后台任务（backGround/后台或背景）。因此这种结构被形象地称为"前后台程序"。在前后台程序中，对主循环速度的依赖性大大降低。

9.2.2 实时性

一般情况下，后台程序也叫任务级程序，前台程序也叫事件处理级程序。在程序运行时，主循环（后台）程序检查每个任务是否具备运行条件，通过一定的调度算法来完成相应的操作。

对于实时性要求特别严格的操作通常由中断（前台）程序来完成。根据事件的持续时间与紧急程度可以分为如下几类：

1. 实时性最高的事件

实时性最高的事件指要求零延迟、立即响应或立即动作的事件。例如，高速波形的产生、波形采集触发、微秒级脉宽测量等场合，要求响应速度在数十至数百纳秒级，甚至小于单片机的一个指令执行周期。这只能通过数字硬件逻辑来实现，如 CMOS 逻辑器件、CPLD/FPGA、单片机的捕获模块。

2. 实时性较高的事件

对于允许数微秒至数十微秒延迟的事件，可以利用中断响应（前台）来处理。但要注意主循环（后台）中不能长时间关闭中断，否则仍会造成实时性下降。同时要求中断内（前台）的处理程序本身的执行时间要短，否则会造成其他中断响应被延迟。

3. 实时性较低的事件

（1）对于允许数毫秒至数秒延迟的事件，可以在主程序中查询处理。只要事件持续时间长于总的循环周期，就不会被漏掉。

（2）如果某事件虽然实时性要求较低，但本身出现的时间很短，小于一个循环周期，仍有可能会被漏掉。例如，主循环需 1 s 时间，而按键有可能仅持续 0.2 s，这种情况可以在该事件引发的中断（前台）内置标志位，在主程序中查询标志位，保证每次事件都能得到响应。

（3）如果上述情况无法产生中断或标志位，可以使用定时中断查询事件，然后置标志位。且要求定时中断周期小于事件持续时间的一半。

（4）如果在一个循环周期内，某事件会连续突发出现多次，对事件捕获要求实时性高，但对事件处理的实时性要求不高，可以利用中断获取事件信息，并用 FIFO 将事件信息存储起来，在主循环内将这些信息依次取出逐个处理。最典型的例子就是串口数据帧的接收和处理：对于每个字符都要求立即接收（微秒级响应速度），但数据帧的回应允许数百毫秒延迟，因此可在主循环内对数据帧接收缓冲区进行解析。

例 9.1 用 AT89S51 单片机完成某温度测量、显示系统。要求测量并显示温度，用户可以通过按键切换温度单位（摄氏度或华氏度）。在串口接收到请求帧时，将温度信息及报警状态信息返回给上位机，为该设计任务规划软件程序结构。

先分析系统任务的实时性，总共有 4 项任务，分别是测温任务、显示任务、键盘扫描任务、串口通信任务。其中各个任务对实时性的要求不一。

测温任务： 在一般系统中，温度变化大多比较缓慢。1 s 更新一次显示值已经足够，且对采样时间间隔要求不严，实时性要求不高。

显示任务： 对于人眼来说，每秒 5 次以上的数据刷新已经难以识别，因此实时性要求也不高。实际上，每次采样后再显示，1 s 刷新一次完全可以满足需求。

按键扫描任务： 手指按压键盘的持续时间为 0.1～1 s，在此期间必须要捕获到按键的发生。如果采用主循环内查询实现，要求主循环周期必须小于 0.1 s。如果用中断实现按键事件的捕捉，主循环内处理，则对主循环周期无严格要求。但循环周期也不能过长，因为两次按键间隔最小约 0.3 s，如果主循环周期大于 0.3 s，对连续按键将只会响应最后一次。

通信任务：按照波特率为 9 600 b/s 计算，两个相邻字节之间的时间只有 1 ms 左右。因此数据帧接收过程要求较高的实时响应。一般通信规约都要求请求帧发出后 0.1 s 内返回数据帧，所以数据帧处理时实时性要求并不高。这种情况可以利用串口中断将数据存入 FIFO 内，在数据帧接收完毕后置相应标志位。在主循环内查询到请求帧标志位后解析并返回数据。这要求主循环周期小于 0.1 s。

再分析各任务的耗时：

测温任务：只需要读取 ADC 并计算。其中等待 ADC 转换完毕仅需数百微秒，对于 1 s 的周期来说微不足道，因此可以直接查询并等待转换结束标志。计算过程也能在数百微秒内完成，加上开基准源并等待稳定所需的 1 ms 时间，总计 2 ms 以内。

显示任务：对于带有 LCD 驱动器的单片机来说，显示只需拆分数字、查询并将段码写入相应的显示缓存内。其耗时为百微秒数量级。

按键扫描任务：按键扫描只需读 I/O 口，仅需数微秒。

通信任务：通信接收过程依靠中断，相邻两次中断仅隔 1 ms 时间。在中断内将接收数据压入 FIFO 中仅需数十微秒，因此 1 ms 时间足够，保证不会漏掉数据。按 10 B 计算，数据发送过程若利用 FIFO，仅需数百微秒；若采用查询等待方法依次发送数据，需要 10 ms 时间。

根据上面的分析，所有任务中所需的最短服务周期是 0.1 s，而所有的任务相加没有超过 0.1 s，可以用前后台程序结构来完成设计。

```
while(1)
{
    WaitTime();                           //等待计时器时间到达，计时器时间为1/16 s。
//******************以下代码每1/16 s运行一次******************
    KBD_Process();                        //处理按键，切换摄氏度/华氏度模式
    Communciation();                      //查询数据包接收完毕标志，并返回数据
    Count++;                              //Count 累加计数
    if(Count++==16 )                      //16 次累加=1 s
    {
//******************以下代码每秒运行一次******************
        Count=0;
        Temperature=ADC_GetTemp();        //采样 ADCO，单次采样
        LCD_Display(Temperature);         //显示温度
    }
}
```

在主循环内键盘扫描与通信任务每 1/16 秒执行一次，测温与显示任务每秒执行一次。串口接收采用中断加缓冲区机制，当收完一个有效的请求帧后，中断内置标志。当该标志被主循环内的通信任务函数查询到后，清除标志并返回温度数据。

9.2.3 前后台程序的编写原则

通过前面的例子，对于前后台程序结构已经有了一个概貌。实际编写前后台结构程序时，工程设计人员还需了解一些基本概念，并掌握以下几个基本的编程原则：

1. 消除阻塞

"阻塞"这个词语,含义是长时间占用CPU资源。从前后台程序的结构中可以看出,它之所以可以实现多任务同时执行,本质是快速地依次循环执行各个任务。如果某个任务长时间占用了CPU,后续的任务将无法得到处理从而失去响应。

所有前后台多任务程序的编写,最重要的原则是任何一个任务都不能阻塞CPU。每个函数都应尽可能快地执行完毕,将CPU让给后续的函数。

消除阻塞(Block)的方法是去除各个子程序中的等待、死循环、长延时等环节,让CPU仅完成运算、判断、处理、赋值等操作。对于初学者来说,这是编程的难点之一,开始时需要大量的练习。但实际上是有规律、有方法可循的,例如下一节中的状态机就是一种具有通用性的强有力的消除阻塞的软件方法。本节中也将介绍一些基本的消除阻塞的手段。

2. 节 拍

在前后台程序中,如果主循环的周期是固定的,对于定时、延时等与时间相关的任务来说,可以利用主循环内的计数来实现计时,仅在时间到达的时刻作相应处理,消除因等待而产生的阻塞。然而主循环本身很难在不同的程序分支下保持时间一致。但如果利用周期性的定时中断来启动主循环,且定时中断的周期大于主循环最长的执行时间,主循环的周期将由定时中断时间决定,将是严格相等的。这为编程带来了很大的便利。

例9.2 让P1.1口的LED每秒闪烁1次,P1.3口的LED每秒闪烁2次,P1.4口的LED每秒闪烁4次。假设主循环周期为1/16 s,为3个任务分别编写函数,要求不阻塞CPU。

```
/******************************************************************
函数名:LED1_Process()
函数功能:LED1任务处理程序,LED1_Time每1/16 s加1,LED1每秒闪烁1次
******************************************************************/
void  LED1_Process()                    //任务1
{
    static int LED1_Timer;
    LED1_Timer++;                       //LED1任务计时
    if( LED1_Timer>=8)
    {
        LED1_Timer=0;   P1^1=~P1^1;     //每0.5 s取反一次
    }
}
/******************************************************************
函数名:LED2_Process()
函数功能:LED2任务处理程序,LED2_Time每1/16 s加1,LED2每秒闪烁2次
******************************************************************/
void LED2_Process()                     //任务2
{
    static int LED2_Timer;
```

```c
        LED2_Timer++;                        //LED2 任务计时
        if(LED2_Timer >=4)
        {
            LED2_Timer=0;
            P1^3=~P1^3;                      //每 0.25 s 取反一次
        }
    }
/**************************************************************************
函数名：LED3_Process()
函数功能：LED3 任务处理程序，LED1_Time 每 1/16 s 加 1，LED1 每秒闪烁 4 次
**************************************************************************/
void LED3_Process()                          //任务 3
{
    static int LED3_Timer;
    LED3_Timer++;                            //LED3 任务计时
    if (LED3_Timer>=2)
    {
        LED3_Timer=0;
        P1^4=~P1^4;                          //每 0.125 s 取反一次
    }
}

/**************************************************************************
函数名：main()
函数功能：LED 灯闪烁任务处理程序，LED1 每秒闪烁 1 次，LED2 每秒闪烁 2 次，LED3
        每秒闪烁 4 次
**************************************************************************/
void main( void)
{
    P1=0;                                    //初始状态 3 个 LED 全灭
    SetTimer();                              //设置定时器中断，使得每 1/16 s 产生一个中断
    while(l)
    {
        WaitTimer();                         //等待计时器时间到达，代码 1/16 s 执行一次
        LED1_Process() ;                     //LED1 闪烁任务
        LED2_Process ();                     //LED2 闪烁任务
        LED3_Process();                      //LED3 闪烁任务
        ……                                   //CPU 还可以执行其他任务
    }
}
```

在这个程序中,各个处理任务中没有死循环或等待,每个任务都能很快执行完毕。通过 LEDx_Timer 变量来为 3 个 LED 闪烁任务计时。在定义变量时加 static 关键字相当于定义了全局变量,但只在函数内部使用,这为全局变量的管理带来了方便。

从主循环中可以看出,只要每个任务都遵循非阻塞性原则,就可以在主循环中不断添加新的任务,这为程序结构性、通用性与扩展性提供了保障。一个处理器系统中最多能执行的任务数量将只取决于 ROM、RAM 大小和 CPU 速度。

例 9.3 在 AT89S51 单片机 P2.0 口上接有一只长鸣型蜂鸣器,高电平鸣响。为蜂鸣器编写鸣响函数,要求用参数传入鸣响时间,且要求不阻塞 CPU。

蜂鸣器鸣响一段时间的任务,可以看作开蜂鸣器、延迟、关蜂鸣器的过程。初学者大多会直接按照过程写出如下阻塞性的鸣响函数。

```
#include <reg51.h>
#define ON   1
#define OFF  0
sbit BEEP=P2^1
/*******************************************************************
函数名:Beep()
函数功能:通过软件延迟驱动蜂鸣器
入口参数:Period:鸣响周期(0~65535)
说明:鸣响过程会占用 CPU
*******************************************************************/
void Beep(unsigned int Period)
{
    int i;
    BEEP=ON;                    //开始鸣响
    for(i=0; i<Period; i++0)    //延迟 Period 次
    delay_1m();                 //延时 1ms
    BEEP=OFF;                   //停止鸣响
}
```

蜂鸣器鸣响时间依靠软件延迟来实现,延迟过程占用了 CPU。这将会导致鸣响期间,后续任务失去响应。鸣响时间越长,阻塞现象将越严重。实际上,仅在开、关蜂鸣器的时刻需要 CPU 的处理,在导致阻塞的延迟过程中,CPU 并未做任何有用的运算,应该让出给其他任务。按照这个思路,将蜂鸣器程序分成两部分:鸣响函数和处理函数。后台可以随时调用鸣响函数 Beep(),它仅负责开启蜂鸣器并设置鸣响时间值;在定时中断内调用处理函数,对鸣响时间进行计数,并在鸣响时间到达时关闭蜂鸣器。

```
#include <reg51.h>
unsigned int Beep_Timer=0;
#define ON 1
#define OFF 0
sbit BEEP=P2^1
/*******************************************************************
```

```
函数名：Beep()
函数功能：蜂鸣器鸣响函数（后台程序）
入口参数：Period：鸣响周期（0～65535）。单位是 Beep_Process 被调用的次数
说明：鸣响过程不阻塞 CPU
*******************************************************************/
    void Beep（unsinged int Period）          //蜂鸣器鸣响函数，可随时调用
    {
        Beep_Timer=Period;                    //设置鸣响结束时间
        BEEP=ON;                              //开启蜂鸣器
    }
/*******************************************************************
函数名：Beep_Process()
函数功能：蜂鸣器鸣响处理函数（前台程序）
说明：该函数需要被周期性地调用。可放于主循环或定时中断内
*******************************************************************/
    void Beep_Process()                       //蜂鸣器处理函数，需在主循环或中断内周期性调用
    {
        if(Beep_Timer==0)    BEEP = OFF;      //若鸣响时间到达，则关闭蜂鸣器
            else Beep_Timer-- ;               //若鸣响时间未到达，则继续计时
    }
```

对于主循环时间不确定的场合，可以将与时钟节拍相关的代码放在定时中断内执行。但要注意避免在中断内执行过多的代码，以免降低其他中断的实时性。

3. 尽量使用低 CPU 占用率的外设

对于软件系统来说，为了让更多的任务能够同时进行，硬件上就应选择 CPU 占用率更低的方案。例如，同样完成显示功能，用动态扫描 LED 所耗费的 CPU 资源就比静态显示的要多。在静态显示方案中大多使用 74HC595 或其他的 I/O 扩展芯片，每个 I/O 独立地控制一段笔画。显示内容一旦写入后会自动锁存，因此只有在显示内容发生改变时才需要 CPU 的服务。

动态显示需要不断依次扫描显示各个数字，利用人眼睛的视觉暂留特性，人眼睛会看到各个数字同时显示。人眼睛的视觉暂留时间一般为数十毫秒，在此期间每位数字都要刷新，则数码管每隔数毫秒就要求 CPU 服务，从宏观上看相当于减慢 CPU 运行速度。例如每 1 ms（1 000 个指令周期）执行一次扫描任务（中断），每次需要耗时 200 个时钟周期，后台程序的运行将减慢至 80%。

对于液晶显示器来说，波形远比数码管复杂，应该选用专用 LCD 驱动器，通过硬件实现扫描和刷新，无须 CPU 的干预。

减少 CPU 工作时间往往意味着需要更多的硬件电路，增加硬件的成本。例如，动态扫描的 LED 显示成本要比静态显示低，不需要 I/O 扩展芯片。在方案设计时需要综合考虑各种因素。

4. 使用缓冲区

RAM 是一种具有很好共享性的资源，对 RAM 写入数据后，多个任务都可以访问该数据。因此合理利用 RAM 内的数组、FIFO、全局变量、标志位等数据缓冲区作为信息传递渠道可以

化解各个任务之间的关联性，利用数据缓冲区可以降低软件的复杂度。

以数码管扫描刷新为例，前台的定时中断扫描程序需要不断循环扫描刷新数码管，而后台任务可能随时需要改变显示内容。

典型的方法是采用如图 9.3 所示的方法，用一个数组作为显示缓冲，消除两种操作之间的时间关联性。

对于前台程序，在定时中断内只负责将显示缓存中的内容依次显示到 LED 上，后台程序可以随时更改显示缓存数据，从而改变实际显示内容。显示缓存在这里充当了前台程序与后台程序之间的数据传递渠

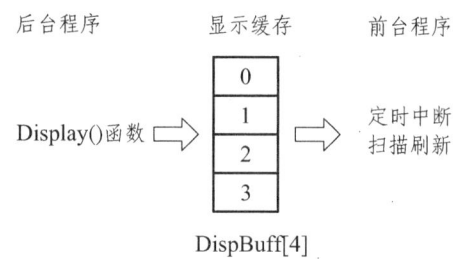

图 9.3 采用数组作为扫描显示的缓冲区

道，消除了前后台之间的直接关联性。事实上，在这种结构下前台的刷新操作对于后台程序来说是不可见的，因此缓冲区也是一种很好的硬件隔离层。这种动态过程静态化的思想也是前后台程序中最常用的方法之一。

例 9.4 在 AT89S51 单片机上实现动态扫描 4 位 LED 显示。单片机的 P1 口高电平驱动数码管笔画，P2.0～P2.3 口低电平经过晶体管射极跟随器驱动数码管的公共管脚。为该硬件编写显示函数，要求显示函数不阻塞 CPU 运行。

图 9.4 所示是动态扫描的典型硬件电路。首先分析动态扫描过程，4 位数码管需要按一定时间间隔依次扫描。只有在切换数字的时刻才真正需要 CPU 的服务，在每一位数字显示持续的时间段内，应该将 CPU 让出给其他任务。所以应该在定时中断内完成扫描，每次中断显示一位数字，两次中断的间隔就是每一位数字显示的持续时间。据此思路将显示程序分为两部分，前台程序只负责扫描时序，后台程序负责显示内容。先编写前台的扫描函数，在定时中断内调用该扫描函数，每次中断切换显示一位数字。

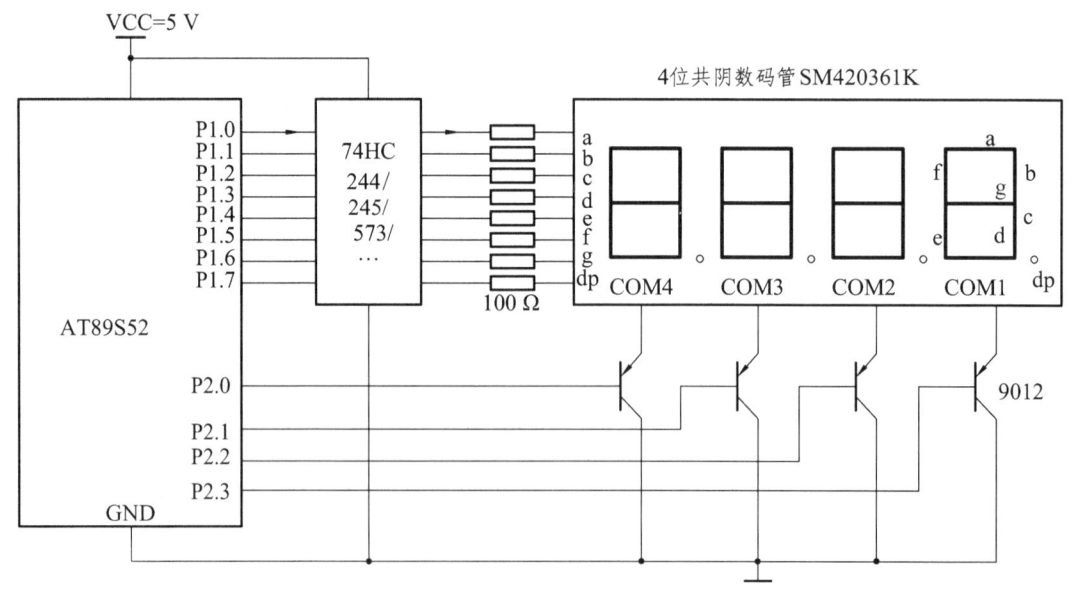

图 9.4 4 位 LED 动态扫描

```c
#include <reg51.h>
#define SEG_PORT    P1
sbit COM1=P2^3;
sbit COM2=P2^2;
sbit COM3=P2^1;
sbit COM4=P2^0;
#define COM1_ON    COM1=1
#define COM2_ON    COM2=1
#define COM3_ON    COM3=1
#define COM4_ON    COM4=1
#define COMS_OFF   P2=P2&0xF0
unsigned char DispBuff[4] ;
/*******************************************************************
函数名：Display_Scan()
函数功能：动态数码管扫描刷新程序（前台程序）
说明：该函数需要被周期性地调用。推荐在定时中断内调用
********************************************************************/
void Display_Scan()
{
    static unsigned char COM;              //扫描计数变量
    COM++;                                  //每次调用后切换一位显示
    if(COM>=4) COM=0;                       //COM 的值在 0、1、2、3 之间切换
    COMS_OFF;                               //切换前将全部显示暂时关闭，避免虚影
    switch( COM)                            //根据 COM 的值，决定当前应该显示哪一位
    {
      case 0:SEG_PORT=DispBuff[0];          //显示第 1 位
             COM1_ON;   break;
      case 1:SEG_PORT = DispBuff[1];        //显示第 2 位
             COM2_ON;   break;
      case 2:SEG_PORT=DispBuff[2];          //显示第 3 位
             COM3_ON; break;
      case 3:SEG_PORT=DispBuff[3];          //显示第 4 位
             COM4_ON;   break;
    }
}
```

只要在任何一个周期为数毫秒的定时中断内调用 Display_Scan()函数，DispBuff[4]内的 4 个字形码就会被"自动"映射到 4 位数码管上。主循环内的任务只要写缓存即可改变显示内容。可以将 LCD 显示程序全部移植到数码管显示上。

/***
函数名：LED_DisplayNumber()

```c
   函数功能：在数码管显示一整数（后台程序）
   入口参数：Numher 待显示数字(0~9999)
******************************************************************/
void LED_DisplayNumber( unsigned int Number)
{
    char Digit, DigitSeg;           //存放字形笔画的变量
    char SegBuff[4];                //字形笔画临时存放数组
    char i;                         //循环变量
    for(i = 0;i <4;i++)             //拆分数字，最多显示4位
    {
        Digit=Numher%10;            //拆分字，取余操作
        Numher/=10;                 //拆分数字，除10操作
        DigitSeg=LED_Table[Digit] ; //查表，得到7段字型码
        SegBuff[i]=DigitSeg;        //临时存放
    }
    DisableINT();                   //关中断，对于共享数据，操作时避免冲突
    DispBuff[0]=SegBuff[0];         //写入相应的显示缓存内（显示数字）
    DispBuff[1]=SegBuff[1];
    DispBuff[2]=SegBuff[2];
    DispBuff[3]=SegBuff[3];
    EnableINT();                    //开中断
}
```

5. 时序程序设计

时序的产生中间包含大量的延迟。如果用软件延迟来实现电平变化之间的延迟，必然会阻塞 CPU。类似地，可以将延迟任务交给定时中断完成，CPU 仅处理状态变化。再利用全局变量传递状态信息，即可消除时序控制程序中的阻塞问题。

例 9.5 在 AT89S51 单片机的 P1.1 口接一只 LED，高电平点亮。为其编写控制函数，用于设置 LED 状态，包括亮、灭、快闪（每秒 4 次）、慢闪（每秒 1 次）4 种状态，且要求 LED 的闪烁过程不堵塞 CPU。

```c
sbit LED1=P1^1;
#define LED1_ON    LED1=1;
#define LED1_OFF LED1=0;
/*****************************************************************
   函数名：LED1_SetStatus()
   函数功能：设置 LED1 的状态
   入口参数：0=灭  1=亮  2=慢闪  3=快闪
******************************************************************/
void LED1_SetStatus(unsigned char Status )
{
    LED1_Status = Status;           //改变 LED 状态变量
```

```
}
/*************************************************************************
函数名：LED1_Process()
函数功能：LED1 处理任务
入口参数：Ticks：该函数每秒被调用的次数
*************************************************************************/
void LED1_Process(Ticks)
{
    static unsigned int LED1_TimeS;              //慢闪计数变量
    static unsigned int LED_TimeF;               //快闪计数变量
    LED1_TimeS++;
    if(LED1_TimeS>=Ticks)   LED1_TimeS=0;        //慢闪计时
    LED1_TimeF++;
    if(LED1_TimeF>=Ticks/4)  LED1_TimeF=0;       //慢闪计时
    switch(LED1_Status)
    {
        case 0: LED_OFF; break;                  //0 = 灭
        case 1: LED_ON; break;                   //1 = 亮
        case 2: if(LED1_TimeS>Ticks/2)   LED1_ON;  //2 = 慢闪
                    else LED1_OFF;
        break;
        case 3: if(LED1_TimeF>Ticks/8)   LED1_ON;  //3 = 快闪
                    else LED1_OFF;
        break;
    }
}
```

LED 状态设置函数只有一条赋值语句，在主循环中可以随时调用该设置函数，同时不阻塞其他任务的运行。

```
/*************************************************************************
函数名：main()
函数功能：主程序，控制 LED1 灯的闪烁状态
*************************************************************************/
void  main(void)
{
    unsigned int Timer = 0;
    P1=0;
    InitTimer();                    //设置定时器，设为 1/16 s 中断一次
    while(1)
    {
        WaitTime();                 //等待定时器时间，以下代码 1/16 s 执行一次
        LED1_Process(16);
        Timer++;
```

```
            if(Timer==80) LED1_SetStatus(0);        //灭 5 s
            if(Timer==160) LED1_SetStatus(1);       //亮 5 s
            if(Timer==240) LED1_SetStatus(2);       //慢闪 5 s
            if(Timer==320) LED1_SetStatus(3);       //快闪 5 s
            ... ...                                 //其他任务
        }
    }
```

9.2.4 函数重入

函数重入（Reentrant）是指函数执行过程中交叉重新调用自己。可重入性（Reentrancy）是指该函数在自己调用自己的时候，不必担心数据被破坏。从软件工程角度对函数可重入性的作用可以解释为：具有可重入性的函数能够被多个任务同时调用。在前后台程序中，任务都是顺序执行的，不存在多个任务同时调用一个函数的情况，但可能出现前台中断程序与后台任务同时调用某个函数。对于这些公用函数，必须具有可重入性。

什么情况下一个函数会自己调用自己？除了程序中某些特殊算法有意调用自身（递归算法）之外，看似几乎不会出现函数自己调用自己的情况。但是初学者经常忽略了一个重要的问题：中断可以随时打断任何正在执行程序。如果某个函数正执行到一半时被中断，在中断内又调用了该函数，相当于函数重入。而且这是一种十分隐蔽的函数重入，这种重入的发生存在相当大的偶然性和极小的概率性。

为了理解函数重入性，以及重入性在前后台程序中的重要性，先看一个不可重入函数的例子：交换两个变量。为了让其不可重入，故意将 Temp 定义为全局变量。

```
int Temp;
void Swap(int *x, int *y)      //交换两个整型变量
{
    Temp=*x;
    *x=*y;
    *y = Temp;
}
```

假设主循环内调用该函数交换 a、b 变量的值，且在该函数执行到一半的时候发生中断，在中断内交叉调用该函数交换变量 c、d 的值。

如图 9.5 所示，在中断发生前，Temp 变量的值为 a，发生中断后，交换 c、d 变量时 Temp 被赋为 c，中断返回后 Temp 变量仍为 c，导致最终交换结果并不是 b，而是 c。

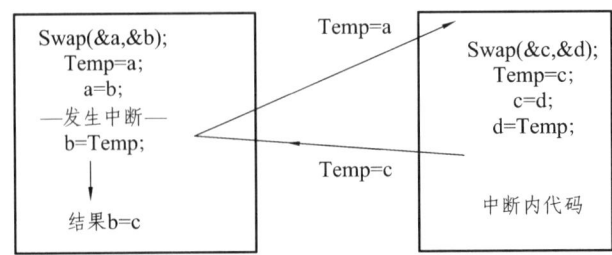

图 9.5 非重入代码因中断造成的错误

从这个简单的例子可以看出：重入性问题可能出现在所有带有中断的程序中。而且该例中只有执行 Swap 函数的几微秒时间内发生中断，才会导致错误。在 Swap 函数之前或之后中断，运算结果都将是正确的。可见中断导致的重入概率往往都很小，往往难以捕捉和调试，甚至在为期数天的测试过程中都未曾发现，直到在产品使用数月后才造成重大损失。为避免重入性隐患，在编程时，应该尽量编写可重入性的代码，或者避免重入的发生。

1. 决定函数可重入性的因素

用一句话概括：非可重入函数中，操作并访问了独一无二的公用资源。

（1）若某函数对静态数据进行了赋值操作和访问，则它是不可重入的。所谓静态数据，指的是在存储器内地址固定的变量，如全局变量、静态变量、全局标志位、全局数组等。这些变量是唯一的、公用的，任何一个函数对这些变量进行赋值操作，就会发生改变。如果后台任务和中断内都通过某函数访问了这些资源，就会有冲突的可能。

（2）涉及硬件设备操作的函数大部分都是不可重入的。因为硬件设备是唯一的，如果操作过程到一半时被中断打断，在中断内又操作该硬件设备，实际上该硬件设备将收到一个错误的时序或指令序列。

例如，主循环中某任务调用 ModemTest() 函数通过串口向 Modem 发出"AT + CCSN"字符串指令，而中断中也调用了该函数。假设已经发出两个字"AT"后发生中断，中断内又发送"AT + CGMI"字符串，实际的 Modem 会收到"ATAT + CGMI + CCSN"的错误指令字符序列。类似的现象会发生在需要 I/O 时序的设备上，如点阵液晶模块、各种串行总线设备等，它们的读写需要一定的时序逻辑，如果读写函数发生重入，会导致时序的错乱。

（3）函数重入性与 C 语言编译器有关。大部分 C 语言编译器通过堆栈来传递参数，局部变量也在堆栈内开辟。即使在某函数中发生中断，中断内再次调用同一函数时，实际上使用了不同的内存地址，中断返回时，原来的变量值都未被破坏。如果某个函数只涉及局部变量和参数传递，它是可重入的。

但对于 51 系列单片机，由于内存比较少，Keil C51 编译器不采用消耗内存比较多的堆栈方式传递参数，而是采用函数覆盖技术，它的一般函数都是不可重入的。C51 允许将函数声明成可重入函数，方法为：首先将函数中使用到的变量全部声明为局部变量，然后在函数后面加上关键字"reentrant"。

例如，下面的 swap 函数就是可重入函数。

```
void Swap(int *x, int * y)    reentrant        //交换两个整型变量。
{
        int Temp;
 Temp=*x;
 *x=*y;
 * y = Temp;
}
```

> **小提示**
>
> 在面对一款新的处理器，或者使用新的开发软件之前，可以编写一段代码测试一下编译器，测试其函数是否是可重入的：
>
> ```
> int    Fiboncci (int n)
> {
>         if (n<3) retum (l);
>             else    return (Fiboncci (n-l)+ Fiboncci (n-2));
> }
> ```
>
> 这段程序采用递归算法生成斐波那契数列（1，1，2，3，5，8，13，…每个数是前两个数之和），利用了函数的递归调用（自己调用自己）。如果调用 Fiboncci（N）得到正确的返回值，说明编译器支持函数重入，否则说明编译器不支持函数重入。

2. 避免函数重入性隐患的方法

对于前后台结构的程序，重入性问题只发生在中断内调用、后台任务也调用的几个函数上，要反复检查这几个函数。对于这些函数，掌握以下几个原则有助于避免因函数重入造成隐患。

（1）应尽量使用可重入函数，避免使用静态变量、全局变量。Keil C 编写可重入函数时，一定要在函数后面加上关键字"reentrant"。

（2）在进入不可重入函数之前关闭中断，退出该函数之后再开中断。由于在后台任务与前台的中断程序之间传递信息只能依靠全局变量，因此前后台公用的函数往往都要操作全局变量。这种情况下需要在操作全局变量之前禁止中断，从而保证不会被中断打断，也保证了不会发生重入。但要注意，中断被关闭的时间越短越好，因为关闭中断将会降低前台中断响应的实时性。同样地，涉及硬件操作的函数，必须类似处理：在操作硬件前关闭中断，操作完后恢复中断。

（3）采用双缓冲区结构。如果在不可重入函数中操作全局变量的时间很长，例如需要复杂运算，采用上述关中断的方法会造成长时间无法响应前台中断。为解决该矛盾，在前后台之间交换信息时，让前台的中断程序访问一组独立全局变量 A，后台任务访问另一组独立的全局变量 B。在后台将所有的数据都准备好后，关闭中断，将 A 组全部数据复制到 B 组后再开中断。当后台需要读取数据时，关闭中断，将 B 组数据复制到 A 组后再开中断。在数据运算期间无需关闭中断，只有赋值的数微秒需要关闭中断，从而使关闭中断的时间减到最少。

（4）采用信号量。信号量（Semaphore）可以理解为标志位。在调用不可重入函数之前，先将某个标志位置1，在中断内，若检查到该标志位则跳过该函数，或者做其他的处理。

9.2.5 临界代码

临界代码（Critical Code）也称为临界区，指的是运行时不可分割的代码。一旦这部分代码开始运行则不允许任何中断。为确保临界代码的执行，在进入临界代码区之前需要关闭中断，临界代码执行完毕后要立即恢复中断允许。

只要系统中存在中断，在编写程序时，就要时刻注意临界代码问题，并能准确判别哪些代码属于临界代码，一旦遗漏，就会造成难以发现的隐患。以下是几种典型的产生临界代码的原因：

1. 依靠软件产生时间要求严格的程序段

某些产生很短延迟的程序，可以直接用软件延迟完成，因为占用 CPU 很短，不会造成严重的阻塞。但此时一定要注意如果延迟过程被中断，产生的延迟将不准确。

例 9.6 编写一个产生 10 μs 脉冲的程序，找出并保护临界代码区。假设时钟为 12 MHz。

```
sbit COM_1 = P1^0;              //P1.0 口输出脉冲
#define PULSE_H   COM_1=1;
#define PULSE_L   COM_1=0;
/*******************************************************************
函数名：Puls_10um()
函数功能：产生 10 μs 脉冲
********************************************************************/
void Pule_10 us()
{
    DisableINT();               //以下是临界代码区，不允许中断
    PULSE_H;
    Delay10um();
    PULSE_L;
    EnableINT();                //以上是临界代码区
}
```

某些设备需要时间严格的时序，例如 Dalls 公司的单总线器件（最常用的数字测温器件 DS18B20 就属于 l-Wire 总线设备）没有同步时钟，它对时序及高低电平时间非常严格。如果在与其通信时发生中断，会造成电平时间改变，有可能造成数据错误。

2. 共享资源互斥性造成的临界代码

涉及共享资源的访问操作，都属于临界代码。共享资源访问时需要被独占，避免数据破坏。程序中任何可被占用的实体都称为"资源"。资源可以是硬件设备，如定时器、串口、打印机、键盘、LCD 显示器等，也可以是变量、数组、队列、结构体等数据。可以被一个以上任务所占用的资源叫作"共享资源"。前后台之间的数据传递常采用共享数据来简化任务间的信息交换，但在使用共享资源时，必须保证每个任务在访问共享资源时的独占性，以免访问过程尚未结束时，另一任务对其访问，造成数据错误或被破坏。这叫作共享资源的"互斥性"（ Mutual Exclusive ）。

前后台程序的一大优点是后台任务总是顺序执行的，因此不会出现多个后台任务同时需要占用同一资源的情况，只需要考虑后台任务与前台中断之间的资源互斥性。

3. 避免函数重入造成的临界代码

避免函数重入的方法之一是在不可重入函数开始之前关闭中断，之后开中断。对于后台任务和中断都要调用的不可重入函数来说，整个函数都是临界代码区。

4. CPU 字长造成的临界代码

51 单片机具有 8 位 CPU 内核，这说明它只有 8 位字长的处理能力，每条指令只可以处理

8 bit 数据。因此在 C 语言中，对于 char 型变量的操作可以通过一条指令完成。对于 8 bit 以上的变量的访问，一句 C 语言代码至少要被编译成多句汇编代码才能完成访问。因此，访问单个 char 型共享数据时，无须临界代码保护，因为只需 CPU 一条指令，访问期间不可能被中断。但对于 int、long、float 等超过一个字节的共享变量来说，任何读写操作都是临界代码，因为 CPU 需要两条或更多的指令才能完成其读取或赋值操作，如果中断发生在两条指令之间，而中断内恰巧更改或访问了该变量，都将造成错误的数据值。

5. 临界代码保护的方法

第一种方法，也是最简单的方法，就是在临界代码语句开始关闭中断，临界代码结束后开启中断。这种方法的最大优点是简单、执行速度快（只有一条指令），在临界保护操作频繁的场合优势突出。但该方法存在一个隐患：如果在 A 函数的临界代码区调用了另一个函数 B，B 函数内也有临界代码区，从 B 函数返回时，中断被打开了，这将造成 A 函数后续代码失去临界保护。所以，使用该方法时，不能在临界代码区调用任何具有其他临界代码的函数。

第二种方法，也是在嵌入式软件中最通用的方法，就是关中断前将总中断允许控制位状态所在的寄存器压入堆栈保存起来，然后再关中断保护临界代码，之后根据堆栈内保存的控制字决定是否开启中断。在临界代码执行完毕之后，中断允许状态将恢复到进入临界区之前的状态。

第三种方法是关中断前将总中断允许控制位状态保存到一个变量里，然后再关中断保护临界代码，之后根据保存的控制字决定是否恢复中断。这样做同样可以实现退出临界区时恢复进入前的中断允许状态。其缺点是每一段临界代码都要额外耗费两个字节的存储空间。

第四种方法是用软件模拟堆栈的行为，将进入临界代码的次数和退出临界代码的次数进行统计，如果各临界代码之间有调用关系，则只对最外层的临界代码区进行中断开关操作。这种方法只需 3 字节全局变量即可完成所有的临界代码保护任务。

9.2.6 前后台程序结构的特点

从微处理器诞生之时起，便开始使用前后台程序结构，这是应用历史最长、应用最广的程序结构。前后台程序中，后台所有的任务是依次顺序执行的。这种串行的顺序执行带来了许多优点：

（1）在后台循环中，一个任务执行完毕后才执行下一任务，这使得每个后台任务中的内存（局部变量）在任务结束后可以全部释放，让给下一个任务使用，即使在 RAM 很少的处理器上也能同时执行众多任务。整个程序的总内存消耗等于全局变量所占的内存量加上局部变量最多的任务所耗内存量。编写程序时，每个任务都可以大量使用局部变量，只要消耗量不超过耗内存最多的任务，就不会增加 RAM 开销。

（2）在后台任务顺序执行的结构中，不会出现多个后台任务同时访问共享资源的情况。因为当一个任务访问共享资源时，前一任务必然已经执行完毕，后一任务尚未开始，每个任务天然地独享全部的共享资源。后台任务间通过全局 I/O 端口、硬件设备、寄存器等硬件设备也不会出现冲突情况，只需要集中精力解决后台与前台中断之间的资源共享问题即可。所以，尽可能让主循环程序按照固定的节拍运行，某些定时中断内的程序也可以转至主循环内执行，不必进行临界代码保护，也不用考虑函数重入问题。

（3）前后台程序的结构灵活，实现形式与实现手段多样，可以根据实际需要灵活地调整。例如，在某一事件的中断内直接写处理代码，可以保证对这一事件极高的实时性。

但这种灵活性也为前后台程序带来了众多的缺点：

（1）程序多任务的执行依靠每个任务的非阻塞性来保证，这要求编程者耗费大量的时间和精力来消除阻塞，而且最终的代码可能与对任务的描述差异很大。为了保证实时性，或者为了消除阻塞，程序会变得支离破碎（前台一段，后台一段），这为代码的维护带来了很大困难。

（2）程序的健壮性及安全性没有保障。只要软件中存在中断，函数重入以及共享资源访问等问题就会带来一系列的隐患，对这些互斥资源的保护都要编程者自己来解决。对于初学者来说，很难保证所写程序中没有小概率隐患的存在，往往需要多年的实践和训练才能写出无隐患的代码。

（3）每个程序员的思路、实现方法、软件架构等各不相同，而前后台程序中软件实现方法是开放式的，并无统一的标准和方法。这虽然为小型软件提供了便利，但对于稍大的系统来说，由于缺乏架构标准，维护、升级、排错都是很困难的事情。大部分情况下，除了设计人员自己之外，其他人很难接手进行维护工作。

（4）实际上，前后台系统的整体实时性比预计的要差。这是因为前后台系统认为所有的任务具有相同的优先级别，即是平等的，而且任务的执行又是以顺序排队的方式依次执行，不可能动态更改任务排列的顺序。因而对那些实时性要求高的任务只能在中断内处理，而这会增加中断时间，增加其他中断的响应延迟。

（5）缺乏软件的描述手段。前后台程序的结构可以说是"随心所欲"，但是如果让编程者用文字或图形写出它的设计思路，会遇到很大的困难。前后台程序没有一套精确的结构化的软件描述手段。相比之下，下一节将要介绍的状态机就有状态转移图这一精确描述手段，描述图与代码之间有严格对应关系，甚至可以利用辅助软件将图形直接转换成代码。

总之，前后台程序是一种简单方便、小巧灵活的程序结构，只需很少的 RAM 和 ROM 即可运行，没有额外的资源开销，因此在低端的处理器以及小型软件系统上得以广泛应用。但其整体实时性和维护性较差，不适用于大型的软件系统。

9.3 状态机建模

有限状态机（Finite State Machine，FSM），简称状态机，是软件工程中一种极其有效的软件建模手段。通过状态机建模可以从行为角度来描述软件，并且可以很方便地描述并发（同时执行）行为。更重要的是，状态机模型可以精确地转换成代码，这些代码运行后将实现相应的软件行为。状态机不同于流程图，后者只能描述软件的过程，而不能描述软件的行为，更不能描述并发的软件过程。本节将带领读者逐步理解并掌握这一强大的软件建模工具，读者一旦习惯用状态机去描述软件后，会发现状态机建模是一种十分自然、贴近实际的软件描述手段。

9.3.1 状态机

对于状态机的概念，许多读者可能比较生疏。在软件工程中，它有多种严格的定义形式，但大部分都相当抽象。为了帮助读者建立状态机的概念，现从实际的例子出发，逐步认识状态机，并介绍状态机建模的相关基础知识。

1. 流程图的缺点

初学者在第一次学习设计软件的时候，都曾接触过流程图。流程图是一种描述软件执行过程的手段。它由顺序、判断、跳转、循环等若干基本环节构成，能够详细表达软件的执行过程。所谓"过程"，意味着必有先后之分，例如用流程图描述一个洗衣机的"洗衣过程"，可以描述为："先正转 2 s，停 1 s，再反转 2 s，停 1 s，……（如此往复循环）"。

如图 9.6 所示，按照过程可以依次画出软件流程，依照流程图可以编写洗衣机的控制程序。但我们考虑一下实际的洗衣机：为了保证安全，要求在洗衣过程中的任何时候盖子一旦开启，就必须立即停机，等盖子合上后，再从洗衣过程被打断的地方继续执行。

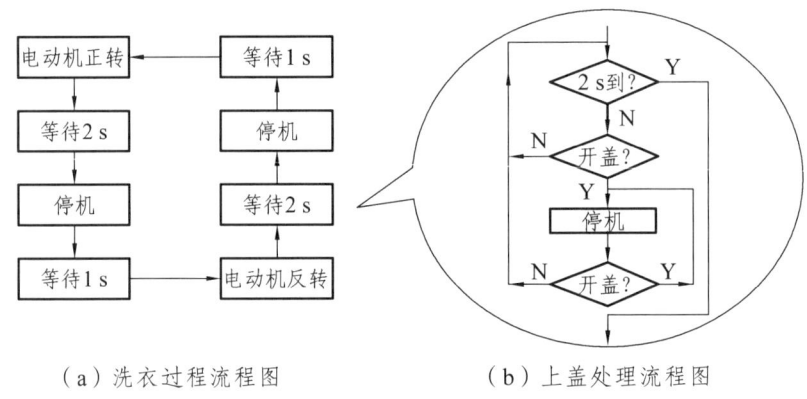

（a）洗衣过程流程图　　　　　　（b）上盖处理流程图

图 9.6　在洗衣过程中加入上盖处理过程

这要求单片机不仅要处理洗衣过程，还要根据洗衣机机盖的状态来暂停洗衣过程。这里流程图的弱点就暴露出来的：用户可以在任何时候打开盖子，而流程图只能表达有固定先后次序的程序，无法表达"任何时候"发生的事件。

如果一定要用流程图来描述洗衣机软件，"任何时候"在流程图中只能表达为：在所有可能等待（存在循环）的地方，都要增加对盖子的处理。于是，流程图中 4 个等待过程都要增加对盖子状态的判断、处理，并等待盖子重新盖上。这样，整个软件中的等待过程增加至 8 处（增加 4 处等待盖子合上）。

在此如果再增加一个功能：任何时候按"取消"键，立即停止洗衣的任何动作，直到按"开始"键后重新开始洗衣过程。为了让"取消"键在"任何时候"都能立即生效，需要在软件 8 个等待过程中添加对"取消"键的判断与处理程序，并等待"开始"键。这样，软件中增加至 16 个等待过程。

如果再添加脱水功能，即任何时候按"脱水"键都执行排水与脱水，软件又要成倍地增加新的等待过程。再继续添加功能：在脱水过程中的任何时候打开盖子也要暂停，在任何时候如果电机过载都要立即停止……

如果用流程图来表达"任何时候"的功能描述，流程图就会像爆炸般以不断翻倍的方式变得越来越复杂，最终变得无从下手。

事实上，用户在任何时刻都可以进行所有可能的操作，这种可以随时主动发生的事件被称为"独立事件"。这就要求设计者解决以下难题：如何才能控制大量的独立事件？如何对控制软件进行建模？如何才能对大量独立事件的所有可能的组合进行测试？如何保证软件没有漏洞？

实际上，面向顺序过程的流程图不适合描述"任何时候"发生的事件，不适合描述"由外部事件决定流程"的程序，也不适合描述带有阻塞的并发过程，而且无法描述大量的独立事件。这些环节在各种单片机或嵌入式软件中会大量地出现，因为软件系统必然要和外界输入量打交道，而且很多行为是由外界输入决定的。

因此，有必要寻找一种新的软件建模手段，能够描述并发结构的软件，或者能从行为的角度来描述软件，且能够根据模型生成代码，也能够对软件进行完整的测试。

2. 状态机建模的例子

例 9.6 中，软件下一步要执行的功能不仅与外界传入信息有关，还与系统的"当前状态"有关。能否设计出一种基于"状态"与"事件"的软件描述手段呢？

由于系统在每一时刻只能有唯一的状态，在每一个状态下，可能发生的事件也是有限的，因此系统中即使存在大量的独立事件，软件描述也会简单得多。

真正需要 CPU 处理的只有系统状态发生改变的那一刻，在系统等待事件到来的期间，是不需要 CPU 处理的。如果能够用事件触发的形式来描述软件，能够将 CPU 从等待事件发生的过程中解放出来，从而生成无阻塞的代码。

例 9.7 双色报警器是一种工业现场大量使用的简单报警指示装置，由一报警输入（I/O口）、双色报警灯（红黄两色，I/O 口控制）以及一个确认按钮构成。

三者间的逻辑关系是：

（1）当报警出现后，红灯亮。
（2）报警自动消失后，黄灯亮，直到确认键按下后才灭。
（3）当报警未消失时，按下确认键，黄灯亮，此后报警消失时报警灯自动灭。

尝试用语言来描述该双色报警器"状态"与"事件"之间的关系：

（1）在"正常"状态，如果出现"报警"事件，系统变成"报警未确认"状态，同时亮红灯。
（2）在"报警未确认"状态，如果出现"报警撤销"事件，则系统变成"报警自行撤销"状态，同时亮黄灯。
（3）在"报警自行撤销"状态，如果发生"确认"事件，则系统变成"正常"状态，报警灯灭。
（4）在"报警未确认"状态，如果发生"确认"事件，则系统变成"报警确认"状态，黄灯亮。
（5）在"报警确认"状态，如果发生"报警撤销"事件，则系统回到"正常"状态，报警灯灭。

每一条描述语句中，只有判断（当…如果…）与赋值（变为…）语句，没有阻塞性的等待。也可以用图形来表达上述逻辑关系，这种图形被称为"状态转移图"，如图 9.7 所示。图中每个圆圈表示一种系统状态，每个箭头表示一次状态转移，箭

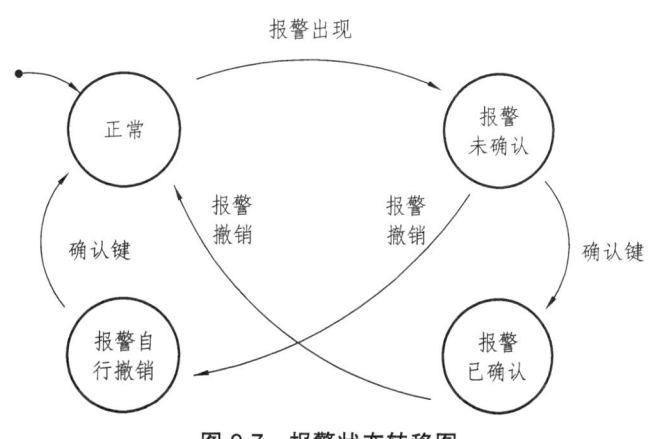

图 9.7 报警状态转移图

头上的文字表示转移的触发条件,说明发生该事件时,状态按照箭头的方向发生转移。

这里所谓的"转移"并非程序流程的跳转,而只是状态的改变。如果用一个变量来记录当前系统的状态,通过事件来改变该变量的值,则相当于实现了"状态跳转"。很容易写出相关代码,而且代码中只有状态的分支判断与事件的判断,以及状态变量的赋值语句,没有任何阻塞性的等待过程。

```c
        unsigned char ALM_Status;                //报警状态变量
        #define NORMAL    0                      //正常状态
        #define ALARM     1                      //报警未确认
        #define ALARM_ACK   2                    //报警已确认
        #define ALARM_OFF   3                    //报警自行撤销
        void ALM_Process()
        {
           switch( ALM_Status)                   //根据当前状态处理状态跳转
             {
             case NORMAL: if(ALM_IO==ON)    ALM_Status=ALARM;
                    break;                       //正常状态遇到报警,变为报警未确认状态
             case ALARM: if(ALM_IO==ON)    ALM_Status=ALARM _ACK;
                    if(ALM_IO==OFF)    ALM_Status=ALARM_OFF;
                    break;                       //报警未确认状态按下确认键,变为报警已确认状态
                                                 //报警未确认状态遇到报警撤销,变为报警自行撤销状态
             case ALARM_ACK: if(ALM_IO==OFF)    ALM_Status = NORMAL;
                    break;                       //报警确认状态遇到报警撤销,回到正常状态
             case ALARM _OFF: if( ALM_IO==ON)    ALM_Status = NORMAL;
                    break;                       //报警自行撤销状态按确认键,回到正常状态
             }
        //根据当前状态确定报警灯颜色
        if (ALM_Status ==NORMAL) { LED_Y_OFF;LED_R_OFF;}          //正常状态不亮灯
            else if(ALM_Status = ALARM ) {LED_Y_OFF; LED_R_ON;}   //报警状态亮红灯
            else {LED_Y_ON;LED_R_ OFF;}                           //其余两状态亮黄灯
        }
        void main()
        {
            while(1)
            {
                ALM_Process();                   //处理报警器的状态跳转
                ……                               //CPU还能执行其他任务
            }
        }
```

这段程序中,利用 ALM_Status 变量保存当前的报警状态,并根据当前的状态以及事件决定下一时刻 ALM_Status 变量的值,完成状态转移。这段代码能够很快执行完毕,不阻塞 CPU。对于一个 CPU 处理 16 路报警的应用,仅需将 16 路的处理程序顺序循环执行即可。

这种状态转移的机制被形象地称为"状态机"（State Machine）。如果系统的状态个数是有限的，则称为有限状态机（FSM）。实际中大部分系统都属于有限状态机，通常也将有限状态机简称为状态机。基于事件与系统状态转移之间关系的软件描述方法，被称为"状态机建模"。利用状态机建模，能够降低系统复杂度，并且能够生成非阻塞性的代码，很容易处理并发过程。

9.3.2 状态机模型的描述方法

一个状态机模型包含了一组有限多的状态以及一组状态转移的集合。状态机模型主要有两种表达方法：状态转移图和状态转移矩阵。由于篇幅原因，本书只介绍状态转移图。

状态转移图又称状态跳转图，它用圆圈或圆角的矩形表示系统的各种状态，用一个带箭头的黑点表示初始状态，用有向箭头表示状态的转移（跳转）。箭头旁标注触发转移的事件，以及发生状态转移时所执行的动作。事件与动作之间用"/"号分隔。对于没有执行动作的状态转移，动作部分可以默认省略。对于只有执行动作而没有状态变化的状态转移，可以画为一个指向自己的箭头。

例 9.8 以洗衣机控制逻辑为例，要求洗衣过程为"先正转 2 s，再暂停 1 s，然后反转 2 s，再暂停 1 s，依次循环"，并且在任意状态下，只要打开洗衣上盖，就进入暂停状态 1，并关闭电动机。画出状态转移图。

洗衣过程是基于顺序过程的描述，并非状态描述。首先将这种基于过程的描述转化为基于状态的文字描述：

在正转状态下，如果时间达到 2 s，则进入暂停状态 1，同时关闭电动机。

在暂停状态 1 下，如果时间达到 1 s，则进入反转状态，同时将电动机设为反转。

在反转状态下，如果时间达到 2 s，则进入暂停状态 2，同时关闭电动机。

在暂停状态 2 下，如果时间达到 1 s，则进入正转状态，同时将电动机设为正转。

根据上述文字描述可以画出状态跳转图，如图 9.8 所示。

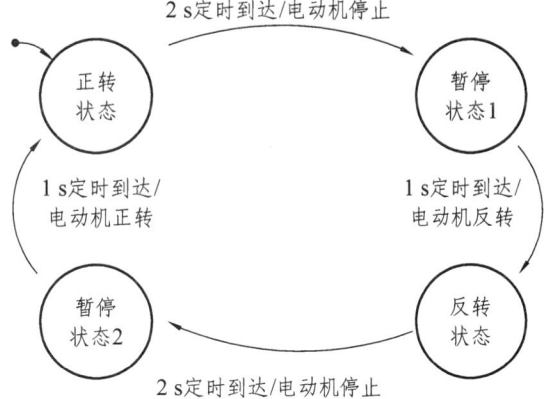

图 9.8 洗衣机控制程序状态转移图

9.3.3 通过状态转移图生成代码

通过状态转移图可以描述状态机模型，根据状态机模型可以写出程序代码，而且状态机模型与代码之间有精确的对应关系。将状态转移图转换成程序代码，有两种方法：在状态中判断事件，在事件中判断状态。

1. 在状态中判断事件（事件查询）

在当前状态下，根据不同的事件执行不同的功能，再做相应的状态转移。

以图 9.9 为例，系统共有 3 个状态（S0、S1、S2）以及 3 种事件（Event0、Event1、Event2）。由 3 种事件引发系统状态的转移，并执行相应的动作 Action0、Action1、Action2。

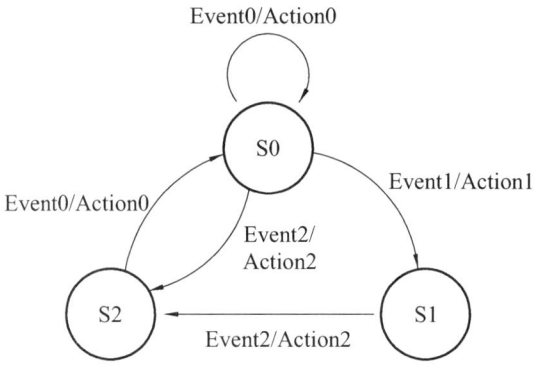

图 9.9 将该状态机模型写成代码

程序中，首先利用 switch-case 语句对当前状态进行分支，在每个分支内查询 3 种事件是否发生，如果发生，则执行相应的动作函数，再处理状态转移。

```
switch(State)                //根据当前状态进行程序分支
{
    case S0:                 //在 S0 状态
        if(Event_0)          //如果查询到 Event0 事件，就执行 Action0 动作
        {
            Action_0();
        }
        else if(Event_1)     //如果查询到 Event1 事件，就执行 Action1 动作
        {
            Action_1();
            State=S1;        //将状态转移到 S1 状态
        }
        else if(Event_2)     //如果查询到 Event2 事件，就执行 Action2 动作，
        {
            Action_2();
            State=S2;        //将状态转移到 S2 状态
        }
        break;
    case S1:                 //在 S1 状态
        if(Event_2)          //如果查询到 Event2 事件，就执行 Action2 动作
        {
            Action_2();
            State=S2;        //将状态转移到 S2 状态
        }
        break;
    case S2:                 //在 S2 状态
        if(Event_0)          //如果查询到 Event0 事件，就执行 Action0 动作
```

```
            {
                Action_0();
                State=S0;              //将状态转移到 S0 状态
            }
    }
```

2. 在事件中判断状态（事件触发）

另一种实现方法是在每个事件的中断（或查询到事件发生）函数内，判断当前状态，并根据当前状态执行不同的动作，再做相应的状态转移。

在 Event0 引发的中断内，或查询到 Event0 发生处，添加以下代码：

```
switch(State)
    {   //发生 Event0 事件时，如果处于 S0 状态，就执行 Action0 动作，并将状态转移到 S0 状态
        //发生 Event0 事件时，如果处于 S2 状态，就执行 Action0 动作，//并将状态转移到 S0 状态
        case S0: Action_0();    State = S0;    break;
        case S1: break;
        case S2: Action_0();    State = S0;    break;
    }
```

在 Event1 引发的中断内，或查询到 Event1 发生处，添加以下代码：

```
switch(State)
    {   //发生 Event1 事件时，如果处于 S0 状态，就执行 Action1 动作，并将状态转移到 S1 状态
        case S0: Action_1();state = S1;break:
        case S1: break:
        case S2: break;
    }
```

在 Event2 引发的中断内，或查询到 Event2 发生处，添加以下代码，

```
switch( State)
    {   //发生 Event2 事件时，如果处于 S1 状态，就执行 Action1 动作，并将状态转移到 S2 态
        case S0: break ;
        case S1: Action_2();    state = S2; break;
        case S2: break;
    }
```

两种写法的功能是完全相同的。但从执行效果上来看，后者要明显优于前者：

首先，事件查询写法隐含了优先级排序，排在前面的事件判断将毫无疑问地优先于排在后面的事件被处理判断。这种 if/else if 写法上的限制将破坏事件间原有的关系。而事件触发写法不存在该问题，各个事件享有平等的响应权。

其次，由于处在每个状态时的事件数目不一致，而且事件发生的时间是随机的，无法预先确定，导致查询写法依靠轮询的方式来判断每个事件是否发生，结构上的缺陷使得大量时间被浪费在顺序查询上。而对于事件触发写法，在某个时间点，状态是唯一确定的，在事件里查找状态只要使用 switch 语句，就能一步定位到相应的状态，甚至响应延迟时间也可以预先准确估算。

总之，在为状态机模型编写代码时，应该尽量使用事件触发结构。

但事件查询法也有其优点：事件查询法无须中断资源，并且所有的代码集中在一起，便于阅读。在前后台程序结构中，可以在后台程序中顺序循环执行多个事件查询状态机。前文中双色报警灯的例子便使用了事件查询法，可以在不占用中断的情况下实现多路报警逻辑同时运行。

9.3.4 状态机建模应用实例

状态机的应用非常广泛，既可以在某些局部使用，也可以对整个软件进行建模。本节通过具体应用实例，让读者进一步掌握并熟悉状态机建模方法与应用。

例 9.8 在 AT89S51 单片机上，P1.5、P1.6、P1.7 口各接有一个按键（S1、S2、S3），按下为低电平。编写一个键盘程序，要求能够识别长、短按键并返回不同键值。当按键时间小于 2 s 时，认为是一次短按键，按键时间大于 2 s 后返回一次长按键（0xC0 + 键值），之后每隔 0.25 s 返回一次连续长按键（0x80 + 键值），且要求键盘程序不阻塞 CPU 运行。

这种键盘程序在按键较少的小型设备上是非常实用的。例如，用加/减键来调整数值时，如果要使数值增加 100，需要按 100 次"加"键。这种操作是不方便的，所以通常用短按键加 1，长按"加"键不放 2 s 之后，每次加 10，每秒加 4 次。这只需数秒即可完成调整。考虑到长按键会连续发生，所以将首次长按键与后续连续长键用不同键值区分。对于长按键只动作一次的操作，如进入菜单、切换屏幕等操作，用首次长按键值作为动作判据，避免被连续操作。

本程序采用 FIFO 作为缓冲区，在定时器中断内对 I/O 口进行采样（消除抖动）并判断按键。按键存入键盘缓冲区内，主程序可以随时调用 GetKey()函数从缓冲区内读取一次键值。采用上升沿作为短按键动作判断依据，避免每次长按键都先触发一次短按键。每个按键设置成 3 种返回值，用按键的高位来区分长短按键。例如对 S1，0x01 表示短按，0xC1 表示首次长按，0x81 表示连续长按。

下一步是为按键过程建立状态机模型。从任务要求中，得出按键共有 3 种状态：未按下、短按、长按。有 4 种事件：按下、释放、2 s 定时到达、0.25 s 定时到达。

先用语言描述按键过程状态与事件之间的关系：

（1）在按键处于"未按下状态"时，若键被按下，按键状态变为"短按状态"。

（2）在按键处于"短按状态"时，若键被释放，认为是一次短按键，短键的键值压入键盘缓冲区，并回到"未按下状态"。

（3）在按键处于"短按状态"时，若超过 2 s，认为是一个长按链，"首次长按键"的键值压入键盘缓冲区，并将按键状态变为"长按状态"。

（4）在按键处于"长按状态"时，每当超过 0.25 s，作为是一次"连续长按键"，长按键的键值压入键盘缓冲区，但状态不改变。

（5）在键盘处于"长按状态"时，若键被释放，回到"未按下状态"。

根据语言描述可以画出图 9.10 的状态转移图。在状态转移图中需要两种定时（2 s 和 0.25 s）事件，可以在定时中断内用变量累加实现，无须专门占用两个定时器。整个状态机都可以放在定时中断内执行。

编写按键 S1（P1.5 口）的状态转移程序如下：

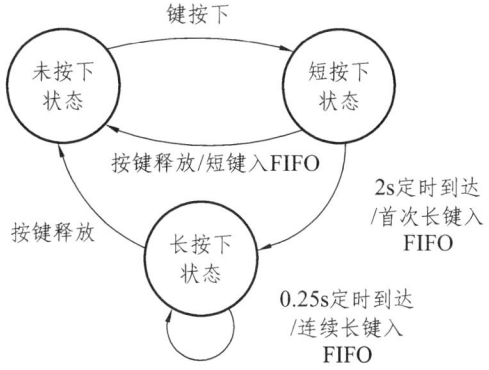

图 9.10 长短键状态机模型

```
char KEY1_State=0;                /*按键1的状态变量*/
unsigned int KeyTimerS;;          /*段按键计时变量*/
unsigned int KeyTimerL;           /*长按键计时态变量*/
#define NOKEY      0              /*未按下状态*/
#define PUSH_KEY   1              /*短按键状态*/
#define LONG_PUSH  2              /*长按键状态*/
#define KEY1       0x01           /*按键1的键值*/
#define FIRSTLONG  0xC0           /*首次长按键标志*/
#define LONG       0x80           /*连续长按键标志*/
sbit KEY1_IN=P1^5                 /*KEY1所在I/O的定义*/
/***************************************************************
在25ms定时中断内添加以下代码
***************************************************************/
if(KEY1_State==PUSH_KEY)   Key1TimerS++;    //2 s定时器,仅在短按期间计时
    else Key1TimerS=0;
if(KEY1_State==LONG_PUSH)  Key1TimerL++;    //0.25 s定时器,仅在长按期间计时
    else Key1TimeL=0;
switch(KEY1_State)                          //根据按键1的状态决定程序分支
{
    case NOKEY:                             //按键处于"未按"状态时
    {
        if (KEY1_IN==0)  KEY1_State = PUSH_KEY; //若键被按下按键状态变为"短按状态"
        break;
    }
    case PUSH_KEY:                          //按键处于"短按键状态"时
    {
        if (KEY1_IN!=0)                     //若键被释放,认为是一次短按键
        {
            Key_inBuff(KEY1);               //短键的键值压入键盘缓冲区
```

```c
                KEY1_State=NOKEY;              //并回到"未按下状态"
            }
            elseif (Key1TimerS>40*2)           //若按键时间超过 2 s, 认为是一次长按键
            {
                Key_Inbuff(FIRSTLONG+KEY1);    //"首次长按键"的键值入 FIFO
                KEY1_State = LONG_PUSH;        //按键状态变为"长按状态"
            }
            break;
    }
    case LONG_PUSH:                            //按键处于"长按键状态"时
    {
        if(KEYI_IN!==0)                        //若键被释放,回到未按键状态
        {
            KEY1_State=NOKEY;
        }
        else if(Key1TimerL>40/4)               //若按键超过 0.25 s, 返回 1 次长按键
        {
            Key_inBuff( LONG+KEY1);            //"连续长按键"的键值入 FIF
            Key1TimerL=0;                      //定时器清空,准备下一次 0.25 s 计时
        }
        break;
    }
}
```

知识梳理与总结

在实际的工程项目中,对于智能化的系统的功能要求一般都非常多,因此单片机软件编程的难度与核心是多任务的并发执行。本章介绍了实现多任务软件的一种常用结构:前后台程序结构。它适合一般的中小型软件,是最灵活的结构。

习题 9

9.1 简答题

(1) 简述软件可移植概念。
(2) 简述实现软件可移植的几种方法。
(3) 程序结构有哪三种?分别有什么优缺点?如何选择程序结构?
(4) 简述事件、状态和状态机建模。
(5) 招待客人的一般流程是:"客人来了之后,先请他坐下来。如果开水瓶里有开水,就取茶叶,洗杯子,泡茶,上茶;如果开水瓶里没有开水,就接一壶水,放到炉子上烧水,等水

开的过程中取茶叶、洗杯子、和客人聊天，等到水开了泡茶、上茶"。画出招待客人的流程图。用"当……时，如果发生……事件，做……"的语法改写上述描述语句，并用状态转移图对招待客人的过程进行状态机建模，画出招待客人的状态转移图。

9.2 程序设计题

莫尔斯电码由"点（短鸣）"和"划（长鸣）"两种基本单位构成，并规定以每个点的鸣响时间为 1 个基本单位（假设 1/8 s），一划占用 3 个时间单位，一个字母内相邻的点或划之间间隔 2 个时间单位，2 个字母之间留出 7 个时间单位间隔。莫尔斯码见下表。

字母	莫尔斯码	字母	莫尔斯码	字母	莫尔斯码	字母	莫尔斯码
A	●—	H	●●●●	O	———	V	●●●—
B	—●●●	I	●●	P	●——●	W	●——
C	—●—●	J	●———	Q	——●—	X	—●●—
D	—●●	K	—●—	R	●—●	Y	—●——
E	●	L	●—●●	S	●●●	Z	——●●
F	●●—●	M	——	T	—	●表示短鸣（点）	
G	——●●	N	—●	U	●●—	—表示长鸣（划）	

设计一种"SOS"求救信号自动搜索机。假设电报接收机已经将莫尔斯码接收并解调，转换成数字电平的脉冲信号，从 P1.5 口输入 AT89S51 单片机。判定规则是：P1.5 口出现 0.25 s 以下时间的低电平，判为收到"点"；P1.5 口出现 0.25 s 以上低电平，判为收到"划"。P1.5 高电平时间不足 0.75 s，表示同一字符点划间的间隔；高电平超过 0.75 s，表示两个字符间的间隔。（信号可以通过按键模拟。）要求当莫尔斯码流中出现"SOS"字符串时，点亮 P2.0 口的 LED 发出警报。（提示：利用状态机设计字符匹配程序实现。）

附录 A C 语言运算符优先级和结合性

运算符类别	优先级	运算符	含义	操作个数	结合方向
初等运算符 ↓ 单目运算符 ↓ 位运算符：~ ↓ 算术运算符 ↓ 位运算符： << >> ↓ 关系运算符 ↓ 位运算符： & ^ | ↓ 逻辑运算符： （不包括！） ↓ 条件运算符 ↓ 赋值运算符 ↓ 逗号运算符	1	（ ）	圆括号		左结合 （自左至右）
		[ ]	下标运算符		
		->	指向结构体成员运算符		
		.	结构体成员运算符		
	2	！	逻辑非运算符	1 单目运算符	右结合 （自右至左）
		~ （特殊）	按位取反运算符		
		++	自增运算符		
		--	自减运算符		
		-	负号运算符		
		（类型）int，float…	类型转换运算符		
		*	指针运算符		
		&	取地址运算符		
		sizeof	长度运算符		
	2	~ （特殊）	逻辑非运算符		
	3	*	乘法运算符	2 双目运算符	左结合 （自左至右）
		/	除法运算符		
		%	求余运算符		
	4	+	加法运算符		
		-	减法运算符		
	5	<< （特殊）	左移位运算符	2 双目运算符	左结合 （自左至右）
		>> （特殊）	右移位运算符		
	6	<, <=, >, >=	关系运算符	2 双目运算符	左结合 （自左至右）
	7	==	等于运算符	2 双目运算符	左结合 （自左至右）
		!=	不等于运算符		
	8	& （特殊）	按位与运算符	2 双目运算符	左结合 （自左至右）
	9	^ （特殊）	按位异或运算符		
	10	| （特殊）	按位或运算符		
	11	&&	逻辑与运算符	2 双目运算符	左结合 （自左至右）
	12	||	逻辑或运算符		
	13	? :	条件运算符	3 三目运算符	右结合 （自右至左）
	14	=，+=，-=，*=，/=，>>=，<<=，&=，^=	赋值运算符	2 双目运算符	右结合 （自右至左）
	15	,	逗号运算符 （顺序求值运算符）		左结合 （自左至右）

说明：

（1）同一优先级的运算符，运算次序由其结合性决定。例如，*与/具有相同的优先级别，其结合方向为自左至右，因此 3*5/4 的运算次序是先乘后除。-和++为同一优先级别，结合方向为自右至左，因此-i++相当于-（i++）。

（2）不同的运算符要求不同的运算对象个数。如+（加）和-（减）为双目运算符，要求在运算符两侧各有一个运算对象（如 3+5，8-3 等）。而++和-（负号）运算符是单目运算符，只能在运算的一侧出现一个运算对象（如：-a，i++，--i，（float）i，sizeof（int），*p 等）。条件运算符是 C 语言中唯一一个三目运算符（如 x?a：b）。

（3）初等运算符优先级别最高，逗号运算符优先级别最低，位运算符的优先级别比较分散，有的在算术运算符之前（如 ~），有的在算术运算符之后、关系运算符之前（如<<和>>），有的在关系运算符之后（如&、^、|）。为了容易记忆，使用位运算符时可加圆括号。

附录 B ASCII（美国标准信息交换码）表

ASCII 值	控制字符	ASCII 值	控制字符	ASCII 值	控制字符	ASCII 值	控制字符
0	NUT	32	(space)	64	@	96	`
1	SOH	33	!	65	A	97	a
2	STX	34	"	66	B	98	b
3	ETX	35	#	67	C	99	c
4	EOT	36	$	68	D	100	d
5	ENQ	37	%	69	E	101	e
6	ACK	38	&	70	F	102	f
7	BEL	39	,	71	G	103	g
8	BS	40	(	72	H	104	h
9	HT	41	)	73	I	105	i
10	LF	42	*	74	J	106	j
11	VT	43	+	75	K	107	k
12	FF	44	,	76	L	108	l
13	CR	45	-	77	M	109	m
14	SO	46	.	78	N	110	n
15	SI	47	/	79	O	111	o
16	DLE	48	0	80	P	112	p
17	DCI	49	1	81	Q	113	q
18	DC2	50	2	82	R	114	r
19	DC3	51	3	83	X	115	s
20	DC4	52	4	84	T	116	t
21	NAK	53	5	85	U	117	u
22	SYN	54	6	86	V	118	v
23	TB	55	7	87	W	119	w
24	CAN	56	8	88	X	120	x
25	EM	57	9	89	Y	121	y
26	SUB	58	:	90	Z	122	z
27	ESC	59	;	91	[	123	{
28	FS	60	<	92	/	124	|
29	GS	61	=	93	]	125	}
30	RS	62	>	94	^	126	~
31	US	63	?	95	—	127	DEL

参考文献

[1] 李朝青. 单片机原理及接口技术[M]. 北京：北京航空航天大学出版社，2005.
[2] 高卫东. 51 单片机原理与实践（C 语言版）[M]. 北京：北京航空航天大学出版社，2011.
[3] 张义和. 例说 51 单片机（C 语言版）[M]. 北京：人民邮电出版社，2008.
[4] 彭伟. 单片机 C 语言程序设计实训 100 例——基于 8051 + PROTEUS 仿真[M]. 北京：电子工业出版社，2009.
[5] 万隆. 单片机原理及应用技术[M]. 北京：清华大学出版社，2013.
[6] 王静霞. 单片机应用技术（C 语言版）[M]. 北京：电子工业出版社，2009.
[7] 姜志海. 单片机的 C 语言程序设计与应用[M]. 北京：电子工业出版社，2011.
[8] 谢维成，等. 单片机原理与应用及 C51 程序设计——基于 Proteus 仿真[M]. 北京：北京航空航天大学出版社，2011.
[9] 谭浩强. C 语言程序设计[M]. 北京：清华大学出版社，2012.
[10] 谢楷. MSP430 系列单片机系统工程设计与实践[M]. 北京：机械工业出版社，2009.